석학人文강좌 67

헌법과 생활법치

석학人文강좌 67

# 헌법과 생활법치

**초판 1쇄 인쇄**  2017년 9월 5일
**초판 1쇄 발행**  2017년 9월 11일
**지은이**  성낙인
**펴낸이**  이방원
**편  집**  윤원진·김명희·이윤석·안효희·강윤경·홍순용
**디자인**  전계숙·손경화
**마케팅**  최성수
**펴낸곳**  세창출판사
출판신고  1990년 10월 8일 제300-1990-63호
주소  03735 서울시 서대문구 경기대로 88 냉천빌딩 4층
전화  723-8660
팩스  720-4579
이메일  edit@sechangpub.co.kr
홈페이지  http://www.sechangpub.co.kr

ISBN  978-89-8411-713-6  04300
      978-89-8411-350-3(세트)

이 도서의 국립중앙도서관 출판시도서목록(CIP)은 서지정보유통지원시스템 홈페이지(http://seoji.nl.go.kr)와
국가자료공동목록시스템(http://www.nl.go.kr/kolisnet)에서 이용하실 수 있습니다. (CIP제어번호: CIP2017022252)

석학
人文
강좌
67

# 헌법과 생활법치

성낙인 지음

세창출판사

대한민국 헌법 제1조
제1항 "대한민국은 민주공화국이다."
제2항 "대한민국의 주권은 국민에게 있고,
　　　모든 권력은 국민으로부터 나온다."


　헌법은 나라를 세우면서 국민들이 합의한 최고의 문서이다. 그 헌법은 대한민국이 주권재민의 민주공화국임을 천명한다. 민주공화국, 만백성이 주인이 되는 공화국이 바로 민주공화국이다. 공화국은 사사로움을 떨쳐 버리고 모든 공적인 것(res publica)을 대변하는 국가이다. 그 공화국은 자유, 평등, 정의, 박애를 상징하기도 한다. 하지만 그 공화국은 어느 날 갑자기 주어진 것이 아니다. 그 공화국은 피의 투쟁과 숙청의 결과물이기도 하다. "짐이 곧 국가"(L'État, c'est moi)이던 절대군주제 시대의 구체제(ancien régime)를 폐기하고 새로운 국가를 창설하는 과정에서 공화국은 군주제를 대체하는 새로운 명제로 등장하였다. 즉 공화국은 군주제의 파괴로부터 비롯되었다. 그 군주는 프랑스혁명 과정에서처럼 단두대(기요틴, guillotine)의 이슬로 사라졌다. 공화국은 구체제를 타파하고 새로운 질서를 알리는 서곡이다. 공화국의 신비스러운 여정이 어느 순간에 이르면 혁명으로 분출된다. 혁명은 창조적 파괴를 위한 미래의 전달자(porteur d'avenir)이다.

1960년 4월 청년학도들의 외침은 혁명이란 무엇인지를 단적으로 보여 주었다. 2016년 대한민국에는 촛불이 들불처럼 퍼져 나갔다. 촛불은 삼천리 방방곡곡에 펼쳐지는 온 국민의 간절한 기도 의식이다. 오직 만백성이 주인 되는 민주공화국을 향한 기도다. 민주공화국의 이상과 이념이 짓밟히고 있다는 신음소리다. 1960년 경무대를 향한 청년학도들의 외침은 총부리에 스러져 갔다. 2016년 청와대를 향한 시민들의 함성은 천지를 진동했다. 그것은 민주공화국을 향한 평화의 메시지다. 하지만 성난 시민들도 이제 노여움을 풀어야 한다. 그런데 청와대와 정치권은 시민들의 노여움을 풀기에는 역부족이다. 분노가 또 다른 분노만 재생산해서는 미래가 없다. 제2차 세계대전 이후 분단된 국가 중에서 유일하게 남북으로 차단된 한반도는 남쪽의 대한민국과 북쪽의 조선민주주의인민공화국이 대치하는 이념의 현장이다. 심지어 산업화와 민주화를 성공적으로 정착시키는 과정에서 남-남 갈등은 더욱 심화된다. 경제적으로 빈부의 양극화에 이어 이제 정치적으로까지 촛불과 태극기로 양분된다. 이제 분열과 갈등을 뛰어넘는 통합과 화합의 시대를 열어야 한다.

19세기 서세동점(西勢東占)의 와중에서 조선왕조는 바람 앞의 촛불처럼 위태롭기 그지없었다. 급기야 쓰러져 가는 왕조를 부여안고 스스로 대한제국(大韓帝國)을 칭하였지만 그것은 허울뿐인 제국에 불과했다. 새로운 시대에 새로운 기운을 불어넣기 위하여 갑오경장(甲午更張)과 같은 개혁정치를 시도하였지만 결국 국권상실을 막지 못했다. 국권의 상실은 곧 500년 사직을 이끌어 온 조선왕조의 멸망으로 귀결되었다. 왕조의 붕괴, 그것은 5,000년 역사의 새로운 시작이라 아니할 수 없다.

1945년 광복과 더불어 1948년에 제정된 제헌헌법은 1919년에 수립된 대한민국임시정부의 법통을 이어받은 민주공화국을 다시 한번 천명하고 있다. 하지만 1948년에 수립한 민주공화국은 수많은 상처를 낳으면서 민주공화국의 본질에 충실하지 못한 비운의 공화국으로 연명해 왔다. 1948년 제헌헌법 이래 1987년 헌법은 아홉 번째 개정헌법이다. 39년 동안에 10개의 헌법이 명멸해 갔다. 헌법의 불안정이 계속되는 '헌법의 왈츠 시대'를 거치는 동안, 헌정은 파탄으로 물들어 갔다. 대한민국에서 민주주의가 꽃피우길 바라는 것은 쓰레기통에서 장미꽃이 피길 바라는 것이나 다름없다는 어느 외교관의 폭언에도 우리는 쓰린 가슴을 부여안고 이를 감내해야 했다.

그런데 1987년 헌법 이래 대한민국도 민주주의의 가능성을 분명하게 보여 준다. 1987년 이후 30년 동안 헌법의 안정 시대를 구가하고 있다. 두 번의 평화적 정권교체(two turn-over)는 외형적 민주주의의 정착을 알리는 신호와도 같다. 그사이 우여곡절을 겪어 오긴 했어도 국민소득 3만 달러의 세계 10대 경제교역국가로 자리매김하면서 이제 대한민국은 인류 역사에서 가장 압축적으로 산업화와 민주화를 성공시킨 모범국가로 자리 잡았다.

하지만 21세기 대명천지에 펼쳐지고 있는 광장민주주의 현상은 아직도 주권재민이 제대로 실천되지 못함을 단적으로 보여 준다. 4년 또는 5년마다 이어지는 주권자의 선택이 그 기간을 감내할 정도에 이르지 못하고 있음을 단적으로 보여 준다. 어쩌면 한국적 민주주의의 한계이자 동시에 한국 민주주의의 미래를 밝혀 줄 등불 같은 현상인지도 모를 일이다. 국민의 대의를 제대로 반영하지 못하고 위정자와 민심의 괴리현상이 지속되는 한 광장민주주의는 필연코 새로운 질서의 창출을 요구받게 된다. 민심을 제대로 읽지 못하는 위정자에 대한 환멸이 결국은 구질서의 퇴장을 명령한다.

광장의 분노는 최고권력을 향해 있다. 독점적 권력이 밀실에서 작동되는 순간 부패의 사슬로부터 벗어나기 어렵다. 권력의 속성은 나누어 가지기가 쉽지 않다. 권력을 가진 자는 항상 그 권력을 독점하고 남용하려 한다는, 몽테스키외가 『법의정신』에서 설파한 명제는 여전히 타당하다. 권력의 남용을 차단하기 위해서는 제도적인 보완이 불가피하다. 권력의 균형추를 상실한 대통령 중심의 체제는 그 한계를 여실히 드러낸다. 권력도 이제 '나눔의 미학'을 구현할 때가 되었다. 소통과 화합, 더 나아가 협치는 나눔을 통한 균형을 모색하는 유일한 길이다. 그 길만이 상실된 균형을 회복시키고 복원시킬 수 있다.

혁명의 시대가 끝나고 평화의 시대가 열려 감에 따른 민주시민의 역할과 기능은 생활 속의 법치주의를 실천하는 것이다. 민주화 과정에서 부수적으로 자행된 불법과 비리는 민주화라는 이름으로 정당화되었다. 하지만 이제 한국적 민주주의도 외형적 안정을 이루어 가고 있다. 더 이상 구호에만 의존할 것이 아니라 법과 제도를 충실히 이행하는 가운데 법질서의 안정을 확립해 나가야 한다. 우리의 생활 속에 자리 잡고 있는 법에 대한 불신, 더 나아가서 법은 가진 자의 도구에 불과하다는 선입견으로부터 벗어나서 새로운 법적 평화의 시대를 열어 가야 한다. 그렇지 않고서는 더 이상 외견적 민주주의의 틀을 벗어날 수 없기 때문이다. 민주주의는 법과 원칙을 존중하는 가운데 절차적 법치주의 즉 적법절차(due process of law)부터 준수하면서 그 내용의 실질 즉 실질적 법치주의로 나아가야 한다. 그래야만 공동체적 가치를 서로 존중하면서 함께하는 사회를 이루어 나갈 수 있기 때문이다.

살아 있는 주권자는 스스로 자기통제가 가능하여야 한다. 권리만 주장하고 공동체 구성원으로서의 책무를 다하지 않는 공동체는 제 기능을 발휘하지 못하는 악순환을 되풀이하게 된다. 민주시민의 덕목은 스스로 선의지(善意志)에 충만하여 이기적인 자아를 통제하면서 공동선(common good)을 구현할 수 있는 인격체로서의 소명을 다하는 데 있다. 민주적 공동체에서 주권자인 시민은 능동적 주체로서 주인의식을 더욱 공고히 해야 한다. 하지만 우리 사회는 정치·경제적 시민의식은 넘쳐 나지만 정작 민주적 시민의식은 아직도 요원하다는 비판을 면하기 어렵다. 정치공동체에 대한 성숙한 비판의식이 민주시민으로서의 행위양태로서 생활 속에 정착하지 못하고 있다. 자신의 경제적 이익을 위해서는 온갖 수단·방법을 가리지 않으면서도 정작 공동체적 가치를 구현하기 위한 배려는 아직도 취약하기 그지없다. 경제적 양극화는 마침내 사회 전체의 균열로 나아가게 되고 그것은 결과적으로 공동체 전체의 통합에 대한 도전과 균열로 이어진다. 이 시점에서 민주시민이 가져야 할 최고의 덕목은 자신의 주어진 현실을 제대로 인식하고 그 바탕에 기초하여 공동체 구성원으로서의 역할과 기능을 충실히 하는 것이다. 그것은 현실을 부정하는 데에서 출발하는 것이 아니라 현실에 터 잡은 시민의식을 함양하는 데서 출발한다. 그 첫째 길은 바로 민주시민으로서 생활 속에서 법과 원칙을 존중하는 사회를 위해 올바른 방향을 확립하는 것이다. 그 길은 바로 우리 사회를 '선한 사람들의 공동체'로 거듭 태어나게 한다. 실존의 세계를 외면한 주의나 주장은 공리공론에 불과할 뿐이다.

이에 저자는 민주시민으로서 준수하여야 할 기본적 덕목을 기리면서 이를 생활 속에서 구현하여야 한다는 취지에서 '생활법치'(生活法治)를 강조하여 왔다. 저자의 생활법치론은 법무부 법교육위원회 초대 위원장으로서 시작하여 한국법교육학회를 창설하여 초대 회장으로 재임하면서 그 뜻을 분명히 하여 왔다. 특히 제8대 경찰위원회 위원장으로서 경찰의 역할과 기능을 제고하기 위해서 '생활법치'를 화두로 제시하여 경찰작용의 민주적 토대를 강화하는 데 기여한 바 있다.

평생을 대학에서 헌법학자로 재임하여 온 저자는 그간 헌법이 단순히 상아탑에서의 연구에만 머무를 것이 아니라 모든 국민이 널리 이해하고 읽을 수 있는 경전(經典)으로 거듭 태어나길 바라는 의미에서 여러 권의 대중

헌법서를 발간하여 왔다. 『헌법학입문』, 『우리헌법읽기』, 『만화판례헌법』
은 이와 같은 작업의 연속선 위에서 출간되었다. 이 책으로 부족한 부분은
저자의 다음과 같은 서적으로 보완되었으면 한다. 연구서로는 『헌법학』(제
17판, 2017), 『헌법학입문』(제7판, 2017), 『판례헌법』(제4판, 2014), 『헌법소송론』
(2012), 『대한민국헌법사』(2012), 『헌법판례 백선』(2013)을 참조해 주시길 바
란다. 국민생활규범으로서의 헌법학을 이해하기 위해서는 『만화판례헌법
1(헌법과 정치제도)』(2012), 『만화판례헌법 2(헌법과 기본권)』(2013)을 비롯해서 저
자의 칼럼집인 『우리헌법읽기』(2014), 『국민을 위한 사법개혁과 법학교육』
(2014)의 일독을 권해 드린다.

저자는 2014년 7월에 제26대 서울대학교 총장으로 부임함에 따라 새 책
을 간행하기가 현실적으로 매우 힘들었다. 38년 동안 헌법학교수와 총장직
을 수행하면서 그간 학자로서의 여정을 대과 없이 수행할 수 있었던 점에
스스로 감사드린다. 부족한 저자가 한국헌법학회 학술상, 목촌법률상을 비
롯한 학술상을 수상할 수 있었던 것은 과분한 영광이라 아니할 수 없다. 저
자의 주저인 『헌법학』이 2015년에는 국내 인문사회과학 서적 중에서 가장
많은 피인용 저서로 발표되었고, 중국 정부의 국가번역과제로 선정되어 상
하이외국어대학교에서 중국어로 번역되는 기쁨을 누리게 되었다. 동아시
아연구중심대학협의회(AEARU) 의장으로서 대학의 국제화와 세계화에 기여
할 수 있는 기제를 마련하였다는 점에서 고된 일과 중에도 보람을 느끼고
있다.

『헌법과 생활법치』는 한국연구재단에서 시행하는 2014년도 석학인문강
좌의 '민주시민과 생활법치'를 보완하여 이제 단행본으로 간행한다. 이 책의
내용은 앞에서 밝힌 저자의 여러 저서와 칼럼을 수정하고 보완한 것이다.
연구재단의 재촉 덕분에 이제라도 결과물을 낼 수 있다는 점에서 행복한 마

무리를 하고자 한다. 격려해 주신 한국연구재단 석학인문강좌팀 여러분과 세창출판사 관계자에게 감사드린다.

그사이 교정에 힘써 준 저자의 서울대학교 법과대학 마지막 조교인 김태열 미국 뉴욕주 변호사, 박대헌 중국 변호사에게 감사드린다. 이들의 앞날에 학자로서의 영광 있기를 기원한다.

2017년 봄 서울대학교 총장실에서

성낙인 씀

**차례**

## 제3장 민주법치국가의 정립

## 제4장 민주시민의 생활법치

제 1 장

—

민주시민을 위한 법과 생활

## 1. 법이란?

법(法, law, droit, Recht)이란 무엇인가? 이에 대한 의문을 해결하기 위해서는 지금 우리 사회에서 작동하고 있는 법의 연원(淵源)과 법의 역사에 대한 이해가 선행되어야 한다. 그런데 불행하게도 오늘날 우리가 말하는 법이란 동양의 역사 특히 우리의 역사에서 함께해 온 전통적인 법이 아니라 근대화 이후 서양에서 들어온 법이다. 이에 따라 서양에서 들어온 법은 일반 국민의 일상적인 법감정과 거리가 있을 수밖에 없다. 1894년 갑오경장(甲午更張) 등으로부터 비롯된 근대화는 그 기본적인 흐름에 있어서 우리나라를 비롯한 동양의 전통적인 법과 제도의 틀을 벗어 버리고 서양의 법과 제도를 수용하는 것이었다.

실제로 이 시기에 전통적인 한복(韓服)을 대신해서 남성들은 넥타이를 맨 양복, 여성들은 스커트를 입는 소위 서양식 옷인 양장(洋裝)을 착용하기 시작하였다. 그 당시 조선에서는 신체발부 수지부모(身體髮膚 受之父母) 즉, 신체는 부모로부터 물려받은 것이기 때문에 함부로 해서는 아니 된다는 『효경』(孝經)의 첫머리에 따라 남녀 모두 긴 머리를 길러 왔는데, 1895년에 남자의 상투머리를 잘라 버리는 단발령(斷髮令)이 내려지고, 여성은 비녀로 묶은 머리를 벗어던지고 미장원에서 단발한 파머머리로 대체하였다. 단발령에 대한 저항에서 보이듯이 근대화 곧 서양화의 과정은 결코 순탄하지 않았다. 그럼에도 불구하고 서양의 합리주의에 바탕을 둔 법과 제도를 받아들일 수밖에 없었던 것이 동시대의 상황이었다(한영우, 『미래를 여는 우리 근현대사』, 경세원, 2016).

1895년 법관양성소를 통해서 서양법의 이식이 본격적으로 진행되었다. 그간 우여곡절을 거치기는 하였지만 이제 근대법의 계수(繼受) 즉 서양법을 받아들인 지 어언 한 세기를 훌쩍 넘어섰다. 그런 점에서 '법'은 더 이상 남의 법 또는 다른 나라의 법이 아니라 우리의 법으로 자리 잡고 있고 또한 우리 사회에 체화(體化)되어야 한다.

이제 법이란 무엇이고 어떠한 것이어야 하는지, 무엇이 민주시민으로서 지켜야 할 법인지, 왜 지켜야 하는지에 대한 이해가 필요한 사회가 되었다.

## 2. 공동체적 가치로서의 다양한 규범들

### 1) 윤리 ≥ 도덕)법

인간 사회에서 법이 없으면 어떻게 될 것이냐는 물음에 대한 가장 손쉬운 대답은 법이 없으면 '무법천지'(無法天地)가 된다는 것이다. 하지만 법이 없더라도 윤리와 도덕에 입각한 삶을 영위해 간다면 곧 "법 없이도 살 수 있는 사람들"의 천국이 될 수 있다. 바로 그런 점에서 윤리와 도덕률은 인간 사회에서 가장 바람직한 규율 즉 법이다. 하지만 윤리와 도덕률은 어느 누구도 강제할 수 없는 인간의 인격에 의탁한다. 그러한 명제들이라는 점에서 현실세계에서 야기되는 각종 분쟁에 제대로 작동되기 어렵다.

### 2) 윤리와 도덕

사람이 금수(禽獸)와 다르다면 그것은 바로 윤리성을 갖추었기 때문이다. 여기서 윤리(倫理, Ethik, ethics)란 인간으로서의 도리를 다하는 것이라고 할 수 있다. 즉 윤리란 인간이 해야 할 마땅한 도리이다. 한편 도덕(道德, morality)은 인간이 지켜야 할 도리 또는 바람직한 행동기준이라는 점에서 윤리와 도덕은 흔히 동의어로 사용된다.

그런데 윤리란 "인간이 사회의 일원으로서 지켜야 할 행동규범"이다. 이에 따라 도덕은 내면성에 치우친 규범이고, 법률이 외면성에 치우친 규범이라면, 윤리는 도덕적인 성향과 더불어 법률적 성향의 혼합적 성향을 가진다고 보아서 도덕보다는 윤리의 규범성을 강조하는 견해도 있다.

그러나 윤리의 세계와 도덕의 세계는 그 적용영역에서 서로 다른 측면도 있다. 즉 윤리의 세계는 특히 종교적 영역에서 더욱 강조되는 영역이라면, 도덕의 세계는 일상적인 시민생활에서 작동된다는 관점에서 본다면 윤리의 규범적 측면을 굳이 도덕보다 강조할 필요는 없다.

### 3) 종교의 윤리성과 사교(邪敎)

종교의 개념은 초인간적이고 초자연적인 힘에 대하여 인간이 경외하고 존중하고 믿는 체계라고 정의된다. 그런데 이와 같은 종교와 본질적으로 대비되는 것이 사교(邪敎)다. 사교는 근본이 옳지 못하여 그 사회가 추구하는 도덕감정과 윤리성에 어긋나기 때문에 지탄의 대상이다.

문제는 종교와 사교의 구별의 획이 그리 분명하지는 않다는 점이다. 무엇보다도 종교의 사교에 대한 우월성은 윤리성에 있다. 기독교·유교·불교·이슬람교는 세계 4대 종교로서 터 잡고 있다. 그런데 그 외에도 수백 수천 개의 종교가 오늘도 지구상에 존재하며, 이들 종교에 대해서도 그 종교로서의 윤리성을 인정하여야 할 경우가 많다. 특히 각 국가에는 그 국가 특유의 토속 종교가 자리 잡고 있다.

아시아와 유럽이 만나는 이스탄불은 지리적 위치만큼이나 정치적·종교적으로 수많은 풍상을 헤쳐 나왔다. 동로마제국의 수도 콘스탄티노플은 로마 가톨릭의 영향권이었으나 나중에는 그리스 정교의 중심이 된다. 오스만제국의 등장과 더불어 이스탄불로 개칭되면서 이슬람이 지배한다. 비잔티움제국의 영화를 상징하는 소피아 성당은 중세 건축기술의 정수다. 성당을 감싸 안은 성화와 문양은 동시대 가톨릭문화의 표상이다. 오스만제국은 이스탄불을 지배하면서도 소피아 성당을 불사르는 대신 성당에 각인된 모자이크에 회칠을 가한 뒤 그 위에 이슬람 교리를 입혀 나갔다. 문화유산을 보전하면서도 새로운 지배의식을 펼쳐 나간 모범 사례라 아니할 수 없다.

그런데 20세기에 펼쳐진 이념논쟁과 종교 갈등의 와중에 많은 세계문화유산이 참혹하게 파괴되었다. 근본주의자들은 아예 인류의 역사 자체를 지워 버리려는 만행을 저지른다. 중국은 문화혁명 과정에서 홍위병(紅衛兵)을 앞세워 역사와 종교를 말살시키려 하였다. 마오쩌둥(毛澤東)을 아무리 위대한 지도자로 칭송하더라도 이 점에 관한 한 역사의 심판에서 자유로울 수 없다. 탈레반이 아프가니스탄에서 거대한 고대 석불을 박격포탄으로 파괴한 야만적 행태 또한 지탄받아 마땅하다(〈칼럼〉 종교화합은 공직자의 의무, 《동아일보》 2008. 9. 9.).

세계적인 핵심 종교들을 보면, 기독교도 구교인 로마 가톨릭 교회를 제외하고 여타 종교들은 모두 수많은 종파를 가지고 있다. 즉 같은 종교라 하더라도 많은 이교(異敎)가 있다. 같은 종교나 종파 내에서의 갈등은 오히려 다른 종교보다 더 심한 갈등 양상을 드러낸다. 오늘날 이스라엘과 팔레스타인 사이의 갈등은 그 종교적 터전의 출발지가 동일함에도 불구하고 각기 다른 종교로 터 잡은 데에서 비롯된다. 다른 한편, 같은 이슬람교 내부에서도 수니파와 시아파의 갈등이 심각한 양상이며 특히 수니파의 한 부류인 IS(Islamic

State)의 극단적인 행동으로 인하여 국지전쟁과 테러가 더욱 심해진다.

우리나라에서 2014년 4월 16일에 발생한 세월호 사건으로 부각된 구원파 문제도 종교의 윤리성을 다시 한번 되새기게 한다. 어디까지가 보호되어야 할 종교이고, 어디에 이르면 사교가 되는 것인지에 대한 근본적인 사회적·국가적 합의는 결코 쉽지 않기 때문에 이는 영원한 인류의 과제이기도 하다. 종교가 고도의 윤리성과 상대방에 대한 관용을 저버린다면 사교집단과 마찬가지로 매도될 수밖에 없다.

### 4) 종교와 국가의 갈등

윤리에 터 잡은 사회의 규율은 정신적 측면에 입각한 규율이라는 점에서 종교의 윤리성과 연계되는 핵심적인 화두다. 종교의 생명력은 윤리성에 기초하기 때문이다. 윤리성에 터 잡은 종교와, 정당성 및 적법성에 기초한 국가는 서로 갈등적이고도 보완적인 관계에 있다. 인류 역사에서 초기에는 신정정치(神政政治)가 지배적이었다. 즉 교권과 국권이 분리되지 아니한 채로 종교적 힘에 의하여 국가가 통치되어 왔다. 서양에서는 특히 로마 교황청이 유럽을 지배하여 왔다. 그러나 근대 국민국가(nation-state)의 탄생과 더불어 교권과 국권의 갈등이 본격화되기 시작하였다. 성직 서임권을 둘러싸고 1077년 신성로마제국의 황제 하인리히(Heinrich) 4세가 교황 그레고리(Gregory) 7세 앞에서 무릎을 꿇은 '카노사의 굴욕'(Humiliation at Canossa) 사건이 이를 단적으로 드러낸다. 하지만 그 후 역설적으로 국가와 종교의 분리는 가속화되었다.

우리나라에서 일찍이 신라 법흥왕 시대에 불교가 들어오는 과정에서 발생한 '이차돈의 순교'도 그 전형적인 예의 하나이다. 아이러니하게도 이 사건을 통해서 오히려 불교가 신라에 본격적으로 들어와 불교문화의 전성기를 이루었다. 조선왕조 말의 근대화와 개국 과정에서도 서양 종교 특히 천주교와 개신교에 대한 탄압은 김대건 신부를 비롯하여 많은 이들의 순교를 초래하였다.

역사적으로 수많은 종교적 갈등을 이겨 낸 인류의 지혜는 근대국가의 정립 과정에서 헌법에 국교부인과 정교분리(政敎分離)원칙을 정립시킨다. 오늘날 정교분리는 극히 일부국가를 제외하고는 국가의 최고법인 헌법적 가치로 인정된다. 하지만 현실세계에서는 여전히 국가권력과 종교세력 사이의 갈등이 빈발한다. 그것은 종교법과 실정법 사이에 드러나는 괴리이긴 하지만, 근본적으로 세속에서 일상을 영위하는 이들의 삶과, 초월적 세계에 의탁해 살아가는 이들의 삶 사이에 일어날 수밖에 없는 가치관의 차이에 연유하기도 한다.

우리나라만큼 종교 문제를 슬기롭게 포용한 국가와 민족은 찾아보기 어렵다. 오랜 내공을 통하여 한민족의 문화적·정신적 지주로 작동하는 호국불교, 관혼상제에서 생활 예법으로 정착한 유교, 근대화에 결정적인 기여를 한 기독교(개신교)와 천주교는 우리의 삶 속에 터 잡고 있다. 특히 기독교는 독립운동 과정에서 민주시민의식을 크게 고취시켰다. 그동안 국가지도자들은 나름대로의 금도(襟度)를 발휘함으로써 국민통합과 종교화합의 장을 마련하였다. 그런데 때로 일부 공직자와 국가기관이 저지른 종교 편향적 행태가 공분을 사기도 한다. 헌법에 천명된 정교분리원칙은 공직자의 행위전범(行爲典範)이다. 앞으로는 이런 논란이 생기지 않도록 "오얏나무 아래서 갓끈을 고쳐 매지 않는" 조심성이 필요하다. 종교인들에게도 그릇된 행태에 대한 근본적 자성이 뒤따라야 한다. 남북 분단과 참혹한 동족상잔의 전쟁을 이겨 낸 국민에게 정신적 구원의 등불 역할을 해 온 종교가 국가와 더불어 조화를 이루도록 끊임없이 성찰해야 한다(〈칼럼〉 헌법상 정교분리, 《고시계》 2011. 4.).

## 3. 법의 발전

### 1) 법의 강제력과 도덕의 비강제력

법과 도덕은 다 같이 한 사회에서 지켜야 할 규범이라는 점에서 동일하다. 그러나 도덕은 그 어느 누구도 강제하지 않는 인간의 자율적 규범이라는 점에서 강제규범인 법과 본질적으로 구별된다. 도덕률은 그 자체로서 인간의 인격을 드러내며, 한 사회에 지대한 생명력을 가지고 그 사회의 정신적 좌표로서 기능할 수 있다. 하지만 도덕을 지키지 않는다고 해서 뭇사람으로부터 손가락질의 대상이 되는 것은 별론으로 하고, 그 자체가 국가와 사회에 강요할 수 있는 힘을 가지지 못하는 점에서 규범으로서의 한계를 분명히 드러낸다.

법도 그 사회의 건전한 도덕률과 윤리성에 기초한 정당성을 가지기 때문에 만약 법이 이를 제대로 반영하지 못한다면 그것은 정당성과 적법성을 담보한 법이 아니라 악법(惡法)이다. 그런 점에서 소크라테스(Socrates)가 "악법도 법이다"라고 하여 독배를 마신 것은 악법임에도 불구하고 이에 순종한 대표적인 사례다. 한 사회가 건전하게 작동하려면 때로 악법도 지켜야만 국법질서의 안정을 기할 수 있다는 점을 역설적으로 보여 준다.

### 2) 사회 있는 곳에 법이 존재

어떤 시대 어떤 사회에도 법은 존재한다. 만약 법이 없다면 그 사회는 어떠할 것인가를 상상한다면 더욱 분명하게 법의 필요성을 인정하게 된다. 법이 없다면 "만인의 만인에 대한 투쟁"만 난무하는 무법천지가 될 것이며, 그 사회는 혼란에 빠져들 수밖에 없다. 그런 점에서 법은 인간의 삶과 국가의 존재와 직결되는 것이면서 동시에 그 사회상을 반영하는 필요의 산물이다.

원시시대에도 법이 존재하였다. 그러나 원시사회에서의 법이란 매우 제한적이고 한정적이었다. 다만 원시사회와 같이 미개한 사회에서는 그리 많은 복잡한 법이 필요할 이유 또한 없었기에 매우 간단한 법규범이 그 사회를 통치하기에 충분하였다.

### 3) 고조선의 팔조금법

우리 역사에서 고조선(기원전 2333년-기원전 108년)의 법인 '8조법'(八條法) 또는 '8조금법'(八條禁法)은 이를테면 오늘날의 헌법을 비롯해서 형법을 포함한 모든 법규범의 총체라 할 수 있다. 8조법은 우리 역사에서 최초의 성문법이다. 안타깝게도 오늘날까지 전해 내려오고 있는 내용은 조선의 실학자 이수광이 『지봉유설』(芝峯類說)에서 소개한 3개조에 불과하다. "첫째, 사람을 죽인 자는 사형에 처한다. 둘째, 사람을 상해한 자는 곡식으로 보상한다. 셋째, 도둑질한 자는 노비로 삼는다." 이와 같은 규정을 통해서 본다면 고조선 사회는 농경사회로서 보상제도를 마련하고 사유재산제도를 채택하였으며 계급사회였음을 알 수 있다.

### 4) 서양 최초의 성문법전인 함무라비법전

함무라비(Hammurabi)법전은 세계 최초의 성문법전으로 알려져 있다. 함무라비법전은 바빌론(Babylon)의 왕인 함무라비가 기원전 1760년에 제정한 전문 282조의 법전이다. 인류 역사에서 최초의 법전이라는 점에 관해서는 논란이 있지만, 현존하는 최고의 성문법전이라는 점에는 이의가 없다. 그 내용 또한 방대하기 그지없기 때문에 오늘날에도 그 법의 가치를 높이 평가한다. 함무라비법전은 20세기 초 프랑스 학자 드모르강(de Morgan)에 의하여 이란 서부의 고대도시 수사(Susa) 유적지에서 발견되어 지금은 프랑스 파리의 루브르(Louvre) 박물관에 전시되어 있다.

함무라비법전은 왕이 신으로부터 법전을 받는 모습을 새겨 놓았다는 점에서 절대국가 시대의 왕권신수설(王權神授說)과도 일맥상통하는 측면을 보여 준다. 또한 고대의 응보형주의(應報刑主義) 즉 "눈에는 눈, 이에는 이"라는 동해복수법(同害復讐法, Lex Talionis)의 원칙을 잘 드러낸다. "만일 사람이 평민의 눈을 상하게 하였을 때는 그 사람의 눈도 상해져야 한다"(제196조), "만일 사람이 평민의 이를 상하게 하였을 때는 그 사람의 이도 상해져야 한다"(제200조)라는 규정이 그러하다. 특히 그 시대에는 상업이 발전하였기 때문에 이와 관련된 내용이 법전에 비교적 상세하게 규정되어 있다. 더 나아가서 재판에 있어서 증거의 중요성, 무죄추정의 원칙과 같이 오늘날에도 통용되고 있는 규범들을 가지고 있다는 점에서 상당히 발전된 법전으로 높이 평가된다.

### 5) 근대법의 뿌리인 로마법

로마법(Roman Law, Ius Romanum)은 고대 로마 시대에서부터 로마가 종말에 이르기까지 발전되어 온 일련의 법체계를 말한다. 고대 로마는 기원전 8세기에 성립되었는데, 로마법은 기원전 499년에 이르러 관습법(慣習法)을 중심으로 12표법(表法)을 기축으로 하여 성립되었다. 로마는 기원전 3세기에 이르러 카르타고(Carthago)에 승리하여 세계적인 상업국가로 번영을 이루었다. 로마법은 이후 로마시민에게만 적용되는 시민법(市民法, ius civile)과 로마시민과 로마시민이 아닌 사람과의 관계법인 만민법(萬民法, ius gentium)이라는 두 개의 축을 중심으로 발전되었다.

로마법은 동로마제국에 이르러 유스티니아누스(Justinianus) 1세(483-565) 때인 기원후 530년경에 완성되었다. 유스티니아누스법전은 비잔티움제국과 서유럽제국에 걸쳐서 사법제도의 뿌리가 되었다. 유스티니아누스가 편찬한 소위 '로마법 대전'(Corpus Iuris Civilis)은 동로마제국의 붕괴 이후에 잠복기를 거쳤는데, 11세기 말 이탈리아의 볼로냐(Bologna)대학에서 로마법 연구가 본격적으로 이루어졌다. 15세기에는 독일에 로마법이 본격적으로 계수되어 전통적인 게르만법과 융합되어 발전하였다. 이 로마법은 이탈리아와 프랑스, 스위스의 법체계에도 큰 영향을 미친 바 있다.

인류문명사의 관점에서 본다면 그리스는 인류 철학의 사상적 기조를 이룬다. 그런 점에서 그 이후 인류의 발전 과정에서 드러난 철학적 사고는 그리스 철학의 모사(模寫)라는 비판으로부터 자유롭기 어려운 측면이 있다. 하지만 로마는 그리스 철학을 모사하기는 하였지만, 법과 제도의 측면에서는 단연 인류 역사에 돋보이는 그야말로 로마인 특유의 법질서를 창출하였고, 그것은 오늘날까지 인류생활에서 법의 원류를 이룬다. 따라서 로마법은 법 그 자체를 본격적으로 정립하여 인류의 생활규범으로 정립하였다는 점에서 그 의의를 찾을 수 있다. 그것은 독일의 철학자 예링(Rudolf von Jhering)의 『로마법의 정신』(Der Geist des römischen Rechts auf den verschiedenen Stufen seiner Entwicklung)을 통해서 단적으로 드러난다: "로마는 세 번 세계를 통일(統一)시켰다. 첫째는 무력에 의하여 국가(國家)를 통일하였고, 두 번째는 서로마제국의 몰락 후 기독교에 의하여 교회(敎會)의 통일이 이루어졌고, 세 번째로는 중세에 로마법의 계승에 의하여 법(法)의 통일을 이룩하였다. 두 번째와 세 번째 통일은 정신적 힘에 의한 세계의 통일이다"(최병조, 『로마법강의』, 박영사, 2006).

## 4. 근대법의 정립

### 1) 근대법으로의 이행

객관적인 법체계로 정립된 로마법이 유럽 대륙으로 들어가서 근대법(近代法)으로 정립되는 데에는 시간이 필요하였다. 상업이 발전한 로마에서 만민법과 같은 섭외법(涉外法)의 발전은 근대 사법(私法)의 이념적 토대인 사적 자치(私的 自治)의 원리를 정립하는 방향으로 나아갔다는 점에서 그 의의를 찾을 수 있다. 그러나 유럽 국가들은 중세라는 닫힌 사회의 틀을 벗어나지 못하였다. 그것은 중세를 암흑의 시대로 칭하는 것과도 일맥상통한다.

하지만 문명의 르네상스 시대를 거치면서 절대군주 시대에서 근대 국민국가 시대로의 이행으로 법에 있어서도 새로운 변화가 불가피하였다. 즉 법이 가진 자의 도구로 악용되던 시대를 넘어서 이제 법이 만민을 위한 법으로 새로이 옷을 갈아입어야 하는 시점에 이른 것이다. 여기에는 두 가지 측면이 있다. 그 하나는 아무리 절대군주들이 왕권신수설에 입각하여 "짐이 곧 국가"(L'État, c'est moi)라는 군주주권론(君主主權論)에 천착하고 있다고 하더라도 인류의 삶은 더 이상 특정 군주에만 의탁할 수 없는 다원적 사회로 진화하고 있었다는 사실이다. 산업혁명에 따른 경제적 발전에 힘입은 시민사회가 형성되고 이른바 부르주아(bourgeois) 계층의 등장으로 더욱 강력한 집단으로 현실화된다. 또한 인류의 정신적 계몽은 더 이상 특정 개인의 지도력에 의탁하는 것이 아니라 집단적 지성의 형태로 드러나는바, 귀족계층으로부터 비롯된 권리 찾기가 차츰 시민 즉 민중으로까지 확대되어 갔다.

### 2) 시민혁명과 근대법 시대의 개막

민주주의의 역사는 인류의 역사에 비추어 본다면 매우 짧다고 할 수 있겠지만, 다른 한편으로는 오랜 역사의 산물이다. 영국 민주주의의 역사를 보면 이를 잘 알 수 있다. 영국적 관습법의 발전사라고 할 수 있는 영국 민주주의의 발전사는 1215년 대헌장(마그나 카르타, Magna Carta)으로부터 비롯된다. 이후 청교도혁명에 따른 권리청원(Petition of Right, 1628), 인신보호법(Habeas Corpus Act, 1679), 명예혁명에 따른 권리장전(English Bill of Rights, 1689)의 채택과 더불어 정치적으로는 오늘날 정부형태의 한 전형을 이루는 영국식 내각책임제가 수 세기에 걸쳐서 발전하여 왔다. 하지만 아직도 성문의 헌법이 존재하지 않을 만큼 영국은 판례법과 불문법 국가의 전형이다. "전락하는 왕의 운명이 곧 영국 민주주의의 발전사(發展史)이다"라는 명제와 같이 영국 민주주의와 영국식 법의 지배(rule of law)는 왕권 통제를 통한 왕권 축소의 역사라 해도 과언이 아니다. 그럼에도 과격한 혁명을 통하여 국왕을 폐위시킨 프랑스와 달리 그 왕제를 폐지하지 않았다는 점은 영국 민주주의 발전의 특색이다. 영국신사라는 표현도 여기에서 비롯된다.

근대사회에 이르러 세계사적인 두 개의 혁명은 미국과 프랑스에서 발발하였다. 미국의 독립혁명은 영국의 착취에 항거한 것이었기에 새로운 독립국가의 창설로 이어졌다. 하지만 새로운 독립국가의 창설에도 불구하고 미국은 여전히 영국의 법과 문화로부터 벗어나지 않았다. 혁명 이후 세계 최초로 국민주권에 입각한 근대헌법을 1787년에 제정하였고, 오늘날까지 통용되는 가장 오랜 헌법을 만들었음에도 불구하고 전반적인 법체계에서는 영국식 불문법의 원리가 작동되어 왔다.

미국혁명이 영국의 식민지로부터의 독립혁명이었던 반면에, 프랑스에서는 절대군주인 루이(Louis) 14세가 태양왕(Roi du soleil) 또는 "짐이 곧 국가다"라고 스스로 칭하는 표현을 통해서 단적으로 드러난 절대군주 시대를 마감하고, 만백성이 주인이 되는 국민주권의 시대를 여는 시민혁명이 일어났다. 1789년에 발발한 시민혁명은 「인간과 시민의 권리선언」(*La déclaration des droits de l'homme et du citoyen*)을 통하여 인간존엄성에 기초한 국민주권주의 시대를 알리는 인권선언이라는 점에서 그 역사적 의의를 높이 평가할 수 있다(Jean Morange, 변해철 역, 『인간과 시민의 권리선언』, 탐구당, 1999). 그것은 전근대(前近代)적인 일체의 법과 제도로부터 벗어나서 새로운 법과 질서를 창출하는 혁명이었다. 라파예트(Lafayette) 등이 기초한 인권선언은 프랑스혁명이 진행되고 있던 1789년 8월 26일, 국민의회가 국민으로서 누려야 할 권리에 대하여 선포한 선언이다. 구체제의 모순에 대한 시민계급의 자유선언으로, 근세의 자연법과 계몽사상을 통하여 인간존엄을 구현하고 있다. 천부인권, 사회계약설, 주권재민, 언론·결사의 자유, 소유권의 불가침, 법치주의, 권력분립 등을 내용으로 한다. 인권선언은 1791년 프랑스헌법의 전문으로 채택되어 세계 각국의 헌법과 정치에 커다란 영향을 미쳤다. 프랑스 인권선언은 인권과 주권에 관한 한 오늘날까지도 프랑스에서 헌법적 가치를 지니고 있다는 점을 프랑스 헌법재판소(Conseil constitutionnel)가 천명하고 있다.

### 3) 근대혁명의 사상적 배경

근대혁명의 탄생에 있어서는 혁명이 어느 날 갑자기 발발한 것이 아니라 오랜 세월에 걸쳐서 갈고닦은 사상가들의 이론과 그에 호응한 시민의 합작품이 아닐 수 없다. 문예사조사적으로는 계몽주의, 사상사적으로는 사회계약설, 법사상으로서는 자연법론이 바로 그것이다.

프랑스의 경우 국가성립의 기초로서의 사회계약론을 제시한 장 자크 루소(Jean-Jacques Rousseau)의 『사회계약론』(*Du contrat social*), 『인간불평등기원론』(*Discours sur l'origine et les fondements de l'inégalité parmi les hommes*) 등과 같은 명저가 있는가 하면, 몽테스키외(Charles-Louis de Secondat Montesquieu)는 『법

의 정신』(De l'esprit des lois)에서 삼권분립(三權分立)이론을 제시하여 근대적 국가체계의 이론과 모형의 원형을 제시하였다.

영국에서는 벤담(Jeremy Bentham)에서 밀(John Stuart Mill)에 이르는 공리주의(utilitarianism)가 등장하여 사회의 변화를 위한 이론적·사상적 토대를 형성해 나갔다. 존 로크(John Locke)는 『시민정부이론』(Two treatises of government: an essay concerning the true original extent and end of civil government)을 통해서 권력분립의 이론적 기초를 제공하였다.

### 4) 근대법의 정립

근대법은 자유주의, 개인주의, 민주주의에 기초한다. 그런 점에서 근대법은 군주주권주의를 폐기하고 국민주권주의 시대를 연 시민혁명 이후에 이르러 본격적으로 그 본래의 모습을 드러내기 시작하였다.

서양의 근대법제에서 효시를 이루는 법전이 바로 1804년 나폴레옹 1세 (Napoléon I, 1769-1821)가 제정·공포한 프랑스의 민법전이다. 인류의 역사에서 세계 3대 법전은 함무라비법전, 유스티니아누스법전과 더불어 나폴레옹이 제정한 민법전인 나폴레옹법전이다. 나폴레옹법전에는 1789년 프랑스의 「인간과 시민의 권리선언」에서 천명한 바 있는 법 앞에서 평등, 신앙의 자유, 사유재산의 존중, 계약자유의 원칙, 과실책임주의, 소유권의 절대성 등 근대시민법의 기본원리가 반영되어 있다. 나폴레옹법전은 총 3편 2281조로 구성되어 있는데 그야말로 근대적 성문법제의 토대를 마련하였다는 점에서 그 역사적 의의를 평가하지 않을 수 없다. 나폴레옹 자신도 "나의 명예는 전쟁의 승리보다 법전에 있다"라고 할 정도로 법전에 대한 강한 애착을 보였다. 더 나아가 "이 법전은 완벽하기 때문에 더 이상 주석(註釋)이 필요 없다"라고 할 정도로 자부심을 드러냈다. 나폴레옹법전은 1789년 혁명 이후 새롭게 제기되는 법적 문제점을 종합적이고 입체적으로 정리하였다는 점에서 종래 프랑스 북부의 관습법적 경향과 남부의 로마법적 경향을 종합한 대작이다. 그것은 프랑스혁명의 이념과 직결된 개인주의와 자유주의의 정신을 그대로 담고 있다. 1807년 나폴레옹은 이 법전 자체를 아예 '나폴레옹법전'이라고 개칭하였다. 이후 나폴레옹법전이라는 명칭은 폐기되었다가 1852년부터 다시 사용되었다. 이제 나폴레옹법전은 민법전 이외에도 상법, 민법, 민사소송법, 형사법, 형사소송법을 모두 일컫는 법전으로 애용된다. 그동안 수정과 개정을 거쳐서 오늘날까지 프랑스의 법전으로 작동되고 있는 나폴레옹법전은 근대시민법의 기본원리를 정립한 법전이다. 이와 같은 흐름은 독일에도 영향력을 미쳐 나폴레옹민법전 편찬에 즈음하여 독일민법전의 제정을 촉구하는 논쟁의 계기를 제공하였다.


## 5. 서양법의 계수

### 1) 서양의 합리주의와 동양의 온정주의

전통적으로 동양사회에서는 법에 대하여 비판적인 시각이 많았다. 즉 지도자가 국가와 사회를 법으로 다스리는 것은 바람직하지 않다는 사고가 지배적이었다. 중국의 춘추전국 시대에 제자백가(諸子百家) 중에서 법가(法家)는 가장 낮은 하지하(下之下)로 취급하였다. 덕(德)으로 다스리는 덕치(德治)를 최고의 다스림으로 인식하였다. 그러니 동양사회에서 법과 제도가 크게 발전하지 못하였음은 당연하고 더구나 합리적 사고보다는 온정주의적 사고가 지배적인 담론이었다.

일찍이 서양에서는 18세기 말, 세기를 뒤흔든 두 차례의 시민혁명, 즉

1776년의 미국 독립혁명과 1789년 프랑스 시민혁명을 거치면서 국민주권과 인간존엄에 기초한 권력분립의 원리를 채택하여 권력의 견제와 균형을 도모하였다. 더 나아가 나폴레옹법전과 같은 법전의 출현으로 법을 통한 사회적 갈등의 해소를 위한 기반을 다져 나갔다.

하지만 동양에서는 여전히 개혁과 개방을 멀리하는 폐쇄적이고 국수주의적인 사고의 틀 속에서 법에 의한 지배보다는 온정주의가 판치고 있었다. 게다가 있는 법, 즉 실정법 또한 근대성을 가지지 못하였다. 소설 '춘향전'(春香傳)에서 그 단적인 예를 찾을 수 있다. 고을 원님이 입법·행정·사법을 총괄하는 시대에 있어서 권력은 자의적으로 행사될 수밖에 없고, 아무런 견제장치도 마련하지 못하기 마련이다. 물론 중앙에는 사헌부(司憲府)·사간원(司諫院)과 같은 견제장치가 있지 않았느냐고 반문할지 모르지만, 그것은 어디까지나 왕권의 전횡에 대한 견제장치에 불과할 뿐 근본적으로 만백성이 주인이 되는 세상과는 거리가 멀었다.

## 2) 일본의 메이지유신과 서양법의 계수

계수법(繼受法)이란 외국의 법을 그대로 들여와서 그 나라의 것으로 만든 법을 말하며, 이는 고유법에 대한 상대적 개념이다. 고유법이란 외국법의 영향을 받지 아니하고 그 나라 고유의 생활·관습·전통·역사 속에서 발생하여 발달한 법이다. 반면에 계수법이란 외국에서 발생하고 발달한 법의 일부 또는 전부를 받아들여 형성된 법이다. 계수법에는 직접계수법과 간접계수법이 있다. 직접계수법은 외국의 법을 그대로 번역하여 자기 나라의 법으로 만든 법을 말한다. 간접계수법은 외국법을 참고로 하고 자기 나라의 특수성을 가미하여 만든 법이다. 하지만 계수법도 오랜 세월이 흘러서 그 나라의 생활 속에 스며들면 그 나라 고유법으로 자리 잡는다. 예컨대 독일의 경우 고유법으로 게르만법이 있었으나 15세기에서 16세기에 걸쳐서 로마법을 계수하여 게르만법과 로마법이 융합된 법제를 정립하였다.

법의 근대화, 즉 서양법의 계수는 동양사회의 근대화를 위한 필수적 과정이었다. 이미 서세동점(西勢東占)은 시작되었고 서양의 우수한 과학기술의 발전은 동양과의 차이를 더욱 벌려 나갔다. 일본은 1850년대부터 시작된 소위 메이지유신(明治維新)을 통해서 서양의 문물을 본격적으로 수입하기 시작하였다. 그중에서 대표적인 것이 서양의 법제 계수다.

일본은 서양의 합리성에 기초한 법제를 수입하기 위해서 영국, 미국, 프랑스, 독일 등지에 학자들을 파견하여 법의 계수 작업을 진행하였다. 이 과정에서 영미법계와 같은 판례법 중심의 불문법(不文法) 국가의 법 계수가 사실상 불가능하다는 것이 분명히 드러났기 때문에, 결국 프랑스와 독일의 대륙법계와 같은 성문법(成文法) 국가의 법전을 체계적으로 이어받는 작업을 진행하였다.

법의 세계에서는 일반적으로 법계(法系)를 영미법(英美法)과 대륙법(大陸法)으로 분류한다. 여기서 대륙이라 함은 불행하게도 가장 거대한 아시아 대륙을 의미하는 것이 아니라 유럽 대륙을 지칭한다. 그중에서 프랑스, 독일, 이탈리아의 법제가 주류를 이룬다. 이와 구분되는 영미법의 특징은 불문법이라는 점이다. 법전 없이도 오래도록 쌓여 온 관습법과 판례법을 통해서 법의 지배를 구현한다. 반면에 대륙법계에서는 성문의 실정법체계를 갖춘다. 나폴레옹법전은 그 상징적인 존재다. 물론 오늘날 영미법계에서도 성문의 법률이 다수 제정되고, 대륙법계에서도 관습법과 판례법의 중요성이 늘어가지만, 성문의 실정법이 존재하느냐 또는 기본법이 성문화되어 있느냐가 그 핵심 기준이다. "영국에는 아직도 헌법이 없다"라는 경구가 상징하는 것이 바로 그러하다. 영국에는 유사 이래 지금까지 성문화된 헌법이 존재하지 아니한다. 1215년 마그나 카르타 이후 일련의 규범과 영국식 내각책임제로 상징되는 헌법적 가치를 가지는 관습법 즉 관습헌법이 바로 영국의 헌법이다. 그런 점에서 "영국에도 헌법이 있다"라는 명제는 "비록 성문으로 된 헌법전은 없지만 헌법적 가치를 가지는 규범의 총체인 실질적 의미의 헌법이 있다"라는 점을 상징적으로 표현한다. 실제로 성문의 헌법은 없지만 영국에서도 성문의 헌법이 있는 나라와 마찬가지로 헌법과 헌법이론이 작동한다. 이에 따라 영국의 법과대학에서도 헌법학 강좌가 대륙법계와 마찬가지로 개설되어 있다.

### 3) 조선의 서양법 계수와 일제 강점기

한국에서 근대법학이라 함은 불행하게도 5,000년 역사에 빛나는 한국법의 근대성에 있는 것이 아니라 서양에서 수용한 근대법을 의미한다. 동양의 전통은 빛나고 아름답다. 그러나 동양의 전통법은 불행하게도 근대성을 갖추지 못하였다. 즉 근대국가에 필요한 법제로서 적절하지 못하였다. 우리나라에서 근대입헌주의적 의미의 헌법에 관한 논의는 19세기 말부터 시작되었다. 그 이전에 조선왕조에서도 『경국대전』(經國大典)과 같은 국가의 조직과 구성에 관한 기본법제가 있었지만 근대국가의 헌법이라고 할 수는 없다.

조선에서도 일본의 메이지유신보다는 늦었지만 19세기 말에 이르러 개혁개방을 주창하는 개화파와 위정척사(衛正斥邪)를 주창하는 수구보수파 사이에 치열한 논쟁이 전개되었다. 이 과정에서 드러난 개화파의 대표적인 작업이 1894년의 갑오개혁(甲午改革, 갑오경장)이다. 명성황후(明成皇后)를 중심으로 보수파를 몰아내고 일본의 힘을 바탕으로 개혁에 성공한 개화당은 김홍집(김굉집)을 수반으로 하는 내각을 통하여 혁신적인 내정개혁을 진행하였다. 김홍집은 개혁 작업의 일환으로 1894년(고종 31) 12월 12일에 자주

독립국가로서의 기초를 다지는 규범으로서 '홍범(洪範)14조'를 제정하였다. 고종은 1895년 1월 7일 독립서고문(獨立誓告文)과 더불어 '홍범14조'를 선포하고, 1월 14일에는 '홍범14조'를 순 한글체·순 한문체·국한문혼용체로 작성하여 반포하였다. '홍범14조'는 우리나라 최초로 정치제도를 근대화하고 독립국가의 기초를 다지는 국가기본법으로서 헌법적 성격을 가진 것으로 그 의의를 평가할 수 있다. 특히 그 내용에서 근대적 내각제도와 법치주의를 포괄하고 있다는 점에서 근대적 헌법규범으로서의 성격을 가진 것으로 보아도 무방할 것이나, 체계적인 헌법규범이라기보다는 개혁정치의 기본강령적 성격이 강하다.

연이어 1895년 3월에는 법관양성소(法官養成所)가 개설되었다. 법관양성소는 서양식 근대법제를 수용하여 이를 가르치는 학교가 되었다. 이 법관양성소에는 영국, 프랑스, 독일의 학자들까지 교관 내지 교수 요원으로 들어왔으니 그야말로 신식 법학교육의 새 장을 열었다(김효전, 『법관양성소와 근대 한국』, 소명출판, 2014 참조).

법관양성소는 잘 알려져 있지 아니하지만 국민들은 이준 열사라면 누구나 기억하고 추모한다. 비록 이름은 법관양성소이지만 우리나라에서 처음으로 배출한 법학도들이 졸업 후에 신식, 소위 서양식 재판의 판사와 검사로 부임하였다. 바로 그 제1회 졸업생 중의 한 명이 헤이그에서 순국한 이준 열사다. 이준 열사는 법관양성소를 졸업한 후 검사로 임관되었다. 제1회 졸업생 중 또 다른 한 사람이 대한민국의 3대 부통령을 지낸 함태영 선생이다.

서울대학교 법과대학은 법관양성소 개소 100주년을 기념하여 '근대법학교육 백주년 기념관'을 건립하여 그 건물에 "1895-1995"를 새겨 놓고 있다. 또한 이준 열사를 기리기 위하여 서울법대 총동창회장을 지낸 김경한 전 법무부 장관의 후원으로 '이준 열사 동상'을 건립하였다. 한편 서울대학교는 서울대학교의 기원을 1895년 법관양성소로 인정하고 총동창회에서 『전통과 정체성』을 발간하였고, 1895년을 개학 원년으로, 1946년을 통합개교 원년으로 기린다. 종래 서울대학교에서는 개교를 해방 후 1946년을 기점으로 하여 왔으나 1895년 이래 비록 그 과정에서 경성제국대학이 일제 강점기에 끼여 있기는 해도 국립대학 교육이 전문학교 또는 전수학교 체제로 다양하게 작동되어 왔음을 확인하는 계기가 되었다(서울대학교 총동창회 편, 『전통과 정체성』, 2013 참조).

1899년 8월 17일에 제정된 대한제국의 '국제'(大韓國制)는 최초의 성문헌법으로 평가되고 있는 바, 전문 9개조로 구성되어 있으며, 국호를 조선에서 대한제국으로 변경하고 국가형태로서 전제군주국을 천명하고 있다. 19세기 근대 조선의 개국과 서양 헌법이론의 초기 수용 과정에서 나타난 이들 규범은 새로운 개혁정치를 상징하는 의미를 가진다. 하지만 조선의 근대화 내지 조선의 변화는 그 꽃을 피우지 못한 채 일제 강점이라는 시련기에 이르렀다.

19세기 후반에 서구 열강은 제국주의적 세계 경영에 나섰다. 아직도 잠에서 깨어나지 못한 동양 각국은 이들에게 더없이 좋은 먹잇감이었다. 아편전쟁 이후의 청나라를 비롯해서 인도차이나 각국은 차례로 이들의 손아귀에 들어갔다. 500년 조선왕조도 위정척사의 깃발 아래 전개된 쇄국론(鎖國論)과 설익은 개화(開化)세력 사이의 갈등 속에서 종말에 이르렀다. 하지만 일본은 메이지유신을 단행하여 서세동점의 굴욕적인 상황을 개혁과 개방을 향한 능동적 의지로 전환시켰다. 그들의 탐욕은 국내에 그치지 않고 대동아공영권(大東亞共榮圈)의 건설로 나아갔다. 바로 그 과정에서 조선은 식민지 수탈의 대상으로 전락하였다.

1910년 8월 29일, 대한제국은 일본에 강제 병합됨에 따라 국권을 상실하였다. 일제 강점기에는 일본의 법과 제도 즉 일본이 유럽으로부터 계수한 법과 제도가 형식적으로 조선에도 작동되었다. 따라서 서양의 법제가 우리나라에 본격적으로 적용된 것은 일제 강점기로부터 비롯된다. 비록 일제 강점기이기는 하지만 그 법은 서양의 법제라는 점에서 우리나라에도 서양의 근대법제가 일정 부분 작동된 것이다.

### 4) 해방과 대한민국 정부수립에 따른 주권국가의 서양법제 수용

1910년 경술국치(庚戌國恥)로 조선왕조를 이은 대한제국은 국권을 상실하였다. 하지만 나라를 되찾겠다는 민족적 의지는 마침내 1919년 3·1운동으로 새로운 전환점을 맞이하였다. 이를 기점으로 상하이에 대한민국임시정부가 수립되었다. 임시정부는 1919년 4월 11일에 대한민국임시헌장(憲章)을 제정하고, 9월 11일에는 대한민국임시헌법(憲法)을 제정하였다. 이 헌법은 그 이후 대한민국임시헌법(1925년 4월 7일), 대한민국임시약헌(約憲, 1927년 4월 11일), 대한민국임시약헌(1940년 10월 9일), 대한민국임시헌장(1944년 4월 22일)으로 개정된 바 있다. 수차례의 개정을 거듭하였지만 그 무엇보다도 5,000년 한민족의 역사상 최초로 민주공화국을 천명하였다는 점에서 새로운 시대를 여는 헌법임에 틀림없다. 세습적인 군주제를 거부하면서 동시에 군주주권이 아닌 국민주권 시대를 열었다는 점에서 공화국은 새 역사의 창조를 의미한다. 하지만 온 겨레가 함께한 자주독립의 뜻을 모아 건립한 상하이 임시정부의 상징성에도 불구하고 임시정부(gouvernement provisoire)라는 한계를 인식하지 않을 수 없다. 비록 임시정부이긴 하지만 국권회복을 위한 무장독립투쟁과 평화적인 외교활동을 펼친 점은 세계사적으로도 높이 평가되어야 한다.

1945년 해방은 한민족의 노력 여하와는 별개로 제2차 세계대전에서 동맹국이 패망함에 따른 결과적 산물이었다는 점에서 우리에게는 한편으로 광복의 영광이 찾아왔지만 다른 한편으로는 크나큰 아쉬움을 남겼다. 그 결과 전승국인 소련과 미국에 의하여 38선을 기점으로 한반도의 분할통치가 초래되었기 때문이다. 신탁통치에 대한 찬반의 열풍을 거치면서 한반도의 남반부는 미국에 의해, 북반부는 소련에 의해 통치를 받게 되었다. 「조선에 관한 모스크바 3국외상회의 결정서」(1945년 12월 27일)에 따라 미소공동위원회가 설치되었지만 결렬되고 말았다. 이에 미군정은 남조선과도입법의원(1946년 12월 12일)을 개원하고, 이어서 남조선과도정부(1947년 5월 17일)를 구성하였다. 광복에 따른 정부수립논의는 행정연구위원회, 미소공동위원회, 남조선과도입법의원에서의 헌법논의를 거치면서 진행되었다. 이후 김구·김규식 등 민족진영 인사들의 단독정부 구성 반대에도 불구하고 남북은 분단국가로 치닫게 된다.

1948년 2월 27일 유엔소총회에서 가능한 범위 내에서의 총선거 실시를 결의함에 따라 미군정은 5월 10일 제헌국회 겸 제1대 국회의원 총선거를 실시하였다. 1948년이라는 시대적 상황은 남북 분단의 어수선한 정치상황이 계속되고 있었고, 정상적인 총선거가 실시되기는 어쩌면 불가능한 상황이라 해도 과언이 아니다. 그럼에도 총선거는 실시되었고 결과적으로 선거는 평화롭게 진행되었다. 사실 대한민국임시정부에서 민주공화국을 천명하긴 하였어도 한반도에서 보통·평등·직접·비밀·자유선거를 실시한 것은 처음이었다. 더구나 국민의 절대다수가 문맹인 상황에서 치러진 보통선거는 민주주의의 고향이라는 영국보다 불과 20년밖에 늦지 않았다는 점에서 역사적인 기적이라 해도 과언이 아니다. 비록 한반도의 북반부를 제외한 남반부에서만 실시되었다는 한계를 안고 있었음에도 불구하고 그 총선거는 한민족의 역사를 새롭게 반전시키는 결정적인 사건이었다. 남쪽만의 반쪽선거는 결과적으로 북쪽에 분단의 빌미를 제공하였다는 비판적인 시각도 일부 제기되고 있지만 이는 동시대의 상황을 제대로 이해한다면 어쩔 수 없는 선택이었음을 충분히 인식하여야 한다.

1948년 5월 30일에는 198명의 국회의원으로 제헌국회가 구성되었다. 제헌국회는 6월 3일 헌법기초위원회를 구성하였다. 사실 헌법기초위원회가 구성되기 이전에도 이미 해방공간에 많은 헌법안이 제기되었고 이들 헌법안에 대한 국민적 논의가 활성화되어 있었기 때문에 헌법기초위원회의 헌법논의는 새로운 공화국의 헌법적 기초를 마련하는 공론의 장으로 전개되기에 충분하였다. 위원회는 헌법기초위원 30명과 전문위원 10명으로 구성되었다. 위원회에서는 유진오안을 원안으로 하고 권승렬안을 참고로 하여 초안을 작성하였다. 유진오안은 ① 정부형태로서 의원내각제, ② 국회의 양원제 등을 주요내용으로 한다. 그러나 이승만은 정부형태를 의원내각제로 할 경우 그 자신의 권력행사에 일정한 한계가 따를 것을 두려워한 나머지, ① 정부형태를 대통령제로 하고, ② 국회를 단원제로 하는 헌법안을 채택하게 하였다. 헌법기초위원회에서 제시된 정부형태로서의 의원내각제안은 비록 대통령제로 변환되기는 하였지만 의원내각제안에 덧칠된 대통령제였기 때문에 여전히 의원내각제적인 요소를 담고 있는 절충형 대통령제라 할 수 있다. 6월 23일 국회에 상정된 헌법초안은 7월 12일 국회를 통과하여 마침내 1948년 7월 17일 국회의장이 서명·공포함으로써 당일로 시행되었다(신우철, 『비교헌법사―대한민국 입헌주의의 연원』, 법문사, 2008; 김수용, 『건국과 헌법』, 경인문화사, 2008).

제헌헌법은 전문·10장·103조로 구성되어 있다. 제1장 총강, 제2장 국민의 권리·의무, 제3장 국회, 제4장 정부, 제5장 법원, 제6장 경제, 제7장 재정, 제8장 지방자치, 제9장 헌법개정, 제10장 부칙으로 구성되어 있다. 제헌헌법의 기본 틀은 대체로 현행헌법까지 유지되고 있다(『대한민국헌법사』).

대한민국의 법질서는 1948년 헌법의 제정으로부터 비롯된다. 국가의 기본법이자 최고법인 헌법이 제정되고 그에 따라 민법, 형법, 상법, 민사소송법, 형사소송법 등과 같은 일련의 기본법제가 정립되었다. 이를테면 6법전서는 바로 위의 여섯 개 법을 두고 하는 말이다. 여기에 더하여 오늘날 행정국가 경향에 따라 행정법이 추가되어 7법이라고 통칭한다. 하지만 이들 법제의 정비에는 상당한 시간이 소요되었다. 예컨대 대한민국이 수립되었음에도 불구하고 민법과 같이 국민생활과 가장 밀접한 법이 1960년에 이르러서야 시행되었다. 그전에는 일본의 민법 이른바 의용(依用)민법이 적용되었다. 즉 민법전은 1957년에 국회에서 통과되고, 1958년 1월에 공포된 이후 1960년 1월 1일부터 시행되고 있다. 또한 형법전은 1953년 9월 18일에 공포되어, 같은 해 10월 3일부터 시행되고 있다.

해방 이후 혼란기를 거치고 1948년 대한민국 정부의 수립과 더불어 이제 명실상부하게 서양의 근대법제가 주권국인 대한민국의 법제로 정립되었다. 하지만 그 법제는 일본의 법제와 매우 유사할 수밖에 없었다. 그렇기는 해도 일본의 법제라는 게 바로 서양 즉 유럽의 대륙법제라는 점에서 특별히 일본 법제라고 폄하할 필요는 없다.

### 5) 광복과 제헌을 넘어서서 평화통일로

"흙 다시 만져 보자 바닷물도 춤을 춘다." 광복 70주년을 넘어섰다. 광복 이전에 한반도에서 펼쳐진 혼돈의 세월은 우리에게 새삼 어제의 역사적 교훈을 통하여 오늘을 되돌아보고 내일을 설계할 소여(所與)를 제공한다. 우리에게 광복 이전의 100년은 어쩌면 잊고 싶은 한 세기인지도 모른다.

광복은 한반도에 새로운 희망과 광영만을 부여하여야 마땅하다. 흩어진 가족, 찢어진 민족이 새로운 국가공동체를 건설하는 환희의 장이어야 한다.

하지만 자력이 아닌 타력으로 이룬 광복은 결국 미소 양대 세력에 의한 남북 분단의 비극을 초래하였다. 1948년 남쪽에는 자유민주주의에 기초한 대한민국이 수립되었고, 북쪽에는 공산주의 이데올로기에 기초한 조선민주주의인민공화국이 자리 잡았다. 허리가 찢어진 두 개의 공화국은 각기 자신만의 정통성을 주장하는 가운데 결국 민족상잔의 6·25전쟁으로 내닫고 말았다. 기나긴 갈등의 세월을 뛰어넘어 2000년 6월 15일에 이어 2007년 8월 28일 두 번째 남북 정상회담으로 이어졌다. 통일을 향한 잰걸음에 이의가 있을 수 없다. 하지만 민족의 대의가 결코 특정 정당이나 특정 정치인의 전유물이 되어서는 아니 된다.

"우리의 소원은 통일"이긴 하지만 그 자체에 완결적 의미를 부여해서는 아니 된다. 무조건적인 통일일 수는 없다. 통일이 세계사의 수레바퀴를 거스를 수는 없다. 온 민족이 인간으로서의 자유와 권리를 누리는 가운데 인간다운 생활을 보장받아야 한다. 그들만의 정의(正義)가 아니라 민족이 호응하는 정의여야 한다. 글로벌사회에서 시장경제를 통하여 개혁과 개방에 능동적으로 대응하여야 한다. 차제에 어설픈 통일지상주의자들은 분명한 입장을 밝혀야 한다. 신성한 통일 명제에 숨어서 대한민국의 정통성을 부정하려는 음모는 차단되어야 한다. 갑년이 넘도록 서로 다른 체제에서 살아온 민족적 이질성은 민족 화해의 차원에서 포섭해야 한다. 하지만 그 화해는 적어도 방어적 민주주의가 수용할 수 있는 관용의 한계를 뛰어넘을 수는 없다.

최근 우리 사회 내부에서 대한민국 4대 국경일에 대한 재평가 논란이 일고 있다. 민족자존을 일깨워 마침내 대한민국임시정부 건설의 계기를 마련한 3·1절, 국법의 초석인 헌법을 제정한 제헌절, 나라를 되찾은 광복절, 민족의 시원을 알리는 개천절은 '무슨 날'이 아니라 절(節)로 격상되어 있다. 그런데 헌법을 조롱하고 국조(國祖)를 부정하는 그릇된 행태에 편승하여 제헌절과 개천절을 깎아내리려는 기도가 엿보인다. 정부수립과 더불어 제정된 국경일이 어느 특정 세력에 의한 일회적 유희의 대상이 되어서는 아니 된다. 분단의 속앓이로 인한 미완의 광복은 이제 조국 통일의 온전한 광복으로 승화되어야 한다. 결과 못지않게 과정을 존중하면서 통일의 염원을 긴 호흡으로 맞이하는 지혜가 필요한 시점이다(〈칼럼〉 광복의 완성 통일, 긴 호흡으로, 《동아일보》 2007. 8. 14.).

## 6. 대한민국 법제의 이상과 현실

### 1) 유교적 전통과 근대 서양적 법률문화의 괴리

그간 한국 사회는 농경사회로부터 산업사회로 급속하게 전개되었음에도 불구하고 여전히 지연, 혈연, 학연을 중심으로 하는 온정주의적 습속(習俗)을 그대로 간직하고 있다. 그에 따라 법과 원칙보다는 오히려 연고에 의한 인간관계 중심의 틀을 벗어나지 못한다. 이제 한국 사회는 더 이상 이와 같은 구습(舊習)의 틀로서는 작동될 수 없는 일정한 한계에 직면하고 있다. 급속한 산업화와 더불어 세계 속의 인터넷 강국으로 부상하면서 전통적인 사고와 행동의 틀은 우리 사회의 보편적 가치로서의 자리를 잃어 간다.

조선시대에 이미 법치주의를 강조하고 『경국대전』과 같은 법전의 편찬 사업을 행하였다는 견해가 없는 것은 아니지만, 조선왕조는 유교이념에 따라 표면적으로는 법에 의한 통치보다 도덕에 의한 통치를 표방하였다고 보는 견해가 지배적이다. 이처럼 조선시대부터 오랜 세월 동안 법보다는 도덕과 윤리, 예(禮)를 생활의 근거규범으로 삼아 온 대한국민에게는 개화기부터 권위주의 통치기간까지 비교적 장기간 부단히 요구받아 온 법의 준수와 법률을 생활의 준거규범으로 삼아야 한다는 요구가 쉽게 체득할 수 없는 요청이었다. 이러한 관념을 단적으로 나타내는 일상화된 표현이 "법 없이도 살 사람"이다. 사법기관에 가지 않는 사람에 대하여는 인간적으로 긍정적인 평가를 내리는 반면 고소나 고발 등 법적인 절차에 의탁하는 사람에 대해서는 부정적인 시각으로 바라보는 세간의 경향은 아직도 우리 사회에는 전통적 유교관념과 서양의 법치주의관념 사이에 괴리가 있음을 보여 준다.

서양법의 한국적 계수는 여전히 일반 국민들이 가지고 있는 법의식과 법 체계의 괴리를 극복하지 못하고 있다. 합리주의에 기초한 서양의 법제는 그 합리성과 근대성에 있어서 동양의 전통법보다 우월적인 제도임에 틀림없다. 하지만 오랜 동양의 법과 전통에 익숙해 있는 일반 국민들에게 서양식 합리주의에 터 잡은 법과 제도는 낯설기만 할 뿐만 아니라 오히려 국가생활에 있어서 불편할 수도 있었던 점을 부인할 수 없다. 이와 같은 법과 의식의 괴리는 아직도 한국 사회에 있어서 법의 지배에 극복 못 한 장애물로 남아 있다(박병호, 『한국법제사』, 민속원, 2012; 박병호, 『전통적 법체계와 법의식』, 서울대학교출판부, 2006).

### 2) 일제 강점기와 전쟁

한국의 법치주의는 근대 법률문화에 대한 기반의 부족과 일본 제국주의의 한반도 침략으로 인하여 필연적으로 일본을 통한 강제적 수용절차를 거칠 수밖에 없었다. 일제는 한국적 법문화의 부재를 선전하면서 이를 근대화한다는 명목으로 다수의 일본 사법보좌관을 불러오고 종래 조선이 위촉한 서양의 법률고문관들을 모두 조선에서 축출하였다.

본격적인 일제 강점기에는 일본의 법령을 대폭 한국에 적용하면서 다른 한편으로 총독부에서 한국에만 적용되는 특별법들을 제정하여 법과 제도를 통한 식민통치의 구축을 획책하였다. 이 과정에서 조선총독은 행정권뿐만 아니라 입법권과 사법권까지 장악하여 국가사회의 전반을 법보다 오히려 행정·경찰 우위의 질서로 만들었다. 일제는 한국에서 근대 법체계의 이식을 가장하면서 실질적으로는 한국의 저항을 무력화하기 위한 수단으로 법을 사용하였다. 바로 이러한 점이 법치주의의 왜곡을 불러온 중요한 요인이다.

일제 강점기에 법학교육 또한 법치주의의 전수보다는 일제의 식민통치에 기여하는 방향으로 진행되었다. 이 시기 법학교육은 일본인 법학교수에게 전적으로 의존할 수밖에 없었고, 이들에게서 법학을 배운 한국인 중 일부는 법치의 좌절에 저항하기도 하였지만 대부분은 일제 관료가 되었다.

일제 강점기 36년은 한국의 법문화에도 엄청난 악영향을 끼쳤다. 일제 강점기 동안 한국인은 일본에 의한 강압적·권위주의적 법집행의 측면만을 경험하게 되었다. 이 때문에 결과적으로 법에 대한 공포와 기피감이 광범위하게 퍼져 나갔다. 일제 강점기의 암울한 법에 대한 경험과 그 영향은 오늘날까지 한국에서 건전한 법문화의 성립을 저해하는 부정적 요소로 작용한다.

일제로부터의 해방과 함께 남한에 진주한 미군의 영향으로 한국은 또 다른 이질적 법문화를 경험하게 되었다. 종래 한국의 법문화는 미군정의 통치 이전까지는 처음 프랑스 지향적인 것에서부터 출발하여 일본의 매개로 독일의 법문화에 가까운 것으로 되었는데 미군정의 영향으로 영미법계의 법문화가 일정 부분 수용되었다. 그러나 판례 중심인 영미법계의 법문화적 전통이 일천하였으므로 미군에 의한 영미법의 전수는 적지 않은 혼란을 가져왔고 이로 인해 한국의 법문화가 경험하게 된 단절현상은 훨씬 더 광범위하게 나타난 측면도 무시할 수 없다. 더구나 정부수립 직후에 발발한 1950년의 한국전쟁은 건국 이후 한국의 법치주의에 크나큰 위기를 초래하였다. 미국법의 영향 아래 법치에 대한 새로운 인식요소들이 자리 잡기도 전에 발생한 전쟁은 정치적으로도 많은 혼란을 야기하였고 필연적으로 법치주의의 후퇴를 가져왔다.

### 3) 법체계와 법인식의 괴리

서양의 합리적인 법제의 기초 중 하나는 공법(公法)과 사법(私法)의 분리다. 공법관계는 국가를 중심으로 하는 공권력과 일반 시민 사이의 관계를 중심으로 형성되기 때문에, 당사자 사이에 차별적인 관계를 중심으로 형성된다. 특히 형사법(刑事法)의 영역은 국가공권력에 의하여 범죄자에 대한 처벌을 중심으로 법질서의 안정을 꾀하는 법률관계다. 따라서 사인에 의한 형벌권 발동은 원천적으로 불법이다. 이에 반해 사법관계는 사적 자치와 계약의 자유에 기초하여 대등한 당사자 사이의 법률관계를 말한다.

하지만 현실에서는 형사법 관계와 민사법 관계에 대해서 혼란이 초래된다. 예컨대 금전대차(金錢貸借) 등으로 인하여 발생한 법률관계에서 당사자가 돈을 갚지 않으면 이는 민사소송을 통해서 해결하여야 할 문제다. 그런데 일반적으로 시민들은 돈을 떼이면 민사소송을 생각하기보다는 형사적인 국가권력의 개입을 원한다. 즉 사기꾼이라는 이유로 고소와 고발을 한다. 이때 형사사법기관, 예컨대 검찰이나 경찰이 이를 민사 문제로 보아서 불기소처분을 내리게 되면, 당사자의 불만이 폭발한다. 즉 '내 돈을 떼먹은 나쁜 인간이 돈 갚을 생각은 하지 않고 흥청망청하고 있는데도 공권력은 이를 방치하고 무시한다'라고 생각하는 과정에서 공권력에 대한 불신을 키운다. 여기서 국민들의 법의식과 서양의 합리성에 입각한 법체계와의 괴리가 깊어간다.

## 7. 바람직한 법

### 1) 법의 체계와 단계

하느님 즉 신(神)의 섭리에 입각한 법이 최고의 법이다. 이는 신정정치 시대의 법이라 할 수 있다. 중국 베이징(北京)에는 천제단(天祭壇)이 있다. 이는 글자 그대로 하느님께 제사 지내는 곳이다. 제사는 자식, 특히 아들이 지낸다. 달리 말하면 하느님에게 제사 지내는 제주는 하느님의 아들이어야 한다. 바로 그런 의미에서 하느님의 아들 즉 천자(天子)가 중국의 황제다. 곧 천제단은 중국의 황제가 제사 모시는 곳이다.

신의 섭리(攝理)에 입각한 신법(神法) 아래에, 자연의 섭리에 입각한 자연법(自然法)이 위치한다. 하느님 내지 신이라는 초자연적인 존재에 의탁하는 것이 아니라 자연의 섭리에 충실한 법이 좋은 법, 이상적인 법이라는 것이다. 이는 만백성이 주인이 되는 국민주권주의 시대를 연 근대 시민혁명과 근대법의 기본원리로 작동한다.

실정법은 바로 그 자연법의 원리에 배치되지 않는 범위 내에서 한 국가가 인위적으로 제정한 법이다. 실정법은 그런 의미에서 자연법의 원리에 충실하여야 한다. 하지만 현실의 세계에서는 자연법의 원리에 충실하지 못한 법들도 많이 만들어지기 마련이다. 여기서 자연법의 원리와 실정법 사이에 간격이 발생한다. 소크라테스가 "악법도 법이다"라고 하였는바, 이는 곧 자연법의 원리에 어긋나는 법이라 하더라도 그것이 실정법으로 제정되어 통용되고 있는 한 일단 지켜야 한다는 법실증주의(法實證主義)적 사고의 발로라 할 수 있다. 아무리 나쁜 법이라 하더라도 일단 법으로 제정되어 시행되고 있으면 일단은 지켜야만 법률관계의 안정을 기할 수 있다. 그런 의미에서 법실증주의는 '법적 안정성'이라는 이상을 구현하기 위해서는 바람직한 이론이다.

반면에 법실증주의적 사고는 법의 이념(理念)이나 정의(正義)를 제대로 관철하지 못하고 있다는 비판으로부터 자유로울 수 없다. 법의 이념이나 정의는 원리적으로는 자연법에 충실하다는 의미에서 법적 안정성보다 더 우월한 가치를 가진다. 하지만 법이념이나 정의만을 앞세우게 되면 자칫 주어진 실정법체계는 허물어지게 되고 결과적으로 국민들의 법률관계는 대혼란을 초래하게 된다.

이를테면, 헌법재판소가 위헌이라고 결정하는 법률이나 법률조항은 그것이 법이념이나 정의에 입각한 헌법원리에 어긋난다는 것이다. 그렇다면 이런 위헌법률이나 법률조항은 당연히 소급하여 그 법규범의 제정 시점까지 무효로 하는 게 정의의 원리에 부합한다. 하지만 이를 소급하여 무효로 할 경우에 법률관계는 유례없는 불안정을 초래할 수 있다. 예를 들어 과거에 민법의 상속 편에서는 상속재산 배분에 있어서 맏아들, 차남 이하, 결혼하지 않은 딸, 결혼한 딸 사이에 현저한 차등을 두었다. 하지만 이는 위헌이다. 만약 과거 민법에 의거하여 진행된 일체의 상속재산 배분을 무효로 한다면 대한민국의 법질서는 대혼란을 초래할 것이고 결과적으로 소송 천국이 될 것이다. 그러므로 비록 위헌적인 법률 또는 법률조항이라 하더라도 원칙적으로 장래효(將來效) 즉 헌법재판소의 위헌결정 이후에만 무효로 한다. 다만 일부 제한이 있기는 하지만 형벌(刑罰)에 관한 사항에서는 소급효(遡及效)를 인정한다.

실정법은 다시 '헌법 → 법률 → 명령 → 조례 → 규칙'의 단계를 가지고 있다. 즉 효력이 높은 법규범과 효력이 낮은 법규범 사이에 위계질서를 형성한다. 국가의 최고법이자 기본법인 헌법은 특별히 어렵고 복잡한 절차를 통해서 제정된다. 법률은 국민의 대표기관인 국회에서 제정한다. 명령은 법률에 근거하여 위임받은 사항(위임명령) 또는 집행하기 위한 사항(집행명령)을 규정한다. 명령에는 제정 주체에 따라 대통령령, 총리령, 부령, 국회규칙, 대법원규칙, 헌법재판소규칙, 중앙선거관리위원회규칙이 있다. 조례는 지방자치단체의 의회에서 제정한 법규범이다. 규칙은 지방자치단체의 장(長)이 제정한 법규범이다.

## 2) 사물 본성에 충실한 법

자연의 섭리, 사물의 본질에 충실한 법이 자연법인 것과 마찬가지로 가장 이상적인 법은 자연법적 원리에 충실한 법이다. 서양의 law[droit(불어), Recht(독어)]를 동양에서는 법(法)이라고 한다. 이 법은 한자로 물 수(水), 갈 거(去)가 합쳐진 상형문자이다. 곧 법은 물이 흘러가듯 하여야 한다는 의미로 새길 수 있다. 이는 곧 법은 자연법에서 말하는 사물 본성에 충실하여야 한다는 의미와 일맥상통한다.

어떤 법이어야 하는가에 대한 논쟁에 앞서서 법의 제정에 있어서나 일상생활에 있어서 법의 본질에 충실하여야 한다. 예컨대 '문'(門)은 왜 설치하는가를 생각해 보면, 원래 문은 필요하지도 않았고 존재하지도 않았다. 그런데 바람을 막는다든가 사람의 필요에 의해서 문을 설치한다. 문의 존재이유는 생활 속에서 필요성에 따라 사람들이 인위적으로 설치하였다는 데 있다. 따라서 문의 본질은 닫기 위한 것이지 열어 놓기 위한 것이 아니다. 그렇기 때문에 버스에서 창문을 닫고자 하는 사람과 열어 놓으려는 사람 사이에 갈등이 있을 때에는 당연히 문을 닫고자 하는 사람에게 우선권이 주어져야 한다. 외국에서 버스나 지하철과 같은 대중교통을 이용하면서 창문을 자세히 들여다보면 다음과 같은 글귀를 발견할 수 있다: "창문을 열고자 하는 사람과 창문을 닫고자 하는 사람 사이에 갈등이 있을 때에는 창문을 닫고자 하는 사람에게 우선권이 있다."

## 3) 법이 지배하는 사회의 조건

이제 우리 사회도 법이 지배하는 사회가 되어야 한다. 법이 지배하는 사회가 되기 위해서는 다음과 같은 명제가 충족되어야 한다.

첫째, 좋은 법이 있어야 한다. 아무리 국민들이 법을 지키고 싶어도 악법이 난무한다면 이를 지키지 않게 된다. 바로 그런 의미에서 위정자들은 좋은 법 즉 사물 본성에 충실하고 자연법적 원리에 입각한 법을 제정하여야 한다. 국회의 입법권은 국민의 총의(일반의사, volonté générale)를 제대로 반영한 법을 만들 책무를 충실히 수행하는 가운데 그 법의 정당성을 확보할 수 있다. 나쁜 법이 제정되면 20세기 후반부터 본격적으로 작동되기 시작한 헌법재판 즉 위헌법률심판을 통해서 나쁜 법을 제도적으로 추방할 수 있다. 궁극적으로는 '미래의 전달자'(porteur d'avenir)로서의 혁명을 통하여 악법에 대하여 저항권을 발동할 수 있다. 그러나 저항권은 어디까지나 최종·최후의 무기여야 한다는 점에서 평상시에는 저항권이 발동될 여지가 없다. 악법에 대해서는 시민불복종(市民不服從, civil disobedience)을 통해서 악법에 대한 또 다른 형태의 저항을 할 수 있다. 시민불복종운동은 남아프리카에서 인종차별에 대한 저항으로 시작하여 인도의 간디(Mahatma Gandhi)가 영국 식민통치에 대한 저항운동을 전개하였으며, 미국에서는 마틴 루서 킹(Martin Luther King) 목사가 인종차별에 대한 인권운동의 한 형태로서 행사한 바 있다.

둘째, 훌륭한 법률가가 있어야 한다. 아무리 좋은 법이 제정되어 있다고 하더라도 법률가들이 이를 제대로 집행하지 않으면 법은 그 위력을 잃는다. 바로 그런 점에서 법률가들의 부패는 결코 용납될 수 없다. 후진국에 갈수록 법집행이나 재판이 법률가들의 자의에 의해서 작동되는 장면을 볼 수 있다. 우리나라에서도 전관예우(前官禮遇)나 유전무죄(有錢無罪) 등과 같은 명제로 법률가들이 비판받아 왔다. 법률가들의 부패는 결과적으로 법의 지배를 무력화시킨다는 점에서 매우 경계해야 한다.

셋째, 모든 국민이 법을 잘 지켜야 한다. 혁명의 시대에는 법을 지키지 않고 기존의 질서를 파괴하는 것이 정당화될 수 있지만, 평상시에는 주어진 실정법을 충실히 지켜 나가야만 사회의 안정을 구가할 수 있다. 그런 의미에서 악법에 대한 저항은 혁명의 시대에는 정당화될 수 있지만, 평상시에는 결코 저항권이 발동되기가 어렵다. 우리의 일상생활에서 국민 스스로가 준법을 실천하지 않으면 법의 지배는 생활 속에서 구현될 수 없기 때문이다. 국민들이 법을 잘 지키기 위해서는 먼저 좋은 법이 있어야 하겠지만 국민들도 법의 무지(無知)로부터 자유로울 수 없다. 따라서 국민의 일상생활에서 법을 지키는 준법도 중요하지만, 법이란 무엇인가에 대한 최소한의 지식과 그에 순응할 줄 아는 생활인으로서의 지혜가 필요하다.


## 8. 제1장 맺음말

전통적인 동양의 법제가 그 역할과 기능을 다하지 못하는 사회에서 결국 서양의 합리주의에 기초한 법제가 동양을 비롯한 전 세계 법제의 기본 틀을 형성한다. 우리 법 또한 그 뿌리는 절대적으로 서양의 근대법제에 의탁하고 있다는 점에서 법의 종속성을 알 수 있다. 하지만 그 법의 종속성은 주어진 여건이기 때문에 이를 외면하거나 부정할 것이 아니라 합리적으로 받아들이는 자세가 필요하다.

오늘날 서양의 법제도 단편적으로는 많은 비판을 받고 있는 것 또한 사실이다. 특히 서양의 근대법이 기본적으로 부르주아적인 특성을 안고서 출발하였기 때문에 더욱 그러하다. 혁명의 과정을 거치면서 근대법이 탄생하였지만 그 법 또한 기존의 기득권 세력의 안식처라는 오점도 동시에 안고 있다. 프랑스혁명 이전에 귀족들의 전유물이던 법률 또는 법률가가, 혁명 이후에는 귀족이 사라진 곳에서 이제 법복귀족(法服貴族, noblesse de robe)으로 대치되었다는 사실이 이를 단적으로 증명한다. 우리나라에서도 해방이 되었지만 결국 일제 때 법률가들이 그 자리를 그대로 차지할 수밖에 없었던 역사적 사실을 기억할 수 있다.

하지만 이제 우리도 민주법치국가의 시대에 접어들었기 때문에 더 이상 법이 가진 자의 전유물이 되어서는 아니 되고, 주권자인 국민이 함께 호흡할 수 있는 법이어야 한다. 법적용에 있어서도 법 앞의 평등이 구현되고, 유전무죄와 같은 인식과 행태가 시정되어야 한다. 그래야만 법을 통한 사회와 국가의 평화가 이루어질 수 있다. 민주시민들이 법은 자신의 삶에 유용한 합리성을 갖추었다고 판단하고 그 법에 따른 행정작용이나 사법적 판단을 존중할 때, 법은 진정한 국민과 시민의 것으로 자리 잡을 수 있다.

광복 이후 지난 70년간 헌정사적인 혼란의 와중에서 헌법을 비롯한 각종 법과 제도는 위정자의 장식품으로 전락한 바 있다. 하지만 1987년 제6공화국의 헌법체제 아래에서 사상 초유의 민주화와 헌정의 안정을 통해서 법치주의의 안정도 자리 잡아 간다. 이제 혁명의 시대에 횡행하던 법이념이나 정의의 굴레에서 벗어나서 한국적인 법적 안정성을 통하여 법치주의의 새로운 이정표를 정립할 때가 되었다. 이 과정에서 법적 안정성의 확보가 자칫 기득권 세력의 법을 통한 안식처의 구현으로 오도되어서는 아니 된다. 즉 법적 안정성이 수구적 보수세력의 자기 보호를 위한 도구로 전락해서도 아니 될 것이다.

제 2 장

—

# 민주시민의 우리 헌법 읽기

# 1. 민주공화국 헌법

## 1) 헌법, 권력과 자유의 조화의 기술

헌법 또는 헌법학(Constitutional Law)은 다른 실정법(학)과 마찬가지로 한국이나 동양의 전통적 법규범·법질서에서 유래하는 것이 아니라, 서양의 법질서·법체계를 이어받은(繼受) 것이다. 영어·불어·독어 등에서 헌법(constitution, Verfassung)이라는 용어의 사전적 의미는 구성·조직 등이므로 헌법(학)의 기본적 의미는 "국가의 조직과 구성에 관한 법"이다. 국가에 현존하는 모든 제도의 유지·관리는 정치권력을 통해서 국가 속에 구현된다.

역사적으로 근대입헌주의 이전의 절대군주 시대에 있어서는 군주주권이었으므로, 국민은 단순히 군주의 충실한 신민(臣民)에 불과하였다. 절대권력을 향유하는 자의 말이 곧 법이 되는 시대에 국민의 자유와 권리는 제대로 보장될 수 없었다. 절대군주 시대의 폐해를 통감한 몽테스키외는 『법의 정신』에서 "권력을 가진 자는 항시 그 권력을 남용하려 한다. 그는 그 권력의 한계에 이르기까지 이를 행사하려 한다"라고 하여 합리적인 권력 통제의 필요성을 강조한 바 있다. 이러한 사상적 흐름은 18세기 말 미국과 프랑스에서 근대 시민혁명의 성공을 통하여 "권력과 권력이 서로 차단하고 제어"할 수 있는 권력분립(權力分立)의 원리를 헌법규범으로 정립하기에 이르렀다. 1789년 프랑스혁명기에 천명된 「인간과 시민의 권리선언」 제16조에서는 "권리의 보장이 확보되지 아니하고 권력의 분립이 규정되지 아니한 모든 사회는 헌법을 가진다고 할 수 없다"라고 규정하여, 권력분립의 원리가 국민의 자유와 권리를 확보하기 위해 불가결한 요소임을 분명히 한다. 이에 따라 근대입헌주의 헌법 이래 모든 국민주권(國民主權)국가에서는 권력분립의 원리가 헌법상 권력제도의 기본을 이룬다. 권력분립은 국가업무의 원활한 수행과 국민의 기본권 존중이라는 목표를 합리적으로 이룩할 수 있는 하나의 정치적 기술이며, '정치적 지혜'다.

국가의 조직과 구성에 관한 권력의 학문으로서의 헌법학이라고 할 때 그것은 적어도 국가의 모습을 갖추고 있는 한 고대국가에서부터 어느 시대, 어느 나라에서나 존재하여 왔다. 하지만 오늘날 학문으로서의 헌법학이라고 할 때에는 근대입헌주의 이래 정립되어 온 국민주권주의원리에 입각한 헌법과 헌법학을 지칭한다. 근대입헌주의는 곧 군주주권에서 국민주권으로의 전환을 의미하며, 여기에서 주권자인 국민의 자유와 권리가 확보되지 아니한 헌법이란 상정할 수 없게 되었다.

프랑스혁명을 통하여 천명된 「인간과 시민의 권리선언」은 바로 억압과 굴종으로 점철된 앙시앙 레짐(ancien régime) 즉 구제도(舊制度)와 구시대를 청산하는 기념비적인 인권장전이라 아니할 수 없다. "모든 정치적 결합의 목적은 인간의 자연적이며 박탈할 수 없는 권리의 보장에 있다. 그 권리란 자유, 재산, 안전 및 압제에 대한 저항이다." 프랑스 인권선언의 정신은 곧바로 혁명헌법으로 이어졌으며, 그 사상적 흐름은 근대입헌주의 헌법의 이념적 기초가 되었다. 이는 곧 권력에 의한 자유의 억압으로부터 인간의 자유를 향한 의지를 헌법이념으로 구현한 근대적 자유이념의 헌법적 수용을 의미한다. 그 자유의 주체는 바로 인간 개개인일 수밖에 없지만, 한편 그 인간은 또한 사회와 국가의 구성원이기도 하다. 여기에 인간의 권리와 시민의 권리라는 두 가지 측면이 동시에 제기된다. 그러나 그 자유의 근원은 어디까지나 인간의 천부인권(天賦人權)적인 자유에 기초하기 때문에 인간의 권리가 확보된 후에 비로소 시민의 권리도 보장될 수 있다. 이에 따라 권력의 학문으로서의 헌법학에 있어서 인간의 권리는 그 권력에 대한 소극적·방어적·항의적 성격의 자유일 수밖에 없었다.

근대입헌주의의 국민주권주의적인 논리적 기초에서 인간의 자유는 최대한의 보장과 더불어 국가로부터의 자유를 의미하였다. 그러나 근대입헌주의의 정립 과정에서 단순히 소극적 명제에 입각한 자유를 향한 의지는 이제 국가의 적극적 개입을 통한 실질적 자유의 확보라는 새로운 이데올로기의 정립으로 나아가게 되었다. 그것은 국가로부터 방임된 자유가 아니라 국가의 틀 속에서 보호받고 수호되는 자유를 의미한다. 여기에 인간의 천부인권적인 자유의 보장이라는 명제 아래에서 국민의 실질적 자유와 권리를 보장하기 위한 새로운 자유와 권리가 정립된다. 국가의 기능과 역할 또한 근대적 소극국가(야경국가)에서 현대적 사회복지국가로 전환되면서, 국민의 실질적 자유와 권리의 보장을 위한 사회적 기본권이 확대·강화될 수밖에 없다.

국가의 근본법 내지 기본법으로서의 헌법 개념인 고유한 의미의 헌법으로부터, 국민주권주의와 국민의 자유와 권리의 보장원리에 기초한 근대입헌주의 헌법으로의 전환은 헌법학의 권력의 학문으로서의 특징과 자유의 학문으로서의 특징을 극명하게 보여 준다. 주권자인 국민의 자유와 권리가 살아 숨 쉬는 곳에 권력은 권력자를 위한 권력이 아니라 국민을 위한 권력으로 자리 잡을 수 있다. 여기에 헌법학연구에 있어서 주권자인 국민의 자유와 권리보장이 강조되는 이유가 있다. 그러나 헌법학연구에 있어서 자유와 권리·인권 등의 개념에만 집착할 경우 그것은 자칫 사변적·철학적·담론적 수준에서의 논의에 그칠 가능성을 배제할 수 없다. 헌법학의 실천과학으로서의 성격을 외면할 수 없다면, 헌법학은 권력과 자유의 상호 융합과 조화 속에서 국가법질서의 근간으로서의 성격을 유지해 나가야 한다.

결국 근대입헌주의 이래 헌법 혹은 헌법학이라 함은 국민주권주의에 기초하여 국민의 자유와 권리가 보장되는 헌법과 헌법학을 의미하며, 여기에서 권력의 학문으로서의 헌법학은 곧 권력의 민주화를 위한 학문을 의미한다. 이에 헌법은 "권력과 자유의 조화의 기술"로서의 성격을 분명히 드러낸다(『헌법학』 제17판, 『헌법학입문』 제7판, 『프랑스헌법학』에서 발췌).

## 2) 대한민국 헌법 제1조 제1항: "대한민국은 민주공화국이다."

헌법 제1조 제1항에서는 "대한민국은 민주공화국이다"라고 규정한다. 이에 민주공화국의 헌법적 의미와 그 규범성이 논의되어 왔다. 여기서 민주공화국은 군주제를 부정하고, 국민주권주의원리에 따라 권위주의 및 전체주의를 배격함을 의미한다. 민주공화국의 규범적 가치를 어떻게 평가할 것이냐에 따라 그 헌법적 의의가 달라질 수 있다. 그것은 헌법개정의 한계와도 직접적으로 연계된다.

헌법개정의 한계와 관련하여 국내 헌법학계의 통설은 한계긍정설이다. 즉 헌법이 동일성을 유지하는 가운데 그 내용을 보완·삭제하는 경우는 헌법개정(改正)일 수 있지만, 헌법개정을 통하여 헌법의 핵(核)을 이루는 내용에 대한 개정은 할 수 없으며, 그것은 헌법제정(制定)에 해당된다는 것이다.

헌법의 핵에 해당되는 내용이 바로 헌법 제1조의 민주공화국과 국민주권주의라는 점에 이론의 여지가 없다. 특히 프랑스 제4공화국헌법, 프랑스 제5공화국헌법, 이탈리아헌법에서는 공화국 국가형태가 헌법개정의 대상이 될 수 없음을 명시한다. 헌법상 공화국은 헌법의 핵이라 할 수 있으므로 헌법개정의 대상이 되지 아니한다. 그러므로 공화국 국가형태의 군주국(군주제도국가)으로의 변경은 헌법제정권자의 시원적(始原的) 제헌권의 발동을 통해서만 가능하며, 헌법개정을 통하여 헌법 제1조의 민주공화국을 (입헌)군주국으로 변경할 수는 없다.

　민주공화국으로서의 대한민국은 ① 국민주권주의에 입각한다. 헌법 제1조 제2항에서는 "대한민국의 주권은 국민에게 있고, 모든 권력은 국민으로부터 나온다"라고 하여 국민주권주의를 분명히 한다. ② 국민주권주의원리에 따라 대의민주주의를 채택하며(간접민주정), 여기에 국민투표제를 가미함으로써(직접민주정) 순수대표가 아닌 반대표(半代表, semi-représentatif)의 원리에 입각한다. ③ 민주공화국에서 추구하는 민주주의는 자유민주주의를 의미하기 때문에 권위주의적이고 전체주의적인 인민민주주의를 배척한다. 그것은 헌법 제8조 제4항의 위헌정당해산을 통하여 민주주의의 적에 대한 방어적 민주주의로 나타난다. ④ 오늘날 대의민주정은 정당국가 경향으로 나아간다. 헌법 제8조에서도 정당에 대한 적극적인 보호와 육성을 도모한다. ⑤ 민주주의에 있어서 자유와 평등은 현대적인 사회복지국가원리에 따라 국가생활에서 적극적이고 실질적으로 구현되어야 한다. 이와 같은 논리는 헌법 전문, 제10조(인간의 존엄과 가치 및 행복추구권), 제34조(인간다운 생활을 할 권리) 등에서 구현된다. ⑥ 그 밖에도 대한민국은 연방국가가 아닌 단일국가다.

　국민주권국가의 보편화에 따라 이제 군주제도를 두고 있는 나라를 제외하고는 공화국원리를 천명한다. 나라에 따라서는 헌법에 명시적으로 "공화국 국가형태가 헌법개정의 대상이 되지 아니한다"라고 규정하기에 이르렀다. 그러나 공화국 국가형태가 국민주권주의원리에 충실한 "국민의, 국민에 의한, 국민을 위한 정부"를 의미한다면, 자유민주주의원리가 구현되는 곳에서만 공화국 국가형태는 국민과 생명을 같이할 수 있다(『헌법학』제17판, 『헌법학입문』제7판에서 발췌).

### 3) 주권재민(主權在民)의 민주공화국

헌법 제1조 제1항에서는 "대한'民'국은 '民主'공화국이다", 제2항에서는 "대한민국의 주권은 국민에게 있고, 모든 권력은 국민으로부터 나온다"라고 규정한다. 그것은 곧 헌법 전문에서 대한국민이 헌법을 제정하였다는, 헌법 제정권자로서의 국민을 천명한 것과 동일한 맥락에서 이해된다. 여기서 말하는 국민은 전체 국민이며, 주권보유자로서의 국민이다.

이러한 국민주권주의의 법적 기초 아래 그 하위 개념으로서 주권의 현실적 행사자는 바로 선거인 내지 유권자다. 그 선거인은 선거법상의 자격과 요건을 갖춘 일정한 국민에 한정된다. 주권(보유)자로서의 국민은 주권행사자로서 국민투표권(제72조, 제130조 제1항)과 대표자선거권자로서 대통령선거권(제67조) · 국회의원선거권(제41조)을 가진다. 헌법상 국민주권주의가 구현된 것으로는, 자유와 권리보장을 통한 국민주권의 실질화, 간접민주제(대의제)와 직접민주제의 조화로서의 반대표민주주의, 대의제의 병폐를 시정하기 위한 권력분립주의, 대의제의 실질화를 위한 복수정당제의 보장, 국민 전체에 봉사하는 직업공무원제의 보장 등이 있다.

국민주권주의의 주체인 국민의 자유와 권리가 실질적으로 보장되지 아니하는 한, 그 국민주권론은 허구에 그치고 만다. 여기에 국민의 자유와 권리의 실질적 보장이 헌법상 요구된다. 헌법 제2장 '국민의 권리와 의무'는 국민주권주의의 실질화를 위한 헌법적 의지의 표현이다. 인간의 존엄에 기초한 기본권의 실현이 그것이다. 특히 국민주권의 현실적 행사와 직접적으로 관련되는 정치적 기본권과 그 정치적 기본권의 구현을 위한 표현의 자유는, 정치적 원리로서의 국민주권주의를 구현하기 위한 기본권적 표현이다.

주권적 의사의 현실적 구현, 즉 주권의 행사는 스스로 하는 것이 바람직하지만(직접민주주의), 현실적으로 이를 직접 행사할 수 없기 때문에 정치적 기술

로써 대표자를 통하여 행사한다(간접민주의). 대표자는 보통·평등·직접·
비밀선거를 통하여 선출된다. 한국헌법에서는 대의민주주의(간접민주주의)를
채택하고 있지만, 동시에 직접민주주의적인 국민투표제도도 도입한다.

특히 21세기 정보사회에서 인터넷의 보편화에 따라 장 자크 루소가 추구
한 직접민주주의의 이상이 새롭게 구현된다. 그것은 곧 전통적인 대의민주
주의가 안고 있는 문제점을 극복하는 과정으로 볼 수도 있다. 하지만 제도
화되지 않은 인터넷을 통하여 제도화된 대의민주주의를 보완한다는 점에
서, 제도화된 직접민주주의를 통한 대의민주주의의 보완인 '반대표(半代表)
민주주의'와는 본질적으로 구별된다.

대의제원리는 자칫 대표자의 전횡으로 이어져 결과적으로 국민주권주의
를 말살할 가능성이 있다. 여기에 대의민주제를 적극적으로 지탱할 수 있는
정치적 기술로서 권력분립주의가 필수적으로 등장한다. 종래 권력분립론은
수평적 권력분립론에 중점을 둔 입법·행정·사법의 견제와 균형에 초점이
맞추어져 있었다. 그러나 오늘날 권력분립론에서는 여야 간의 실질적 권력
분립을 위한 의회의 견제기능 강화와, 아래로부터의 민주주의를 정착하기
위한 수직적 권력분립으로서 지방자치제의 보장 등이 강조된다.

직접민주주의의 이상이 작동하는 곳에 대의민주주의는 배척될 수밖에 없
지만, 근대입헌주의국가에서 민주주의는 간접민주주의 즉 대의제를 기초로
정립되어 왔다. 이에 따라 직접민주주의적인 사상적 세계에서 배척될 수밖
에 없는 정당제도는 이제 대의제의 실질적 구현을 위한 불가피한 제도로 인
식되고, 특히 다원적 민주주의의 이상을 구현하는 데 불가결한 요소로서 복
수정당제도가 보장되기에 이른다(제8조).

주권자인 국민에게 봉사하고 책임을 지는 공무원제도는 국민주권주의의
구현을 위한 현실적 제도이다: "공무원은 국민 전체에 대한 봉사자이며, 국

민에 대하여 책임을 진다"(제7조)(『헌법학』제17판에서 발췌).

### 4) 대한민국 헌법사에 있어서 공화국의 숫자 매김(순차)

대한민국 헌법사를 조명하는 시각은 다양하게 전개된다. 그중에서 특히 공화국의 시대적 구분에 관하여는 여전히 미해결의 장으로 남아 있다. 소극적으로는 군주제를 배척하고 적극적으로는 자유·평등·복지의 원리에 입각한 국민주권주의를 의미하는 공화국은 헌법사적인 혼란의 와중에서 새로운 순차 매김을 강요당하여 왔다. 1960년 4·19의 완성된 혁명 여부, 1961년 5·16쿠데타로 비롯된 공화국헌법의 일시중단과 1962년 새 공화국 헌법 시행, 1972년 이른바 유신헌법, 12·12와 5·18 사태에 이은 1980년 헌법, 1987년 6월 항쟁 및 그에 따른 헌법의 전면적 변혁을 어떻게 새길 것이냐에 따라 순차 매김이 달라질 수 있다.

먼저, 공화국의 시대적 구분을 인정하는 대한민국 헌법사에서는, 헌법이 형식적으로는 전면 개정(改正)의 형식을 취하지만 실질적으로는 헌법의 제정(制定)에 해당된다는 판단에 따라 새로운 공화국의 숫자 매김을 함으로써 현재를 제6공화국으로 보는 것이 다수 학자들의 견해다. 이러한 숫자 매김은 헌법재판소와 대법원의 판례에서도 그대로 원용된다(헌재 1995. 12. 15. 95헌마221 등; 대판 1991. 9. 10. 91다18989). 이에 반해, 한국 헌법사에 있어서 공화국의 구별이 프랑스 헌법사의 공화국 구별에서 비롯되었음을 전제로 하면서 정부형태에 따른 공화국 구별론을 제시하거나, 프랑스에서와 같은 일관된 기준이 없음을 이유로 학문상 용어로서의 공화국 순차 매김을 부정하는 견해도 있다.

우선 공화국의 숫자 매김이 프랑스에서 일반화되어 있다는 점에는 이론의 여지가 없지만, 프랑스 헌법사에 있어서 공화국의 숫자 매김에 대하여는 잘

못 이해하고 있다. 프랑스 제1공화국은 혁명 이후 나폴레옹 독재체제가 출현할 때까지 지속되었다. 하지만 이 기간 동안에도 헌법이나 헌정체제의 전면적인 변화를 초래하였다는 점을 간과하고 있다. 다른 한편으로는 1958년의 제5공화국은 제4공화국과의 완전한 시간적·정치적 단절 과정을 거쳤다고 보기는 어렵다. 따라서 프랑스에서 공화국의 숫자 매김조차 우리의 숫자 매김과 반드시 유사한 것이라고 볼 수는 없다. 오히려 프랑스에서 공화국의 숫자 매김은 주권자인 국민의 실질적 헌법제정권력의 발동을 통하여 새로운 국민적 정당성을 가진 공화국헌법의 제정으로 나아갔다는 데에 중점을 두고 있는 것으로 평가하여야 한다.

위와 달리, 공화국 순차 매김을 대신하는 헌정사(憲政史)적 시각에서는, 국가형태·정부형태·통치방식에 따라 다양하게 공화국 순차 매김을 하거나, 헌정사에 있어서의 민주주의적 관점 또는 헌법규범과 헌법현실의 연계를 기준으로 시대를 구분한다.

생각건대 우선 헌정사와 헌법사는 모두 헌법과 헌법현실(정치현상)을 대상으로 삼을 수밖에 없다고 하더라도, 헌정사는 주로 사실적 측면에 중점을 두고, 헌법사는 규범적 측면에 중점을 둔다는 점에서 양자의 본질적인 차이점이 있다. 헌정사적인 관점에서 볼 경우에 제1공화국 이승만 정부는 적어도 집권 초기에는 비교적 민주주의적 헌정운용이 있었음을 평가하여야 한다. 그럼에도 불구하고 독재공화국으로의 전락은 곧 4월혁명으로 이어졌다는 점을 유념하여야 한다. 반면에 박정희 정부는 비록 5·16쿠데타를 통하여 집권하였지만 민정 이양 후 집권 초기는 비교적 민주주의적 원리가 작동하였던 시기라는 점도 평가할 수 있다. 따라서 박정희 정부를 총체적으로 권위주의 정부로 평가하는 것도 재고되어야 한다. 그러므로 헌정사적 평가도 사실상 새 헌법의 제정 시점을 기준으로 이를 다소 광역시기화한 것에 불과하다는 비판이 가능하다.

한국 헌법사에 있어서 공화국의 시대구분에 대하여는 헌법규범 자체에서조차도 제5공화국헌법 전문처럼 혼란을 일으킨다. 헌정사적 혼란의 와중에서 실존적 권력집단은 자신들의 권력을 합리화시키는 방편으로 헌법개정 시에 헌법 전문에 일정한 작위적(作爲的) 내용을 첨가한 바 있다. 1960년 헌법개정에서 헌법 전문에 전혀 손을 대지 않았던 겸손함에 비하면, 1962년 헌법 전문에서는 "4·19의거와 5·16혁명의 이념"을 동시에 강조하면서도 1960년 헌법개정에 관해서는 언급을 생략하였고, 나아가서 1972년 헌법 전문에서는 "1962년 12월 26일에 개정된"이라고 하여 여전히 1960년 헌법에 관한 언급은 생략한다. 그런데 1980년 헌법 전문에서는 "1960년 6월 15일, 1962년 12월 26일과 1972년 12월 27일에 개정된"이라고 하여 헌법의 전면개정에 관하여 언급하고 있었으나, 1987년 헌법 전문에서는 이에 관한 언급을 생략한 채 "8차에 걸쳐 개정된 헌법을"이라고 규정한다. 그런데 특이하게도 1980년 헌법 전문에서 "제5공화국의 출발에 즈음하여"라고 하여, 1980년 헌법은 곧 제5공화국헌법임을 명시하고 있다. 바로 그런 의미에서 공화국의 숫자 매김을 통한 정치적 상징조작이 이루어졌다는 점 또한 부인할 수 없다. 공화국의 숫자 매김은, 헌법 전문의 개정이라는 표현에도 불구하고, 헌정중단을 야기할 정도의 헌정사적 변혁의 와중에서 주권자인 국민들의 직접적인 개입을 통하여 새로운 헌법을 탄생시켰다면(헌법의 전면 개정), 그것을 새로운 공화국으로 숫자 매김하여도 무리가 아니다.

새로운 공화국의 순차 매김은 새 공화국의 탄생을 의미한다. 기존 헌정체제가 중단이나 위기에 처하여 주권자이자 헌법제정권력자인 국민의 직접적인 개입을 통하여 국민적 정당성을 새로이 담보한 헌법이 탄생하였을 때, 적어도 새로운 공화국의 숫자 매김을 할 수 있다. 제1공화국에서 제2공화국으로의 이행은 4·19혁명의 성공 여부를 떠나 4·19로 인하여 제1공화국의 종말을 고하였고, 그에 따라 주권적 의사에 입각한 새로운 헌법을 제정하였다는 점에서 1960년 헌법을 제2공화국헌법으로 보는 데 전혀 무리가 없다. 또한 쿠데타에 의하여 제2공화국헌법이 사실상 정지되었다가 새로운 헌법제정에 국민적 합의가 이루어졌고, 이에 따라 새 헌법이 제정되고 공화국헌법체제가 부활되었다는 점에서 1962년 헌법은 제3공화국헌법이라 하여도 무방하다. 1987년 헌법은 적어도 25년간 지속되어 왔던 권위주의 군사정부가 시민의 힘에 항복함에 따라 국민적 합의에 기초하여 탄생한 헌법이라는 점에서 새로운 공화국의 숫자 매김에 손색이 없다.

1972년 헌법과 1980년 헌법은 편의상 각기 제4·제5공화국헌법이라고 칭하더라도 그것은 다른 공화국과는 구별되는 전제주의적 독재공화국의 헌법에 불과하다. 하지만 전제주의적 독재국가체제로 왜곡된 형태라 하더라도 헌법학계의 통설에 따를 경우 여전히 공화국의 한 유형으로 볼 수밖에 없으므로, 그 성격상의 상이함에도 불구하고 이 공화국에도 공화국의 숫자 매김을 하는 것이 헌법사의 편년체(編年體)적인 이해에 기여할 수 있다.

공화국의 숫자 매김은 반드시 일의적으로 정의할 수 없는 어려움이 있는 것은 사실이다. 하지만 헌법제정권력의 발동을 통하여 실질적 헌법제정에 이른 헌법사적 변화를 공화국의 숫자 매김을 통하여 정리하는 것도 의의가 있는 일이다. 바로 그런 점에서 새로운 공화국의 숫자 매김은 과거의 부정이 아니라 미래를 향한 논의여야 한다[『헌법학』 제17판; "한국헌법사에 있어서 공화국의 순차(서수)", 『서울대학교 법학』, 2005에서 발췌].

## 5) 헌법상 국가형태와 정부형태

국가형태란 국가의 전체적 성격을 나타내는 전반적인 조직과 구성에 관한 유형이다. 한편, 정부형태는 특히 입법권과 행정권 사이의 권력분립형태를 의미한다는 점에서 국가형태와는 일단 구별된다 할 것이나, 국가형태와 정부형태는 상호 불가분의 관계에 있다.

전통적인 국가형태론은 고대 그리스 시대 이래 일반화되어 있는 국가형태론에 관한 논의의 기초선상에서 출발한다. 대표적으로 아리스토텔레스(Aristoteles)는 ① 1인에 의한 지배는 군주제·폭군제로, ② 소수에 의한 지배는 귀족제·과두제로, ③ 다중에 의한 지배는 민주제·폭민제로 정립하고 있다. 이에 반해, 현대적인 국가형태의 모델로서는 자유민주주의 모델과 권위주의 모델을 제시할 수 있다.

한국에서의 국가형태론은 주권의 소재(주권자가 누구냐)에 따른 국체(國體)와 국가권력(통치권)의 행사방법에 따른 정체(政體)의 구별론이 전개되어 왔다. 국체론에 의할 경우 주권이 군주에게 있으면 군주국, 주권이 국민에게 있으면 공화국이라 하여야 할 것이나, 오늘날 군주제도를 두고 있는 나라는 있으되 군주주권국가는 사라졌다는 점에서 국체론은 그 의미를 상실한다. 즉 실질적으로 군주국이 존재하지 않으므로 프랑스의 통설과 마찬가지로 민주주의국가와 전체주의 또는 독재체제 국가로 분류하는 것이 보다 현실적일 수 있다. 오늘날 국가권력의 행사방법이 전제적인 전제정체를 표방하는 국가는 없고, 모두 입헌정체를 표방하고 있다는 점에서 정체론도 한계가 있다.

이에 아리스토텔레스가 제시한 국가형태론의 준거 자체를 부정하지 않으면서도, 그것이 현대적으로 변용되어 일반적으로 수용되고 있는 국가형태론이 제기된다. 그것은 동시에 좁은 의미의 정부형태 즉 권력분립론에 기초한 정부형태론에도 자연스럽게 연결될 수 있다.

사실 국가형태란 국가권력의 형태와 부합할 수도 있다. 즉, ① 국가권력의 구조가 단일적이냐 연방적이냐에 따라 단일국가와 연방국가로 나누어 볼 수 있고, ② 국가권력의 목적이 자유주의적이냐 권위주의적이냐에 따라 자유민주국가와 권위주의국가로 나누어 볼 수 있고, ③ 국가권력의 행사방식에 따라 대통령제·의원내각제(의회제)·반대통령제(이원정부제)·회의정체 등으로 나누어 볼 수 있다. 한 국가에서의 정치적 상황을 보다 종합적으로 이해하기 위해서는 이들 세 가지 요소를 반드시 동시에 고려하여야 한다.

또한 국가형태를 논함에 있어서 한 국가가 처해 있는 법적·제도적 틀뿐만 아니라 정치적 상황까지도 동시에 고려함으로써, 국가형태의 보다 포괄적인 유형을 제시할 수 있다. 즉 국가형태의 논의에 있어서 헌법상 정립된 정치제도뿐만 아니라 역사적·이데올로기적·경제적 요소도 동시에 고려하여야 한다. 이와 관련하여 저자는 이미 1995년에 간행된 『프랑스헌법학』(법문사, 1995)에서 현대 프랑스 헌법학을 대표하는 11권의 헌법학교과서에서 제시하고 있는 국가형태(헌정체제)의 모델을 살펴본 후에, 국가형태(헌정체제)의 모델을 크게 자유민주주의 모델과 권위주의 모델로 분류한 바 있다. 한편 권위주의 모델과는 별도로 전체주의 모델을 제시하는 학자들도 있다. 하지만 전체주의도 결국 민주주의에 대칭되는 또 다른 권위주의 모델에 불과하다고 보아 이를 권위주의의 한 유형으로 다루고자 한다.

국가형태가 보다 거시적인 한 국가의 헌정체제 전반을 의미한다면, 정부형태란 국가형태보다는 좁은 의미로서, 주어진 헌정체제에서 권력분립원리의 실천방식이다. 그러므로 국가형태와 정부형태의 유기적 이해가 요망된다. 다만 국가형태의 고전적·전형적 유형인 연방국가와 단일국가에 관해서는 별도의 논의가 추가되어야 한다.

국가형태와 정부형태의 종합적 유형화

| I. (다원적) 자유민주주의 모델 | |
|---|---|
| **1. 의원내각제(의회제)** | |
| 일원적 의원내각제 | 영국식, 독일식, 이탈리아식 |
| 이원적 의원내각제 | 프랑스 제5공화국의 헌정실제 (동거정부) |
| **2. 대통령제** | |
| 진정대통령제 | 미국식 |
| 대통령주의제 | 프랑스 제5공화국의 헌정실제 (드골정부) |
| **3. 혼합정체(반대통령제)** | 프랑스 제5공화국식 |
| **4. 회의정체** | 스위스식 |
| II. 권위주의 모델 | |
| **1. 마르크스적인 사회주의체제** | 구 러시아연방 |
| **2. 파시스트체제** | 독일의 히틀러, 이탈리아의 무솔리니 체제 |
| **3. 개발도상국의 체제** | 신대통령제적인 제3세계국가 체제 |

근대국가가 형성된 이후 여전히 전형적인 국가형태로 논의되고 있는 단일국가·연방국가·국가연합의 논의는 오늘날 상당한 변용을 겪는다. 단일국가에서의 지방자치의 완결에 따른 연방국가화, 지구촌화에 따른 연방국가의 단일국가화는 전형적인 예이다. 다른 한편 국가연합은 다양한 형태로 전개된다. 영연방·독립국가연합(CIS)은 비록 국가연합의 형태를 취하고 있지만 그 본질적 성격을 달리한다. 또한 유럽연합의 향방도 어떠한 국가연합의 형태를 취할지 주목거리다. 통일한국의 국가형태와 관련하여서도 2000년 김대중·김정일 사이에 평양에서 개최된 남북정상회담에서 '낮은 단계의 연방제'를 합의한 바 있으나, 북한이 주장하는 연방제는 'confederation'이라는 점에서 국가연합적 성격을 가지고 있기 때문에 연방제로 직접 연계시키기에는 어려운 문제점도 있다.

헌법상 국가형태의 논의에 있어서 헌법총론에서는 특정 국가의 특수헌법체계보다는 헌법학 일반이론의 차원에서 국가형태와 정부형태를 종합적·체계적으로 이해하여야 한다. 특히 정부형태론에서는 자유민주주의원리에 충실한 모델에 한정하여 집중적인 논의가 이루어져야 한다. 국가형태론에 관한 고전적인 국체·정체 분류론에 따른 논의가 한계에 이르고 있음은 국민주권국가의 보편화에 따른 당연한 결과다.

국가형태와 정부형태의 종합적인 조감에 비추어 당해 국가의 정부조직 또한 상당한 변용을 겪고 있음을 눈여겨볼 필요가 있다. 그런 점에서 보면 한국에서 정부형태론의 논의에 있어서 그간 그 하부조직인 정부조직에 관한 논의가 뒷전으로 밀린 것은 안타까운 일이다(『헌법학』 제17판, 『헌법학입문』 제7판, 『프랑스헌법학』에서 발췌).

## 6) 민주주의의 이상적 모델로서의 자유민주주의

민주주의의 개념정의에 대하여는 그간 많은 논의가 전개되어 왔다. 오늘날 일반적인 민주주의의 개념으로서 가장 많은 구성원들이 정치적으로 평등하게 참여하는 권력체제, 미국의 링컨(A. Lincoln) 대통령이 게티즈버그 연설에서 적시한 "국민의, 국민에 의한, 국민을 위한 정부"(the government of the people, by the people and for the people), 치자(治者)와 피치자(被治者)의 자동성(自同性, identification)원리를 보장하고 있는 헌정체제 등이 원용된다. 이를 이어받아 프랑스헌법 제2조 제5항에는 "공화국의 원리는 국민의, 국민에 의한, 국민을 위한 정부이다"라고 명시되어 있기도 하다.

민주주의라는 용례를 사용하고 또 민주주의를 구현하고 있는 헌정체제라고 하지만 사실상 그 의미는 다양하기 때문에 진정한 민주주의체제란 무엇인가에 대한 의문이 제기된다. 오늘날 일반화되어 있는 민주주의란 자유민주주의 또는 다원적 민주주의를 의미한다. 하지만 사회주의적 이데올로기에 기초한 인민민주주의는 그 기본적 이념을 달리하는 전체주의적 성격을 띤다.

정치적 다원주의로서의 민주주의란 모든 국민이 치자를 자유롭게 선택할 수 있음을 의미한다. 즉 선거인들에게 다양한 선택 가능성이 보장되어야 한다. 그것은 곧 어떤 특정한 이데올로기에 의한 지배가 배척될 뿐만 아니라 정당이 자유롭게 결성되고 활동할 수 있어야 한다는 것을 의미한다. 사실 오늘날 지배적 헌정체제인 자유민주주의체제는 비록 그것이 완결적이지는 않다고 하더라도 적어도 이 시점까지 인류가 실천하고 있는 체제로서는 가장 민주적이라고 할 수 있다. 자유민주주의는 특정 이데올로기에 지배되지 아니하고 모든 이데올로기를 그 체제 속으로 수용할 수 있어야 한다. 그 자유민주주의는 공산주의나 공산당까지도 허용하는 다원성을 통하여 구현된다. 다만 대한민국은 분단국가의 특수상황을 감안하여 인민민주주의를 배척한다.

정치적 자유주의로서의 민주주의는 개인이나 집단이 자유롭게 자신의 의사를 표명할 수 있는 체제를 말한다. 개인과 집단은 기본권 특히 언론의 자유보장을 통하여 자신의 의사를 표현할 수 있어야 한다. 이것은 특히 집권세력에 반대하는 개인이나 정당이 합리적인 비판을 통하여 정권교체를 실현하기 위한 불가결의 요소다. 민주주의국가에서 "오늘의 소수는 내일의 다수가 될 수 있어야만 한다"(La minorité d'aujourd'hui peut devenir la majorité demain).

모든 권력의 원천이 국민에 기초하고 있는 민주주의에서는 가장 많은 국민의 의사가 반영되어야만 한다. 이에 따라 민주주의국가의 선거는 보통선거여야 하며, 정당을 비롯한 정치집단의 다원성과 시민과 시민단체의 자유가 보장되어야 한다. 이러한 다원성을 용해시키는 과정에서 궁극적으로 다수결원리가 불가피하게 수용된다.

민주주의사회에서 다수결원리란 참여자 전원의 의사합치가 불가능할 경우에 참여자 과반수의 의사를 전체의 의사로 간주하는 원리를 말한다. 이때 참여자의 의사는 주로 선거와 투표에 의하여 표출되는데, 모든 국민은 선거권 연령·국적 등으로 인하여 투표권이 봉쇄되지 않는 한 개개인의 자유의사에 따라 투표할 수 있어야 한다. 선거결과는 다수결원리에 의하여 결정된다. 하지만 다수결원리에서의 다수는 소수를 배척하는 다수가 아니라 소수파도 보호하고 포용하는 다수여야 한다.

그런데 20세기 후반 이래 자유민주주의의 우월성이 확실하게 입증되었음에도 불구하고 자유민주주의가 가지고 있는 일련의 한계를 극복하기 위한 노력이 지속된다. 참여민주주의(participatory democracy)와 숙의민주주의(deliberative democracy)는 이러한 흐름을 대표하는 이론으로서 그 지향점이 유사하다. 참여민주주의는 장 자크 루소의 직접민주주의이념을 계승하여 자유민주주의의 현실적 대안으로 제시된다. 특히 국민투표나 주민투표 등과 같은 제도화된 참여 이외에도 인터넷의 보편화에 따른 전자민주주의 시대를 맞이하여 사이버공간에서의 참여를 통하여 간접적으로 직접민주주의의 이상을 구현할 수 있게 되었다. 한편 숙의민주주의는 사회 구성원들의 삶에 유용한 지식을 기반으로 하여 문제 해결을 숙의하고 가장 경제적이고 효율적인 해답을 찾아내려는 점에서 긍정적인 측면이 부각된다. 하지만 숙의민주주의는 엘리트주의와 실적주의를 수용하고 있다는 점에서 자유민주주의의 한 변형에 불과하다는 비판도 받는다. 그럼에도 불구하고 이 두 이론을 폭넓게 수용하여 '숙의 과정을 충분히 거친 참여'만이 진정한 자유민주주의의 이상을 구현할 수 있을 것이다.

결국 민주주의란 주권자인 국민의 민주적 참여가 보장된 제도를 의미한다면, 민주적 주권원리에 비추어 보건대 대의제·직접 및 간접민주주의·반(半)대표제 등은 국가최고기관의 구성에 있어서 민주적인 주권적 의사의 표현이고, 정당제도, 선거권 및 선거제도는 국민에 의한 주권 실현의 표현이다(『헌법학』 제17판에서 발췌).

### 7) 민주적 기본질서와 자유민주적 기본질서

1789년 루이 왕조의 절대왕정을 무너뜨리고 창건한 프랑스 제1공화국은 근대민주주의국가의 효시를 이룬다. 민주주의란 국민이 신민(臣民)이나 노예의 신분에서 자유로운 인격체로서 주인이 되는 정치질서다. 민주주의의 기저에는 임금 대신에 백성이 주인이 되는 국민주권주의가 그 이념적·법적 기초를 이룬다. 우리 헌법 제1조도 "대한민국은 민주공화국이다. 대한민국의 주권은 국민에게 있고, 모든 권력은 국민으로부터 나온다"라고 하여 대한민국은 주권재민의 민주공화국임을 분명히 한다. 또한 자유민주주의라는 이념적 지표 아래 이를 구현하기 위한 (자유)민주적 기본질서를 규정한다. 헌법 전문에서 "자유민주적 기본질서를 더욱 확고히 하여", 민족의 숙원인 통일은 "자유민주적 기본질서에 입각"(제4조)하며, "정당의 목적이나 활동이 민주적 기본질서에 위배"되어서는 아니 되며(제8조 제4항), "국가는 근로의 의무의 내용과 조건을 민주주의원칙에 따라 법률로 정한다"(제32조 제2항)라고 규정한다.

자유·평등·박애에 입각한 근대민주주의는 1917년 러시아에서 공산주의 혁명의 성공으로 새로운 전환점을 맞는다. 만민평등을 주장하는 공산주의는 인류세계에서 유토피아를 꿈꾸는 이데올로기다. 하지만 현실세계에서 공산주의국가는 인민의 자유와 권리를 보장해 주지 못하는 권위주의적 전체주의로 전락하고, 인민민주주의는 20세기 말 베를린 장벽의 붕괴로 그 종말을 고한다.

동서냉전의 와중에 공산당 일당독재에 천착한 인민민주주의는 한반도의 북반부를 장악한 조선민주주의인민공화국으로 현신하여 있다. 반면에 대한민국은 사회적 다원성을 존중하는 정치질서로서 자유민주주의를 지향한다. 헌법 제8조에서 규정하는 바와 같이 정당의 목적이나 활동이 '민주적 기본질서'에 위배된 때에는 위헌정당이 된다. 여기서 지칭하는 민주는 인민민주주의를 포괄하는 민주가 아니라 인민민주주의를 배척하는 자유민주라는 점에서 대한민국 헌법이 추구하는 민주주의의 정향성을 분명히 드러낸다.

헌법 제8조에서는 "민주적 기본질서"라고 표현하고 있지만 전문 및 제4조(평화통일)에서는 "자유민주적 기본질서"라는 상이한 표현을 사용하고 있기 때문에 민주적 기본질서와 자유민주적 기본질서의 의의 및 관계에 관하여 논란이 있다.

민주적 기본질서를 자유민주적 기본질서와 사회민주적 기본질서를 포괄하는 개념으로 이해하는 입장에서는, 자유민주적 기본질서를 헌법 전문에서 구현하고자 하는 자유민주적 기본질서보다 좁은 개념으로 파악한다. 즉 민주적 기본질서를 자유민주적 기본질서와 사회민주적 기본질서로 나누어 민주적 기본질서가 자유민주적 기본질서보다 상위 혹은 포괄적 개념인 것으로 본다.

그러나 한국헌법은 자유민주주의에 기초한 사회복지국가원리를 도입하므로, 민주적 기본질서와 자유민주적 기본질서는 상호 별개의 충돌하는 개념이 아니라 상호 융합적인 개념으로 이해하여야 한다. 또한 헌법의 기본원리를 천명하는 헌법 전문에서 자유민주적 기본질서라고 표현하지만, 한국헌법의 전체적인 이념적 틀에 비추어 본다면, 사회복지국가원리도 당연히 포괄하는 것으로 이해하여야만 한다. 오늘날 전적으로 고전적 자유주의원리에 입각하여 국가의 기본질서를 형성하고 있는 나라는 찾아볼 수 없으므로 이러한 탄력적인 해석은 불가피하다.

사실 자유민주주의도 따지고 보면 민주주의의 구체화라는 점에서 우리가 섬기고 가꾸어야 할 소중한 가치임에 틀림없다. 민주주의라는 용례는 그 접두어로서 다양한 용례가 안출된다. 자유민주주의, 다원적 민주주의, 사회민주주의, 인민민주주의가 그 전형적인 예에 해당한다. 바로 그런 의미에서 우리는 민주주의를 일반적이고 보편적인 용례로 사용한다. 그런 점에서 권위주의의 대척점에 선 민주화운동에서의 민주주의는 이를 단적으로 보여준다. 우리 헌법도 예외는 아니다. 헌법규범상으로도 '민주'와 '자유민주'가 혼용되고 있는 것도 이를 단적으로 표현한다.

우리 헌법이 지향하는 자유민주주의는 서유럽 국가에서 구현되고 있는 사회민주주의까지를 포괄하는 자유민주주의라는 데 이론의 여지가 없다. 하지만 그 민주주의가 인민민주주의까지 포섭하는 민주주의라고 한다면 이는 대한민국의 국가적 정통성과 정체성에 어긋날 수밖에 없다. 바로 여기에 한국적 민주주의의 가치상대주의는 그 관용의 한계를 드러낸다. 선진 민주주의 각국의 헌법학과 정치학 교과서에서 국가형태론(헌정체제론)의 현대적 모델에 관한 일반적이고 보편적인 논의는 사회의 다원성을 수용하는 자유민주주의(liberal democracy, démocratie libérale) 내지 다원적 민주주의와 권위주의 및 전체주의로 구획된다. 권위주의 또는 전체주의의 극좌에 있는 인민민주주의(people's democracy)나 극우에 있는 파시스트 세력은 배척되어야 할 경계의 대상이다.

한국헌법이 지향하는 '자유민주적 기본질서' 내지 '민주주의'란 사회주의적 이데올로기에 기초한 인민민주주의이념을 배척하는 자유민주주의를 의미한다는 점에서 미국, 영국, 프랑스, 일본과 같은 자유민주주의국가에서의 자유민주주의의 한국적 한계를 드러낸다. 즉 이들 국가에서는 인민민주주의와 공산주의를 표방하는 정당이 널리 허용된다. 하지만 한국적 자유민주주의에서는 민주주의의 관용에도 한계를 드러내는 공산주의에 대해서는 적대적이다.

이와 관련하여 독일에서는 특히 바이마르공화국의 가치중립적 원리로 인하여 나치가 등장하게 되었다는 반성적 성찰에 따라 기본법에서 위헌정당해산, 자유민주적 기본질서를 공격하는 경우의 기본권 상실, 자유민주적 기본질서를 유지하기 위한 비상대권 발동 등을 규정하기에 이르렀다. 이는 곧 독일기본법 특유의 방어적(투쟁적) 민주주의이념으로 연결된다.

헌법전상의 표현이 민주적 기본질서이든, 자유민주적 기본질서이든 법문의 표현에 지나치게 집착하는 것은 바람직하지 않다. 즉 자유민주적 기본질서이건 민주적 기본질서이건 간에 그 표현 여하를 떠나서 한국헌법이 지향하는 기본원리는 다름 아닌 자유민주주의라는 점을 염두에 두어야 하고, 그 속에는 현대적인 사회복지국가원리가 당연히 내포되어야 한다.

실로 한국헌법이 지향하는 민주주의는 자유민주주의일 수밖에 없다. 그 자유민주주의는 현대적인 다원적 민주주의를 지칭하며, 그것은 곧 사회적 다원성을 부정하는 일당지배체제의 이데올로기에 얽매인 인민민주주의를 배척한다는 의미로 새겨야 한다. 바로 그런 의미에서 유럽 자유민주주의국가에서 공산당을 허용하는 것과는 구별될 수밖에 없다. 하지만 서유럽의 사회당은 비록 이념적으로 좌파이긴 해도 다원적 민주주의이념을 수용한다는 점에서 그들의 기본 틀은 자유민주주의이념에 기초한다. 결국 대한민국이 수용하는 정치체제는 다원성을 부정하는 전체주의와 인민민주주의를 배척하는 범위 내에서의 자유민주주의다.

민주주의냐 자유민주주의냐 하는 논쟁의 원인 중 하나는 우리 헌법이 대한민국의 정체성을 규범적으로 표현하는 데 매우 인색하다는 점이다. 예컨대 현행헌법은 국시(國是), 국가(애국가), 국어(한글), 국기(태극기), 수도(서울)에 관하여 침묵으로 일관한다. 차제에 대한민국의 국가적 정향성은 국민주권주의에 기초한 자유민주주의임을 분명히 함으로써 앞으로 있을 개정헌법의 지표로 삼아야 한다(『헌법학』제17판에서 발췌; 〈칼럼〉 '자유민주주의'가 정답이다, 《중앙일보》2011. 8. 29.).

## 2. 헌법과 국가정체성

### 1) 광복과 제헌

한여름 더위가 기승을 부리는 7월과 8월은 대한국민과 대한민국에게 특별한 계절이다. 69년 전 우리의 선조들은 대한민국의 법적 토대인 헌법을 제정하고, 대한민국의 정부수립을 만천하에 알렸다. 하지만 이 위대한 역사적 과업은 일부 논자들에 의하여 때로 그리 대단치 않은 일로 치부되기도 하여 안타까움을 더한다.

주권재민(主權在民)의 이념적 지표 아래 최초의 민주공화국 헌법제정을 기리는 제헌절은 3·1절, 광복절, 개천절과 더불어 대한민국 4대 국경일이다. 그런데 참여정부에서 공휴일을 축소한다는 명분으로 4대 국경일의 하나인 제헌절만 유독 공휴일에서 제외시킨 것은 그 어떤 이유로도 용납하기 어렵다. 이는 자칫 국민들로 하여금 국법의 근본에 대한 의식을 약화시킬 우려를 자아낸다. 오늘의 시점에서 제헌을 바라보면 별것 아닌 것으로 치부할 수 있다. 하지만 동시대로 회귀해 보면 진정 1948년 7월 17일은 한민족의 새로운 법적 토대를 마련한 쾌거라 아니할 수 없다.

제헌헌법에 기초하여 8월 15일에는 대한민국 정부가 수립되었다. 8월 15일은 바로 1945년 일제 강점을 종식시킨 광복절이기도 하다. 그런데 8월 15일을 건국절로 하자는 논쟁이 제기되어 한바탕 홍역을 치른 바 있다. 역사인식은 특정 계층이나 특정 세력에 의하여 재단되어서는 아니 된다. 그것은 단순히 법적인 의미만으로서 전개되어서도 아니 되고 그렇다고 법적인 틀을 무시해서도 아니 되는 이중적인 측면이 있음을 인식해야 한다. 여기서 잠시 우리 선조들이 채택한 대한민국 제헌헌법의 전문(前文)을 살펴볼 필요가 있다. 참고로 세계적으로 헌법을 제외한 그 어떠한 법규범에도 전문이 없다. 헌법에서만 유독 전문을 두는 이유는 나라의 법적 토대를 이루는 기본법인 헌법이 어떠한 성립유래와 이념을 담고 있는지를 천명할 필요가 있기 때문이다. 제헌헌법 전문은 이렇게 시작된다: "유구한 역사와 전통에 빛나는 우리들 대한국민은 기미 삼일운동으로 대한민국을 건립하여 세계에 선포한 위대한 독립정신을 계승하여 이제 민주독립국가를 재건함에 있어서…." 이 표현만 문구 그대로 본다면 분명 헌법제정권력자의 의지 속에는 대한민국임시정부가 건국한 대한민국을 1948년 헌법을 통하여 재건한 것이기 때문에 대한민국의 건국은 1919년으로 거슬러 올라간다. 현행헌법도 유사하다: "유구한 역사와 전통에 빛나는 우리 대한국민은 3·1운동으로 건립된 대한민국임시정부의 법통 … 계승하고 …." 대한민국임시정부의 법통을 계승한다는 법통(法統)의 사전적 의미는 '법의 계통'이다. 그렇다면 제헌헌법이나 현행헌법 모두 대한민국의 법통은 1919년으로 거슬러 올라간다. 그런 의미에서 대한민국의 건국은 1919년에 이루어졌다고도 할 수 있다.

하지만 건국의 의미가 가지는 상징성과 법적인 의미에서의 엄격성은 구별되어야 한다. 비록 국권을 상실하였지만 1919년 임시정부를 통해서 대한민국의 건국을 만천하에 고지한 것은 자주독립국민으로서 당연한 노력의 결과다. 그런데 국민(國民), 영토(領土), 주권(主權)은 전통적인 국가의 3요소 이론의 핵심 사항이다. 대한국민이 있고, 한반도가 있다는 점에서 국민과 영토는 존재하였지만, 국내외적으로 국권을 상실하여 한반도에 대한 실효적 지배가 불가능하였기 때문에 주권국가의 모습을 보일 수가 없었던 엄연한 역사적 사실을 외면할 수 없다. 바로 그런 점 때문에 임시정부라는 특수성을 안고 출범한 상하이 정부는 대한민국의 정통성을 상징하는 정부이긴 하지만 실효적 지배력을 가진 정부가 아니었다는 점을 인정하여야 한다. 따라서 민주독립국가를 재건한다는 헌법 전문의 의미는 임시정부의 정통성을 이어받은 대한민국 헌법제정의 정통성과 정당성을 다시 한번 확인한다는 의미의 상징성을 가지는 것으로 충분하다.

그런데 정통성을 가진 대한민국 헌법을 제정하고 정부를 수립하였다고 1948년 8월 15일을 건국절로 하자는 일각의 논의는 불필요한 오해를 부채질하는 무의미한 논란에 불과하다. 8월 15일은 이미 임시정부에서 천명한 민주독립국가 건설의 서막을 알리는 광복절로도 충분하기 때문이다. 즉 1945년 8월 15일의 광복은 대한민국임시정부에서 추구하던 민주독립국가의 염원이 현실적으로 구현될 수 있는 결정적인 계기를 마련한 역사적 의미를 가지는 데 충분하다. 스스로의 힘에 의한 광복이 아니라 외부의 힘에 의한 일본의 패망선언이 결정적이었기에 광복 이후 대내외적인 혼란과 외국 군정의 지배로 민주독립국가 건설은 다소 지체되었다. 하지만 1948년 대한국민의 주권적 의사의 표현에 따라 스스로 독자적인 헌법을 제정하고 그 헌법에 기초한 정부가 구성되었다는 역사적 사실을 외면할 수 없다.

결론적으로 우리의 선조들이 설정한 4대 국경일은 여전히 유효하고 또 영원히 유효하여야 한다. 비록 현실적 역사성에 있어서 논란이 없는 바가 아니지만 5,000년 한민족의 개국(開國)을 의미하는 개천절은 한민족공동체의 상징적 국경일이다. 5,000년에 이르는 역사의 도전과 응전 속에서 마침내 자주독립국가를 건설하기 위한 주권재민의 현대적인 민주공화국을 최초로 천명하는 결정적 계기를 제공한 기미독립운동이 새로운 대한민국의 정통성과 정당성을 대변하는 쾌거였다는 점에서 3·1절은 충분히 의미부여가 된다. 일본제국주의자들의 온갖 만행과 억압에도 불구하고 불굴의 자주독립국가 건설의 의지를 펼쳐 보인 독립운동이 마침내 1945년 8월 15일의 해방으로 이어졌다는 점에서 온 민족의 환희를 의미하는 광복절은 민족적 기념일이어야 한다. 3년의 과도기를 거치긴 하였지만 이 땅에서 최초로 정상국가(正常國家)의 모습으로 출범하는 법적 토대를 마련한 제헌절은 민주공화국의 새로운 실천을 알리는 국경일이어야 한다. 1948년 8월 15일은 제헌헌법의 구체적 구현을 의미하는 새 정부의 탄생을 알리는 정부수립일이다. 바로 그런 의미에서 건국은 헌법제정으로부터 비롯된다.

## 2) 헌법과 국가정체성

근대국가의 동일성을 확인하는 표지는 헌법이다. 바로 그런 점에서 근대 입헌주의 헌법은 성문(成文)헌법과 경성(硬性)헌법이라는 외관과 더불어 기본권보장, 권력분립, 대의제, 법치주의와 같은 내용들을 담고 있다. 이와 같은 일반적이고 원론적인 차원의 헌법에서 더 나아가 당해 헌법에서 국가의 동일성과 정체성을 확인하는 규범들이 어떻게 정립되어 있느냐 하는 것도 국가와 헌법의 의미를 이해하는 데 중요한 잣대가 된다.

그 구체적 징표는 일반적으로 헌법에서 적시된다. 국가형태로서의 공화국이냐 입헌군주국이냐의 선택과 나아가서 자유민주주의원리를 어떻게 헌법 속에 용해할 것이냐의 문제와 같은 근대국가 일반의 문제에서 더 나아가

순전히 당해 국가의 특유한 징표로 볼 수 있는 국호(國號), 국시(國是), 국기(國旗), 국가(國歌), 국어(國語), 수도(首都)와 같은 문제들이 동시에 연계되어 논의되어야 한다.

인류의 보편적 가치에 기초한 대한민국의 국가정체성을 드러내는 징표로서, 자유민주주의국가이냐의 여부에 관해서는 더 이상 특별한 논의의 필요성이 없다. 헌법 전문에서 적시하고 있는 자유민주적 기본질서는 바로 인민민주주의에 대응하는 개념으로서의 자유민주주의를 의미한다. 그 연장선상에서 입헌군주국이 아닌 민주공화국을 헌법 제1조에서 천명한 것은 특별한 의미를 가진다.

구체적 징표로서 대한민국에 보다 특유한 사항들은 국시, 국어, 국기, 국가, 수도 등을 들 수 있다. 우리 헌법에서는 제헌헌법 이래 이 모든 사항에 대하여 침묵을 지킨다. 이는 다른 나라의 헌법에 비추어 보면 다소 예외적이다. 이들 사항을 모두 헌법에 규정하고 있는 나라는 드물지만 그래도 이들 사항 중에서 일정 사항은 헌법에 적시하고 있든가 그렇지 않으면 헌법에서 법률로 정함을 명시하는 정도의 규정은 두고 있는 것이 오히려 일반적이다.

대한민국의 역사적 정통성과 정당성을 확립하기 위해서는 헌법과 법률을 재정비해야 한다. 우리와 대척점에 서 있는 조선민주주의인민공화국의 헌법에서는 '제7장 국장, 국기, 국가, 수도'에서 이와 관련된 사항을 명시한 것과도 대비된다. 헌법개정이 어려우면 국시로서 자유민주주의, 국어로서 한글, 국기로서 태극기, 국가로서 애국가, 수도로서 서울을 명시하는, 대한민국의 국가정체성 확립을 위한 특별법을 제정해야 한다. 그래야만 국법질서에 대한 도전에 의하여 야기되는 소모적 논쟁을 종식시킬 수 있다.

대한민국의 정체성을 확인하는 작업은 헌법에서 천명함으로써 대한민국의 정체성을 더욱 공고히 해야 한다. 또한 전통적인 한민족 중심의 민족적·

민주주의적 사고나 규범은 다문화사회의 급속한 전개에 부응하여 국가로서의 대한민국의 정체성을 강화하는 방향으로 전환되어야 한다(〈칼럼〉 국가정체성에 대한 도전은 용납될 수 없다,《조선일보》2013. 9. 14.; "헌법과 국가정체성", 『서울대학교 법학』, 2011에서 발췌).

### 3) 국시, 반공과 통일을 뛰어넘는 자유민주주의

국시(國是)를 헌법에 명시하고 있는 나라는 많지 않다. 1948년 대한민국의 건국은 북쪽의 공산세력에 대한 안티테제[Antithese, 반정립(反定立)]였다는 점에서 반공(反共)은 사실상 동시대의 국시라 해도 과언이 아니다. 자유민주주의국가에 반공법이 존재하고 그 반공법의 존재를 너무나 당연한 것으로 여긴 역사적 사실이 이를 반증한다. 1961년 5월 16일 박정희 장군을 중심으로 하는 군부세력이 쿠데타를 성공시킨 이후 제시한 혁명공약의 첫째 항목에서 "반공을 국시의 제1의로 삼고 지금까지 형식적이고 구호에만 그친 반공체제를 재정비 강화할 것입니다"라고 명시한다. 1980년 12월 31일 법률 제3318호로 전면 개정된 「국가보안법」 부칙 제2조에 의하여 반공법이 폐지되긴 하였지만, 건국 이래 반공법이 폐지될 때까지 반공은 사실상 대한민국의 국시로 작동하여 왔음을 부인할 수 없다. 이제 대한민국의 국시가 반공인 시대는 종언을 고하였다. 그렇다고 대한민국의 국시가 통일일 수도 없다. 통일은 한민족의 염원사항이긴 하지만 통일이 국시라면 통일 이후 대한민국의 국시가 소멸되고 새로 정립되어야 한다는 점에서 바람직하지 않다.

1948년 5월 10일 제헌국회의원선거는 5,000년 역사에서 최초의 보통·평등·직접·비밀·자유선거였다. 이는 민주주의의 모국(母國)인 영국에도 불과 20년 뒤졌을 뿐이다. 하지만 그로부터 거의 70년에 이른 지금도 우리는 아직 대한민국의 정통성과 정당성을 부정하는 세력을 차단하고 제어할 수 있는 법과 제도를 구축하지 못하고 있다.

　필리핀의 도움으로 최초의 실내체육관을 짓고, 오로지 먹고살기 위해 독일에 광부·간호사로, 열사의 사막에 건설 노동자로 나가 밤낮없이 노력한 끝에 이제 우리는 세계 10대 경제대국 반열에 우뚝 섰다. 사실 우리 스스로도 한국에서 민주주의를 바라는 것은 요원한 것으로 여겨졌지만 우리는 두 번에 걸친 평화적 정권교체를 통하여 민주화를 이루어 냈다.

　유신과 5공의 질곡 속에서 자유를 향한 청년학도들의 몸부림은 공산주의와 김일성 주체사상에 대한 동경으로 나아갔다. 우리 대학생들도 민중이 주인 되는 세상을 찾아 노동의 현장으로 뛰어들었다. 훗날 국가는 그들에게 민주화를 위한 희생자로 훈장을 수여하고 금전적 보상까지 마다하지 않았다.

　하지만 그간 극좌이념에 대하여 관용적이었던 서구 지성사회도 세계사적인 변혁의 물결 속에 그 관용을 거두었다. 1981년 공산당과 연대하여 집권에 성공한 프랑스의 미테랑(Mitterrand) 대통령도 결국 짧은 동거를 끝내고 말았다. 소련의 붕괴 이후 유럽에서 공산당의 지지도가 추락을 거듭하자 공산당이라는 이름을 내던지고 민주사회당과 같은 새로운 작명으로 위장할 수밖에 없는 궁지에 몰렸다. 하지만 대한민국의 공산주의자와 주사파(주체사상파)는 1980년대 시대정신에 매몰된 채 화석처럼 굳어 있다. 세월이 가고 시대가 바뀌었음에도 사반세기 이전의 틀을 벗어나지 못한다. 인간의 이기적 본성을 외면한 채 만민평등에 사로잡힌 위정자들은 스스로 몰락을 자초하였다. '이밥에 고깃국'은 고사하고 굶어 죽어 가고 있는 백성에게 이데올로기는 사치에 불과하다.

　이제 1980년대식 좌파는 깃발을 내릴 때가 되었다. 낡은 이념의 동굴에 박제되어 있는 그들이 온갖 불법과 탈법을 저지르는 것을 더 이상 방치할 수 없다. 이에 정부는 통합진보당이 대한민국의 민주적 기본질서를 지켰는

지 심판할 때가 되었다고 판단하고 2013년 11월 5일 헌법 제8조 제4항에 따라 헌법재판소에 정당해산을 청구하였다. 헌법재판소는 2014년 12월 19일 해산 청구를 인용하여 통합진보당은 해산되었다(헌재 2014. 12. 19. 2013헌다1).

국정교과서 논란도 위와 같은 맥락에서 바라볼 수 있다. 학생의 교과용 도서가 안타깝게도 진보와 보수의 이념적 갈등의 현장으로 변하고 있다. 권위주의 시절의 초·중등교육은 정부의 일방적인 홍보의 제물이었다. 이승만·박정희를 미화하는 정권의 도구가 교과서였다. 민주화 이후에도 매한가지다. 민주정권 10년 사이 어느새 교과서는 진보이론으로 덧칠되어 있다.

교과서논의의 기저에는 한국 사회를 보는 시각의 차이가 현저하게 녹아 들어 있다. 건국·산업화세력은 1948년에 수립된 대한민국의 정통성과 정체성을 강조한다. 도가 지나쳐 광복절을 건국절로 대체하려까지 한다. 이승만·박정희 두 전직 대통령에 대한 평가도 긍정으로 일관한다. 그들이 남긴 어두운 그림자는 옥동자를 출산하기 위한 진통쯤으로 여긴다. 반면에 민주화세력은 한반도의 북쪽에 자리 잡은 조선민주주의인민공화국을 내팽개친 남쪽만의 일방적인 건국 그 자체의 정통성에 의구심을 드러낸다. 이승만의 독자적 건국을 폄하하고 친일세력을 등용한 역사적 과오의 청산을 주장한다. 박정희의 산업화 성취보다는 그가 뿌려 놓은 권위주의적인 반민주적 행태에 대한 부정적 평가가 앞선다.

대한민국 건국 자체를 부정적으로 보는 시각이 있는 한 부정의 역사를 긍정의 역사로 치환하기란 불가능하다. 대한민국 70년에 즈음하여 드러난 건국에 대한 부정적 시각은 교정되어야 한다. 미국과 소련이 한반도를 분점하고 있는 상황에서 남쪽만의 단독정부 구성이 아쉽기는 해도 그렇다고 북쪽을 옹호할 만한 어떠한 명분도 없다. 하지만 건국 70년의 성공의 역사, 발전의 역사, 기적의 역사를 강조하는 과정에서 건국과 산업화의 성취에만 매몰되어서도 아니 된다. 민주주의의 햇불을 든 4·19혁명을 데모쯤으로 폄하하는 역사의식을 가지는 한 교과서 문제 해결을 위한 단초는 열리지 않는다.

한 시대의 역사는 긍정적인 면과 부정적인 면이 동시에 오버랩될 수밖에 없다. 민주정권 10년을 풍미한 교과서는 지나치게 과거의 부정에 매몰되어 있다. 반면에 대안교과서는 과거의 잘못을 미화하는 데 치중한다. 그래 가지고는 어느 한쪽도 공동체의 동의를 얻을 수 없다. 한쪽으로만 경도된 역사관을 가지고는 자라나는 학생을 위한 객관적인 교육이 불가능하다. 진보와 보수를 아우르는 대승적이고 통합적인 국사교과서 저술이 필요하다(〈칼럼〉 역사교과서, 좌우 편향 모두 안 된다, 《동아일보》 2008. 12. 16.).

### 4) 국어, 민족혼의 상징인 한글

대한민국의 국어(國語)는 세종대왕이 창제하고 반포한 한글이라는 사실에 이의를 제기할 이는 없다. 하지만 헌법은 침묵하고 있다. 우리말 국어와 한글의 소중함을 그렇게까지 강조하면서도 한글과 국어를 근거 짓는 헌법은 고사하고 법률조차도 뒤늦게 제정되었다는 사실은 우리가 그만큼 국가정체성에 둔감하였다는 점을 단적으로 드러낸다. 「국어기본법」은 2005년에 제정되었고(2005. 1. 27. 법률 제7368호), 이에 따라 '한글전용에 관한 법률'은 폐지되었다. 「국어기본법」은 2013년에 이르러 전면 개정되어 현재 시행되고 있다(2013. 3. 23. 법률 제11690호).

2007년 9월 27일은 세종대왕이 한글을 창제한 이래 최대의 경사가 발생하였다. IT강국 대한민국을 상징이라도 하듯이 전 세계 183개국이 참여한 세계지적재산권기구(WIPO) 총회에서 국제특허협력조약(PCT)의 아홉 번째 국제공개어로 한국어를 채택하였다. 이제 PCT 출원을 위해서는 한글로 문서를 제출할 수 있게 되었다. 새삼 우리 글과 말의 중요성을 되새겨 본다. 일찍이 자신의 고유한 언어를 통용시키지 못한 나라는 위대한 국가 건설에도 불구하고 역사의 뒤안길로 사라졌다. 만주벌판을 호령하면서 마침내 중국 대륙을 지배한 청(淸)나라도 언어를 비롯한 고유문화를 착근시키지 못하고 나라의 멸망과 더불어 언어조차 사라져 버리고 말았다.

한글날 노랫말에서와 같이 한글은 문화의 터전이자, 민주의 근본이고, 생활의 무기다. 만일 세종대왕이 한글을 창제하지 않았다면 우리는 지금쯤 어느 나라의 글을 사용하고 있을까를 생각해 보면 끔찍하기도 하다.

요즈음 미국의 세계지배와 더불어 인터넷의 보편적인 언어가 영어로 일원화되면서 우리나라에서도 영어 열풍이 불고 있다. 하기야 문화적 자존심의 상징적인 국가인 프랑스에서도 프랑스어 중심의 사고에서 영어의 생활화로 변모하고 있으니 다른 나라의 사정은 말해 무엇하겠는가. 일제 식민지배 동안에도 우리 선조들은 조선어학회 사건으로 온갖 고초를 겪으면서도 우리글의 소중함을 간직하려 하였다. 만일 해방 조국에서 한글이 사라졌더라면 우리는 외형적 독립에도 불구하고 정신적 종속의 길을 걸어갈 수밖에 없었을 것이다. 어학연수나 조기유학도 따지고 보면 영어를 배워야 성공할 수 있다는 소박한 모정의 발로이다. 하지만 다시 한번 생각해 보자. 아무리 영어를 잘한다고 하더라도 자국어만큼이야 할 수 있겠는가.

대학에서조차 영어강의가 필수적인 덕목으로 치부된다. 하지만 자국어가 아닌 영어로 표현할 수 있는 지적 능력은 일정한 한계에 부닥칠 수밖에 없다. 그렇다면 학문의 장에서 영어강의를 통하여 교수의 학문적 성과가 얼마나 수업에 반영될 수 있겠는가. 외국어강의가 필요한 분야는 일정하게 존재할 것이다. 그럴 경우에는 외국인교수를 통하여 강의를 진행하여야 마땅하다. 세계화 시대에 세계어인 영어를 외면할 수는 없다. 그렇다고 하여 영어 과신으로 국민으로서의 정체성을 상실할 우를 범하여서는 아니 된다.

## 5) 국기, 국가의 표상

"휘날리는 태극기는 우리들의 표상(表象)이다. 힘차게 약진하는 우리 대한 민국이다"(정동주 작사·작곡, 〈태극기〉).

대한민국의 국기(國旗)는 태극기(太極旗)라는 사실을 모르는 국민들은 없다. 하지만 태극기가 무엇을 근거로 무엇 때문에 대한민국의 국기인지에 관해서는 제대로 된 답변을 할 수 있는 국민이 드물다. 「대한민국국기법」은 2007년에 제정되었다(2007. 1. 26. 법률 제8272호). "이 법은 대한민국을 상징하는 국기의 제작·계양 및 관리 등에 관한 기본적인 사항을 규정함으로써 국기에 대한 인식의 제고 및 존엄성의 수호를 통하여 애국정신을 고양함을 목적으로 한다"(제1조). "대한민국의 국기(이하 "국기"라 한다)는 태극기(太極旗)로 한다"(제4조). 이에 따라 대한민국국기법 시행령이 제정되었다(제정 2007. 7. 27. 대통령령 제20204호; 일부개정 2008. 7. 17. 대통령령 제20915호).

대한민국국기법 시행령에서는 국기에 대한 맹세(제4조), 계양식 및 강하식(제19조) 등에 관하여 규정한다. 이와 관련된 사항은 '대한민국국기에 관한 규정'(제정 1984. 2. 21. 대통령령 제11361호; 일부개정 2002. 11. 6. 대통령령 제17770호)에서 규정한 바 있는 국기에 대한 맹세(제3조), 계양식 및 강하식(제14조)의 규정을 답습하고 있다. 바꿔 말하자면 1984년 이전에는 대한민국의 그 어떠한 규범에도 국기에 관한 규정이 없었다는 사실이다. 그럼에도 국기에 대한 경례와 그에 대한 벌칙이 존재하여 왔다는 사실이 뜬금없기까지 하다.

## 6) 국가, 법적 보호 미흡한 애국가

우리나라의 국가(國歌)는 애국가(愛國歌)다. 애국가는 작사자 미상이며, 16소절의 간결하고 정중한 곡으로 1930년대 후반 안익태(安益泰)가 빈에서 유학 중 작곡한 것이 1948년 8월 15일 대한민국 정부수립과 함께 국가로 불렸다. 2005년 3월 16일 안익태의 부인인 로리타 안이 애국가의 저작권을 한국 정부에 기증하였다. 그러나 애국가의 법적 의미는 현재로선 전무하다고 보아도 과언이 아니다. 현재 애국가가 대한민국의 공식적인 국가라는 법적 기술은 보이지 않는다. 헌법을 비롯한 그 어떠한 법규범에도 애국가가 대한민국의 국가라는 구체적이고 명확한 표현은 없다. 2010년에 대통령훈령으로 제정된 국민의례 규정에서 "애국가 제창: 1절부터 4절까지 모두 제창하거나 1절만 제창"이 유일한 법적 근거다. 그러니 진보정당의 공식 행사에서 애국가 대신 〈님을 위한 행진곡〉을 불러도 위법이 아니다. 그만큼 우리는 국가정체성을 법적으로 정립하는 데 소홀하였다. 다만, 〈님을 위한 행진곡〉을 5·18 기념곡으로 지정해 기념식 공식곡으로 연주하는 것은 별개다. 각종 기념식에는 애국가 제창에 이어 해당 기념곡 연주가 자연스럽기 때문이다.

또한 '대한민국국기에 관한 규정' 이후에 법률로 격상되어 제정된 「대한민국국기법」에 따른 대한민국국기법 시행령에서도 유사한 규정을 두고 있다.

애국가가 대한민국의 국가임을 천명한 법규범이 존재하지 않음에도 불구하고 국기법을 통해서 애국가 연주를 강제한다는 것 자체가 규범의 체계 정합성을 상실한 것이라고 보아야 한다. 헌법에 규정하지는 못하더라도 적어도 법률로써 애국가가 대한민국의 국가임을 명시하는 법률제정이 필요하다.

## 7) 수도, 서울이냐?

수도가 헌법사항이냐, 수도가 서울임이 비록 헌법에 명시된 규정은 없지만 관습헌법이냐의 여부가 행정수도 이전 문제와 관련하여 우리 사회의 첨예한 문제로 등장한 바 있다. 논의의 핵심은 수도가 서울이라는 사실이 관습헌법인가의 여부다. 다수의견은 수도가 서울이라는 점은 관습헌법이므로 법률로써 수도를 이전할 수 없으며 헌법에서 명시한 제130조의 국민투표권을 침해하는 위헌법률이라고 판시한다. 이에 대해 소수의견은 관습헌법의 효력은 성문헌법의 보완적 효력을 가질 뿐이며, 관습헌법의 개정은 헌법개정에 속하지 않는다고 본다(헌재 2004. 10. 21. 2004헌마554 등).

헌법재판소의 위헌결정에 따라 「신행정수도 후속대책을 위한 연기·공주지역 행정중심복합도시 건설을 위한 특별법」 위헌확인(헌재 2005. 11. 24. 2005헌마579 등) 사건에서 7인의 재판관은 각하의견을 제시한다. 다만 6인의 재판관은 기존 헌법재판소 결정에 따라 수도가 서울이라는 것은 관습헌법에 속한다고 본 반면, 3인의 재판관은 관습헌법임을 부인한다. 한편 2인의 재판관은 신행정수도는 결과적으로 수도를 분할하는 것이므로 국민적 합의나 동의 절차를 생략한 것은 위헌이라는 의견을 제시한다. 이 법률에 대하여는 수도분할이라는 비판론을 반영한 개정안이 2010년에 국회에 제출되었으나 부결된 바 있다. 생각건대 헌재가 수도가 서울이라는 점을 관습헌법으로 보았다면 수도분할을 의미하는 '행정중심복합도시 특별법'도 또한 위헌이라고 판시하였어야 마땅하다(〈칼럼〉 세종시 논쟁, 국가이성을 생각한다, 《매일경제》 2010. 1. 19.).

## 8) 제복, 국가 수호의 표지

태극기와 애국가가 국가의 상징이라면 제복(制服)은 국가가 부여한 수호신의 표지다. 공직자 중에서 유독 군인·경찰·소방관은 전 세계 어디를 막론하고 제복을 착용한다. 이들은 대한민국의 존립과 안전을 책임지는 최일선에 서 있다. 나라가 풍전등화(風前燈火)의 위기에 처하였을 때 꽃다운 젊은이들이 제복 속에 청춘을 불사른 덕분에 오늘의 태평성대(太平聖代)를 구가한다. 국가와 국민은 그들의 영혼을 영원토록 기려야 할 책무가 있다. 서해의 찬 바다에 격침된 천안함 영령들도 결코 잊어서는 아니 된다. 그런 점에서 소위 〈천안함 프로젝트〉는 그 적실성을 의심하게 한다. 아무리 영화라는 특수한 장르라 하지만 아직 동시대의 상처가 아물지 않은 상황에서 그와 같은 주제 설정은 좀 더 신중해야 한다.

2013년 5월 3일 부산 '동의대 사태' 24주년에 즈음해 희생된 경찰관의 부조 제막식이 있었다. 「민주화운동 관련자 명예회복과 보상에 관한 법률」에 따라 그때 시위자들은 이미 2002년에 민주화운동가로 인정받았다. 하지만 그때 희생된 경찰관들은 2010년에 뒤늦게 제정된 「동의대 사건 등 희생자의 명예회복과 보상에 관한 법률」에 따라 보상과 명예회복이 이루어졌다. 정권을 달리하며 그 역사적 평가 또한 달리하였던 결과다. 국민의 생명과 재산, 사회공공의 안녕질서를 수호하기 위한 경찰관들의 희생은 애써 외면하고 시위만이 정당화되던 민주화 과정의 서글픈 단면을 단적으로 드러낸다. 동의대 사태는 시위자나 경찰관이나 다 같이 시대의 희생자였다. 이제는 희생자들 사이에 용서와 화해의 장이 마련되어야 할 때다.

덕수궁 대한문 앞에서 한동안 계속된 해고 근로자의 시위는 민주화의 불꽃을 일구던 동의대 사태와는 그 성격을 달리한다. 대한문 앞의 시위는 해고 근로자의 생존을 위한 투쟁이다. 생존의 장(場) 마련만이 시위의 종결에 이르는 유일한 해결책이다. 하지만 정부와 지자체 모두가 담 너머 불구경하듯 "사람이 꽃보다 아름답다"라는 낭만적인 수사(修辭)로 안주한다. 그 와중에 시위대를 제지하는 애꿎은 제복의 경찰관들만 온갖 비난을 뒤집어쓴다.

세종로를 에워싼 경찰차와 시위대를 지척에 두고 도열해 있는 앳된 제복의 남녀 경찰관들은 다 같이 우리의 소중한 아들, 딸이다. 더 이상 해고 근로자와 젊은 제복이 맞닥뜨리는 불상사가 일어나서는 아니 된다. 생존을 위한 투쟁 장소의 제공보다는 생존의 터전 마련이 더 절실하다. 이 시간에도 전국

곳곳에서 일어나는 소외된 이웃의 절박한 생존권 투쟁을 국가와 사회가 보듬고 안아 주어야 그게 진정한 경제민주화이고, 그게 바로 사회복지국가의 구현이다. 그래야만 경찰관의 공권력행사는 적법성과 정당성을 담보하게 된다. 그때 비로소 우리는 민주법치국가임을 자랑스럽게 말할 수 있다(〈칼럼〉 국가의 상징과 제복의 존엄성, 《문화일보》 2013. 5. 7.).

## 3. 정치제도의 균형

### 1) 헌법의 실패와 공화국의 영속성

제헌의회는 1948년 7월 12일 공화국의 새로운 헌법을 제정하고 이를 7월 17일에 공포함으로써 '제헌절'로 기린다. 그 공화국헌법의 제정 주체는 바로 "유구한 역사와 전통에 빛나는 대한국민"이었다.

헌법 제1조에서는 "대한민국은 민주공화국"임을 명시한다. 그 공화국은 북한의 인민민주주의공화국에 대칭되는 자유민주주의공화국이다. 그러나 제헌헌법의 그 타협적이고 갈등적인 헌법규범은 오늘날까지 한국 헌법사를 얼룩지게 하는 긴 흠집을 남긴다. 국민의 자유와 평등, 그리고 복지를 향한 공화국의 이념과 지표보다 당리당략에 얽매인 집권세력의 일탈된 행동은 헌법을 요동치게 하였다. 공화국 건설의 주체인 국민은 뒷전으로 밀려나고, 헌법은 집권자의 자의적 노리개로 전락하였다. 그런 척박한 상황에서 그 어떠한 헌법이 탄생한들 그것은 정권의 실패와 헌법의 실패로 이어질 수밖에 없었다.

그간 아홉 차례에 걸친 헌법개정사는 그 얼룩진 단면을 적나라하게 보여준다.

△ 이승만 대통령의 집권 연장을 위해 대통령직선제를 도입한 1952년 절차적 위헌성 (제1차 개헌)

△ 초대대통령에 대한 중임제한을 철폐한 1954년, 의결정족수를 위배한 소위 4사5입 개헌 (제2차 개헌)

△ 1960년 3·15부정선거에 항의한 4·19학생혁명에 따른 제2공화국의 의원내각제 헌법 (제3차 개헌)

△ 반민주행위자 처벌을 위한 소급입법의 헌법적 근거를 마련하기 위한 1960년 개헌 (제4차 개헌)

△ 5·16군사쿠데타에 따른 헌법의 정지와 1963년 제3공화국헌법 (제5차 개헌)

△ 대통령의 집권 연장을 위한 1969년 3선개헌 (제6차 개헌)

△ 유신체제에 따른 1972년 제4공화국헌법 (제7차 개헌)

△ 1980년 서울의 봄을 무참하게 짓밟은 제5공화국헌법 (제8차 개헌)

△ 대통령직선제 쟁취를 위한 6월 항쟁 이후 마련된 현행 제6공화국헌법으로 이어졌다. (제9차 개헌)

그 사이에 대한민국이라는 공화국은 자의 반 타의 반 여섯 자리 숫자에 이르는 공화국 숫자의 증가로 이어졌다. 1987년 민주화 시대를 풍미한 야당의 지도자 김영삼·김대중의 분열은 군 출신 대통령 시대를 연장할 수밖에 없었다. 1992년 3당야합이라는 비판 속에서도 김영삼은 대통령에 당선되었다. 국민적 개혁의지를 국정에 투영하려는 문민정부의 노력에도 불구하고, 임기 말 터진 아들의 비리에 이은 금융비리는 마침내 미증유의 IMF체제로 막을 내렸다. 김영삼 정부의 실패는 역설적으로 1997년 김대중 정부의 탄생으로 이어졌다. 정권교체 한 번을 해 보지 못한 '한국 민주주의의 한(恨)'

은 '국민의 정부' 탄생으로 새로운 전기를 맞이하였다. 그러나 임기 말 불거진 부패 스캔들과 친인척 비리는 또 다른 실패를 예고하였다. 그 이후 노무현, 이명박, 박근혜 정부로 이어오면서도 여전히 정권을 둘러싼 부정부패 스캔들은 끊이지 않는다. 문민정부와 국민의 정부의 실패는 민주화투쟁 경력이 곧 국가경영능력으로 연결될 수 없음을 극명하게 보여 주었고, 그것은 곧바로 대한국민과 한국 민주주의의 부담으로 남는다. 군사문화에 젖은 권위주의 시대에 대통령 '권력의 인격화'(personnalisation du pouvoir)를 통한 지배는 이제 문민지도자에 의한 영웅적 대통령의 시대로 이어졌다. 그것은 제왕적 대통령제란 이름으로 정부의 실패를 문책하기도 하고, 대통령중심제적인 헌법의 실패를 나무라기도 한다. 전·현직 대통령의 실패가 헌법의 실패이든 정권의 실패이든 간에, 그 실패는 실패 그 자체로 끝나는 것이 아니라 새로운 미래를 위한 설계로 이어져야 한다.

지난 반세기 이상 나라의 민주화를 위한 국민적 열망은 새로운 공화국의 숫자 매김과 더불어 새로운 웅비를 준비하여 왔다. 아무리 거센 파도가 휩쓸어 가도 그 자리에 남겨진 파도의 흔적은 한국 민주주의의 발전을 위한 고귀한 싹으로 작동한다. 돌이켜 보면 그간 제 발로 걸어서 청와대를 나가지 못하던 '대통령의 실패'에 이은 '헌법의 실패'는 정권교체와 더불어 이제 살아 있는 전직 대통령들의 시대를 열어 간다. 비록 그들이 실패한 대통령으로 머물지라도 그들의 실패는 새로운 교훈을 남겨 줄 것이다. 그 옥석을 가리는 것은 국민의 몫으로 남는다. 그 국민적 통찰력과 예지를 통하여 미래를 향한 공화국의 영속성이 보장될 수 있다(〈칼럼〉 헌법 실패와 정권 실패, 《한국경제신문》 2002. 7. 16.).

## 2) 정부형태론: 의원내각제와 대통령제

오늘날 헌법학이나 정치학 등에서 일반화된 용례인 국가의 통치질서 형태로서의 정부형태라는 용어는 당해 국가의 헌정체제로 지칭되기도 하고, 또는 보다 일반적인 의미로서 대통령제·의원내각제(의회제)·반대통령제(이원정부제) 등 집행권과 입법권과의 관계에 관한 문제로서 지칭되기도 한다. 근대입헌주의 헌법 이래 일반화된 성문(成文)·경성(硬性)헌법의 원리에 따라 정부형태를 파악하는 기본적 출발점은 성문헌법이어야 한다. 따라서 성문의 헌법체제를 뛰어넘는 어떠한 논의와 해석 및 헌법현실에서의 적용도 용납될 수 없다.

정부형태의 논의는 크게 자유민주주의체제와 사회주의적 전제체제, 그리고 자본주의적 전제체제라는, 자유체제와 전제체제라는 분류의 틀을 기본으로 전개되어 왔다. 그러나 오늘날 사회주의체제는 새로운 변화를 통하여 자유의 원리를 수용하며, 자본주의체제에서 자행되었던 제3세계국가에서의 개발독재 또한 자유의 보편화현상에 따라 붕괴되어 간다. 이제 세계사의 흐름은 자유민주주의체제로 접근 내지 동화되어 간다. 이에 정부형태에 관한 논의도 자연히 유럽 각국이 쌓아 올린 모델인 대통령제·의원내각제·반대통령제(이원정부제)·회의정체 등의 헌정체제에 관한 논의로 한정된다.

대통령제는 그 고향인 미국 헌법체제에서 그 원형을 찾아야 하고, 따라서 그 외의 국가에서 전개되고 있는 규범과 현실은 대통령제의 변형된 모델이다. 그런데 의원내각제는 유럽 각국에서 널리 시행되었거나 또는 현재 시행되고 있는 제도이지만, 각국의 특수한 상황에 따라서 정착된 제도이므로 그것을 어느 특정의 모델에 한정시킬 수 없고 그 개념정의도 다양하다. 의원내각제라는 용어는 대통령제에 대칭되는 개념인 의회제를 지칭하는 것으로 볼 수 있지만, 그 의회제는 다시 대륙식 의원내각제와 영국식 내각책임제로 크게 양분된다. 그러나 일반적으로 통용되고 있는 내각제·내각책임제·의원내각제 등은 학문적으로 분류한 의원내각제에 관한 논의에 관계없이 대통령제에 대응하는 정부형태로서 의회제적인 정부형태 일반을 지칭한다. 게다가 뒤베르제(Maurice Duverger) 등에 의하여 체계화된 반(半)대통령제 모델 국가들조차도 그들 헌법의 제도적 뿌리를 의회제적 원리에 두고 있으므로 의원내각제원리의 변용은 매우 다양하게 전개되고 있음을 알 수 있다.

의원내각제는 전통적으로 군주제의 유물이 잔존하는 체제이다. 의원내각제의 고향인 영국에서는 아직까지 군주제가 존재한다. "전락하는 왕의 운명은 곧 영국 민주주의의 발달사"일 뿐만 아니라 그것은 동시에 영국 의원내각제의 발달사이기도 하다. 한편 의원내각제의 발전 과정에서 왕의 신임과 의회의 신임을 동시에 가지는 이중적 신임에 기초한 정부의 존재가 있었던 바, 그것은 이원적(二元的) 의원내각제이다. 그러나 집행권이 의회의 신임에 기초한 정부로 일원화되면서 의원내각제는 일원적(一元的) 의원내각제를 의미하게 되었다. 하지만 의원내각제의 집행부는 여전히 이원적으로 구성된다. 국가원수인 왕이나 대통령은 상징적·명목적·의례적 지위에 머무르고, 집행부의 실질적 권한은 수상을 중심으로 하는 정부로 일원화되어 있다. 즉 집행권이 형식적으로는 이원화되어 있지만 실질적으로는 일원화되어 있다. 이에 따라 의원내각제의 집행부는 수상을 중심으로 하는 좁은 의미의 정부를 의미한다.

의원내각제는 권력공화의 원리에 따라 집행권의 형식적 이원화·실질적 일원화, 의회 앞에 책임지는 정부, 정부의 의회해산권이라는 세 가지 요소를 핵심으로 한다. 의원내각제는 의회라는 유일한 국민적 정당성을 통하여 정치적 책임의 소재를 분명히 할 수 있는 결정적인 장점이 있다. 특히 의회의 정부불신임동의권과 정부의 의회해산권이라는 균형추를 작동시킴으로써, 정치적 갈등 해소를 궁극적으로 주권자인 국민의 의사에 맡길 수 있다는 점에서 이 제도의 가치를 평가할 수 있다. 그러나 의원내각제에서의 정치적 불안정은 결국 정부의 불안정과 국가 자체의 불안정으로 귀결되기 때문에, 흔히 의원내각제의 정립을 위한 정치문화적 조건을 제시하기도 한다. 의원내각제의 고향인 유럽 각국에서 정립된 의원내각제의 합리화는 바로 이러한 의원내각제의 문제점을 제도적으로 교정한 결과물이다.

대통령제는 세계 각국 헌법에서 정부형태의 유형으로 도입한 바 있으나 대체로 실패로 끝났음에도 불구하고 역사적으로 그 명맥을 분명히 유지하고 있는 나라는 미국이다. 이에 따라 의원내각제를 실천하고 있는 나라가 다양한 것과는 달리 대통령제는 특별한 설명이 없는 한 미국식 대통령제를 지칭한다. 사실 미국식 대통령제의 수입은 당해 국가에서 신대통령제라는 권위주의체제로 전락하였기 때문에 비판의 대상이 되어 왔다. 그러나 오늘날 제3세계국가의 민주화와 더불어 이들 나라에서도 대통령제가 성공리에 정착된다. 특히 대통령제의 원리에 입각하여 자유민주주의를 실천하고 있지만 대통령제보다 더 대통령이 우월한 헌정체제를 신대통령제가 아닌 대통령주의제라고 부르기도 한다. 대통령제와 대통령주의제를 포괄하는 넓은 의미의 대통령제는 이제 권력분립의 엄격성에 준거하기보다는 오히려 국정의 주도권을 장악하는 대통령우월적인(혹은 집행부우월적인) 헌정체제를 총괄하는 의미로 이해할 수 있다.

1787년 미국헌법의 제정을 통하여 정부형태의 한 모델로서 제시되고 있는 대통령제는 엄격한 권력분립에 기초하고 있다는 점에서 연성적 권력분립·권력의 공화를 특징으로 하고 있는 의원내각제나 권력의 융합체제와 구별된다. 대통령제는 1787년 이래 형성된 미국식 모델에 준거하고 있으며, 이에 대한 변형으로서 대통령주의제와 반(半, semi)대통령제를 들고 있다. 또한 그 기본적 요소는 ① 집행부의 일원성, ② 대통령직선제, ③ 집행부와 입법부의 상호 독립성 등이다.

대통령제는 권력분립의 엄격형을 특징으로 하는데, 여기에 대통령제의 독자성과 우월성을 추가하기도 한다. 엄격한 권력분립형의 정부형태는 미국식 대통령제뿐만 아니라 1791년의 프랑스헌법·1890년의 스웨덴헌법·1814년 노르웨이헌법과 같은 입헌군주제, 혁명력 3년 프랑스헌법의 집정관체제·1848년 프랑스의 대통령제적 공화제까지를 포괄한다. 이러한 체제에서는 의회의 정부불신임권과 의회해산권제도를 두지 않고 있다.

미국 헌법제정에 관한 논쟁에도 불구하고 의원내각제 모델에 반대되는 엄격한 권력분립을 미국헌법이 확립하였다는 점에 관해서는 이론이 없다. 하지만 미국 헌법제정자들도 엄격한 권력분립을 다소 완화시켰다는 것은 미국 헌법학자들의 평석을 통해서도 충분히 인지된다. 특히 대통령과 행정부 공무원의 책임이나 대통령의 결정에 대한 의회의 필수적 동의사항을 헌법에 설정하고 있음이 이를 입증한다.

헌법상 특정 사안에 있어서 대통령의 결정에 대한 상원의 필수적 동의는 바로 상원의 정부에 대한 자문적 기구로서의 성격을 나타낸다. 그런 의미에서 이것은 입법부의 행정부에 대한 개입으로만 이해될 성질의 것이 아니다. 다른 한편 대통령의 법률안거부권도 이를 단순히 '권력분립의 위반'으로 볼 것이 아니라 몽테스키외가 『법의 정신』에서 적절히 적시한 바와 같이 순전히 집행부가 가지는 특권으로서의 저지권의 한 예로 이해할 수도 있다.

미국식 대통령제를 도입한 개발도상국가에서는 헌법제도의 민주적 성격에도 불구하고 헌정실제에서 권위주의적 대통령제로 변모하는 각국의 현실을 목격하였다. 반면에 전통적인 의원내각제국가였던 프랑스 제5공화국헌법에서 대통령제적 요소의 도입과 더불어 헌정실제에서 나타난 대통령주의제적 경향은 미국식 대통령제의 긍정적 측면의 도입이라 평가할 수도 있다. 미국식 대통령제가 안고 있는 많은 문제점에도 불구하고 의원내각제적인 전통에서 도입된 미국식 대통령제적 요소는 프랑스 제5공화국에서 하나의 중요한 실험장이 된다. 이에 따라 대통령제·의원내각제라는 전통적인 정부형태에 관한 이원론적인 틀을 벗어나서 정부형태론의 새로운 모색이 가해지고 있음은 주목할 만한 가치가 있다(『헌법학』 제17판, 『헌법학입문』 제7판에서 발췌).

### 3) 절충형 정부형태의 원형으로서의 이원정부제(반대통령제)

절충형 정부형태는 전통적인 (일원적) 의원내각제와 미국식 대통령제의 중간적인 모델을 총칭하는 개념으로 이해된다. 하지만 일반적 의미에서의 절충형 정부형태가 아닌 새로운 정부형태 모델로서 이원정부제(반대통령제)의 정립에 관해서는 논란이 계속된다.

대통령제의 전형적인 모델로 미국의 대통령제를 지칭한다면, 의원내각제적 요소를 전혀 도입하지 않고 미국의 대통령제와 동일한 정부형태를 취하고 있는 나라는 없다고 보아도 과언이 아니다. 반면 (일원적) 의원내각제의 경우에 영국의 내각책임제를 준거로 하든지, 프랑스 제3·제4공화국과 독일·이탈리아 등 유럽 국가의 의원내각제를 준거로 하든지 간에, 의원내각제에 대통령제적인 요소를 가미한 정부형태는 매우 다양하다. 따라서 미국의 대통령제와 의원내각제의 중간에 위치한 모든 나라의 정부형태를 절충형 정부형태로 이해하고 분류하는 한, 그것은 헌법상 제3의 정부형태로서의 의미를 특별히 가지지 못한다. 바로 그러한 의미에서 전통적인 의원내각제와 대통령제가 아닌 제3의 정부형태 모델로서 이원정부제의 개념 정립이 필요하다.

사실 대통령제와 의원내각제는 각기 그 제도의 고향에서 뿌리를 내리지만, 후발 민주주의국가에서 헌법상 권력구조를 정립하면서 각기 이들 두 개의 모델을 채택하였을 때 제대로 정립되지 못하고 항시 갈등을 야기하여 잦은 정변으로까지 이어져 왔다. 또한 의원내각제의 고향인 유럽 각국에서조차 정부불안정이라는 의원내각제의 병폐를 치유하고자 '의원내각제의 합리화'이념을 실천하기 위한 일련의 제도를 헌법에 도입한다. 독일이 '건설적 불신임투표제'를 도입하면서 의원내각제적인 모델을 유지한다면, 고전적 의원내각제의 고향인 프랑스에서는 제3·제4공화국에서 연출되었던 '정부의 불안정'을 해소하고자 제5공화국헌법에서는 대통령권력의 실세화를 통하여 '정화된 의원내각제'를 구축하였으나, 1962년 헌법개정을 통하여 대통령직선제를 도입함으로써 진정한 의원내각제라 할 수 없는 절충형 정부형태의 한 전형을 보여 준다. 이에 전통적인 의회제의 합리화이념이 집행권의 강화 및 대통령권한의 실질화에 이르게 됨에 따라, 고전적 의회제의 틀을 크게 벗어난 헌법규범과 헌정실제를 두고 모리스 뒤베르제가 1970년 그의 헌법교과서에서 최초로 이론적 체계를 제시한 이래 1978년 또 다른 저서에서 이에 관한 다양한 모델을 정형화시켰으며, 1980년에 발표된 논문에서 이를 종합 정리한 바 있다. 특히 1983년에 개최된 국제학술대회에서는 반대통령제에 관하여 많은 정치헌법학자들의 논문발표 및 각국의 전·현직 수상을 비롯한 정치지도자들이 토론에 참여하였던 바, 그 내용이 뒤베르제의 책임감수로 출간되었다. 이에 프랑스의 대표적 일간지인 《르 몽드》(Le Monde)는 1981년 이래 이 용례를 수용하고 있으며, 핀란드·포르투갈 등에서도 이를 정부형태의 한 모델로 받아들이기에 이르렀다. 물론 프랑스에서도 반대통령제 이외에도 반의회제, 혼합정체, 이원적 의원내각제 등으로 불린다.

## (1) 헌법규범상 이원정부제의 범주

대통령제의 본질적 요소는 집행권이 국민으로부터 사실상 직선되는 대통령을 정점으로 일원화되어 있다는 것이다. 의회 또한 국민으로부터 선출되기 때문에 두 개의 국민적 정당성의 축이 병존하며, 정부와 의회는 그 성립과 존속이 독립적이기 때문에 권력분립의 원리가 엄격하게 지배한다.

의원내각제의 본질적 요소는 집행권이 형식적으로는 국가원수와 수상을 중심으로 하는 정부로 이원화되지만 실질적으로는 수상을 중심으로 하는 정부에 일원화되며, 정부의 성립과 존속이 의회와 직접적으로 연계된 권력공화의 원리에 입각한 연성적 권력분립의 원리를 채택하는 데에 있다. 이에 따라 의회는 정부불신임권을 행사하고, 정부는 의회해산권을 가지기 때문에 정치적 책임의 원리와 권력균형의 원리를 동시에 담고 있다.

국내 헌법학계의 다수견해는 정부형태의 제3유형인 이원정부제의 독자성을 인식한다. 그렇다면 이원정부제이론의 체계적 정립이 필요하다. 이원정부제는 적어도 의원내각제라 할 수도 없고 그렇다고 대통령제라고도 할 수 없는 제3의 독자적인 정부형태로 정립되어야 한다는 전제에서 논의가 전개되어야 한다. 우선 헌법규범을 중심으로 대통령제와 의원내각제라는 양극단의 제도를 8등분하여 이를 도식화할 수 있다.

첫째, 8분의 6 이상이 대통령제적 요소를 가질 경우에는 대통령제로 보아도 무방하다. 따라서 헌법규범이 이러한 내용을 담고 있음에도 불구하고 이를 의원내각제나 이원정부제로 운용하기는 어렵다.

둘째, 마찬가지로 8분의 6 이상이 의원내각제적 요소를 가질 경우에는 의원내각제로 보아도 무방하다. 따라서 헌법규범이 이러한 내용을 담고 있음에도 불구하고 이를 대통령제나 이원정부제로 운용하기는 어렵다.

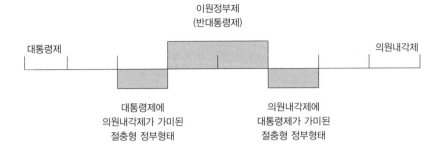

셋째, 8분의 5 이상 8분의 6 이하가 대통령제적 요소를 가질 경우에는 이를 단순히 대통령제로 보기는 어렵기 때문에 대통령제에 의원내각제적 요소가 가미된 절충형 정부형태로 볼 수 있다. 이 경우 대통령제나 이원정부제로 운용될 수도 있다.

넷째, 8분의 5 이상 8분의 6 이하가 의원내각제적 요소를 가질 경우에는 이를 단순히 의원내각제로 보기는 어렵기 때문에 의원내각제에 대통령제적 요소가 가미된 절충형 정부형태로 볼 수 있다. 이 경우 의원내각제나 이원정부제로 운용될 수도 있다.

다섯째, 8분의 3 이상 8분의 5 이하가 대통령제적인 요소를 가지거나 반대로 8분의 3 이상 8분의 5 이하가 의원내각제적인 요소를 가지는 정부형태는, 이를 대통령제에 의원내각제적인 요소가 가미된 절충형 정부형태 또는 의원내각제에 대통령제가 가미된 절충형 정부형태로 명명하기에는 불충분하기 때문에, 제3의 독자적인 정부형태인 이원정부제로 분류하여야 한다. 이와 같은 헌법규범에서는 항시 이원정부제적 헌법현실이 전개될 가능성이 열려 있다.

(2) 이원정부제의 본질적 요소: 대통령제적 요소로서 국민의 보통선거에 의한
대통령선거와 의원내각제적 요소로서 의회의 정부불신임권

첫째, 이원정부제는 넓은 의미의 정부 즉 집행권이 대통령제와는 달리 대
통령과 수상을 중심으로 하는 좁은 의미의 정부로 이원화된다. 입헌군주제
에서 국왕은 상징적·명목적·의례적 지위와 권한만을 가지기 때문에 이원
정부제가 도입될 여지가 없다. 이원정부제에서의 국가원수는 왕이 아닌 대
통령이라는 점에서 반대통령제라는 용례가 적실성을 가진다.

둘째, 이원정부제에서 대통령이 실질적 권한을 가지기 위하여 가장 이상
적인 것은 미국의 대통령과 같이 직접 국민적 정당성을 확보하는 것이다.
즉 국민의 보통선거를 통하여 대통령은 사실상 직선되어야 한다. 이에 따라
이원정부제에서는 대통령제와 마찬가지로 대통령과 의회라는 두 개의 국민
적 정당성의 축이 병존한다.

셋째, 하지만 대통령제와는 달리 정부와 의회는 일정한 연계를 구축한다.
그것은 국민적 정당성을 확보하는 대통령의 정치적 무책임에 비추어 수상
을 중심으로 하는 정부가 의회 앞에 정치적 책임을 지는 이른바 의회의 정
부불신임권의 제도화이다. 이에 뒤베르제는 이원정부제의 본질적 요소로서
대통령제적 요소로서의 국민의 보통선거에 의한 대통령선거와 의원내각제
적 요소로서 의회의 정부불신임권을 들고 있다.

결국 이원정부제의 본질적 요소는 ① 집행부의 실질적 이원화(양두제),
② 대통령의 사실상 직선제, ③ 의회의 정부불신임권으로 요약할 수 있다.

이러한 기본적 요소 이외의 사항은 각국의 헌법규범과 헌법현실에 따라
상당한 차이를 보인다. 특히 집행부의 의회해산제도와 국가긴급권은 나라
에 따라 차이가 있으므로 뒤베르제도 이원정부제의 본질적 요소로 보지 아
니한다.

절충형 정부형태의 한 전형으로 볼 수 있는 이원정부제(반대통령제)의 기본적인 특징은 국민으로부터 선출된 대통령과 의회라는 두 개의 국민적 정당성이 병존한다는 점이다. 집행부는 실질적인 권한을 가지는 대통령과 의회 앞에 정치적 책임을 지는 수상을 중심으로 한 정부라는 이원적 구조를 취한다. 이원정부제(반대통령제)는 의원내각제의 전통이 뿌리 깊은 유럽 대륙에서 비롯되었다는 점에서, 의원내각제의 기본 메커니즘에 종래 상징적인 대통령이 이제 실질적 권한을 가지는 대통령으로 변환되는 것이기도 하다.

역사적으로 바이마르공화국의 실패는 어쩌면 이원정부제의 실패로 인식될 수도 있다. 그러나 현재 이원정부제를 실천하고 있는 각국의 헌정실제는 결코 이원정부제가 정부형태로서 실패한 모델이 아님을 잘 보여 준다. 특히 프랑스 제5공화국의 이원정부제 헌법에서 드골(de Gaulle) · 퐁피두(Pompidou) 대통령 통치기간의 강력한 '대통령주의제'를 빗대어 이를 '공화적 군주제'라고 부르기도 하지만, 미테랑 대통령 집권기간에 두 차례에 걸쳐 체험한 바 있고 1997년부터 2002년까지 시라크(Chirac) 대통령 집권기간 중에 진행된 바 있는 대통령과 의회다수파의 불일치에 따른 '동거정부'(同居政府, gouvernement de la cohabitation)의 경험은 하나의 헌법 아래서 다양한 헌정현실을 체험할 수 있음을 단적으로 보여 준다.

이원정부제에서는 집행부가 대통령과 수상을 중심으로 한 정부로 명실상부하게 이원화된다. 이에 따라 권력의 축은 대통령 · 정부(내각) · 의회라는 삼각구도로 이루어진다. 이들 사이에 이루어지는 권력중심의 이동은 국민으로부터 선출된 대통령과 의회라는 두 개의 국민적 정당성의 현실적인 향방 여하에 따라 좌우될 수밖에 없다. 선거결과에 따라 주권적 의사의 방향이 분명해질 뿐만 아니라 책임정치도 동시에 구현될 수 있다. 의회 앞에 책임을 지는 정부는 어떠한 경우에도 의회의 뜻을 거역할 수는 없다. 무엇보다도 유럽식 이원정부제의 성공적 정착은 바로 주권적 의사에 순응하는 권력에 기인한다(『헌법학』 제17판, 『헌법학입문』 제7판, 『프랑스헌법학』에서 발췌).

[프랑스 제5공화국에서 헌법현실의 상호관계]

1. 대통령주의제: 대통령과 의회다수파의 일치

2. 동거정부: 대통령과 의회다수파의 불일치

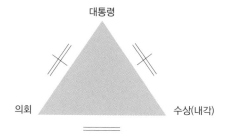

## 4) 현행헌법의 이원정부제적 운용의 가능성

1958년 드골이 주창한 프랑스 제5공화국의 강력한 정부론은 흔들리고 있었다. 좌파 대통령에 우파 내각이 전개되는 '한 지붕 두 가족' 시대가 예견되어 왔다. 거역할 수 없는 총선 민심에 따라 동일한 헌법 아래에서 대통령주의제적 상황이 이제 의원내각제에 준하는 동거(cohabitation)정부 시대를 맞이한다. 1986년 3월에 실시된 국민의회(하원)의원 총선거 결과가 나오자마자 세계적인 정치헌법학자 모리스 뒤베르제를 비롯한 전문가들은 미리 준비해 둔 『동거정부론』을 출간하기에 이른다.

우리나라의 현행헌법인 1987년 체제에서 대통령 재임 중에 총선 결과 여소야대를 연출한 적은 1988년이 전형적인 사례다. 하지만 이때는 김영삼·김대중·김종필이라는 소위 3김이 각기 독자세력을 유지하고 있어 어느 쪽도 다수파를 형성할 수 없었다. 이런 상황에서 노태우 대통령은 3김과 교감 없이 일방적으로 대법원장을 지명하였으나 부결되는 수모를 당한다. 결국 3당 합당으로 인위적 다수파를 형성하였다. 김대중 대통령이 재임 중이던 2000년에 실시된 제16대 총선에서는 야당인 한나라당이 제1당을 유지하였지만 과반수 확보에는 실패하였다. 하지만 집권세력의 힘을 앞세운 DJP연합이 인위적 과반수를 연출하였다. 지난 사반세기를 지속해 온 1987년 체제에서 대통령 재임 중 정치적 성향을 함께하는 야당이 총선에서 과반수를 확보한 사례는 단 한 번도 없었다(〈칼럼〉 대통령과 의회의 합리적 권력분점, 《매일경제》 2012. 4. 10.).

현행헌법이 권력분립의 엄격형인 대통령제, 권력분립의 연성형인 의원내각제, 그 절충형인 이원정부제(반대통령제) 정부형태에서 공유하는 내용은 다음과 같다. ① 국회는 국정조사권을 가진다. ② 국회는 예산의 심의와 확정권을 가진다. ③ 국회는 탄핵소추권을 가진다.

현행헌법에서 미국식 대통령제의 요소는 다음과 같다. ① 대통령은 국가원수이자 행정권의 수반이다. ② 대통령은 미국에서는 사실상 직선되고, 한국에서는 명실상부하게 직선된다. ③ 대통령의 임기가 보장된다. ④ 대통령은 법률안거부권을 가진다. 다른 점은 ① 부통령제를 두고 있지 않다. ② 대통령에게 법률안제출권을 부여한다. ③ 국무총리제를 둔다. ④ 국회는 국무총리와 국무위원에 대한 해임건의권을 가진다. ⑤ 국회가 국정감사권을 가진다. ⑥ 단일국가이다.

독일식 의원내각제의 요소는 다음과 같다. ① 국가원수는 대통령이다. ② 국회의원과 각료의 겸직이 허용된다. ③ 국무총리 해임건의권제도는 불신임제도와 유사하다. 다른 점은 ① 대통령은 상징적 존재가 아니라 행정의 실권을 장악한다. ② 국무총리는 독일의 수상처럼 행정부의 제1인자가 아니다. ③ 정부는 국회를 해산할 수 없다.

프랑스 제5공화국의 이원정부제(반대통령제) 요소는 다음과 같다. ① 대통령은 국민에 의하여 직선된다. ② 대통령의 임기가 보장된다. ③ 대통령은 수상을 임명하고 국무회의를 주재한다. ④ 대통령은 비상대권을 가진다. ⑤ 대통령은 법률안을 국민투표에 부의할 수 있다. ⑥ 대통령은 군의 통수권자이다. ⑦ 국회의 국무총리 해임건의권은 불신임동의권과 유사하다. 다른 점은 ① 정부는 국회해산권이 없다. ② 국정의 중심축은 대통령이기 때문에 국무총리를 중심으로 한 정부가 행정을 실질적으로 장악하지 못한다.

위와 같이 현행헌법과 주요 외국의 정부형태를 비교해 보건대 한국헌법의 정부형태를 논하면서 대통령중심제라는 사고에 집착할 필요는 없다. 이제부터는 헌법규범과 헌정실제를 함께 아우르는 정부형태론이 전개되어야 한다.

현행헌법은 대통령제의 요소와 의원내각제의 요소를 혼합하고 있으므로 이원정부제적이라는 평가가 불가능한 것은 아니다.

첫째, 대통령직선제를 채택하기 때문에 미국식 대통령제의 사실상 직선제보다 오히려 더 강력한 국민적 정당성을 가진다. 부통령제를 두지 아니하고 국무총리제를 둔다. 대통령의 유고(有故)에 따른 권한대행 및 후임자선거제도도 프랑스와 유사하다.

둘째, 의원내각제와 이원정부제의 본질적 요소인 정부불신임권의 존재 여부에 관해서는 논란이 있다. 현행헌법의 국무총리·국무위원 해임건의권을 단순한 정치적 건의에 불과한 것으로 이해하는 한 현행헌법은 이원정부제의 본질적 요소를 결여하고 있다. 그러나 국무총리·국무위원 해임건의권을 대통령은 특별한 사유가 없는 한 이에 응하여야 하는 것으로 이해하는 한, 그것은 국회의 정부불신임권에 준하여 해석하고 운용될 수 있다. 사실 의원내각제의 정부불신임권도 그 기원에 있어서는 각료의 개별적·형사적 책임에서 출발하여, 오를레앙체제적인 이원적 의원내각제의 개별적·정치적 책임으로 발전한 후에, 일원적 의원내각제에서 내각의 집단적·정치적 책임으로 정립되었다는 점을 상기한다면, 국무총리·국무위원 해임건의권이 의원내각제의 정치적 책임추궁제도라는 점에서는 이론의 여지가 없다. 다만 국무총리에 대한 해임건의에 따라 내각이 총사퇴하여야 하느냐에 관해서 논란이 있으나, 헌법에서 국무위원은 국무총리의 제청으로 임명되기 때문에 자신을 제청한 국무총리가 사임하면 당연히 국무위원도 사임하는 것이 헌법규범에 충실한 국정운용이다. 따라서 헌법에서 국무총리 해임건의권을 국회의 정부불신임권의 일종으로 이해하여도 무리가 없다. 무엇보다도 헌법상 국무총리는 국회의 동의를 얻어 대통령이 임명하기 때문에, 국무총리는 대통령과 국회의 이중의 신임에 기초한다. 그럼에도 불구하고 헌법상 국무총리는 대통령의 명을 받아 행정각부를 통할한다는 문언에 집착하여 국무총리를 단순히 대통령의 보좌기관으로만 한정시키려는 현실적 해석론이 헌정사적인 성찰을 통해서는 정당할지 모르나, 결코 현행헌법의 미래지향적인 해석론이 될 수 없다.

한국 헌법사에 있어서는 흔히 집권세력의 교체를 마치 새 공화국의 건설로 이해하여 헌법의 전면적인 개정을 단행하고 새 공화국의 순차를 부여함으로써 공화국이 '상품전시장'에 불과하다는 비판을 받아 왔다. 따라서 진정한 의미의 평화적 정권교체는 1997년 대통령선거를 통하여 구현되었지만 그것은 여소야대 상황에서 구현된 소정권교체에 불과하였다.

하지만 이제는 오늘의 현실적 상황에 안주하지 않는 미래지향적 대응이 요망된다. 앞으로 전개될 헌정실제에서 적어도 인위적인 정계개편과 같은 반의회주의적인 행태가 시정된다면, 5년 단임의 대통령과 4년 임기의 국회다수파의 일치와 불일치에 따라서 다양한 헌정사적 변용이 전개될 수밖에 없다. 특히 인격화된 대통령 시대를 마감해야만 하는 시대적 상황과 맞물려 국회다수파 또한 동질적인 경우는 물론이고 김대중 정부에서의 '공동정부'와 같이 이질적인 경우에는 또 다른 헌법현실이 연출될 수 있다.

(1) 대통령과 복수정당에 의한 국회다수파의 일치: 이원정부제적 운용 가능성

1998년 헌정사에서 최초로 대통령직의 정권교체를 이룩한 김대중 정부가 들어서면서 야기된 여소야대 체제에서 국무총리 임명동의안 파동은 국회다수파의 동의 없이는 국무총리 임명이 불가능하다는 사실을 단적으로 보여준 바 있지만, 또다시 인위적인 여대야소로 되돌아갔다. 하지만 김대중 대통령 체제에서 김종필 국무총리는 바로 공동정부의 한 축이라는 점에서 더 이상 방탄총리·의전총리가 아니었다.

김종필 국무총리는 국회다수파의 한 축을 이루는 수장이기 때문에 헌법상 국회와 대통령의 명실상부한 이중의 신임에 기초하고 있었다. 집행권의 양두화현상은 특히 공동정부가 1년을 지나면서 더욱 심화되었다. 예컨대 정부조직법 개정안에 따라 대통령의 인사권과 총리의 예산권으로 이원화된 바 있다. 또한 국무위원 임명제청권의 행사도 실질화되었다. 이를 "한 지붕

두 가족"에서 "헌법상 총리권한 내각제 안 부러워"라든가, "헌법대로일 뿐"
이라고 적시함으로써 이원정부제적인 헌법규범이 헌정현실에 적용된 것으
로 평가할 수 있다. 바로 그런 점에서 이 기간은 집행권의 양두제를 의미하
는 이원정부제적인 시험기로도 볼 수 있다.

### (2) 대통령과 국회다수파의 불일치: 이원정부제의 현실화

현행헌법에서 대통령 재임 중에 실시된 국회의원 총선거에서 단일야당이
국회과반수를 확보할 경우에는 이원정부제가 현실화될 가능성이 높다. 이
하에서는 이러한 가설에서 드러날 새로운 양상을 살펴보고자 한다.

국회가 야당에 의하여 장악되고 있음에도 불구하고 대통령은 여전히 헌
법상 자신에게 부여된 권한을 최대한 발휘하려 할 것이다. 반면에 국회를
장악한 야당은 헌법상 국회에 부여된 대정부견제권을 최대한 발휘하려 할
것이다. 더구나 국무총리 임명 문제는 이제 1998년의 상황과는 전혀 다른
방향으로 전개될 가능성이 높다. 두 개의 국민적 정당성의 축이 병존하는
이원정부제적 상황에서 새롭게 국민적 신임을 획득한 국회다수파는 국민적
신임에 바탕을 둔 공세를 취할 것임은 분명하다.

그것은 대통령과 총리의 "육체적 결합관계가 없는 결혼"(mariage blanc)에
해당하는 프랑스식의 동거정부는 아니라 하더라도 국회다수당과 사전적인
정치적 조율이 없는 국무총리를 비롯한 내각의 구성은 불가능할 것이며, 경
우에 따라서는 여야 사이에 연립정부의 구성도 가능할 것이다. 바로 여기에
미국식 대통령제와의 차별성이 부각된다. 또한 헌법상 국회의 동의를 얻어
대통령이 임명하는 주요공직인 헌법재판소장·대법원장 및 대법관·감사원
장은 더 이상 대통령의 고유권한으로 머물 수 없게 될 것이다.

대통령과 국회다수파의 갈등이 심화될수록 대정부질문과 국정감사·조

사 등을 통하여 정치적·법적 문제점을 노출시킨 다음에 국무총리·국무위원 해임건의권의 발동으로 연결시키려 할 것이다. 의원내각제국가에서의 불신임동의권제도도 원래 국회의 대정부질문을 통하여 이를 신임 문제로 연결(interpellation)시키는 데에서 비롯되었음을 상기할 필요가 있다.

여기에 현행헌법이 안고 있는 문제점이 극명하게 드러날 뿐만 아니라, 헌법재판소를 비롯하여 현행헌법상 정부형태를 대통령제 내지 대통령중심제로만 이해하는 데 그 한계가 드러난다. 그것은 동시에 헌법상 "국무총리는 대통령을 보좌하며, 행정에 관하여 대통령의 명을 받아 행정각부를 통할한다"라는 규정에 얽매인 헌법규범의 평면적 이해의 한계를 의미한다.

이러한 문제점을 해결하는 하나의 방안으로서 대통령과 총리가 역할을 분담하는 권력분점론 내지 권력분산론이 제기될 수 있다. 권력분점론에 기초한 이원정부제를 가장 잘 실천하고 있는 나라는 핀란드이다. 그것은 핀란드가 처한 특유한 역사적 상황과 맞물려 왔다. 초강대국 러시아를 이웃에 두고 있는 이 나라로서는 외교·국방 문제는 대통령에게 전적으로 일임하여 외교·국방 문제가 정쟁의 대상이 될 수 없게 함으로써 국가안전보장을 확보하고, 내정 문제는 총리를 중심으로 한 정부가 책임지도록 하는 것이다. 이와 같은 논리는 프랑스 제5공화국에서도 자크 샤방델마스(Jacques Chaban-Delmas) 등에 의하여 '유보영역(domaine réservé)이론'으로 개진된 바 있다. 유보영역이론은 특히 동거정부에서 더욱 분명히 그 실체를 드러내는바, 적어도 외교·국방·EU 문제에 관한 한 대통령이 직접 관여한다. 특히 아무리 동거정부라고 하여도 외무·국방 장관의 임명은 대통령이 적극적으로 반대하지 않는 인사를 임명한 바 있다. 그러나 갈등관계는 여전히 존재한다는 데에 유보영역이론의 한계가 있다.

결론적으로 현행헌법에 따라 5년 단임의 대통령선거와 4년 임기의 국회의원 총선거가 교차적으로 시행되는 한, 동일한 헌법규범에서 위와 같은 다양한 헌법현실적 변용을 수용하는 것이 바로 국민적 선택에 순응하는 길이다. 그 과정에서 프랑스적 경험, 특히 1981년에서 1995년간 두 번의 7년 임기를 성공적으로 마친 미테랑 대통령의 재임기간 중에 대통령과 의회다수파의 일치에서부터 극단적 대립관계까지의 헌정운용경험이 주요한 참고가 될 수 있다. 하지만 한국헌법에는 프랑스 등 다수의 이원정부제국가에서 채택하고 있는 대통령의 의회해산권이 없기 때문에 그에 따른 갈등은 더욱 심화될 소지가 있다. 사실 이원정부제적 헌정운용은 한국적 상황에서 결코 쉬운 일이 아닐 것이다. 특히 대통령과 총리의 권한획정은 헌법규범의 문리적 해석보다는 양자 사이의 정치적 타협이 오히려 더 중요한 요인으로 작동할 수밖에 없다(『헌법학』제17판,『헌법학입문』제7판에서 발췌).

현행헌법상 대통령·총리·국회다수파의 삼각관계를 중심으로, 다음과 같은 헌정실제가 구현될 수 있다.

① 단일정당으로 형성된 국회다수파의 지지를 받는 대통령우월적 대통령주의제 ─ 김영삼 대통령 집권기(1993-1997), 이명박 대통령 집권기·박근혜 대통령 집권 전반기(2008-2016)

② 단일정당으로 형성된 국회다수파의 지지를 받지만 집권당 내부에서 끊임없는 견제를 받는 대통령제 ─ 노태우 대통령 집권기(1989-1992)

③ 이질적 양당으로 형성된 국회다수파의 지지를 받지만 연립정부에 준하는 공동정부하의 대통령우월적 이원정부제 ─ 김대중 대통령 집권전반기(1998-1999)

④ 대통령 재임 중 야당이 국회다수파를 차지하였지만 복수의 이질적 야당 ─ 노태우 대통령 집권 초기(1988-1989), 박근혜 대통령 집권 후반기

(2016-2017), 문재인 대통령 집권기(2017-현재)

⑤ 대통령 재임 중 단일야당이 승리할 경우 대통령과 국회다수파의 불일치(가설) — 대통령과 국회다수파 간 비타협적 갈등의 현실화에 따른 프랑스의 동거정부에 준하는 권력분점론의 현실화

## 5) 권력분점을 통한 권력의 균형추 작동

총선 과정에서 여야 정치 행태에 따라 여론이 춤추면서 의회권력이 야권으로 교체될 것이라는 상수(常數)가 변수(變數)로 반전한다. 2016년 총선에서 더불어민주당·국민의당·정의당이 의회의 절대 과반수를 확보하면서 1987년 체제의 변화를 예고한다.

사실 1987년 헌법은 정부와 의회 사이에 권력균형을 모색하였지만, 현실은 대통령으로 저울추가 기울어져 왔다. 대통령은 헌법상 수권(授權) 이상의 권력을 누리고, 의회는 헌법이 부여한 권력도 제대로 누리지 못하였다. 대통령과 의회다수파의 일치는 대통령의 잔치로 끝났다. 하지만 두 개의 국민적 정당성이 병존하는 상황에서 주권자의 마지막 선택이 의회권력이라면 대통령에게는 치명적일 수밖에 없다.

이제껏 체험하지 못한 의회 우위 시대를 대비해야 한다. 대통령은 헌법상 국무총리·국무위원 해임건의권을 가진 국회다수파의 요구를 외면할 수 없다. 대통령 박근혜 탄핵정국이 아니라면 2017년 12월로 예정된 대통령선거라는 진검승부를 앞두고 정부와 의회권력은 정면충돌할 가능성이 높았다. 최후의 승자가 되기 위한 몸부림 과정에서 민생이 뒷전에 밀려난다면 국가적 불행을 자초할 수 있다. 대통령과 의회권력 사이에 합리적 권력분점만이 이 간난의 위기를 타개할 수 있다. 마주 달리는 두 열차가 충돌하려 할 때 과연 누가 충돌 방지를 위한 합리적 대안을 제시하느냐에 따라 위대한 국민적

선택은 새로운 미래를 기약해 줄 것이다.

대통령 5년 단임제 덕분에 장기집권의 폐해는 사라졌지만 청와대로의 권력 집중현상은 여전하다. 하지만 누구도 시대의 화두인 권력분점을 위한 분명한 대안을 제시하지 못한다. 권력은 그 속성상 나눠 가지기가 어렵다. 몽테스키외가 『법의 정신』에서 설파한 바와 같이 "권력을 가진 자는 항시 그 권력을 남용하려" 하기 때문이다. 그럴수록 분점을 제도화할 필요성은 더욱 요구된다. 가장 확실한 방안은 개헌을 통한 권력분점의 제도화다.

노무현·이명박·박근혜 대통령은 임기 초에는 개헌에 부정적이다가 임기 말에 이르면서 개헌을 요구하였으나 무위로 그치고 말았다. 이제는 집권 초기에 개헌을 통한 권력분점을 분명히 하고 더 나아가 1987년 체제의 흠결과 모순점을 극복하고 국가정체성을 분명히 할 필요가 있다. 국민적 합의를 통하여 대선을 국회의원 임기와 일치시켜야 한다.

만약 개헌을 원하지 않으면 차선책으로 국회의 임명동의를 받아야 하는 국무총리를 명실상부한 국정의 2인자이자 대통령의 정치적 동반자로 받아들여야 한다. 헌법상 국회의 국무총리 해임건의권은 책임정치를 위한 제도적 장치다. 국무총리의 국무위원 임명제청권도 실질화해야 한다. 대통령은 외교·안보·통일과 같은 국가의 존립과 정체성에 관한 큰 정치(grande politique)에 주력하고 내치는 국무총리를 중심으로 하는 내각에 맡겨야 한다. 그래야만 국가원수인 대통령이 정치적 공격과 비난으로부터 자유로울 수 있다. 그래야만 우리도 역사에 길이 남을 존경받는 대통령을 모실 수 있다. 이는 세종특별자치시로 인하여 수도가 실질적으로 분할된 상태에서 총리실의 역할과 기능에도 부합한다.

중앙과 지방 사이의 권력분점도 다져 가야 한다. 야당 출신 서울특별시장을 맞이하면서 지방분권은 더욱 강화된다. 국가기관 상호 간의 권력 분점과 균형도 시급하다. 중앙기관의 지방 이전 차원에서 정부의 외청은 모두 대전으로 옮겼다. 그런데 외청 중에서 가장 힘센 검찰청·경찰청은 서울에 있다. 정부 스스로 힘센 외청의 존재를 인정한 셈이다.

국가기관 사이의 직급 간 불균형을 시정하지 않고는 직역 간 권력의 균형을 이루기 어렵다. 법무부와 검찰에는 차관급이 50명이 넘는다. 법무부 차관, 실장, 국장이 모두 차관급이다. 법원은 더하다. 130명 이상이 차관급이다. 서울고등법원은 원장뿐 아니라 수석부장, 부장도 모두 차관급이다. 고법부장 직급이 서울대 법대 학장보다 높다. 법무부와 검찰에는 차관급이 정부 전체 차관급 숫자보다 더 많다. 법원에는 행정부 전체의 차관급보다 많다. 역대 정부에서 사법개혁과 검찰개혁을 강조하였지만 오히려 차관급 숫자만 계속 증원해 주었다. 하지만 전국적으로 가장 방대한 조직을 이끄는 경찰청과 국세청에는 1명의 차관급 총수만 있을 뿐이다. 초임 판검사는 행정고시에 합격한 후 20년 이상 근무해야 오를 수 있는 중앙부처 국장급인 3급 대우를 받는다.

국가적 차원의 삼권분립뿐만 아니라 정부 내에서도 직역 간 견제가 제대로 작동해야 권력의 균형이 이루어진다. 직역 간 세력 불균형이 고착화된다면 권력의 균형은 기대할 수 없다. 차기 정부는 중앙부처 이전을 비롯하여 갖가지 새로운 현안을 해결해야 한다. 대전, 세종, 서울로 분산된 정부부처를 어떻게 효율적으로 관리할지 걱정이다. 새 정부의 부처 이전은 정부조직 개편과 맞물려 있다.

이제 대통령직선이 낳는 포퓰리즘의 불행한 결과물들을 보듬어야 한다. 하지만 대선 후보들의 공약을 보면 표심만 자극할 뿐 산적한 현안들에 대한 분명한 메시지가 보이지 않는다. 권력과 직역의 균형을 구축하기 위하여 권력분점, 지방분권, 사법개혁, 검찰개혁에 대한 국민이 수긍할 수 있는 해답을 내놓아야 한다(〈칼럼〉 권력분점만이 권력 균형추 작동, 《매일경제》 2012. 11. 6.).

### 6) 평화통일과 헌법

국가의 통일(통합)이란 원래 둘 이상의 국가가 하나의 국가를 건설하는 것을 의미하지만, 남북한의 통일은 원래 단일한 하나의 국가가 역사적으로 분단되었다가 다시 통일하는 것이다. 제2차 세계대전과 동서냉전 시대의 산물로 야기된 분단국가들이 차례로 통일을 성취함으로써(1975년 베트남, 1990년 독일, 1992년 예멘) 이제 한국이 사실상 유일한 분단국가로 남아 있다. 특히 20세기 말 동유럽에서의 민주와 자유의 물결이 공산주의 종주국 소련의 붕괴와 체제 변화로 이어짐에 따라, 체제의 우위성이 입증되고 있는 자유민주주의에 입각한 통일의 염원이 그 어느 때보다도 강하게 드러난다.

1948년 2월 27일 유엔소총회의 결의에 따라, 5월 10일에 국회의원 총선거가 실시되었다. 비록 대한민국 헌법의 실질적 효력이 38선 이남지역에만 미치고 있었으나, 7월 12일 제정된 헌법은 대한민국이 한반도의 유일한 합법정부임을 천명한다. 그러므로 헌법의 영토조항에서 "대한민국의 영토는 한반도와 그 부속도서로 한다"라는 규정을 두게 된 것은 당연한 논리적 결과였다. 이에 따라 제헌헌법에서는 통일 문제에 관한 특별한 조항을 두지 않았다.

같은 분단국가인 독일연방공화국(서독)의 헌법인 본(Bonn) 기본법은 1949년 5월 8일 제정 당시부터 전문에서 독일국민의 통일을 위한 노력을 규정하고, 기본법의 효력범위는 11개 란트[Land, 주(州)]에 국한된다고 선언하고, 제146조에서는 통일헌법의 제정과 함께 기본법은 효력을 상실한다고 규정하였으므로, 기본법은 서독영역 내에서만 효력을 가지게 되었다.

하지만 독일은 통일 후에 새로운 헌법을 제정한 것이 아니라, 동독의 5개 란트를 포괄하여 기본법의 효력범위를 전 독일에 확장시켰다.

생각건대 제헌헌법이 비록 영토조항에서 한반도의 유일한 합법정부로서 대한민국을 상정한 것은 사실이지만, 국제평화주의에 입각하여 "항구적인 세계평화와 인류공영" 및 "모든 침략적 전쟁을 부인"하는 조항도 동시에 두고 있으므로 반드시 무력통일만을 전제로 한 것으로 볼 수는 없다. 이에 따라 제헌헌법의 영토조항을 그대로 둔 채 1972년 헌법(제4공화국헌법) 전문에서 평화통일의 원칙을 천명한다. 현행헌법은 전문과 제4조에서 평화통일의 원칙을 더욱 강화한다. 하지만 국가상황 및 국제환경의 변화에 따라 헌법상 영토조항과 평화통일주의이념 사이에 충돌이 예고된다. 특히 남북한의 유엔동시가입과 남북교류의 확대에 따라 헌법규범과 헌법현실 사이의 갈등은 심화된다.

현행헌법에서는 전문을 비롯하여 여러 조항에서 "평화적 통일"의 원칙을 직접 천명한다. 즉 전문에서 대한국민은 "평화적 통일의 사명"을 가지며, 제4조에서 "대한민국은 통일을 지향하며, 자유민주적 기본질서에 입각한 평화적 통일정책을 수립하고 이를 추진"하고, 제66조 제3항에서는 "대통령은 조국의 평화적 통일을 위한 성실한 의무를" 규정하고, 제69조의 대통령취임선서문에서 "조국의 평화적 통일"을 선서하며, 제92조 제1항에서 "평화통일정책의 수립에 관한 대통령의 자문에 응하기 위하여 민주평화통일자문회의를 둘 수 있다"라고 규정한다.

평화통일의 원칙은 헌법에 직접 규정한 조항 이외에도 간접적으로 관련된 조항에 의해서도 인정된다. 국제평화주의원칙은 곧 조국의 평화적 통일과 관련될 수밖에 없다. 헌법 전문에서 "항구적인 세계평화와 인류공영에 이바지함으로써 우리들과 우리들의 자손의 안전과 자유와 행복을 영원히 확보할 것을 다짐"하고, 제5조 제1항에서 "대한민국은 국제평화의 유지에 노력하고 침략적 전쟁을 부인한다"라고 규정하고, 제2항에서 "국군은 국가의 안전보장과 국토방위의 신성한 의무를 수행함을 사명으로 하며, 그 정치적 중립성은 준수된다"라고 규정하고 있음은 대한민국이 평화통일의 원칙을 추구하고 있음을 간접적으로 보여 준다.

평화통일의 성취는 이 시대 대한민국 국민의 권리이자 의무이기도 하다. 이러한 역사적 과업을 달성하기 위해서는 국민적 합의가 전제되어야 한다. 민족의 숙원인 평화통일은 그 어떤 국정사항보다 우선적 가치를 가지기 때문에 헌법 제72조에서 "대통령은 필요하다고 인정할 때에는 외교·국방·통일 기타 국가안위에 관한 중요정책을 국민투표에 붙일 수 있다"라고 규정한다. 통일과 관련된 중요정책을 국회나 대통령의 의사보다는 주권자인 국민의 합의를 통하여 결정함으로써 통일정책에 대한 국민적 정당성이 확보될 수 있다.

헌법상 대통령에게 통일정책에 관한 국민투표부의권이 부여될 뿐만 아니라, 대통령의 평화통일을 위한 책무가 명시되었음에 비추어, 대통령은 국가원수이자 국정의 최고책임자로서 통일과업을 달성하기 위한 최종적인 정책적 결단권을 가진다. 여기에 주권자로서의 국민과 국가원수로서의 대통령 사이에 민주적 절차와 방법에 의한 합의가 필요하다.

통일과 관련한 헌법조항에 비추어 현행헌법이 추구하는 통일은 무력에 의한 것이 아닌 평화적 수단과 방법에 의한 통일임이 분명하다. 그러나 비록 평화적 통일이라고 하더라도 그것이 궁극적으로 자유민주적 기본질서에 어긋나는 통일이어서는 아니 된다. 즉 통일이 무력에 의한 방법이 아닌 평화적 방법으로 이룩되더라도 그것이 자유민주주의를 부인하는 전체주의 내지 공산주의에 입각한 통일일 수는 없다는 것이 평화적 통일이 가지는 헌법적 함의임과 동시에 한계다. 헌법재판소도 "(헌법 전문과 제4조에서의) 통일은 대한민국의 존립과 안전을 부정하는 것이 아니고 또 자유민주적 기본질서에 위해를 주는 것도 아니며 오히려 그에 바탕을 둔 통일"이라고 판시한다 (헌재 1993. 7. 29. 92헌바48).

평화통일의 원칙은 헌법을 지배하고 있는 기본원칙이다. 따라서 그 어떠한 헌법해석론이나 법률도 이 원칙에 어긋나서는 아니 된다. 헌법상 영토조항도 평화통일의 원칙에 부합하는 범위 내에서 재해석이 불가피하다. 「국가보안법」도 역시 재검토가 필요하다. 더구나 「남북 교류협력에 관한 법률」까지 제정하면서 남북교류와 협력을 강화하는 시대적 상황에 비추어, 「국가보안법」은 그야말로 국가안보에 직결되는 범주 내로 축소 적용되든가 아니면 폐지되어야 한다. 특히 역사적인 2000년 6·15남북정상회담과 2007년 10월 4일에 남북정상회담이 개최된 바 있다. 남북 사이에 새로운 평화기운을 확대하여 나가야 할 시점이다(『헌법학』제17판에서 발췌).

## 7) 지방화를 세계화로

국가형태로서의 연방국가와 단일국가는 오늘날 상호 근접현상을 보인다. 특히 단일국가에서 지방분권이 강화된다. 종래 전형적 중앙집권국가인 프랑스도 2002년 헌법개정을 통하여 지방분권국가임을 표방한다. 지방자치의 활성화는 연방국가와 단일국가의 경계선을 무너뜨리는 결과를 초래할 수 있다. 이러한 현상은 단일국가로서 지방자치를 완결된 형태로 실시하는 이탈리아에서 나타난다. 1947년 이탈리아헌법에서는 레지옹(région)이라는 지방자치단체를 두도록 되었으나 그것이 완전하게 실시된 것은 1970년이다. 20개의 레지옹은 15개의 일반지방자치단체와 5개의 특별지방자치단체로 구성된다. 이러한 이탈리아의 지방자치제는 단순한 지방자치의 차원을 뛰어넘는 수준으로 평가된다. 이러한 경향은 전통적으로 지방분권적인 이탈리아에서 국가분열로 연결될 수 있는 지방의 지나친 독자성을 지방자치라는 제도로 흡수한 것으로 평가된다.

중앙집권과 지방분권은 세계화와 지방화라는 두 개의 목표를 동시에 달성하기 위하여 조화로운 실현이 요망된다. 즉 국가적 차원에서 국익에 관한 문제를 능동적으로 처리해 나가야 하는 한편, 한 국가 내에서 지방의 문제는 당해 지방 스스로 공적 업무를 수행할 수 있도록 제도적 장치를 마련해 주어야 한다. 지방의 업무를 수행하기 위하여 지방자치단체는 고유한 업무를 관리하고, 법인격체로서 행정상·재정상 자치를 향유하면서 국가로부터 일정한 수준의 독립성을 견지할 수 있어야 한다. 이러한 지방분권은 지역단위를 중심으로 하는 지역적 지방분권과, 당해 기관이 담당하는 업무(예컨대, 병원이나 대학 등)의 특성에 비추어 일정한 독자성을 유지하는 기능적 지방분권의 형태로 분류할 수 있다. 일반적으로 지방분권이라 할 경우에는 지역을 기초로 한 지방자치단체의 자치를 의미한다.

지방자치제도라 함은 일정한 지역을 단위로 일정한 지역의 주민이 그 지방주민의 복리에 관한 사무·재산관리에 관한 사무·기타 법령이 정하는 사무를 그들 자신의 책임에 입각하여 자신들이 선출한 기관을 통하여 직접 처리하게 함으로써 지방자치행정의 민주성과 능률성을 제고하고 지방의 균형 있는 발전과 아울러 국가의 민주적 발전을 도모하는 제도이다. 지방자치는 국민자치를 지방적 범위 내에서 실현하는 것이므로 지방 시정(施政)에 직접적인 관심과 이해관계가 있는 지방주민으로 하여금 스스로 다스리게 한다면 자연히 민주주의가 육성·발전될 수 있다는 소위 '풀뿌리민주주의'(grass-roots democracy)를 그 이념적 배경으로 한다.

헌법상 지방자치 이념을 구현하기 위하여 「지방자치법」이 제정되어 있다. 「지방자치법」은 "지방자치단체의 종류와 조직 및 운영에 관한 사항을 정하고, 국가와 지방자치단체 사이의 기본적인 관계를 정함으로써 지방자치행정을 민주적이고 능률적으로 수행하고, 지방을 균형 있게 발전시키며, 대한민국을 민주적으로 발전시키려는 것을 목적"(제1조)으로 함으로써 지방자치의 민주성과 능률성을 강조한다.

지방자치가 활성화되기 위하여 정부가 움켜쥐고 있는 권한을 과감하게 지방으로 이양하여야 한다. 국가업무인 국방·외교 등을 제외한 민원 관련 업무는 대폭적인 지방 이양이 뒤따라야 한다. 「국가균형발전 특별법」, 「지방분권 및 지방행정체제개편에 관한 특별법」, 「주민투표법」 등을 제정하여 지방자치와 지방분권을 강화하는 것은 바람직한 방향이다. 지방경찰제도의 도입도 신중하게 검토해 보아야 한다. 제주특별자치도에서 실시하는 자치경찰제도가 하나의 시금석이 될 수 있다.

한편 지방선거를 통해서 정부여당이 아닌 야당추천 인사가 단체장이나 지방의회의 다수파를 차지하는 지방자치단체가 다수 출현한다. 이에 대하여 중앙과 지방 간의 수직적 권력분립이라는 긍정적인 측면에도 불구하고, 지역분할구도의 고착화에 대한 우려가 제기된다.

주민과 함께하는 지방자치가 뿌리내리기 위해서는 주민과 대표의 적극적인 의지가 중요하다. 그런 의미에서 시민감시운동의 활성화도 긴요하다(『헌법학』제17판에서 발췌).

## 8) 세계를 동반자로

척박한 우리네 삶에서 미국이나 유럽 선진대국은 선망의 대상이었다. 언제 우리도 그들과 어깨를 나란히 할 수 있을까, 아니 영원히 불가능하지는 않을까 하는 의구심 속에 살아 왔다. 그런데 이제 우리도 당당히 선진 각국과 어깨를 나란히 한다. 경제협력개발기구(OECD)에도 가입하였고 G20(주요 20개국) 정상회의를 서울서 개최하였다. 원조를 받던 최빈국에서 개발도상국을 거쳐 마침내 선진국 대열에 진입한 셈이다. 그럼에도 여전히 선진국 따라잡기에만 몰두할 뿐 과거의 자화상일 수도 있는 남미와 아프리카에는 무관심하기 이를 데 없다.

남미와 아프리카는 아직도 신대륙이나 마찬가지다. 무진장한 자원의 보고이기도 하고 역사의 향기가 가득한 전통문화국가도 다수다. 남미와 아프리카 여러 나라는 서양의 식민지배를 받은 아픈 전력을 가지고 있다. 수탈당한 역사적 아픔을 뛰어넘어 성장과 발전을 향하여 몸부림치고 있다는 점에서, 지나온 우리의 족적과 비슷하다. 그만큼 상호 친근감도 높다. 이를 위하여 지금이라도 늦지 않았으니 확실한 동반자가 되기 위한 전략을 수립해야 한다. 볼리비아의 에보 모랄레스(Evo Morales) 대통령이 찾아오고 아프리카 대륙 53개 국가 중 35개국 장관급 인사들이 코리아 모델을 배우겠다고 자청하여 왔다. 하지만 한국 사회에서 남미와 아프리카에 대한 이해는 초보적인 수준이다. 그저 먼 나라, 못사는 나라 정도로만 인식한다.

남미를 보자. 브라질은 세계적인 자원부국이다. 아르헨티나는 20세기 초까지만 해도 세계 10대 부국이었다. 하지만 이들 나라는 정치지도자들의 부패와 무능으로 제3세계국가로 전락하였다. 이제 남미국가들이 오랜 잠에서 깨어나 새로운 도약을 준비한다. 국가개혁을 위한 의식전환과 민주화가 맞물려 작동된다. 아프리카는 원시의 대륙이자 미지의 대륙이다. 아직도 우리의 1960년대식 군사쿠데타가 횡행하고 부자 세습의 족벌통치가 진행된다. 그런 점에서 우리는 아프리카 각국을 미개국가, 야만국가로 폄하하여 왔다.

경제대국으로 부상한 중국은 남미와 아프리카 외교를 강화하면서 자원까지 싹쓸이한다. 그런데 우리는 이 두 개의 대륙에 대하여 연구와 투자를 소홀히 한다. 지난 세기에 우리는 열강들만 쳐다보면서 "잘 살아 보세"를 외쳐 왔다. 1970년대의 오일쇼크는 중동 건설특수를 통하여 넘어설 수 있었다. 자존심 강한 중동 사람들은 미국 중심의 강대국에 대한 거부감을 가진다. 그 틈새를 신흥 개발국인 대한민국이 파고든 것이다. G20도 중요하지만 이제 중동을 넘어서서 남미와 아프리카의 새로운 신천지를 개척해야 한다.

외국과 인연을 맺는 첫걸음은 언어의 소통이다. 그다음에는 그 나라 특유의 문화에 익숙해야 한다. 남미는 브라질을 제외하고는 대부분 스페인어를 사용한다. 아프리카는 불어가 대세다. 그런데 교육 현장에서는 제2외국어는 이미 황폐화되어 있다. 서울대를 비롯한 국립대학 어디에서도 아랍어과나 포르투갈어과를 찾아볼 수 없다.

이제 남미·아프리카 전문가를 적극적으로 육성해야 한다. 대학에 남미학과 아프리카학을 연구하는 전문적인 교육 시스템을 구축해야 한다. 단순히 어학만 하는 것이 아니라 정치·경제·사회·문화를 아우를 수 있는 지역인재를 배출해야 한다. 미국·중국·일본에 편향된 정치·경제적 구조를 개편해야 한다. 성공한 국가라는 우월적 인식이 아니라 동반자적 관계를 형성해야 한다. 정치·경제적 교류 못지않게 한국형 유엔한국재건단(UNKRA)이나 평화봉사단을 통하여 민간 차원의 봉사와 교류를 확대해야 한다. 2016년 여름을 달군 브라질의 리우 올림픽을 기화로 남미에 대한 새로운 개척과 동반자의 길을 모색할 때가 다가왔다(〈칼럼〉 남미와 아프리카를 새 동반자로, 《세계일보》 2010. 9. 19.).

## 4. 기본권보장과 인간다운 삶

### 1) 인권과 기본권의 보장

#### (1) 인권과 기본권

인간의 자유와 권리의 보장과 관련하여 '인권', '자유와 권리', '기본권'이라는 표현이 혼용되어 그 구별 문제가 제기된다. 인권 개념의 역사적·철학적 기초는 자연법론과 사회계약론에서 찾을 수 있다. 자연법론에 의할 경우 인간은 단지 인간이라는 이유로 그 본성상 천부의 권리를 향유한다. 천부인권 사상은 근대국가의 헌법과 인권선언에 구현된다. 기본권이라는 표현은 독일의 1919년 바이마르헌법과 1949년 5월 23일에 제정된 독일기본법 제1조와 제19조에서 사용된다. 하지만 우리 헌법에는 기본권이란 용어가 직접적으로 언급되지 아니한다. 다만, 「헌법재판소법」과 같은 법률에서 기본권이란 용어가 사용되고 있을 뿐이다.

인권은 인간의 자연적 권리라는 점에서 법학뿐 아니라 철학·사회학에서도 논의된다. 반면에 기본권이란 자연권사상에 바탕을 둔 천부인권론에 기초하여 헌법에서 보장하고 있는 일련의 자유와 권리에 관한 규범적 이해의 체계다.

#### (2) 근대헌법에서의 기본권보장

영국 민주주의의 정착 과정에서 대헌장(마그나 카르타, 1215)을 통해서 자유 보장의 초석을 마련하고, 권리청원(1628)에서는 신체의 자유보장과 더불어 의회의 승인이 없는 과세를 금지하며, 인신보호법(1679)에서는 인신보호영장제를 통한 절차적 권리를 보장하고, 권리장전(1689)에서는 청원권, 언론의 자유, 형사절차를 강화함으로써 인간의 자유와 권리보장을 위한 제도적 장치가 확립되었다.

인간의 자유와 권리를 제도화하는 노력은 근대자연법론, 사회계약론, 계몽주의사상에 기초하여 일어났던 18세기 말 미국의 독립혁명과 프랑스의 시민혁명을 통하여 그 빛을 발하기 시작하였다. 시민혁명 이후에 정립된 근대입헌주의에서 인간의 자유와 권리보장을 위한 법적·제도적 노력은 일련의 인권선언과 성문헌법을 통해서 구현되어 왔다.

미국은 1776년 새로운 독립국가를 건설하였다. 버지니아 권리장전에서는 주권국가 시민의 자유와 권리를 천명하면서, 동시에 버지니아헌법에 이를 보장하기 위한 제도적 장치로서 권력분립원리를 도입한다. 1787년에 제정되어 아직까지도 유효한 헌법으로 작동하는 미국헌법은 1791년에 수정헌법 제1조에 10개조의 권리장전이 추가됨으로써 헌법전상 직접 기본권보장이 확인되었다.

프랑스혁명은 절대군주에 의한 지배에 대한 저항으로서의 시민혁명이었다. 1789년에 「인간과 시민의 권리선언」이 채택되고 이에 기초하여 일련의 혁명헌법이 탄생되었다. 프랑스혁명의 구호였던 자유·평등·박애는 오늘날까지 인간과 시민의 자유와 권리를 보장하는 기본원리로서 프랑스헌법에 국시(國是, 제2조 제4항)로 명시된다. 1958년 제5공화국헌법 전문에 의거하여, 프랑스 인권선언은 오늘날 헌법적 가치를 가지는 규범으로 정립되어 있다.

독일은 근대입헌국가의 형성이 지체되어, 헌법상 인권보장이 뒤늦게 정립되었다. 1919년의 바이마르헌법은 현대적 인권을 보장한 최초의 헌법으로 평가된다. 특히 바이마르공화국의 비극적 종말과 더불어 나치즘에 의한 인간존엄성 말살에 대한 반성으로서, 1949년에 제정된 독일기본법은 인간의 존엄을 헌법상 최고의 가치로 수용한다.

한국은 19세기 말부터 자유와 권리의 관념이 급속히 보급되기 시작하였으나 일본의 침략으로 국권을 상실한 바 있다. 1919년의 상하이 임시정부헌법에 평등권·자유권·선거권과 의무 등이 규정되었다. 1948년에 제정된 제헌헌법에서 비로소 서양에서 정립된 기본권이 본격적으로 수용되었다.

### (3) 현대헌법에서의 기본권보장

첫째, 인간의 자유와 권리의 가장 고전적 주제인 인간의 육체적·신체적 안전 및 정신적 안전과 자유는 18세기 말부터 2세기가 넘게 지난 오늘날에도 그대로 타당한 원리임에 틀림없다. 그것은 곧 자연적이고 양도 불가능하며 신성불가침한 인간의 자유와 권리의 존엄과 가치보장의 원리이다.

둘째, 18세기적인 상황에서 예견하지 못하였던 산업사회의 진전에 따라 사회주의적인 기본권론이 제기되면서, 사회권(생존권)이 새로운 기본권으로서의 위상을 차지한다. 최근에는 정보사회의 진전에 따라 사생활의 비밀과 자유, 알 권리 등 새로운 권리가 헌법적 가치를 가진다.

셋째, 기본권의 실질적 보장은 국내 문제에 그치는 것이 아니므로, 국제적 보장을 통하여 보다 실효성을 기할 수 있다.

넷째, UNESCO의 제3세대인권론에 의하면 연대권이 강조된다. 즉 제1세대인권(시민적·정치적 권리), 제2세대인권(경제적·사회적·문화적 권리)을 거쳐 제3세대인권의 중요성을 적시한다. 그 구체적 내용으로는 개발권, 평화권, 의사소통권, 건강권, 환경권, 인도적 구조를 받을 수 있는 권리 등이 있다.

### (4) 기본권의 분류와 체계

기본권은 그 성질·주체·내용에 따라 다르게 분류할 수 있다.

첫째, 기본권은 그 성질에 따라 분류할 수 있다. 인간의 권리는 초국가적 기본권이다. 반면에 시민의 권리는 국가의 구성원으로서의 권리를 의미하는데, 선거권·공무담임권·사회권 등이 여기에 해당한다. 절대적 기본권은 본질적 내용에 관한 한 법률로써도 제한할 수 없는 기본권을 말한다. 예컨대 양심의 자유에서 내심의 의사, 종교의 자유에서 신앙이 그것이다. 상대적 기본권은 필요한 경우에 한하여 법률로써 제한할 수 있는 기본권이다.

둘째, 기본권은 그 주체에 따라 분류할 수 있다. 기본권의 출발점은 자연인의 권리보장에 있다. 따라서 헌법상 기본권의 주체는 원칙적으로 자연인이다. 다만 법인도 경우에 따라 일정한 기본권주체성을 누린다.

셋째, 기본권은 그 내용에 따라 분류할 수 있다. 고전적인 입장에서는 국민의 국가에 대한 지위를 넷으로 나누어 국가의 소극적 지위로부터 자유권, 국가의 적극적 지위로부터 수익권, 국민의 능동적 지위로부터 참정권, 국민의 수동적 지위로부터 국민의 기본의무를 도출해 낸다.

위와 같은 다양한 기본권의 유형에 비추어 이를 일의적으로 체계화하기에는 어려움이 있지만 저술과 강의의 편의상 전통적인 분류방식을 고려하면 기본권을 그 내용에 따라 다음과 같이 분류한다. ① 인간의 존엄과 가치·행복추구권, ② 평등권, ③ 자유권[(가) 신체의 안전과 자유, (나) 정신의 안전과 자유, (다) 사생활의 안전과 자유, (라) 사회·경제적 안전과 자유], ④ 참정권(정치권), ⑤ 사회권(생존권), ⑥ 청구권적 기본권(기본권보장을 위한 기본권).

한편 유럽연합은 2004년에 기본권헌장을 채택한 바 있다. 이는 전문과 본문 7절(54개조)로 구성된 방대한 기본권헌장이다. 이 기본권헌장은 인간복제금지에서부터 연대권에 이르기까지 그간 논의되어 온 기본권을 거의 망라적으로 규정한다.


(5) 기본권의 제한

기본권은 최대한 보장되어야 한다. 그러나 기본권은 어떠한 경우에도 제한되지 않는 절대적인 것이 아니다. 하지만 그 제한도 최소한에 그쳐야 한다. 기본권제한의 유형에는 헌법직접적 제한(헌법유보에 의한 제한)과 헌법간접적 제한(법률유보에 의한 제한)이 있다.

헌법직접적 제한은 헌법에서 직접 기본권을 제한하는 명시적 규정을 두는 것으로 입법자의 입법재량권의 한계를 적시하면서, 기본권의 남용을 방지하고자 한다. 이는 일반적 헌법유보(憲法留保)에 의한 제한과 개별적 헌법유보에 의한 제한으로 구분된다. 일반적 헌법유보에 의한 제한은 헌법에서 직접 기본권 일반이 헌법적 질서 또는 특정 헌법원리에 의하여 제약된다고 명시하는 것이다. 한국헌법에서는 일반적 헌법유보에 의한 제한규정이 없다. 개별적 헌법유보에 의한 제한은 개별적 기본권에 대하여 헌법적 질서 또는 특정의 헌법원리에 의하여 제약된다는 명문의 규정을 두는 것이다. 표현의 자유에 관한 제21조 제4항, 재산권행사의 공공복리적합성을 규정한 제23조 제2항, 군인 등에 대한 이중배상제한을 규정한 제29조 제2항이 개별적 헌법유보에 의한 제한이다.

법률유보(法律留保)란 헌법이 입법자에게 기본권을 법률에 의하여 제한할 수 있도록 명시적 규정을 두는 것을 말한다. 그 제한의 대상이 기본권 일반이냐 개별 기본권이냐에 따라 일반적 법률유보와 개별적 법률유보로 구분된다. 법률유보의 내용에 따라 기본권제한적 법률유보와 기본권형성적 법률유보로 구분할 수도 있다. 일반적 법률유보란 기본권 일반에 대하여 법률로써 제한할 수 있도록 규정한 것을 말한다. 헌법 제37조 제2항이 이에 해당한다. 개별적 법률유보란 개별적 기본권에 법률유보조항을 두어서 특정한 기본권을 법률로써 제한할 수 있도록 규정한 것이다. 예컨대 헌법 제23조 제3항(재산권), 제12조 제1항(신체의 자유), 제13조 제1항(죄형법정주의) 등이 있다. 기본권형성적 법률유보에 비하여 기본권제한적 법률유보가 원칙이다.

헌법 제37조 제2항이 규정하는 "국민의 모든 자유와 권리는 … 법률로써 제한할 수 있다"라는 형식이 그것이다. 기본권형성적 법률유보란 기본권을 구체화하는 법률을 통하여 비로소 당해 기본권의 행사절차나 내용이 구체화되는 경우를 말한다. 재산권에 관한 헌법 제23조 제1항이 대표적인 규정이다. 기본권형성적 법률유보는 본질적으로 국민의 대표기관인 국회에서 국민의 기본권을 국가생활 속에 실현하고 보장하기 위한 법률유보다.

헌법 제37조 제2항은 "국민의 모든 자유와 권리는 국가안전보장·질서유지 또는 공공복리를 위하여 필요한 경우에 한하여 법률로써 제한할 수 있으며, 제한하는 경우에도 자유와 권리의 본질적 내용을 침해할 수 없다"라고 규정한다. 이것은 헌법상 기본권제한의 일반원칙과 기본권제한의 한계를 규정한 것이다.

첫째, 기본권의 제한은 "법률로써" 할 수 있다. 여기서 법률은 국민의 대표기관인 국회에서 제정한 형식적 의미의 법률을 의미한다. 기본권을 법률로써 제한할 수 있으므로 이러한 현상이 '법률유보'이며, 기본권 일반에 관한 유보이므로 '일반적' 법률유보다.

둘째, "국가안전보장·질서유지 또는 공공복리"라는 목적을 달성하기 위하여 법률로써 기본권을 제한할 수 있다. 그러나 기본권을 제한하는 경우에도 국가안전보장·질서유지·공공복리를 위하여 기본권을 제한하지 않으면 아니 되는 불가피한 경우에 한하여 최소한으로 그쳐야 한다.

셋째, "필요한 경우"란 국가안전보장·질서유지·공공복리를 위하여 기본권의 제한이 불가피한 경우에(보충성의 원칙), 그 제한이 최소한으로 그쳐야 하며(최소침해의 원칙), 그 제한은 보호하고자 하는 법익을 구현하는 데 적합하여야 하며(적합성의 원칙), 보호하려는 법익과 제한하는 기본권 사이에 상당한 비례관계가 있어야 한다(비례의 원칙)는 의미이다. 그것은 곧 헌법 제10조 후문에서 규정하고 있는 국가의 "기본적 인권을 확인하고 이를 보장할 의무"에도 부합한다.

넷째, 기본권제한의 일반원칙에 입각하여 기본권제한을 하더라도 그 제한에 있어서 지켜져야 할 한계는 바로 "자유와 권리의 본질적 내용은 침해할 수 없다"라는 것이다. 이 규정은 독일기본법 제19조 제2항의 "기본권의 본질적 내용은 어떠한 경우에도 침해되어서는 아니 된다"라는 규정에서 비롯된 것으로서, 제2공화국헌법(1960)에서 처음으로 규정되었으나, 제4공화국헌법(1972)에서 삭제되었다가, 제5공화국헌법(1980)에서 부활되었다.

기본권제한에 관한 헌법규범 및 이론에 위배되는 제한에 대한 통제장치로는 청원권, 행정심판, 행정소송, 명령·규칙·처분심사제도, 위헌법률심사제도, 법률과 공권력작용 등에 대한 헌법소원 등이 마련되어 있다.

### (6) 기본권의 보호, 침해와 구제

국가의 존재이유는 예나 지금이나 국민의 생명·신체·재산의 보전에 있다. "자유 아니면 죽음을 달라"라는 근대 시민혁명 이후의 명제는 국가로부터의 소극적인 안전과 자유를 의미하는 야경국가(夜警國家)로 한정된다. 하지만 20세기 이래 국민의 자유와 권리를 적극적으로 보장하기 위하여 국가의 개입을 정당화하는 사회복지국가로 진화한다.

헌법이 보장하는 국민의 자유와 권리 즉 기본권은 최대한 보장되어야 한다. 이를 위해 "국가는 개인이 가지는 불가침의 기본적 인권을 확인하고 이를 보장할 의무를 진다"(제10조 후문). 헌법상 보장된 기본적 인권이 침해되었거나 침해될 우려가 있을 때 여러 가지 구제수단이 마련된다. 그것은 곧 국가의 기본적 인권보장의무를 다하기 위한 헌법상의 제도적 장치다.

국가의 기본권보장의무란 기본권에 의하여 보호받을 법익을 국가나 사인에 의하여 위법하게 침해받지 않도록 보호해야 할 국가의 의무를 말한다. 기본권보장의무의 수범자는 입법·행정·사법 등 모든 국가기관이다. 그중에서 특히 입법자의 입법행위를 통하여 기본권보장의무가 적극적으로 구현될 수 있다. 기본권보장의무의 구체적 내용은 국가의 기본권침해 금지의무, 기본권의 적극적 실현의무, 사인 사이의 기본권침해 방지의무로 나누어 볼수 있다.

국가는 기본권의 실현을 위한 법령과 제도를 정비함으로써 기본권의 최대보장에 힘써야 한다. 여기서 입법부에 의한 기본권의 구체화가 특히 중요한데, 이는 현실적 상황을 충분히 고려하지 않을 수 없는 정책적 판단의 문제라 할 수 있다. 하지만 여기에도 기본권최대보장의 요청을 외면하여서는 아니 된다는 한계가 따르게 마련이다. 따라서 기본권보호입법에 흠이 있거나 그것이 충분하지 아니한 경우에는 입법자에게 입법의무가 부과되거나 입법개선의무가 존재하게 된다. 한편 행정기관은 법령의 집행에 있어서나 관련 명령·규칙의 정립에 있어서 국민의 기본권이 최대한 보장될 수 있도록 노력하여야 한다. 또한 사법기관도 국민의 기본권침해에 대하여 기본권최대보장의 정신을 존중하는 방향으로 법을 적용함으로써 국민의 권리구제에 적극적으로 임해야 한다.

오늘날 국가적 위기와 국민적 위험이 일상화됨에 따라 국민의 삶에서 국가의 적극적 개입은 더욱 증대할 수밖에 없다. 특히 우리나라는 농경사회에서 산업사회로 급격하게 진입하는 과정에서 사회적 위험에 대한 적응력의 한계를 드러낸다. 남북 분단의 특수상황 속에서 성장지상주의에 매몰되어 국민소득 3만 달러, 세계 13위의 경제대국에 어울리지 않는 현상이 속출한다.

안보 제1주의를 표방하는 나라에서 북한군에 의한 금강산 관광객의 피살,

해병대 초소 붕괴로 인한 장병 사망 사건이 발생하였다. 사회적 위험에 대한 부실한 적응력은 태안 앞바다의 기름 유출 사고, 국보 제1호 남대문의 소실, 고시원의 대규모 인명 참사로 이어진다. 금강산 피격 사건은 묘하게도 대통령이 제18대 국회에서 첫 시정연설을 하는 날 새벽에 일어났다. 군사분계선 북쪽에서 선량한 시민에게 가해진 총격이 있은 후 8시간 30분 만에 대통령에게 보고되었다. 그러니 오후에 행한 국회연설에서 새로운 상황에 따른 정부의 입장이 제대로 표명될 수가 없었다. 청와대의 위기관리 시스템에 허점이 드러난 셈이다. 뒤늦은 폭우로 인명과 재산 피해가 속출한다. 해마다 반복되는 현상이지만 위험을 최소화하려는 인식과 노력이 부족하다. 그 와중에 '무적 해병'은 전투가 아니라 자신이 근무하는 초소에서 꽃다운 청춘을 마감하였다. "가고 싶은 군대, 보내고 싶은 군대"를 표방하는 군에서 발생한 참사에 국민은 또 한 번 분노하고 좌절한다. 한 자녀 가정이 보편화된 상황에서 사랑하는 아들을 군에 보낸 부모의 안타까운 마음을 헤아려야 한다. 이래서야 누가 안심하고 자녀를 입대시키겠는가. 군복무라는 공법상 특수 신분관계를 충직하게 수행하는 장병을 보호하지 못한 국가의 책임이 무겁다.

국가는 국민의 자유와 권리를 보장하여 주는 대신 국민에게 의무를 요구한다. 국민 개병제(皆兵制)는 국방의무의 산물이다. 국가보위에 대한 인식 부족을 탓하기 이전에 국민의 불안을 해소할 의지와 능력을 보여 주어야 한다. 국군의 전투력 현대화 작업은 장병이 안심하고 군무에 임할 수 있는 제도 개선으로부터 비롯되어야 한다. 병영환경은 적어도 경제협력개발기구(OECD) 국가 수준으로 끌어올려야 한다. 국민의 허리띠를 졸라매서라도 국내총생산(GDP) 대비 국방예산의 실질적 증가도 필요하다.

문화재의 허술한 관리가 초래한 국민의 정신적 충격은 물질적 보상이 불가능한 문제다. 산업화 시대의 구로동 '닭장이나 벌집'을 연상하게 하는 고

시원은 고단한 서민의 삶의 보금자리이지만 대형참사의 시한폭탄을 안고 있다. 「다중이용업소의 안전관리에 관한 특별법」에서 주거시설로 확인받지 못한 고시원에는 스프링클러도 없다. 법적 흠결이 화를 불러온다.

사회 곳곳에 도사린 위험은 언제든지 재앙을 초래할 수 있다. 국가와 사회에 밀려오는 위기와 위험은 전통적인 안보뿐 아니라 일상적 국가생활에서 총체적인 사회안전망의 확충을 요구한다. 안전에 대한 소홀함의 대가가 남의 것으로 머무르지 않고 우리 각자의 삶 속으로 스며들고 있다는 점에서 더욱 그러하다. 무엇과도 바꿀 수 없는 소중한 생명을 허무하게 앗아가는 일이 재발하여서는 아니 된다.

기본권침해를 미연에 방지하기 위해서는 사전예방적 조치를 마련하고, 기본권의 침해가 발생하였을 경우에는 침해의 배제 및 사후적인 구제절차를 완비하여야만 기본권의 실질적 보호가 이루어질 수 있다. 기본권침해의 주체를 중심으로 본다면 입법기관·행정기관·사법기관 등 국가기관에 의한 침해와 사인에 의한 침해로 나누어 볼 수 있다.

헌법상 구제수단으로는 청원권(제26조), 재판청구권(제27조), 국가배상청구권(제29조), 형사보상청구권(제28조), 손실보상청구권(제23조 제3항), 위헌법률심사 및 위헌·위법한 명령·규칙·처분심사(제107조 제1항·제2항, 제111조 제1항 제1호), 행정쟁송(제107조 제2항·제3항, 제27조 제1항), 헌법소원심판(제111조 제1항 제5호) 등이 있다.

예외적인 구제수단으로서 자구행위(自救行爲)와 저항권을 들 수 있다. 사법적인 권리구제절차 이외에 인권상담제도나 법률구조제도를 통하여 권리구제가 가능하다. 특히 「국가인권위원회법」의 제정에 따라 국가인권위원회의 활동을 통하여 권리구제가 가능하다. 「부패방지 및 국민권익위원회의 설치와 운영에 관한 법률」에 의거하여 국무총리 소속의 국민권익위원회가 국민의 고충민원처리와 이에 관련된 불합리한 행정제도 개선 등의 업무를 수행하고, 각 지방자치단체에도 시민고충처리위원회를 설치할 수 있다. 또한 국민권익위원회는 과거에 국무총리 산하의 행정심판위원회가 담당하던 "행정심판법에 따른 중앙행정심판위원회의 운영에 관한 사항"도 관장한다. 「법률구조법」에 의거하여 "경제적으로 어렵거나 법을 몰라서 법의 보호를 충분히 받지 못하는 자에게 법률구조를 함으로써 기본적 인권을 옹호하고 나아가 법률복지를 증진하는 데에 이바지함을 목적으로" 설립된 대한법률구조공단이 민·형사 사건 및 행정소송·헌법소송의 상담, 소송대리, 국선변호를 담당한다(『헌법학』제17판, 『헌법학입문』제7판에서 발췌).

'진실 화해를 위한 과거사 정리위원회'의 활동도 같은 맥락으로 볼 수 있다. 박연재 KBS 광주방송국 심의위원은 대학에 입학한 지 40년, 사법시험을 본 지 30년 만에 2010년 3월에 사법연수원에 입소하였다. 29년 기자생활을 마감하고 최고령 사법연수생이 되었다. 박 위원은 1981년 사법시험 2차 시험에 합격하였지만 민주화운동에 참여하였다는 이유로 연거푸 3차 시험에서 불합격하였다. 그로부터 30년 가까이 지난 2007년 '진실 화해를 위한 과거사 정리위원회'의 권고에 따라 뒤늦게 법무부로부터 사법시험 합격통지서를 받았다. 박 위원의 딸은 서울법대를 졸업하고 검사로 재직 중이다. 필자는 제자인 박 검사의 혼례를 주재하면서 아버지가 딸의 지도로 검찰시보를 할 것 같다는 덕담을 건네기도 하였다.

남의 일이라 무심코 지나갈 수도 있다. 하지만 당사자가 그동안 겪어 온 가슴앓이는 그 어디에 비견할 수 있겠는가. 그사이 우리 사회는 과거를 너무 쉽게 잊어버리고 살아온 것 같다. 세계사에서 보기 드물게 초단기에 이룩한 산업화의 그늘에선 수많은 사람의 자유와 권리가 유린당하였다. 1987년 6월

항쟁 이후 민주화는 빠르게 전개되었다. 바로 그 민주화가 만개한 지점에 이르러서야 비로소 우리는 과거를 되돌아볼 수 있는 여유를 가지게 되었다.

'진실과 화해', 그것은 야만적 백인통치에 저항한 남아프리카공화국의 흑인 지도자 넬슨 만델라(Nelson Mandela)가 제안한 미래를 위한 설계다. 진실은 밝혀져야 한다. 하지만 그 진실 발견은 과거사에 대한 응징을 위해서가 아니라 응어리진 상처를 치유하고 국민통합의 새 시대를 열어 가기 위한 화해의 첫걸음이어야 한다.

인류의 역사 발전 과정에서는 언제나 온건한 개혁과 과격한 혁명 사이에 명암이 교차하여 왔다. "짐이 곧 국가"라는 절대군주 시대를 넘어서서 국민주권의 시대를 열어 가는 과정에서도 두 가지 흐름이 나타났다. 영국은 점진적 개혁을 통하여 국민주권주의를 개척하여 나갔다. 영국 민주주의 발전 과정에서 절대군주는 상징적 군주로 전락하였다. 그 과정에서 국왕이나 귀족의 비리도 많이 드러났다. 하지만 국왕을 폐위시키거나 세습귀족제도를 폐지하지는 않았다. 지금도 영국 상원은 세습귀족 중심으로 구성되어 있다. 성문헌법도 따로 만들지 않았고, 점진적 개혁을 실천하여 왔다. 그래서 영국은 신사의 나라로 평가된다.

반면에 프랑스에서는 1789년 혁명 발발 이후 일련의 혁명기간에 국왕을 폐위시키고 세습귀족제도를 폐지시키면서 국민주권 시대를 열었다. 루이(Louis) 16세 국왕과 마리 앙투아네트(Marie Antoinette) 왕비는 공포정치가 로베스피에르(Robespierre) 일당에 의하여 우리나라의 작두와 비슷하게 생긴 기요틴(guillotine)이라는 단두대에 목이 잘려 나갔다. 혁명 과정에서 기요틴은 인민재판의 상징물이 되었다. 하지만 로베스피에르에게는 그 자신도 기요틴의 이슬로 사라지는 부메랑으로 되돌아왔다.

어느 나라 어느 국민에게도 고난과 간난의 시대가 있기 마련이다. 그 과정에서 허물도 있기 마련이다. 과거를 깨끗이 청소해 버리면 미래도 깨끗해 질 수 있다는 착각은 언제나 존재한다. 하지만 동시대의 시대상황을 외면한 채 미래를 위한 화해를 이끌어 내지 못하는 과거사 정리는 또 다른 역사의 퇴행과 피로 물들일 보복만 가져올 뿐이다. 지난 세월의 흔적을 작위적으로 폐기처분하려는 것 자체가 역사를 거꾸로 되돌리려는 인위적 조작에 불과하다. 잘못된 과거를 용서하고 화해하면서 포용할 때만이 역사는 발전한다.

박연재 위원과 더불어 뒤늦게 사법시험 합격증을 받은 인사들의 면면을 보면 서울법대 한인섭 교수를 비롯하여 학계·언론계·금융계·재계 등에서 자신들에게 주어진 몫을 다하여 왔다. 우리 모두 경하할 일이다. 그분들은 법조인의 길을 가로막은 이들에 대한 원한을 뛰어넘어 역사와의 화해를 통하여 또 다른 성공적인 삶을 스스로 입증한 셈이다(〈칼럼〉 용서·화해해야 역사는 발전한다, 《매일경제》 2010. 3. 2.).

## 2) 인간의 존엄과 가치 · 행복추구권과 법 앞의 평등

### (1) 인간의 존엄과 가치 · 행복추구권

인간의 존엄성은 너무나 당연한 것이기 때문에 군이 법규범으로 표현하지 않아도 될 사항이다. 하지만 20세기에 두 차례의 세계대전을 거치면서 보인 인간존엄성 말살 행태는 인간이 인간이기를 포기한 것이나 마찬가지였다. 이에 1949년에 제정된 독일(서독)헌법인 기본법에서는 제1조에 인간의 존엄을 규정하기에 이르렀다. 이는 나치의 만행에 대한 역사적인 반성의 헌법적 표현이다.

우리나라에서도 제3공화국헌법 이래 인간의 존엄을 규정한다. 헌법 제10조는 기본권보장의 일반원칙으로서 인간의 존엄이라는 윤리적 내지 자연법적 원리를 헌법규범화한 것이다: "모든 국민은 인간으로서의 존엄과 가치를 가지며, 행복을 추구할 권리를 가진다. 국가는 개인이 가지는 불가침의 기본적 인권을 확인하고 이를 보장할 의무를 진다." 인간의 존엄과 가치로부터 일반적 인격권이 도출되며, 구체적 내용으로는 명예권, 성명권, 초상권 등이 있다.

행복추구권은 1980년 제5공화국헌법에서 처음으로 도입되었다. 행복추구권은 인간의 존엄과 가치와 불가분의 관계에 있기 때문에 인간의 존엄과 가치와 병렬적인 성격을 가지고 있는 일련의 내용은 행복추구권에도 그대로 타당하다. 헌법재판소는 행복추구권에 일반적 행동자유권, 개성의 자유로운 발현권, 자기결정권, 계약의 자유 등이 포함되어 있다고 판시한다(『헌법학』제17판, 『헌법학입문』제7판에서 발췌).

### (2) 법 앞의 평등

인류의 역사에서 평등은 항시 가장 기본적인 생활 속의 명제였다. 사실 인간이 사회생활을 시작한 이래 평등의 실현은 곧 국가와 사회의 기본적인 과제요 숙제였다. 바로 그런 의미에서 근대입헌주의 헌법에서는 평등의 원리를 헌법상 최고의 원리로 선언하기에 이르렀다. 평등권은 1776년 미국의 버지니아 권리장전을 통하여 헌법상 원리로 수용되었고, 1789년 프랑스혁명의 구호인 자유·평등·박애는 프랑스헌법 제1조에서 프랑스의 국시(國是)로 채택되어 있다.

그러나 근대입헌주의 시대에 주창되었던 평등의 원리는 자유의 원리와 갈등 과정을 거치면서 형식적 평등으로 머물고 말았다. 그것은 특히 산업혁명의 성공과 더불어 자본주의 발전의 고도화에 따라 더욱 심화되어 갔다. 이제 국민의 실질적 평등이 국가생활 속에서 구현되지 아니하고는 국가공동체 자체의 형성과 유지가 위태로운 상황에 이르게 되었다. 이에 따라 20세기 현대복지국가 헌법에서는 국민의 실질적 평등을 구현하기 위한 법과 제도를 헌법의 틀 속으로 포섭하여 왔다. 특히 사회권(생존권)이 헌법적 가치를 가지는 기본권으로 정립됨으로써 실질적 평등을 더욱 강화하기에 이르렀다. 사실 경제적 약자의 인간다운 생활이 보장되지 아니하는 곳에서 평등의 원리는 하나의 공리공론적인 주의나 주장에 머무르고 말 것이기 때문이다.

헌법상 평등규범은 평등이 헌법이 지향하는 기본원리임을 확인하는 것이다. 평등권은 인간의 존엄과 가치와 더불어 초실정법적 법원칙이다. 평등원칙은 "기본권보장에 관한 헌법의 최고원리", "기본권 중의 기본권"이다. 헌법 전문에서 "정치·경제·사회·문화의 모든 영역에 있어서 각인의 기회를 균등히 하고 … 국민생활의 균등한 향상을 기하고"라고 하여 평등의 원리를 규정한다. 이어서 헌법 제11조에서 평등권에 관한 기본적인 규정을 둔다. 제1항에서는 법 앞의 평등, 성별·종교·사회적 신분에 의한 차별 금지와 정치·경제·사회·문화 각 생활영역에 있어서의 차별 금지를, 제2항에서는 사회적 특수계급의 부인을, 제3항에서는 영전일대(榮典一代)의 원칙을 규정한다. 헌법 제11조의 평등권 규정에 만족하지 않고, 헌법 제31조에서는 교육의 기회균등을, 제32조에서는 여성 근로자의 차별 금지를, 제36조에서는 혼인과 가족생활에 있어서 양성평등을, 제119조 제2항에서는 경제의 민주화를 규정한다.

부부평등을 보장하기 위하여 구 민법상 처(妻)의 무능력자조항은 폐지되었다. 또한 헌법재판소는 호주제도(戶主制度)는 "혼인과 가족생활에서 개인의 존엄을 존중하라는 헌법 제36조 제1항의 요구에 부합하지 않는다"라고 하여 위헌(헌법불합치)으로 판시한 바 있다(헌재 2005. 2. 3. 2001헌가9 등). 이에 따라 2008년에 호주제도에 입각한 호적제도가 폐지되었고 국민 개인별로 가족관계등록부가 작성된다. 가족관계등록부는 가족관계증명서, 기본증

명서, 혼인관계증명서, 입양관계증명서, 친양자관계증명서 등 5가지 종류이
다. 혼인신고 시 협의하면 어머니의 성과 본을 자녀가 가질 수 있으며, 이혼
한 여성이 전남편과의 사이에 얻은 자녀를 기르고 있을 경우 새아버지의 성
과 본으로 바꿀 수 있다. 자녀의 복리를 위해 양자를 법률상 완전한 친생자
로 인정하는 '친양자제도'도 시행한다. 한편 헌법재판소는 자식이 아버지의
성만 따르도록 한 것은 원칙적으로 위헌의 소지가 높다고 판시한다(『헌법학』
제17판, 『헌법학입문』 제7판에서 발췌).

### (3) 획일적 평등이 아닌 합리적 평등

"모든 국민은 법 앞에 평등하다"(헌법 제11조). 최고법원인 대법원 본청에는
자유·정의와 더불어 평등이 아로새겨져 있다. 인류 역사에서 평등의 실현
구조는 언제나 공동체의 화두다. 하지만 현실세계에서 평등의 구현은 그리
녹록지 않다. 근대사회에서도 불평등 문제가 여전히 사회적 갈등의 한 축을
이룬다. 단일민족이 단일국가를 이룬 대한민국 공동체에서는 평등이 유난
히 강조되고 그것이 생활 속에 삼투된다. 다민족·다언어 국가에서는 평등
구조의 실현이 더욱 갈등적이다. 21세기의 초강대국 미국에서도 인종차별
문제가 여전히 최대이슈다.

하지만 평등규범의 현실적 구현과 평등주의적 사고는 구별되어야 한다.
다 같이 망하는 평등주의가 아니라 다 함께하는 평등한 세상으로 나아가야
한다. 정치·경제·사회·문화의 모든 영역에서 평등의 구현은 소중한 원칙
이지만 획일적 평등은 지양되어야 한다.

우리 사회에서 생활 속의 평등은 일상화되어 있다. 먹는 음식부터 평등하
기 그지없다. 외국문물을 숭상하던 시절에 우리의 전통음식은 천한 것으로
여겨졌다. "우리 것은 좋은 것"이라는 시대에 접어들면서 토속음식이 새삼

스럽게 웰빙 식품으로 각광받는다. 전통음식인 된장과 김치찌개, 여기에 한
국화된 중국음식인 자장면·짬뽕에 이르기까지 다 함께 즐긴다. 대통령이나
재벌총수에서부터 일용 노동자에 이르기까지 이들 음식을 즐기지 않는 이
가 없다.

음식뿐만 아니라 종교도 마찬가지다. 단일언어와 단일민족문화를 구가하
면서도 다언어·다민족·다문화권에서 자리 잡은 종교와 문화가 활짝 꽃피
운다. 동양의 전통종교인 유교와 불교는 물론이거니와 수입종교인 서양의
기독교와 중동의 이슬람교까지 안정적 기반을 확보한다. 세계적으로 불교·
유교·기독교·천주교와 같은 복수의 종교가 평화롭게 균형적으로 터 잡고
있는 나라는 찾아보기 어렵다.

평등지향적 사고는 정치권력의 작동에 결정적인 영향을 미친다. 권력에
대하여 조소적이고 비판적이다. 권력의 오만함을 용납하지 않는다. 권력세
계의 냉혹함은 이제 권불십년(權不十年)이 아니라 권불백일(權不百日)이라고
할 정도다. 언어와 피부색이 같은 너무도 가까운 이웃이 휘두르는 권력이
정상적이지 않을 때 그에 대한 관용은 곧바로 한계를 드러낸다. 국민적 응
징도 바로 나타난다. 세계적으로 가장 잘 갖추어진 초고속 인터넷 망이 상
승효과를 유발한다. 수도의 심장부를 가득 메운 촛불시위도 세계에서 유례
를 찾아보기 어렵다.

교육의 기회균등에 기초한 평등주의적 사고는 우리 사회의 갈등요인이
다. 과외교습 금지에 대한 헌법재판소의 위헌결정에도 불구하고 과외의 시
기와 방법에 대한 사회적 합의가 이루어지지 아니한다. 고교평준화에 뒤이
어 대학의 하향평준화까지 불러올 위험이 사회 곳곳에 도사린다. 능력에 따
른 기회균등보다는 획일적 평등주의가 지배하고 있지 않은지 성찰할 시점
이다.

사회적·경제적으로 상대방에 대한 차이를 인정하지 않는 사회에서 잘난 체 하고픈 욕망은 엉뚱하게 명품 과소비로 나타난다. 명품중독증으로 인한 사건사고도 빈발한다. 이런 이중적 사고는 재벌에 대한 태도에서도 드러난다. 재벌의 행태에 대하여 가장 신랄하게 공격하면서도 정작 재벌 앞에만 서면 작아진다. 부에 대한 부정적 사고와 부에 대한 부러움이 교차된 결과다.

외견상의 평등이 아니라 진정으로 평등한 사회를 구현하기 위해서는 능력에 따른 차이를 인정함과 더불어 상대방에 대한 한없는 배려가 전제되어야 한다. 자고로 선을 베푸는 집에는 반드시 경사가 있기 마련이라 하였다 (積善之家 必有餘慶). 하지만 잘난 체 하면 바로 끝장이다. 사촌이 논을 사면 배 아프다는 식의 시기와 투기는 근절되어야 한다. '흥부놀부전'으로 상징되는 선과 악의 이분법은 이제 화해와 포용으로 대체되어야 한다.

"개같이 벌어서 정승같이 쓴다"라는 그릇된 관념이, 가진 자와 가지지 못한 자 모두에게 팽배한다. 하지만 청부(淸富)를 실천함으로써 오늘의 귀감이 될 수 있는 선조들도 얼마든지 있다. 경주 최부자는 서양식의 노블레스 오블리주(noblesse oblige)를 이 땅에서 정재(淨財)사상으로 몸소 실천하였다. 최부자 집의 제가(齊家)철학과 수신(修身)가훈에는 한국적 휴머니즘이 그대로 스며들어 있다.

### (4) 적극적 평등실현조치

평등원리·평등권은 국민의 가장 본질적이고 기본적인 권리이기 때문에 입법자는 법률제정 시에, 행정부는 법집행 시에, 사법부는 법적 분쟁의 해결 시에 반드시 유념하여야 할 기본규범이다. 국가생활에 있어서 국민들의 실질적 평등이 구현될 수 있도록 노력하는 것은 바로 국가의 의무이기도 하다.

헌법상 평등원칙을 구현하기 위하여 국가는 합리적인 기준에 따라 능력이 허용하는 범위 내에서 법적 가치의 상향적 구현을 위한 제도의 단계적 개선을 추진하여야 한다. 특히 편견에 기초한 소수자에 대한 차별은 보다 적극적으로 시정하여야 한다.

현실사회에서 단순히 법이 평등하다고 해서 평등이 구현되지 않는 문제점이 있기 때문에 이를 더욱 적극적으로 구현하고자 하는 적극적 평등실현 조치(affirmative action, 잠정적 우대조치)가 시행된다. '자유의 여신'으로 상징되는 미국 역사는 인종차별로 얼룩져 있다. "나에게 꿈이 있다"(I have a dream)라고 절규하던 흑인 민권운동가 마틴 루서 킹 목사는 흉탄에 쓰러졌다. 가난한 아프리카 흑인 유학생의 아들인 버락 오바마(Barack Obama)가 역경을 딛고 대통령이 되는 새 역사를 썼지만, 여전히 경찰을 비롯한 공권력의 차별을 지적하는 흑인들의 시위가 끊이지 않고, 총기난사 사건을 비롯한 인종범죄도 계속된다.

"가난은 다만 불편할 뿐"이라는 자조를 뛰어넘어 경제적 뒷받침 없이는 현대사회에서 사회적 성공을 기대하기란 쉽지 않다. 체력을 바탕으로 하는 스포츠에서도 풍요로운 삶의 여부가 단적으로 드러난다. 힘 그 자체만으로 승리할 수 있는 육상이나 권투 같은 투기 종목은 단연 유색인종이 압도한다. 반면에 충분한 시간을 가지고 금전적 투자가 선행되어야 하는 테니스·골프 같은 종목은 백인이 압도한다. 이들 종목에서 유색인종은 남자 골프의 타이거 우즈, 여자 골프의 박세리를 비롯한 한국낭자, 테니스의 윌리엄스 자매를 손꼽을 정도다. 어디 그뿐인가. 정계·관계·재계뿐만 아니라 음악·미술과 같은 예술계조차도 백인의 독무대다. 하루하루 먹고살기도 벅찬 가난한 유색인종이 자녀교육에 투자할 여유가 없기 때문이다.

미국인이 선호하는 일류 대학이나 대학원에 유색인종 특히 흑인의 진학률은 극히 미미하다. 경제적 궁핍 상태인 부모형제를 외면한 채 혼자서 공부만 하겠다는 것은 가족에 대한 예의가 아니다. 대학원 과정은 더욱 그렇다. 장래가 보장되는 전문대학원 과정인 로스쿨이나 메디컬스쿨에 흑인의 진학률은 더욱 줄어들 수밖에 없다. 이에 당국은 성적이 다소 부족하지만 흑인을 비롯한 유색인종의 진학 기회를 마련하기 위하여 적극적 평등실현 조치를 시행한다.

이와 같이 노예제도와 남북전쟁이라는 역사적 배경을 가진 미국에서 발전된 적극적 평등실현조치(잠정적 우대조치)는, 역사적으로 사회로부터 차별을 받아 온 특정 집단에 대하여 차별로 인한 불이익을 보상해 주기 위하여 그 집단의 구성원에게 취업·학교 입학 등 사회적 이익을 직접 또는 간접적으로 부여하는 정부의 정책을 말한다. 이는 기회의 평등보다는 결과의 평등과 실질적 평등을 추구하는 정책이고, 개인보다는 집단에 초점을 맞춘 개념이며, 항구적 정책이 아니라 구제 목적을 달성하면 종료되는 잠정적 조치다. 이로 인하여 흑인보다 더 좋은 성적을 획득하였음에도 같은 대학의 진학에 실패한 백인 학생이 오히려 역차별이라며 위헌소송을 제기하기도 한다. 하지만 법원은 제도 자체의 합헌성을 인정한다. 이 조치 덕분에 흑인을 비롯한 유색인종이 좀 더 많은 사회지도자를 배출한다. 가난의 대물림을 끊을 수 있는 제도적 장치인 셈이다.

우리나라에서도 적극적 평등실현조치와 관련된 법제가 시행된다. 「국가공무원법」과 「지방공무원법」에서는 여성·장애인·이공계전공자 및 저소득층 등 공직 내 소수집단에 대하여 대통령령 등이 정하는 바에 따라 채용·전보·승진 등에 있어 적극적인 우대와 실질적 양성평등의 구현을 위한 정책을 실시할 수 있도록 규정한다(「국가공무원법」 제26조 단서, 「지방공무원법」 제25조 단서). 헌법재판소도 "여성공무원채용목표제는 이른바 잠정적 우대조치로 시행되는 제도"라고 판시한다. 그런데 1995년 12월 공무원임용시행령 제11조의3의 신설로 채택된 여성채용목표제는 여성의 공직참여의 기회를 확대하고 공직에서의 여성의 지위향상에 크게 기여한 것으로 평가되는 반면 남성에 대한 역차별의 문제를 야기하였다. 이에 정부는 여성채용목표제를 발전적으로 개선·보완하여 공직 내 양성의 평등을 제고하고 남녀의 성비균형을 도모할 수 있도록 공무원임용시험령의 개정을 통하여 2003년부터 양성평등채용목표제를 도입한다.

헌법이 보장하는 교육의 기회균등원칙은 사회적 양극화가 심화되면서 새로운 도전에 직면한다. 대학 입시에서 적극적 우대조치와 유사한 장애인 및 농어촌 학생 특별전형을 실시한다. 이는 사회의 소외계층에게 대학교육의 기회를 확대한다는 의미에서 그 의의를 찾을 수 있다. 또한 미래지향적인 인재를 발굴하여 교육한다는 차원에서 시행되고 있는 지역균형 선발제도도 넓은 의미의 적극적 우대조치다. 이와 같은 다양한 기회 제공을 통한 실질적 평등 실현을 위한 제도가 더욱 적극적으로 모색될 때 사회의 양극화현상도 완화할 수 있고 국민통합에도 기여할 수 있다. 입학시험 그 시점에는 다소 학업의 수월성이 떨어지더라도 발전 가능성과 잠재력을 지닌 학생들의 수학 기회가 보장되어야만 사회통합에도 기여한다. 속된 말로 개천에서 용이 많이 나와야 우리 사회의 건전성도 담보할 수 있다.

「정치자금법」에서는 공직후보자 여성추천보조금제도(제26조) 및 장애인 추천보조금제도(제26조의2)를 도입하고, 「공직선거법」에서도 비례대표 후보자에 대한 50% 여성공천할당제(제47조)를 도입한다. 「양성평등기본법」은 "국가와 지방자치단체는 여성의 참여가 현저히 부진한 분야에 대하여 합리적인 범위에서 여성의 참여를 촉진하여 실질적인 남녀평등이 이루어질 수 있도록 관계 법령으로 정하는 바에 따라 적극적 조치를 취할 수 있으며 여성가족부 장관은 국가기관 및 지방자치단체의 장에게 이에 따른 적극적 조치를 취하도록 권고하고 그 결과를 점검하여야 한다"라고 규정하여 실질적 남녀평등을 촉진하기 위한 적극적 조치제도를 도입한다(제20조). 그 밖에도 「남녀고용평등과 일·가정 양립 지원에 관한 법률」 등에서도 이러한 취지를 반영한다. 이와 같이 우리나라에서는 인종 문제가 아니라 주로 남녀불평등을 시정하기 위하여 적극적 평등실현조치가 적용된다(〈칼럼〉 개천에서 용나게 하자, 《동아일보》 2008. 10. 21.).

### (5) 여성의 사회진출과 법률가

우리나라에서 '헝그리 스포츠'란 은유적 표현은 개발연대의 시대상을 상징한다. 추위와 배고픔을 이겨 내고 챔피언에 등극하면 일약 스타로 자리 잡으면서 부와 명예를 한 손에 움켜쥘 수 있었다. 스포츠뿐 아니라 가난한 수재가 고등고시에 합격하여 신분 상승을 이루는 경우도 마찬가지다. 법률 가의 통로인 법과대학과 로스쿨에도 여성들의 진출이 현저하다.

1970년대까지만 해도 법과대학에 여학생은 극소수에 불과하였다. 심지 어 여학생이 없는 학년도 있었다. 그런데 2000년대에 이르러 법대 여학생 숫자가 폭발적으로 증가하였다. 대부분의 법대는 여학생이 40%를 돌파하 고 이에 따라 사법시험 합격자 숫자도 40%대에 이르렀다. 사법시험뿐 아니 라 행정·입법·외무 고시에도 여성 강세현상이 두드러진다. 공직에서 여성 채용목표제를 실시한 것이 엊그제 같은데 벌써 남저여고(男低女高)현상이 뚜 렷하다. 이공계도 전통적으로 여성이 강세인 약대는 말할 것도 없고 의대· 치대에도 여학생이 넘쳐 난다. 사회 각 영역에도 여성의 진출이 현저하다. 동아시아나 중남미에서 여성 대통령이 등장하기는 하였어도 경제개발협력 기구(OECD)에서는 여태껏 직선대통령은 남성의 독무대였다. 그런데 마침 내 대한민국에서 최초로 여성 대통령을 배출하였다. 그런 점에서 박근혜 대통령에 대한 국민적 기대뿐 아니라 전 세계적인 이목이 집중되기도 하였다. 하지만 기대가 크면 실망도 크기 마련이다.

로스쿨이 도입되면서 여학생 강세현상은 더욱 속도를 낸다. 마침내 2013년도 서울대 로스쿨의 신입생은 여학생이 50%를 넘어서는 기록을 세웠다. 그야말로 21세기에는 여성의 시대가 전개될 모양이다. 아직까지는 전체 3,000명 가까운 판사 중에서 여성은 1,000명 미만이고 30%에 채 못 미친다. 2,000명 남짓한 전체 검사 중에서도 여성은 30%에 못 미친다. 하지만 앞으로 여성 법조인이 남성을 초과할 가능성이 높아진다. 헌법재판관과 대법관에도 이미 10여 년 전부터 여성이 등용되었지만 아직까지는 특별 우대적 성격이 짙다. 하지만 최고사법기관에도 조만간 여성이 지배할 시기가 도래할 것 같다.

유교국가적 틀에 갇힌 대한민국 여성들이 기지개 한 번 제대로 켜지 못하고 살아왔던 시절이 엊그제 같은데 벌써 여성상위 시대가 본격적으로 도래한 것이다. 정치·경제·사회·문화 각 영역에서도 여성들의 진출이 현저하다. 특히 법학계 및 법조계에서 여성 진출은 매우 환영할 만한 일이다. 법을 해석하고 적용하는 과정은 그 어느 직역보다도 섬세함을 요구한다. 바로 그런 점에서 여성의 부드러운 손길이 법률가로서 직업적합도가 매우 높다. 실제로 영미법과 대륙법의 선구적인 국가에서도 이미 재판부는 여성 중심으로 작동한 지 오래다. 재판 과정에서 양측 당사자의 주장을 끝까지 경청하는 여성 법조인의 어머니와 같은 손길이 필요하다. 변호사단체의 우수법관 평가에서도 법정에서 당사자의 진술을 경청해 주는 법관을 최고로 꼽고 있다는 점은 시사하는 바 크다.

검사직의 여성 증대에 대해서는 희망과 우려가 교차한다. 검사의 가장 중요한 일은 수사지휘다. 수사는 범죄혐의자를 상대로 범죄혐의를 추궁하여 실체적 진실을 밝혀내는 힘든 과정이다. 따라서 연약한 여성들이 거친 범죄 혐의자를 상대로 제대로 수사할 수 있을까 하는 의구심이 들기도 한다. 하지만 현실에서는 여성 검사들의 섬세한 판단을 통해서 오히려 더 큰 성과를 거두고 있다는 목소리가 힘을 얻는다. 다만 체력적으로 힘든 수사를 진행하기란 결코 쉬운 일이 아닐 것이다. 최근 검찰도 직접 인지수사보다는 경찰과의 유기적인 협조체제를 통하여 공소유지 책임을 더하여 가기 때문에 발전적 성과를 거둘 수 있으리라고 본다. 특히 경찰도 여성 경찰관 시대를 새롭게 열어 간다. 치안총수 다음 직급인 치안정감에 사상 처음으로 여성이 등용되었던 것은 시대적 흐름과 무관하지 않다. 강압수사보다는 인권 존중 수사로 이행하고 있는 시대적 상황을 고려한다면 수사에도 여성의 섬세한 손길이 장점으로 작동할 수도 있다.

법조인이야말로 다른 그 어느 직역보다도 능력에 따라 일하고 평가받을 수 있는 직종이라는 점에서 여성 법조인의 분발을 바라 마지않는다. 안에서뿐 아니라 밖으로도 눈을 돌려 대한민국 여성 법률가의 우수성을 전 세계에 펼쳐 보일 때가 되었다. 최근 전 대법관이 여성 법률가의 어려운 실상을 설명하다가 여성비하라는 구설수에 올랐다. 여성 법률가들이 온전한 역할을 다하기 위해서는 출산·육아에 대한 배려가 더욱 절실하다는 점을 강조한 것으로 보인다. 법률가들조차 일·가정 양립이 불가능하다면 남녀평등의 현실적 구현은 요원하다(〈칼럼〉 여성 법률가에 거는 기대,《법률저널》 2013. 4. 5.; 헌법상 여성보호와 여성부의 미래,《서울신문》 2009. 9. 28.).

### 3) 인간의 자유와 안전

(1) 자유권의 분류와 체계

인류의 역사는 자유(自由)를 향한 역사라 할 수 있을 정도로 항시 인간의 자유는 삶의 기본적 요망사항이었다. 근대입헌주의 이전 단계에서도 인간의 자유를 구현하기 위한 노력이 나름대로 상당한 성과를 거두어 왔다. 영국에서 마그나 카르타(1215), 권리청원(1628), 권리장전(1689)을 통한 일련의 자유권 쟁취가 그것이다. 천부불가침적인 기본적 인권으로서의 자유권은 자유주의·개인주의에 기초한 근대자연법론의 사상적 영향 아래 미국의 독립선언과 프랑스의 인권선언을 통해서 헌법상 기본원리로 자리 잡았다. 그 이후에 탄생한 헌법에서는 자유권을 헌법상 권리로 규정하기에 이르렀고 그것은 곧 자연권인 자유권의 실정권화를 의미한다. 그러나 지난 2세기에 걸쳐 펼쳐진 인권의 발전 과정에서 자유권은 사회권(생존권)이라는 새로운 권리의 전개에 따른 도전을 받기도 하였다. 다른 한편 제2차 세계대전을 통하여 자행된 비인간적인 행태에 대한 반성적 성찰로서 자연법의 재생이 논의되어 왔다.

첫째, 헌법상 자유권은 헌법에 열거된 자유권과 헌법에 열거되지 아니한 자유권으로 분류할 수 있다. 둘째, 일반적으로 자유권은 그 내용에 따라 분류된다. 가장 고전적인 인간의 신체 및 정신의 안전과 자유, 인간의 사생활에 이어 사회·경제적 안전과 자유는 현대적인 사회권(생존권)과 상호 연대적인 성격을 띤다. 또한 주권자로서 누리는 정치적 자유는 참정권과 직접적으로 연계된다. 셋째, 자유권의 성질에 따라 고립된 개인으로서의 개인적 자유권과 공동체생활을 전제로 한 집단적 자유권으로 나누어진다. 이러한 저간의 사정을 고려하여 자유권은 ① 인신의 안전과 자유, ② 정신의 안전과 자유, ③ 사생활의 안전과 자유, ④ 사회·경제적 안전과 자유로 분류할 수 있다.

## (2) 인신의 안전과 자유

인신(人身)의 안전과 자유는 인간의 가장 원초적인 요구이다. 이에 인신의 안전과 활동의 자유는 바로 헌법 제10조 인간의 존엄과 가치·행복추구권의 내용이 될 뿐만 아니라, 헌법 제12조를 비롯한 헌법상 신체의 자유의 기본적 내용이기도 하다. 헌법상 인신의 안전과 자유의 범위를 헌법 제12조 이하에서 규정하는 신체의 자유, 즉 신체활동의 자유에 한정하는 견해는 생명권이나 신체를 훼손당하지 않을 권리를 인간의 존엄과 가치·행복추구권의 내용으로 본다. 인신의 안전(자유)을 넓게 이해하면 생명권·신체를 훼손당하지 않을 권리도 포괄한다. 헌법 제36조 제3항의 건강의 권리도 이에 포함될 수 있다. 헌법재판소는 "헌법 제12조 제1항 전문에서 '모든 국민은 신체의 자유를 가진다'라고 규정하여 신체의 자유를 보장하는 것은, 신체의 안전성이 외부로부터의 물리적인 힘이나 정신적인 위험으로부터 침해당하지 아니할 자유와 신체활동을 임의적이고 자율적으로 할 수 있는 자유를 말하는 것"이라고 판시하고 있다. 헌법재판소의 판시내용에 따르면 신체의 자유는 신체의 안전과 신체활동의 자유를 의미한다.

신체(身體)의 안전과 자유는 연혁적으로 영국의 1215년 마그나 카르타, 1628년 권리청원, 1679년 인신보호법, 1689년 권리장전, 미국의 1776년 버지니아 권리장전, 프랑스의 1789년 인권선언 등에 규정된 인간의 가장 기본적 권리다. 이에 따라 오늘날 입헌국가에서는 신체의 안전과 자유의 보장 정도가 바로 그 나라의 자유와 권리 보장의 척도가 된다.

현행헌법은 신체의 안전과 자유의 보장에 관한 한 매우 상세한 규정을 둔다. 제12조, 제13조를 비롯하여 제27조 제3항(신속한 재판, 형사피고인의 공개재판)·제4항(무죄추정의 원칙)·제5항(형사피해자진술권), 제28조(형사보상청구권) 등이 그것이다. 이와 같이 헌법에 형사법적 원리를 직접 규정함으로써 헌법상 기본권으로 정립한다. 실제로 인간의 삶에 있어서 신체의 안전과 자유가 제대로 보장되지 아니하면 그 어떠한 자유와 권리도 무의미해질 수 있기 때문에, 신체의 안전과 자유를 보장하기 위해서는 최대한 적법절차원리에 입각한 형사사법적 원리가 지켜져야 한다.

헌법상 신체의 안전과 자유는 실체적 보장과 절차적 보장으로 나누어 볼 수 있다. 실체적 보장으로는 ① 죄형법정주의(제12조 제1항 제2문)와 그 파생원칙인 형벌법규의 소급효 금지(제13조 제1항), ② 소급입법에 의한 참정권제한 및 재산권박탈 금지(제2항), ③ 일사부재리의 원칙 내지 이중처벌 금지의 원칙(제13조 제1항 후문), ④ 연좌제의 금지(제13조 제3항)를 규정한다. 절차적 보장으로는 ① 법률주의(제12조 제1항), ② 적법절차원칙(제12조 제3항), ③ 영장주의(제12조 제3항), ④ 체포·구속이유 등 고지제도(제12조 제5항), ⑤ 체포·구속적부심사제도(제12조 제6항) 등을 규정한다.

또한 신체의 안전과 자유는 형사피의자 및 형사피고인의 권리보장이라는 차원에서 살펴볼 수도 있다. 형사피의자란 범죄혐의가 있어 수사기관에 의하여 수사의 대상이 된 자로서 수사개시 이후 공소제기 전 단계에 있는 자이고, 형사피고인이란 검사에 의하여 공소가 제기된 자로서 공소제기 이후 확정판결 전 단계에 있는 자를 말한다. 형사피의자(刑事被疑者)는 ① 불법한 체포·구속·압수·수색·심문을 받지 아니할 권리(제12조 제1항), ② 고문을 받지 아니할 권리와 묵비권(제2항), ③ 영장에 의하지 아니하고는 체포·구속·압수·수색을 받지 아니할 권리(제3항), ④ 변호인의 조력을 받을 권리(제4항), ⑤ 체포·구속적부심사청구권(제6항), ⑥ 무죄추정의 원칙(제27조 제4항), ⑦ 형사보상청구권(제28조), ⑧ 국가배상청구권(제29조)을 가진다. 형사피고인(刑事被告人)은 형사피의자의 권리 이외에 ① 신속하고 공정한 재판을 받을 권리(제27조 제3항), ② 법률과 적법한 절차에 의하지 아니하고는 처벌·보안처분 또는 강제노역을 받지 아니할 권리(제12조 제1항 후문)를 가진다(『헌법학』
제17판, 『헌법학입문』 제7판에서 발췌).

### (3) 품위 있게 죽을 권리

인명(人命)은 재천(在天)이라 한다. 인간이 태어나면서 누리는 권리[천부인
권(天賦人權)]는 어느 누구도 박탈할 수 없다. 그만큼 인간은 존엄한 존재다.
그러나 오늘날 만연한 생명에 대한 훼절은 인간의 정신과 육체를 황폐화시
킨다. 생명은 태어나기 이전 단계에서부터 존중되어야 하므로 인공 임신중
절(낙태)도 법적으로 금지된다. 하물며 생명을 인위적으로 단축시키는 행위
는 더 큰 범죄다. 스스로 목숨을 끊는 자살은 인간성 파멸을 불러오기 때문
에 자살을 돕는 자살 방조(幇助)도 처벌한다.

회자정리(會者定離). 늙고 병들면 이승을 떠나기 마련이지만 의학의 발전
에 힘입어 생명은 그만큼 연장된다. 하지만 불치의 병으로 야기되는 고통은
본인뿐만 아니라 가족과 주변 사람을 힘들게 한다. 생을 마감하는 순간이
임박하면서 생명을 연장하려는 노력도 필사적이다. 반면에 환자의 고통은
배가된다. 언제 어떻게 어떠한 조건에서 죽음이 임박한 환자에게 고통 없이
죽을 수 있는 권리를 인정할지가 현대사회에 던져진 과제다.

최근 각국에서는 안락사 허용 여부에 관한 논의가 진행된다. 현재까지의
이론과 판례는 적극적 안락사는 '촉탁·승낙에 의한 살인죄' 내지 '살인죄'에
해당한다고 본다(대판 1957. 7. 26. 4290형상126). 적극적 안락사는 적극적인 작
위에 의하여 사람의 생명을 단축하는 것이므로 원칙적으로 인정할 수 없다.
또한 이를 인정하는 경우에 나타날 부작용도 무시하여서는 아니 된다.

넓은 의미의 안락사란 심한 육체적·정신적 고통에 시달리는 불치 상태
환자의 고통을 덜어 주기 위한 목적으로 죽는 시기를 앞당기는 의학적인 조

치를 말한다. 고통을 완화시키는 약물 투여가 생명 단축이라는 부수효과를 가져오는 간접적 안락사는 특별히 문제 되지 않는다. 이것을 문제 삼는다면 치료행위 자체가 자칫 죄악시될 수 있다. 반면에 회생 가능성이 없는 질병으로 인하여 빈사 상태에 빠진 환자의 생명을 인위적으로 단축시키는 적극적 안락사는 원칙적으로 금지된다. 엄격한 요건이 충족될 경우 예외적으로 허용될 수 있을 뿐이다. 외국에서는 의사의 말기 암 환자에 대한 적극적 안락사 시술행위가 영상으로 공개되어 엄청난 사회적 비난을 받은 바 있다.

일반적으로 존엄사(尊嚴死)로 지칭되는 소극적 안락사란 환자를 고통에서 빨리 벗어나게 하기 위해 생명 연장의 적극적인 수단을 사용하지 않음을 말한다. 예컨대 수혈·인공호흡장치·생명 연장주사를 하지 않는 것이다. 우리나라에서는 1997년 서울 보라매병원에서 가족의 요구에 따라 의사가 인공호흡장치를 제거한 후 환자가 사망한 사건에서 의사에게 살인방조죄(殺人幇助罪)를 적용하였다. 그만큼 생명 연장을 중시한 판결이다. 그 후에 법원도 일정한 조건을 충족할 경우에 소극적 안락사를 인정하는 판결을 내린다. 즉 "행복하게 살 권리"만큼 "품위 있게 죽을 권리"도 인정해야 한다고 판시한다 [대판(전합) 2009. 5. 21. 2009다17417].

헌법재판소는 죽음에 임박한 환자의 연명치료중단에 관하여 전체적으로 대법원 전원합의체판결과 같은 견해를 보이면서 연명치료중단에 관한 자기결정권을 보장하는 방법으로서 "법원의 재판을 통한 규범의 제시"와 "입법" 중 어느 것이 바람직한가는 원칙적으로 입법정책의 문제로서 국회의 재량에 속한다는 입장이다(헌재 2009. 11. 26. 2008헌마385).

인위적 생명 단축행위인 적극적 안락사에 비하면 소극적 안락사는 생명 연장을 위한 인위적인 수단을 취하지 않는 데 불과하므로 조건이 충족된다면 널리 인정해야 한다. 법원이 제시한 조건에서 회복 가능성 희박과 기대

여명 3-4개월은 의학적 판단이 우선적으로 고려되어야 한다. 환자가 평소에 한 의사표시는 환자 자신의 몫이다. 죽음의 품위는 환자의 자기결정권에서 비롯된다.

이제 존엄사에 대한 사회적 합의를 도출해야 한다. 법조계·의료계·종교계가 다 같이 수긍할 수 있는 조건이 충족되어야 한다. 사안의 특성상 일정한 기준을 제시한 연후에 개별 사안마다 구체적 타당성을 고려해야 한다. 가칭 존엄사위원회를 통해서 공동체 구성원들이 널리 수긍할 수 있도록 해야 한다.

이미 한국 사회도 부모자식이 동거하지 않는 가구가 절대다수다. 갈수록 전통적인 가(家) 중심의 공동체는 해체되고 개인주의와 물신주의가 팽배한다. 이런 각박한 세태에 존엄사의 허용이 자칫 가족의 생명을 방기하는 패륜으로 이어져서는 아니 된다. 존엄사 판결이 언론의 톱뉴스를 장식한 이면을 제대로 읽어야 한다(〈칼럼〉 품위 있게 죽을 권리, 《동아일보》 2008. 12. 2.).

2016년 1월 국회는 임종 과정에 있는 환자의 연명의료와 연명의료중단 등 결정 및 그 이행에 필요한 사항을 규정함으로써 환자의 최선의 이익을 보장하고 자기결정을 존중하여 인간으로서의 존엄과 가치를 보호하는 것을 목적으로 하는 「호스피스·완화의료 및 임종과정에 있는 환자의 연명의료 결정에 관한 법률」을 통과시켰다. 이 법률은 2017년 8월부터 시행된다. 이 법률은 연명의료에 대한 기본원칙, 연명의료결정의 관리체계, 연명의료의 결정 및 그 이행 등에 필요한 사항을 규정하여 임종 과정에 있는 환자의 연명의료결정을 제도화하였다는 데 그 의의가 있다.

(4) 정신의 안전과 자유

정신의 안전과 자유는 인신의 안전과 자유에 이어서 가장 기본적인 자유이다. 따라서 정신의 안전과 자유는 가장 광범위하게 보호받는다.

우리 헌법에서 규정하는 정신의 안전과 자유는 양심·종교·예술의 자유와 같이 그야말로 인간의 내면세계의 안전과 자유가 그 출발점에 있다. 우리 헌법에서는 사상의 자유를 명시적으로 규정하고 있지 아니하지만 일반적으로 양심의 자유의 한 내용으로 이해한다.

이어서 이와 같은 내면세계의 의사가 외부에 표출될 때에 그것은 표현의 자유와 연계된다. 표현의 자유는 다시 개인적 표현의 자유로서 언론·출판의 자유와 집단적 표현의 자유로서 집회·결사의 자유로 나누어 볼 수 있다. 다른 한편 표현의 자유의 한 내용으로 볼 수 있지만 그 성격이 다소 상이한 알 권리도 비록 헌법에 명시되지 아니한 권리이지만 헌법적 가치를 가지는 기본권으로 인정한다. 알 권리는 정보의 자유라는 관점에서 보면 언론의 자유의 한 내용으로도 포섭될 수 있겠지만, 현대적인 알 권리의 출현이 정보공개와 연계된다는 점에서 이를 언론의 자유와 별개의 독자적인 기본권으로 설명하고자 한다.

결국 정신의 안전과 자유는 내면세계의 안전과 자유의 관점에서 양심(사상)·종교·예술의 자유와, 외부로 드러나는 관점에서 언론·출판·알 권리·집회·결사의 자유라는 두 가지 유형으로 나누어 볼 수 있다. 이 경우 표현의 자유는 다시 개인적 표현의 자유로서 언론·출판의 자유와 집단적 표현의 자유로서 집회·결사의 자유로 나누어 볼 수 있다.

민주주의의 발전 과정에서 표현의 자유는 심각한 도전을 받은 것도 사실이다. 하지만 오늘날 표현의 자유에 대한 제약은 매우 제한적이다. 오히려 인터넷 시대에 정보의 홍수와 더불어 표현의 자유의 남용이 심각한 문제로 제기된다. 인터넷 언론의 정확한 자리매김 또한 불가피한 현실이다.

헌법 제19조는 "모든 국민은 양심의 자유를 가진다"라고 규정한다. 양심의 자유에서의 양심은 인간 내심의 자유 중 윤리적 성격(윤리적 양심설)만이 아니라 널리 사회적 양심으로서 사상의 자유를 포괄하는 내심의 자유(사회적 양심설)를 의미한다. 한국헌법에서는 양심·종교의 자유만 규정하고 사상의 자유에 관해서는 명문규정이 없다. 생각건대 헌법 제19조의 양심의 자유는 사상의 자유를 내포하는 것으로 보아야 한다. 여기서 사상은 좁은 의미로 이해하여야 할 것인바, 그것은 곧 사상의 본질적 내용에 해당하는 것이 "어떠한 영역에서건 간에 진실을 추구하는 자유인 견해(의견)의 자유"일 것이며, 그에 따른 "윤리·도덕적 측면에서의 인간의 태도"로서 나타났을 때 이를 양심의 자유라고 말할 수 있다. 이러한 사상의 외부 표현이나 전달은 각기 그 자유의 특성에 따라서 종교의식·언론·공연·교육의 자유로 구현된다. 나아가서 집단적 의견은 집회·시위·결사의 자유를 통해서 전파된다.

헌법 제20조는 종교의 자유와 정교분리의 원칙을 규정한다: "모든 국민은 종교의 자유를 가진다"(제1항), "국교는 인정되지 아니하며, 종교와 정치는 분리된다"(제2항). 인간의 내면세계에서 인격의 자유로운 발현을 위하여 종교의 자유는 어떠한 제한도 받지 않는다. 종교란 "신이나 절대자를 인정하여 일정한 양식 아래 그것을 믿고, 숭배하고 받듦으로써 마음의 평안과 행복을 얻고자 하는 정신문화의 한 체계"라고 정의하지만, 불교와 같이 신이나 절대자를 인정하지 않는 종교도 있으므로 종교에 대한 정의는 매우 어려운 문제이다.

신앙의 자유에는 종교선택·종교변경(개종)·무종교의 자유와 신앙고백의 자유가 포함된다. 따라서 특정 신앙을 취임조건으로 하거나 종교적 시험을 과할 수 없다(미국 연방헌법 제6조 제3항 단서). 신앙의 자유는 인간 내심의 작용이므로 어떠한 이유로도 제한될 수 없는 절대적 자유다. 종교적 행위라 함은 신앙을 외부에 나타내는 모든 의식·축전(기도·예배·독경 등)을 말한다. 종교적 행위의 자유에는 종교의식·선교·종교교육의 자유가 포함된다. 종교적 행위의 자유는 제한이 가능하다. 선교의 자유는 "자기가 신봉하는 종교를 선전하고 새로운 신자를 규합하기 위한" 자유인바, "선교의 자유에는 다른 종교를 비판하거나 다른 종교의 신자에 대하여 개종을 권고하는 자유도 포함"된다. 종교적 집회·결사의 자유는 일반적인 집회·결사의 자유에 대한 특별법적인 성격을 가진다. 「집회 및 시위에 관한 법률」은 종교집회에 대하여 옥외집회 및 시위의 신고제 등을 적용하지 아니한다(제13조).

헌법 제22조 제1항은 "모든 국민은 학문과 예술의 자유를 가진다"라고 하여 학문과 예술의 자유를 동일한 조항에서 규정한다. 학문의 자유와 예술의 자유는 상호 밀접한 관계를 형성한다. 그러나 오늘날 학문의 자유와 예술의 자유는 다소 미묘한 점에서 관점을 달리하는 부분이 많기 때문에 이를 동일하게 다루지 않고 따로 독자적인 개별적 기본권으로 논술한다. 학문의 자유는 진리탐구의 자유를 의미한다. 진리탐구란 객관적 진리에 대한 주관적 진리탐구를 말한다. 특히 헌법 제31조 제4항에서는 진리탐구의 전당인 '대학의 자율성'을 보장한다.

학문의 자유는 원래 연구·연구결과발표·교수의 자유를 의미한다. 또한 대학자치제의 보장도 학문의 자유에 포함된다. 교수의 자유 혹은 강학의 자유는 대학 등 고등교육기관에서 교수 및 연구자가 자유로이 교수 및 교육을 할 수 있는 자유를 말한다. 그러나 초·중등학교와 같은 하급교육기관의 교육의 자유는 학문의 자유의 내용인 교수의 자유보다는 헌법 제31조의 교육을 받을 권리 내지 교육의 자유로 이해하여야 할 것이다.

표현(表現)의 자유는 언론·출판·집회·결사의 자유를 총괄하여 통칭하는 개념이다. 헌법 제21조에서는 언론·출판·집회·결사의 자유를 동일한 조문에서 규정한다. 표현의 자유는 민주주의국가에서 필요불가결한 자유이다.

표현의 자유 특히, 언론·출판의 자유는 다른 개별적 기본권에 비해 우월적인 지위를 부여받는다. 언론·출판·집회·결사의 자유는 그 기본권의 성격상 개인적 의사의 표현인 언론·출판의 자유와 집단적 의사의 표현인 집회·결사의 자유로 나누어 볼 수 있다.

종래 헌법 제21조에서 보장하고 있는 언론·출판의 자유는 국가권력으로부터의 자유를 의미하는 소극적 자유권으로 이해되어 왔다. 그러나 정보사회의 가속화와 더불어 언론·출판의 자유는 적극적인 정보의 수집·처리·유통까지 포괄하는 정보의 자유(알 권리)까지 내포하는 것으로 이해된다.

표현의 자유에 대한 규제가 헌법에 부합하는지의 여부를 판단함에 있어서 요구되는 합헌성판단의 기준을 다른 자유권의 규제보다 엄격하게 설정한다. 그 예로는 ① 언론·출판에 대한 사전검열제를 금지하는 사전억제(prior restraint) 금지의 이론, ② 명확성의 이론[막연하기 때문에 무효의 이론(void for vagueness)]과 합헌성추정의 배제원칙, ③ 명백하고 현존하는 위험(clear and present danger)이 있어야 한다는 원칙, ④ 보다 덜 제한적인 수단(Less Restrictive Alternative, LRA)을 선택하여야 한다는 필요최소한도의 규제수단의 선택에 관한 원칙, ⑤ 비교형량(balancing test)의 원칙 또는 이중기준(double standard)의 원칙이 있다.

언론·출판의 자유도 무제한적인 절대적 자유가 아니기 때문에 일정한 제한이 따를 수 있다. 하지만 언론·출판의 자유는 민주주의 국가생활에서 필요불가결한 기본권이므로 우리 헌법 제21조 제2항은 사전제한(事前制限)을 명문으로 금지하고, 사후제한(事後制限)에 있어서도 표현의 자유에 대한 제한에 있어서의 특별한 원칙들(막연하기 때문에 무효의 이론과 합헌성추정의 배제원칙, 명백하고 현존하는 위험의 원칙 등)에 의해서 제한이 억제된다.

헌법 제21조 제2항은 "언론·출판에 대한 허가나 검열은 인정되지 아니한다"라고 명시한다. 허가제나 검열제가 허용될 경우에는 국민의 정신생활에 미치는 위험이 클 뿐만 아니라 관제의견(官製意見)이나 지배자에게 무해한 여론만이 허용되는 결과를 초래할 염려가 있기 때문에 헌법이 직접 그 금지를 규정한다.

언론의 자유도 헌법 제37조 제2항의 일반적 법률유보에 의한 제한을 받는다. 그러나 공적 규제는 남용의 위험이 크기 때문에 언론기관의 자율적 규제에 맡길 필요가 있다. 언론기관의 자율적 규제를 강화하기 위하여 「언론중재 및 피해구제 등에 관한 법률」(약칭: 언론중재법)과 「방송통신위원회의 설치 및 운영에 관한 법률」(약칭: 방통위법)은 언론중재위원회(언론중재법 제7조), 방송통신위원회(방통위법 제2장), 방송통신심의위원회(방통위법 제5장) 등의 설치와 운영에 관한 사항을 규정한다.

헌법 제21조 제4항은 "언론·출판은 타인의 명예나 권리 또는 공중도덕이나 사회윤리를 침해하여서는 아니 된다"라고 규정한다. 헌법규정에 입각하여 「신문법」(제4조)과 「언론중재 및 피해구제 등에 관한 법률」(제4조)에서는 언론의 사회적 책임을 규정하고, 「방송법」도 방송의 공적 책임(제5조)과 공정성과 공익성(제6조)을 강조하며, 「공직선거법」도 언론기관의 공정보도의무(제8조)를 규정한다. 언론의 자유의 내재적 한계가 문제 되는 전형적인 경우로서 국가기밀, 사생활의 비밀과 자유, 음란성, 공중도덕과 사회윤리, 선동 등이 있다.

헌법 제21조 제1항에서는 언론·출판의 자유와 더불어 집회·결사의 자유를 규정한다. 집회·결사의 자유는 언론·출판의 자유의 집단적 성격의 표현이다. 현대국가의 사회생활에서 국민은 집회의 개최나 단체의 결성을 통하여 자기의 의사를 적극적으로 표현한다. 그러나 이러한 집회나 결사는 사회의 질서유지에 미치는 영향력이 언론이나 출판보다 훨씬 직접적이기 때문에 언론·출판의 자유보다 더 강력한 국가적 통제를 받는다.

집회·결사의 자유는 집회나 집단행동을 통하여 단순히 자신의 의사를 표명하는 데 그치는 것이 아니라, 다른 사람과의 의사교환을 통하여 새로운 여론을 조성하는 데 유효한 수단이다. 이에 집회·결사의 자유는 "표현의 자유의 실질화의 조건 또는 보완적 기능"을 가진다. 또한 집회·결사의 자유는 민주주의의 실천을 위한 불가결한 전제로서, 특히 소외된 정치적 소수자들이 자기의 목소리를 정치 과정에 반영할 수 있는 방편이라는 점에서 다수결 원리에 입각한 현대대의제도를 보완하는 기능을 가진다. 바로 그런 점에서 집회·결사의 자유는 개인의 인격발현과 민주주의의 실천이라는 이중적 기능을 가진다.

"헌법이 보장하는 집회의 자유도 스스로 한계가 있어 무제한의 자유가 아닌"(대판 1987. 7. 21. 87도1081; 대판 1987. 3. 10. 86도1246) 상대적 기본권이므로 헌법 제37조 제2항에 의하여 법률에 의한 제한을 받는다. 집회의 자유보장과 필요한 제한 사이에 조화를 도모하기 위하여 「집회 및 시위에 관한 법률」(약칭: 집시법)이 제정되었다.

표현의 자유의 최대보장을 위하여 언론·출판의 '사전검열제'를 금지하는 것과 마찬가지로 집회의 '사전허가제'를 금지하고(헌법 제21조 제2항) '사전신고제'로 한다(집시법 제6조). 집회의 허가제란 일반적으로 집회를 금지하고, 다만 당국의 재량적 행정처분에 따라 특정한 경우에 금지를 해제하여 주는 것으로 사전억제 금지의 원리에 어긋난다. 그러나 집회나 시위가 미치는 사회경제적 혼란을 예방하고 공물의 안전관리를 기하기 위하여 집회에 대한 사전신고제는 인정된다(『헌법학』 제17판, 『헌법학입문』 제7판에서 발췌).

(5) 언론 · 출판에 의한 기본권의 침해와 구제

언론보도에 의하여 개인의 자유와 권리가 침해되는 현상이 증대된다. 이에 헌법 제21조 제4항 제2문은 "언론·출판이 타인의 명예나 권리를 침해한 때에는 피해자는 이에 대한 피해의 배상을 청구할 수 있다"라고 하여 언론의 사후책임을 명시하고, 이에 따라 「언론중재 및 피해구제 등에 관한 법률」이 제정되었다.

언론보도로 인한 기본권침해에 대한 피해의 구제방법으로는 언론사에 직접 시정요구, 피해구제기구의 이용, 소송제기 등이 있다. 언론사의 자율적인 구제나 민간단체를 통한 구제방법은 만족스러운 정도로 정착되지 못한다. 이에 법적 효과를 동반하는 손해배상청구·사전유지(事前留止)·사죄광고·반론권에 의한 구제방법 등이 원용된다. 이 중 사죄광고제도는 헌법재판소의 위헌결정에 의하여 판결문공시의 방법으로 대체되었다.

그런데 사법적 구제제도는 ① 고의·과실 등 귀책사유를 전제로 하고 손해 기타 법익의 침해에 대한 구체적 입증이 필요하며, ② 소송제도의 성질상 신속한 구제를 기대하기 어렵고, ③ 금전적 배상만으로는 개인의 법익보호에 미흡한 점이 많다. 이에 언론중재법에서는 정정보도청구권, 반론보도청구권과 추후보도청구권을 규정한다.

정정보도청구권이란 사실적 주장에 관한 언론보도 등이 진실하지 아니함으로 인하여 피해를 입은 자는 해당 언론보도가 있음을 안 날부터 3개월 이내에 그 언론보도 등의 내용에 관한 정정보도를 언론사·인터넷뉴스서비스사업자 및 인터넷 멀티미디어방송 사업자에게 청구할 권리이다. 다만, 해당 언론보도 등이 있은 후 6개월이 경과한 때에는 그러하지 아니하다. 정정보도의 청구에는 언론사 등의 고의·과실이나 위법성을 요하지 아니한다.

반론보도청구권이란 사실적 주장에 관한 언론보도 등으로 인하여 피해를 입은 자는 그 보도내용에 관한 반론보도를 언론사 등에 청구할 권리이며, 그 청구에는 언론사 등의 고의·과실이나 위법함을 요하지 아니하며, 보도내용의 진실 여부를 불문한다.

추후보도청구권이란 언론 등에 의하여 범죄혐의가 있거나 형사상의 조치를 받았다고 보도 또는 공표된 자는 그에 대한 형사절차가 무죄판결 또는 이와 동등한 형태로 종결된 때에는 그 사실을 안 날부터 3개월 이내에 언론사 등에 이 사실에 관한 추후보도의 게재를 청구할 권리이다.

'인터넷뉴스서비스'란 언론의 기사를 인터넷을 통하여 계속적으로 제공하거나 매개하는 전자간행물을 말한다. 인터넷뉴스서비스 사업자는 언론중재법의 정정보도청구, 반론보도청구 또는 추후보도청구를 받은 경우 지체없이 해당 기사에 관하여 정정보도청구 등이 있음을 알리는 표시를 하고 해당 기사를 제공한 언론사 등에 그 청구내용을 통보하여야 한다.

언론 등의 보도 또는 매개로 인한 분쟁조정·중재 및 침해사항을 심의하기 위하여 언론중재위원회를 둔다. 조정은 신청접수일부터 14일 이내에 하여야 하며 중재부의 장은 조정신청을 접수한 때에는 지체 없이 조정기일을 정하여 당사자에게 출석을 요구하고, 출석요구를 받은 신청인이 2회에 걸쳐 출석하지 아니한 경우에는 조정신청을 취하한 것으로 보며, 피신청 언론사 등이 2회에 걸쳐 출석하지 아니한 때에는 조정신청취지에 따라 정정보도 등을 이행하기로 합의한 것으로 본다.

「방송통신위원회의 설치 및 운영에 관한 법률」에서는 방송통신위원회와 방송통신심의위원회를 규정한다. 방송통신위원회는 방송과 통신의 융합환경에 능동적으로 대응하여 방송의 자유와 공공성 및 공익성을 높이고 방송·통신의 국제경쟁력을 강화하기 위하여 대통령 소속으로 설치된 위원회다(제1·3조). 방송통신심의위원회는 방송내용의 공공성 및 공정성을 보장하고 정보통신에서의 건전한 문화를 창달하며 정보통신의 올바른 이용환경 조성을 위하여 독립적으로 사무를 수행하는 기구다(『언론정보법』, 『헌법학』 제17판 참조).

### (6) 인터넷은 언론매체인가?

인터넷(Internet)이란 일반적으로 "전 세계 수많은 컴퓨터 네트워크의 집단을 서로 연결한 거대한 네트워크", 즉 "네트워크들의 네트워크(network of networks)"로 정의된다. 인터넷의 특성에 비추어 인터넷매체를 어떻게 정의할 것이냐도 매우 어려운 문제다. '인터넷의 바다'에서 개인이나 단체는 자유롭게 인터넷을 이용하여 자신의 의사를 실시간으로 표현한다. 이와 같이 인터넷사이트를 통하여 구현되는 매체로서의 역할을 언론법제상 언론매체로 자리매김할 수 있을 것인가 하는 문제가 제기된다.

인터넷신문의 법적 지위를 인정하기 위하여 「신문법」에 인터넷신문에 관한 새로운 조항을 만들어 공식적으로 새로운 유형의 일간신문으로서 인터넷신문을 설정한다. "'인터넷신문'이라 함은 컴퓨터 등 정보처리능력을 가진 장치와 통신망을 이용하여 정치·경제·사회·문화·시사 등에 관한 보도·논평·여론 및 정보 등을 전파하기 위하여 간행하는 전자간행물로서 독자적 기사생산과 지속적인 발행 등 대통령령이 정하는 기준을 충족하는 것을 말한다." 다만 이 경우에도 인터넷신문은 「신문법」이 원래 예정한 일반 정기간행물이 아니라 새로운 시대적 상황에 발맞추어 도입된 새로운 매체라는 점에서 문제점이 드러날 수 있다. 따라서 이 또한 일시적인 미봉책에 불과하다.

인터넷방송을 「방송법」상의 방송의 일종으로 편입할 경우에는 무엇보다도 기존 방송의 특성에 기초한 방송의 공공성과 공익성에 대한 근본적인 변화를 초래할 수밖에 없다. 그것은 「방송법」의 이념 그 자체의 변화를 의미한다. 또한 「방송법」상 기존 방송의 특성에 근거한 허가제도, 시설기준 등도 인터넷방송의 경우에는 최소화될 수밖에 없다. 그것은 진입장벽의 해소 문제로 연결된다.

인터넷의 특성에 따라 인터넷매체에 대하여 탈규제적인 사상의 자유시장으로 맡겨 둘 것인지 아니면 규제 모델로 설정할 것인지에 관한 정책적인 판단이 뒤따라야 한다. 본질적으로 탈규제 모델에 방송법의 규제 모델을 적응시키는 것 자체가 무리이기 때문이다. 궁극적으로 인터넷신문과 인터넷방송이 통합되는 시청각법 내지 방송통신법의 제정으로 나아가야 한다. 이와 관련하여 미국의 방송통신위원회 모델이나, 프랑스의 고등시청각위원회 모델을 참조할 수 있을 것이다. 인터넷매체의 특성에 따라 인터넷매체에 대한 내용규제의 방향은 전 세계적인 인터넷매체에 대한 법적 규제의 공통적인 흐름인 폭력, 외설, 명예훼손, 사생활침해, 청소년 문제, 저작권침해 등에 관한 규제에 한정될 수밖에 없다.

생각건대 인터넷매체와 관련된 법적 규제나 지위에 관한 기본적인 적용 법률은 기존 언론 관련 법제의 틀을 뛰어넘는 정보통신 관련 법제가 되어야 한다. 즉, 인쇄매체 중심의 신문법과, 방송통신을 아우르는 탈규제적인 방송통신법제의 정립으로 나아가야 한다. 이 경우 방송통신법제는 전통적인 방송과 인터넷매체를 구획하는 이중의 틀을 마련하여야 한다. 언론의 사회적 책임을 강조하는 현행법의 틀을 뛰어넘는 언론 내지 사상의 자유시장이론에 터 잡은 인터넷매체의 설정을 그려 보는 것도 언론법제의 새로운 정립을 위하여 필요하다(『헌법학』 제17판에서 발췌).

## (7) 인터넷시대의 네티켓

"침묵은 금"이라는 격언도 있지만, 현대사회에서 고결하고 정확한 의사표현은 중요한 생활덕목이다. 인류 역사의 발전 과정은 곧 표현의 자유의 발전사라 할 수 있다. 표현의 자유에 대한 억압은 바로 인간 본성에 대한 속박으로 귀결된다. 절대군주제를 타파한 프랑스 시민혁명 이후에도 언론의 자유는 절제의 한계를 넘어섰다. 결국 존 밀턴(John Milton)이 『아레오파지티카』(Areopagitica)에서 주창한 '사상의 자유시장'보다는 언론의 사회적 책임을 제도화하였다.

우리 헌법도 언론의 자유를 보장함과 동시에 언론의 사회적 책임을 강조한다. 「언론중재 및 피해구제 등에 관한 법률」에서는 반론보도청구권과 더불어 정정보도청구권까지 보장한다. 신문·방송과 같은 전통적인 언론매체뿐 아니라 인터넷신문도 언론중재의 대상이다. 언론중재는 언론보도가 가지는 사회적 파급력에 대응하여 신속하면서도 비용이 들지 않기 때문에 피해구제에 효과적이다.

그런데 인터넷의 보편화에 따라 이제 정보는 법적인 틀에 포섭되는 언론매체를 통해서만 유통되지는 않는다. 누리꾼(네티즌)은 각자가 정보의 생산·가공·유통의 주체다. 스스로 홈페이지를 개설하고 블로그를 통해서 정보시장에 참여한다. 포털사이트에는 모든 사람의 일거수일투족이 아무런 여과 없이 실시간으로 등재된다. 하지만 잘못 입력된 정보를 시정하기는 매우 어렵다. 인터넷의 특성상 확산 속도는 매우 빠르고 피해 규모도 커질 수밖에 없다.

인터넷공간에서 네티켓은 실종되고 무질서와 폭력이 난무한 지 오래다. 이제 충동적이고 말초신경적인 인터넷공간을 정화할 때다. 황색언론(옐로저널리즘)도 일상 속에 파고든다. 자유의 과잉은 결국 자유의 유폐로 귀결된다.

내 자유와 권리가 소중하듯이 상대방의 자유와 권리도 존중해야 한다. 인간을 존엄한 인격체로 대우하지 않고 일시적 유희의 대상으로 삼는 한 사회적 비극은 계속될 것이다.

사이버공간에서 작동하는 정보는 대부분 정보통신망을 통해서 유통된다. 「정보통신망 이용촉진 및 정보보호 등에 관한 법률」(약칭: 정보통신망법)은 사이버 명예훼손과 사이버 스토킹을 규제한다. 하지만 이에 대한 대응은 사후 약방문 격이라 실효성도 매우 미흡하다.

인터넷은 정보의 바다인 만큼 그 역기능도 광범하다. 사이버공간에 숨어서 인격살인에 가까운 모욕적 인신공격을 일삼는 언행을 더 이상 용납해서는 아니 된다. 첫째, 인터넷실명제 강화는 불가피하다. 권리행사에는 책임이 뒤따라야만 한다. 둘째, 악플(악성 댓글) 피해자를 보호하기 위하여 댓글 삭제를 신속하게 처리하는 대신 댓글 게시자의 이의신청을 제도화해서 법익의 균형을 도모해야 한다. 셋째, 사이버모욕죄의 도입 여부는 기존 법제와의 견련성과 구성요건을 종합적으로 고려해서 사회적 합의를 도출해야 한다.

앞으로 건강한 인터넷문화를 자율적으로 제고하는 데 지혜를 모아야 한다. 표현의 자유와 사회감시 기능은 살리고 악성 댓글은 사라지게 하자. 굳이 악플은 아니더라도 땅에 떨어진 인터넷언어의 품위도 복원해야 한다. 인터넷 강국의 참모습은 우리 말·우리 글·우리 사회의 품격으로부터 비롯된다. 더 나아가 인터넷 시대에 난무하는 악성 정보의 홍수로부터 네티즌을 보호하기 위하여 '잊혀질 권리'도 적극적으로 보호받아야 한다(〈칼럼〉 실종된 네티켓 찾습니다,《동아일보》2008. 10. 7.).

(8) 알 권리

　알 권리(정보의 자유)라 함은 일반적으로 접근할 수 있는 정보를 받아들이고, 받아들인 정보를 취사·선택할 수 있고(소극적 자유), 의사형성·여론형성에 필요한 정보를 적극적으로 수집할 수 있는(적극적 자유) 권리다. 근대입헌주의 이래 정립된 표현의 자유는 현대국가에서 새로운 변화를 맞이한다. 종래의 일방적 정보전달체계가 이제 다원화되고 복합적인 정보전달체계로 변화함에 따라 국민과 정부 및 매스미디어의 관계에도 근본적인 변화를 초래한다. 정보의 형성 및 전달은 정보원 → 정보수집 → 정보처리 → 정보전달의 과정을 거친다. 이러한 정보전달체계에서 사실상 주도적인 입장을 유지하여 왔던 매스미디어의 기능과 역할 또한 새로운 변화를 초래하게 되었다. 즉 고전적인 정보(원) → 언론보도 → 국민이라는 관계가 이제 정보원으로부터 곧바로 국민에게로 연결될 수 있는 정보전달체계로 변화된 것이다.

　알 권리는 흔히 정보의 자유와 동일한 의미로 이해된다. 알 권리의 정립은 바로 현대적인 정보사회의 진전에 따른 정보체계의 근본적인 변화와 맥락을 같이한다. 일반적으로 알 권리는 정보전달체계와 직접적인 관련성을 견지하여 온 표현의 자유의 한 내용으로서 이해되어 왔다. 그러나 알 권리가 단순히 표현의 자유의 한 내용으로 머무는 것이 아니라, 주권자인 국민의 정보욕구를 충족시켜 주고 이를 통하여 소극적인 지위에 머무르고 있던 국민이 주권자의 입장에서 적극적으로 정보전달체계에 직접 개입할 수 있다는 점에서 그 의의를 찾을 수 있다.

　알 권리는 소극적으로 정보의 수령권과 적극적으로 정보의 수집권(정보공개청구권)을 그 내용으로 한다. 첫째, 국민이 정보를 수령·수집함에 있어 국가권력의 방해를 받지 않아야 한다. 알 권리의 실질적 구현을 위해서는 제공되는 정보가 객관적이고 공정한 정보여야 하므로 알 권리와 언론(보도)의 자유는 상호 보완적인 관계에 있다. 둘째, 알 권리의 적극적인 구현은 정보공개제도로 달성될 수 있다. 한편 알 권리와 상호 보완적인 관계에 있는 자기정보에 대한 통제권도 알 권리의 관점에서 이해할 수 있다. 즉 공공기관이 보유하는 개인정보에 대하여 국민 개개인이 접근·이용할 수 있어야 한다(『헌법학』 제17판, 『헌법학입문』 제7판에서 발췌).

정보사회의 진전에 따라 닫힌사회는 열린사회로 이행한다. 인간의 삶은 종이문서 시대에 비하여 상상을 초월할 정도로 정보의 홍수 속에 빨려 든다. 그 과정에서 정보공개와 정보보호 사이의 갈등도 심화된다. 서양의 대학에서는 학기 말이면 학교 벽면이 온통 학생들의 과목별 성적표 게시로 뒤덮인 지 오래다. 법원의 판례명은 "원고 대 피고"로 공시되고 판결문에는 당사자의 실명(實名)이 그대로 노출된다. 그만큼 공적 정보에 관한 한 개인정보의 보호보다는 공개를 원칙으로 한다.

우리나라에서는 사정이 딴판이다. 학생 성적은 개인정보로 취급하여 당사자에게만 알린다. 과거에는 헌법재판소를 비롯한 각급 법원의 판결문에 원고와 피고의 실명이 공개되었다. 그런데 사건 당사자의 개인정보를 보호해야 한다는 이의가 제기된 이후 모든 판결문에서 원고와 피고는 익명으로 처리된다.

「공공기관의 정보공개에 관한 법률」(약칭: 정보공개법)에 따라 공적 정보의 공개제도가 시행된 지 20년을 넘어섰다. 정보공개제도는 주권자인 국민의 국정에 관한 알 권리를 충족하고 행정비밀주의를 극복해 행정의 투명성도 제고한다. 그렇다고 모든 공적 정보를 공개하는 것은 아니다. 정보공개법 제9조에서는 국가기밀, 개인정보 같은 비공개 대상정보를 명시한다. 하지만 비공개 대상정보를 지나치게 확대하면 정보공개법은 정보비공개법으로 전락한다.

한편 헌법에 명시된 사생활의 비밀과 자유도 보호되어야 한다. 「개인정보 보호법」, 「정보통신망 이용촉진 및 정보보호 등에 관한 법률」, 「금융실명거래 및 비밀보장에 관한 법률」에서는 개인정보보호를 위한 법적 장치를 마련한다. 그런데 개인정보의 수집·관리·처리는 허술하기 그지없다. 정유회사에 등록된 1000만 명의 개인정보가 유출되고, 심지어 개인정보는 상거래의 대상으로 악용된다.

정보공개와 정보보호라는 두 법익은 동시에 만족시키기 어려운 갈등과 긴장관계를 형성한다. 그만큼 그 경계획정도 어렵다. 특히 교육열이 높은 우리나라에서 교육 관련 정보는 모든 국민의 눈과 귀를 쏠리게 한다. 이에 「공공기관의 정보공개에 관한 법률」과는 별도로 특별법으로 「교육관련 기관의 정보공개에 관한 특례법」을 제정해 학교정보공시제를 강화한다. 하지만 그 현실적 적용 과정에서 논란이 그치지 않는다.

첫째, 교육정보 시스템(NEIS)에 대하여 헌법재판소는 합헌결정을 내렸다. 다만 학생의 신상에 관한 최소한의 개인정보만 입력한다는 전제조건을 충족해야 한다. 둘째, 수험생들은 자신의 운명을 좌우하는 대학수학능력시험에서 획득한 원점수를 정확하게 알 권리가 있다. 원자료 공개가 학교와 지역 간 학력 차를 드러냄으로써 고교평준화 정책에 어긋난다는 교육당국의 설명은 주객이 전도되어 있다. 셋째, 교사의 교원단체 가입 현황도 공개되어야 한다. 학부모와 학생은 교사의 공공적 사회활동에 대해 알아야 할 정당한 당사자이다. 교육당국과 학교에서는 다 알고 있는 공공연한 사실을 교육 수요자에게만 비밀로 해서는 아니 된다. 이제 열린사회에 순응하는 과감한 정보의 공개와 공시를 통하여 교육 현장의 자율성과 경쟁력을 키워 나가야 한다.

정보공개는 국민의 알 권리, 보호할 가치가 있는 공익, 개인정보보호 사이에서 조화롭게 이루어져야 한다. 시대적 흐름은 공적 정보의 국민적 공유를 위한 정보공개의 확대로 나아간다. 더는 손바닥으로 하늘을 가리려 해서는 아니 된다(〈칼럼〉 공적 정보는 감출 이유 없다, 《동아일보》 2008. 9. 23.).

### (9) 사생활의 안전과 자유

사생활보호는 개인적 기본권이다. 또한 순전히 개인의 신상에 관련된 기본권이다. 한편 사생활보호는 개인의 안전에 관한 기본권이라는 점에서 신체의 자유와 공통점을 가진다. 그러나 사생활보호는 사람의 육체적 안전이 아니라 주로 사람의 인격과 관련된 안전에 관한 기본권이라는 점에서 구별된다.

넓은 의미의 사생활에 관한 기본권은 주거의 자유(헌법 제16조), 사생활의 비밀과 자유(제17조), 통신의 자유(제18조)가 있다. 이 중 주거의 자유가 가장 고전적인 사생활보호의 영역이고, 이어서 통신의 자유가 헌법상 기본권으로 도입되었다. 사생활의 비밀과 자유는 가장 최근에 헌법적 가치를 가지는 기본권으로 자리 잡는다.

정보사회의 비약적 진전에 따라 헌법상 기본권에서도 사생활의 비밀과 자유, 알 권리가 새로운 개별적 기본권으로 자리매김하게 되었다. 헌법상 사생활의 비밀과 자유는 사생활보호 내지 프라이버시보호의 원리를 헌법상 개별적 기본권으로 인정한 것이다. 그런데 사생활보호와 관련하여서는 이미 주거의 자유와 통신의 자유가 개별적 기본권으로 규정된다. 따라서 헌법 제17조의 사생활의 비밀과 자유는 주거의 자유와 통신의 자유를 제외한 나머지 사생활의 비밀과 자유를 보호하기 위한 기본권으로 이해할 수 있다.

통신의 자유도 정보통신과 과학기술의 진전에 따라 새로운 변화를 맞이한다. 통신 그 자체의 안전과 평온을 보호하는 것은 주로 통신의 자유의 문제라면, 통신의 구체적인 내용에 따라 야기되는 사생활의 비밀과 자유 및 개인정보보호는 주로 사생활보호 내지 개인정보보호로 이해하여야 할 것이다.

다른 한편 정보통신의 발달에 따라 전통적인 표현의 자유는 정보통신의 이용을 통한 표현이 일반화되어 가며 방송과 통신의 융합도 가속화되어 가고 있어 새로운 법적 패러다임의 정립이 요망된다. 결국 정보통신의 발전에 따라 야기되는 기본권에서의 문제점은 헌법상 통신의 자유의 주요한 내용이 될 것이지만 동시에 헌법상 사생활의 비밀과 자유 및 개인정보보호의 주요한 내용이 될 수 있을 뿐만 아니라 나아가서는 표현의 자유의 문제에까지 귀결된다(『헌법학』제17판, 『헌법학입문』제7판에서 발췌).


대한민국 국민은 출생신고와 더불어 고유번호를 부여받는다. 주민등록제도는 사람을 백넘버로 옥죈다. 남용이 문제 되지만 범인 색출이나 국가안보에는 유효하다. 사람이 붐비는 역이나 터미널에서 경찰관은 주민등록증 제시를 요구한다. 경찰관은 주민등록번호를 통하여 무전기로 범죄혐의 등을 확인한 후 경례로 예의를 갖춘다(『주민등록법』제26조). 대한민국 정부는 주민등록번호 덕분에 전 국민에 대한 정보의 보유·관리·처리를 전 세계에서 가장 손쉽게 한다. 소득·납세·의료·교육뿐만 아니라 부동산과 금융에 이르기까지 개인의 모든 자료가 행정전산망에 기록된다. 정부기관이 보유한 파일을 컴퓨터로 연결하면 모든 사생활이 손바닥처럼 드러난다.

국가가 국민의 기대에 부응하여 복리 증진이라는 국가적 과제를 합리적이고 효과적으로 수행하기 위해서는 국가에 의한 개인정보의 수집·처리의 필요성이 증대되므로 여기에는 정보기술의 뒷받침이 필연적이다. 하지만 정보통신기술의 발달에 따른 그 그림자도 짙게 드리우고 있다. 오늘날 개인의 인적사항이나 삶에 관한 각종 정보가 정보주체의 의사와는 전혀 무관하게 타인의 수중에서 무한대로 집적되고 이용 또는 공개될 수 있는 새로운 정보환경에 처하게 되었다. 개인정보를 수집·처리하는 정보통신기술의 발전에 따라 국가의 개인에 대한 감시능력이 현격히 증대되어 국가가 개인의 일상사를 낱낱이 파악할 수 있게 되었기 때문이다. 이와 같은 개인정보 노출의 위험으로부터 개인정보를 보호함으로써 궁극적으로는 개인의 결정의 자유를 보호하고, 더 나아가 자유민주체제의 근간이 총체적으로 훼손될 가능성을 차단할 수 있는 제도적 장치가 필요하게 되었다. 마침내 이를 자기정보에 대한 통제권이라는 권리로서 인식하기에 이르렀다.

자기정보(自己情報)에 대한 통제권(개인정보자기결정권)은 자신에 관한 정보가 언제 누구에게 어느 범위까지 알려지고 또 이용되도록 할 것인지를 그 정보주체가 스스로 통제하고 결정할 수 있는 권리이다. 즉 정보주체가 개인정보의 공개와 이용에 관하여 스스로 통제하고 결정할 권리를 말한다.

모든 정보의 공유는 시대적 흐름이다. 국가라고 해서 정보를 독점할 이유도 없고 독점해서도 아니 된다. 국가가 보유·처리하는 정보란 결국 주권자인 국민의 것이어야 하기 때문이다. 국가기관이 보유한 국민의 정보는 국익과 개인의 인격을 조화하는 방향으로 작동되어야 한다. 국가정보가 권력기관의 대국민 사찰용으로 악용되는 시대는 종식되어야 한다.

첫째, 이제 더 이상 정보가 특정국가나 특정인의 전유물이 될 수 없음을 인식해야 한다. 둘째, 국가기밀이라는 이름으로 자행되는 비밀의 커튼은 더 이상 통용될 수 없다. 셋째, 국경을 초월한 인터넷의 바다에서는 전통적인 특정국가의 법이나 규범으로 문제가 해결될 수 없다. 넷째, 궁극적으로 인터넷 시대에 더 이상 아날로그적인 행동규범은 통용될 수 없다. 자유주의적인 인류공영의 길을 더욱 확대해야 한다. 정보의 공유는 더 이상 외면할 수 없는 세계사적 흐름이다.

1974년 미국에서 프라이버시법이 제정된 이래 각국에서 프라이버시권의 보호를 위한 법률을 제정한다. 특히 국제기구를 통해서 법률제정의 준칙을 제시하고 있다. 정보의 집단적·대량적 흐름은 동시에 국제간의 정보유통(TDF, Transborder Data Flow)에 있어서 개인정보보호의 문제를 야기하였다. 1980년 경제협력개발기구 이사회에서 각국에서의 개인정보보호법 제정과 관련하여 채택한 "프라이버시보호와 개인데이터의 국제유통에 관한 가이드라인에 대한 이사회권고"에서는 ① 수집제한의 원칙, ② 정보정확성의 원칙, ③ 목적명확성의 원칙, ④ 이용제한의 원칙, ⑤ 안전보호의 원칙, ⑥ 공개의 원칙, ⑦ 개인참가의 원칙, ⑧ 책임의 원칙을 제시하고 있다. 1989년에는 국제연합 인권위원회에서 "컴퓨터처리된 개인파일에 대한 가이드라인"을 결의한 바 있다. 2002년에는 유럽연합도 "전자통신부분에서 개인정보처리와 프라이버시보호에 관한 유럽연합지침(2002/58/EC)"을 제정하였다.

우리나라에서도 1995년부터 「공공기관의 개인정보 보호에 관한 법률」이 제정되었다. 이 법은 공공기관이 컴퓨터·폐쇄회로 텔레비전 등 정보의 처리 또는 송수신 기능을 가진 장치에 의하여 개인정보를 취급함에 있어서 준수할 사항들을 정하고 있었으며, 개인·단체에 대해서도 공공기관에 준하여 개인정보보호에 관한 조치를 강구하도록 하고 있었다(제22조). 그러나 사적 기관에서의 개인정보보호 문제가 심각함에도 불구하고 이를 규율하는 체계적 입법이 미흡하였다. 이에 공공부문과 민간부문을 망라하여 국가사회 전반에 걸쳐 국제 수준에 부합하는 개인정보의 수집과 이용 등 개인정보 처리원칙 등을 규정하고 개인정보의 침해로 인한 국민의 피해구제를 강화하여 개인정보에 관한 정보주체의 권리와 이익을 보장하기 위하여 2011년에 개인정보보호에 관한 일반법으로 「개인정보 보호법」이 제정되었다.

정보관리 시스템을 설치할 때에는 ① 일정한 종류의 기록의 금지, ② 개인정보 수집방법의 제한, ③ 개인의 의사에 반하는 입력의 금지, ④ 개인정보의 무제한 축적의 금지, ⑤ 자기 파일에 대한 액세스권의 보장, ⑥ 개인정보의 정정권의 보장, ⑦ 남용 금지 등이 요망된다.

### (10) 정보의 보호

20세기 후반의 위대한 발명품은 누가 뭐라 해도 컴퓨터다. 그간 인류세계의 소통매체는 신문이라는 인쇄매체로부터 시작하여 20세기에 이르러 라디오와 텔레비전이라는 시청각매체로 발전을 거듭하여 왔다. 그런데 컴퓨터의 발명과 더불어 정보전달체계는 통신매체로 이행한다. 인터넷의 등장과 더불어 정보는 대량적·집단적으로 수집·관리·처리되는 시대로 접어들었다. 21세기에 접어들면서 정보사회의 환경은 급속하게 변화한다. 그 흐름의 기본에는 정보전달체계, 정보기기, 정보의 유통의 삼각구조가 작동한다.

정보전달수단은 휴대전화와 이메일로 진화하여 왔다. 그런데 애플의 창업자 스티브 잡스(Steve Jobs)가 창안한 스마트폰은 휴대전화와 이메일을 비롯한 각종 정보를 한 꾸러미에 묶으면서 새로운 변화의 요동을 친다. 스마트폰은 단순히 정보기기의 혁신만이 아니라 정보의 수집·관리·처리에 있어서도 새로운 혁신을 초래한다. 스마트폰과 태블릿 PC는 단순히 기기의 변화만 초래하는 것이 아니라 트위터, 페이스북, 클라우드 컴퓨팅과 같은 새로운 정보전달수단을 구축하여 나간다. 일대일의 대면대화가 아니라 다자간 복합대화가 가능한 시대가 열린다. 아이패드와 갤럭시탭을 통하면 인쇄매체의 전형인 신문과 출판물에 이르기까지 전 세계 모든 정보가 한 손 안에 들어온다. 앞으로는 종이처럼 구겨서 가지고 다닐 날도 머지않은 것 같다. 신문·방송·통신이 한 꾸러미로 엮이는 시대가 열리는 셈이다.

정보전달체계의 혁신적 변화는 정보의 공유 시대를 열어 간다. 그 어떠한 정보도 어느 특정 개인이나 집단의 독점적 소유물일 수 없는 열린사회가 전개된다. 하지만 상업적 정보유통에 매몰된 나머지 정보보호는 취약하기 그지없다. 스마트폰, 트위터, 페이스북은 혁신적인 정보전달수단이긴 하지만 취약한 정보보안이 드러났음에도 그 개선보다는 오히려 새로운 정보전달체계의 구축과 보급에만 몰두한다.

일상생활에서도 모든 개인의 일거수일투족이 환하게 들여다보인다. 통상적으로 한국인은 하루에 평균 80여 차례 CCTV에 노출된다. 한국인이 즐겨 찾는 목욕탕이나 찜질방에서 벌거벗은 모습도 여과 없이 찍힌다. 정보만 노출되는 것이 아니라 육신도 노출되는 상황이니 영혼인들 안심할 수 있겠는가.

줄리언 어산지(Julian Assange)의 위키리크스(Wikileaks)가 케이블 망을 통하여 입수한 수만 건에 이르는 국가정보의 누설로 인하여 정보보호의 필요성이 새삼 배가된다. 장막에 가려진 비밀의 커튼이 열렸다는 점에서 긍정적일 수 있다. 장막 속에서 이루어진 인간의 어두운 내면을 드러냄으로써 인간사회에 성찰의 기회를 부여하고 삶의 격을 높일 수 있는 계기를 제공한다. 하지만 보호되어야 할 비밀의 장막과 열려야 할 투명사회 사이에 갈등은 증폭된다. 정보보호는 외면한 채 정보공개로만 치닫게 될 경우에 인간은 스스로 정보사회의 노예로 전락할 수도 있다. 만연하는 상업적 물신주의는 정보이용에 더욱 박차를 가할 것이다. 이에 대응하여 CCTV, 지문날인, 의료보험, 금융거래, 교육정보와 같은 개별적인 사안마다 구체적이고 명확한 정보보호 입법을 마련해야 한다. 법이 제대로 작동하지 못하는 사이에 정보사회의 진전에 따른 개인정보의 오용과 남용은 이미 그 도를 넘어서고 있다(〈칼럼〉 정보 보호가 우선이다, 《세계일보》 2010. 12. 19.).

미국영화 이야기다. 미모의 금발 여인이 뉴욕에서 살인혐의로 체포된다. 수사 결과 수년 전 발생한 로스앤젤레스 살인사건의 주범이 이름과 직업을 세탁한 후에 제2의 범행을 저지른 것으로 드러났다. 주민등록번호처럼 개인의 동일성을 인식할 수 있는 법적 제도가 존재하지 않아서 가능한 일이다. 서양에서는 사람의 지문을 채취하거나 백넘버를 부여하는 행위를 인간의 인격권에 대한 모독으로 보았다. 당사자가 스스로 필요에 따라 발급받는 사회보장번호나 여권번호만이 개인의 동일성을 식별하는 유일한 표지였다. 그러나 2001년 9·11테러 이후에는 사정이 완전히 변하였다. 직접 당해 봐야 정신을 차린다고나 할까. 미국 본토가 처음으로 침공당하자 국가안보 앞에 과거의 이론은 존재가치를 상실한다. 이제 미국에서는 지문 채취는 물론이고 눈동자까지 검색체계에 포섭된다.

미국은 언론의 자유와 인권을 소중하게 여기는 대표적인 자유주의국가로 각인되어 왔다. 하지만 2001년 9·11 사태를 통해서 미국 역사상 처음으로 미국 본토가 침공당하자 전통적인 개인의 자유 중심의 사고에 근본적인 변화가 초래되었다. 지문날인이나 생체인식은 인간존엄을 훼손하는 행위로 치부하던 헌법학이론은 오히려 이를 합리화하기에 급급하다. 자유의 여신상은 더 이상 자유주의적인 미국을 상징할 수만 없는 상황에 이르렀다. 바로 여기에서 국익과 자유의 갈등은 새로운 양상으로 접어든다.

국가권력은 물리적 힘에 의한 폭력적 지배가 아니라 개인에 대한 정보사냥을 통하여 공작통치가 가능하다. 더구나 위치정보 이용 시스템, CCTV 등을 통해서 언제 누가 어디서 무엇을 하는지 훤히 들여다볼 수 있다. 그야말로 조지 오웰이 소설 『1984년』에서 그린 빅 브라더(big brother) 시대에 살고 있다. 정치의 계절에는 언제나 남의 사생활을 엿듣고 이를 악용하는 무리가 있기 마련이다. 난무하는 X파일도 실은 정보사냥꾼에 의한 분탕질이다. 여기에 권력기관이 개입하면 정보의 정확성이나 파급효과는 가히 폭발적이다. 모든 정보의 흐름을 꿰뚫어 보는 정보기관 종사자의 유혹은 여기에서 비롯된다. 하지만 그리 쉽게 농단당하지는 않는다. 언제 누가 관련 국가전산망에 접속하였는지 분명한 자국을 남기는 안전망이 설정되어 있기 때문이다.

모든 법과 제도는 장점이 있는 반면에 단점 또한 무시할 수 없다. 예컨대 CCTV는 사람의 사생활을 침해할 소지가 있지만 공공의 안녕질서 확보에는 더 유효한 수단이 없다. 정보사회의 장점을 최대한 살려 나가야 하지만 인간이 발명한 기술에 의하여 스스로 노예가 되어서는 아니 된다(〈칼럼〉 X파일 만드는 '법 위의 정보기관', 《동아일보》 2007. 7. 31.).

그런데 역설적으로 세계화 시대가 진전될수록 국가 간 벽은 더욱 견고한 성채를 쌓아 간다. 이 과정에서 국익이란 이름으로 온갖 만행이 자행된다. 하지만 국가이성(raison d'État)이라는 이름으로 자행된 일련의 행태들이 더 이상 깊숙한 비밀의 장막 속에 머물 수는 없다.

위키리크스는 이와 같은 인터넷 시대의 흐름을 간파하였다. 위키리크스의 폭로에 대하여 국민의 알 권리 충족을 위한 시민적 자유의 발로라는 주장과 국가안전보장에 위해를 가하는 국가기밀침해라는 주장 사이에 보호법익의 충돌이 야기된다. 하지만 분명한 것은 공적 기록이 거의 무방비 상태에서 누설된다는 점에서 문제의 심각성이 있다. 또한 국익이라는 이름으로 비밀에 부쳐지던 고위공직자의 언행에 대하여 더 이상 면죄부를 줄 수 없는 상황에 이르렀다.

우리도 천안함과 연평도 피폭 등으로 그 어느 때보다도 국가안보의 소중함을 일깨워 주는 시점에서 국가기밀이 누설되지 않도록 정보보안체계의 근본적인 점검이 필요하다. 현대전은 무력시위 못지않게 무력시위를 차단하고 선제적으로 제압할 수 있는 정보전이 전제됨을 명심해야 한다(〈칼럼〉 위키리크스 폭로에서 배우는 '정보보안', 《매일경제》 2010. 12. 7.).

(11) 사회 · 경제적 안전과 자유

사회 · 경제적 안전과 자유는 생활의 기본적 수요를 충족시키는 안전과 자유라는 점에서 인간의 삶에 있어서 가장 중요한 요청이긴 하지만 다른 안전과 자유에 비하면 상대적으로 더 많은 제한이 가해질 수 있다는 점에서 다른 것들과 구별된다. 사회 · 경제적 안전과 자유는 인간의 사회 · 경제적 활동과 직결되는 점에서 특히 자본주의적 사회질서와 밀접하게 관련된다. 오늘날 수정자본주의는 국가적 규제와 조정을 받는 사회적 시장경제질서에 입각하고 있는 바와 같이 사회 · 경제적 안전과 자유도 그에 상응한 규제와 제한을 받게 된다.

사회 · 경제적 안전과 자유 중에서 가장 좁은 의미의 고전적인 기본권이 거주(居住) · 이전(移轉)의 자유다. 이는 인간이 사회 · 경제적 활동을 수행하기 위한 최소한의 요구이기도 하다. 이어서 직업(職業)의 자유는 자신의 의지에 따라서 자유롭게 자신의 직업을 향유할 수 있는 자유다. 생활의 기본적 수요를 충족시키기 위한 직업활동이야말로 자유롭게 수행할 수 있어야 한다. 직업이란 생활의 기본적 수요를 충족시키기 위한 계속적인 활동을 의미하며 그러한 내용의 활동인 한 그 종류나 성질을 불문한다. 직업선택의 자유에는 직업 결정의 자유, 직업 종사(직업 수행)의 자유, 전직의 자유 등이 포함된다. 직업의 자유는 영업의 자유와 기업의 자유를 포함하고, 이러한 영업 및 기업의 자유를 근거로 원칙적으로 누구나가 자유롭게 경쟁에 참가할 수 있다.

단계이론에 따르면, 입법자는 직업의 자유에 대한 제한이 불가피하다고 판단할 때에 우선 직업의 자유에 대한 침해가 가장 적은 방법(제1단계)으로 목적달성을 추구해 보고, 그 제한방법만으로는 도저히 그 목적달성이 불가능한 경우에만 그다음 단계의 제한방법(제2단계)을 사용하고, 그 두 번째 제한방법도 실효성이 없다고 판단되는 최후의 불가피한 경우에만 마지막 단계의 방법(제3단계)을 선택하여야 한다.

제1단계는 직업 종사의 자유를 제한하는 것이다. 여기서는 그 합헌성을 비례의 원칙에 비추어 판단한다. 제2단계는 주관적 사유에 의한 직업 결정의 자유의 제한이다. 예를 들어 사법시험·변호사시험에 합격한 사람에게만 법조인으로서의 자격을 부여한다는 것과 같이, 직업이 요구하는 일정한 자격과 결부시켜서 직업선택의 자유를 제한한다. 제3단계는 객관적 사유에 의한 직업의 자유의 제한이다. 이것은 일정한 직업을 희망하는 기본권주체의 개인적 능력이나 자격과는 상관관계가 없고 기본권주체가 그 조건충족에 아무런 영향도 미칠 수 없는 어떤 객관적인 사유(전제조건) 때문에 직업선택의 자유가 제한되는 것이다(헌재 1993. 5. 13. 92헌마80).

다른 한편 재산권(財産權)은 현대적인 수정자본주의 내지 사회적 시장경제질서의 영향을 가장 많이 받는 기본권이다. 재산권의 내용과 한계는 법률로 정할 뿐만 아니라 21세기에 이르러 재산권행사의 공공복리적합의무의 일환으로 재산권의 사회적 기속성이 강조된다. 즉, 근대입헌주의 헌법에서 재산권은 '신성불가침의 권리'로서 전 국가적인 천부인권으로 이해되었다. 그러나 산업사회의 발달에 따라 야기된 빈부격차와 이에 따른 사회적 갈등으로 인하여 바이마르헌법(1919)에 이르러서는 재산권의 절대성 및 계약의 자유를 대신하여 재산권의 사회적 구속성을 강조하는 수정자본주의원리가 지배한다.

헌법은 국민의 재산권을 보장하면서도(제23조 제1항 제1문), 사회적 구속성의 범위 내에서 인정된다는 한계를 강조한다(제2항). 이에 따라 재산권의 구체적인 내용과 한계는 입법자에 의하여 형성된다는 기본권형성적 법률유보 규정을 둔다(제1항 제2문). 또한 재산권의 제한은 정당한 보상을 전제로 한다 (제3항). 그 외에도 지적재산권(제22조 제2항)을 보장하고, 소급입법에 의한 재산권박탈금지(제13조 제2항), 사영기업의 국·공유화 및 경영의 통제·관리에 대한 엄격한 요건의 규정(제126조) 등을 통하여 재산권의 실효적 보장을 도모하는 동시에, 기업의 국·공유화 등의 예외적 허용(제126조), 천연자원의 이용 등에 대한 특허(제120조), 소작제 금지(제121조), 국토의 효율적 이용을 위한 제한(제122조) 등 재산권의 무제약적 행사를 제한하기 위한 헌법적 근거를 마련함으로써, 재산권보장과 사회적 시장경제질서의 조화를 도모한다. 헌법 상 경제질서의 장을 따로 설치하여 상세한 규정을 두는 것은 외국의 입법례에서도 찾기 어려운 매우 특이한 체제다(『헌법학』 제17판, 『헌법학입문』 제7판에서 발췌).

### (12) 토지재산권의 특수성과 토지공개념

토지는 유한성·고정성·비대체성·재화생산의 본원적 기초로서의 성질 등을 가진다. 그 결과 헌법 제23조 제1항 제2문, 제23조 제2항, 제119조, 제120조, 제122조, 제123조 등에서 토지재산권의 가중적 규제에 대한 헌법적 근거를 마련한다.

토지공개념(土地公槪念)은 실정법상의 개념이 아니고 강학상 내지 실무의 편의상 정립된 용어다. 토지공개념이론이 법적인 개념이 아니라 사회정책적인 도구 개념으로 등장한 것은 사실이다. 토지공개념이론은 재산권의 사회적 구속성 내지 공공복리적합의무라는 재산권에 관한 헌법상 일반이론에 기초하여 토지의 특수성을 강조하기 위한 이론이다.

토지거래허가제는 치열한 찬반논쟁을 불러일으킨 가운데 88헌가13 사건

(헌재 1989. 12. 22. 88헌가13)에서 합헌 및 위헌불선언으로 결론이 났다.

합헌론은 ① 유한한 자원인 토지의 특수성, ② 토지투기는 엄청난 불로소득을 가져와 결국에는 경제 발전을 저해하고 국민의 건전한 근로의욕을 저해하며 계층 간의 불화와 갈등을 심화시키는 점, ③ 토지거래허가제는 헌법이 명문으로 인정하고 있는 재산권 제한의 한 형태인 점, ④ 국토이용관리법이 규제하고자 하는 것은 모든 사유지가 아니고 투기우심지역 또는 지가폭등지역의 토지에 한정하고 있다는 점과 규제기간이 5년 이내인 점, ⑤ 기준에 위배되지 않는 한 당연히 당국의 거래허가를 받을 수 있어 처분권이 완전히 금지되는 것은 아닌 점 및 당국의 거래불허가처분에 대해서는 불복방법이 마련되어 있는 점, ⑥ 토지의 투기적 거래를 억제하는 조치나 수단인 등기제도·조세제도·행정지도·개발이익환수제·토지거래신고제·토지거래실명제 등만으로 투기억제에 미흡하므로 최소침해성에 위배되지 않는 점 등을 근거로 한다.

위헌론은 형벌부과만은 헌법에 위배된다는 의견과(1인), 토지거래허가제 자체가 헌법에 위배된다는 의견이 제시되었다(4인). 토지거래허가제는 토지소유권을 형해화하고, 사유재산제도의 본질적 내용을 침해하며, 거래의 효력 자체를 부인하는 것이 되어 과잉 금지원칙에 위배된다는 것이다. 한편 대법원은 허가받지 않은 토지거래계약도 사후에 허가를 받으면 소급하여 유효하다고 보거나, 투기목적 없이 허가받을 것을 전제로 한 거래계약의 체결은 동법위반이 아니어서 처벌할 수 없다고 하여 토지거래허가제규정을 탄력적으로 해석·적용한다.

토지초과이득세법은 미실현이득에 대한 과세라는 이유로 헌법재판소가 헌법불합치결정을 내림에 따라 사실상 형해화되어 있다가 1998년에 폐지되었다.

헌법재판소는 「개발이익 환수에 관한 법률」 관련 사건에서 부과 대상 토지의 가액산정에 대하여 일부위헌결정을 내린 것을 제외하고는, 포괄위임입법 금지원칙이나 재산권보장에 위반되지 않는다고 판시한다.

'택지소유 상한에 관한 법률'에 따른 택지소유상한제는 헌법 제35조 제3항의 쾌적한 주거생활을 실천하는 데 기여할 수 있다는 점에서 제도 자체는 긍정적으로 평가할 수 있다. 그런데 헌법재판소는 택지소유 상한에 관한 법률을 위헌이라고 결정하였다.

헌법재판소는 도시계획법상 개발제한구역제도 그 자체는 원칙적으로 합헌적이지만 개발제한구역의 지정으로 말미암아 일부 토지소유자에게 사회적 제약의 범위를 넘는 가혹한 부담이 발생하는 예외적인 경우에 대하여 보상규정을 두지 않은 것에 대하여 헌법불합치결정을 하였다. 이에 따라 보상의 법적 근거로서 「개발제한구역의 지정 및 관리에 관한 특별조치법」이 제정되었다.

생각건대 헌법재판소가 일관되게 판시하고 있는 바와 같이 토지재산권에 대한 제한입법도 과잉 금지의 원칙을 준수하여야 하고, 재산권의 본질적 내용인 사적 유용성과 원칙적인 처분권을 인정하여야 한다(『헌법학』 제17판에서 발췌; 〈칼럼〉 종부세, 헌재와 국민 사이, 《동아일보》 2008. 11. 18.).

### 4) 참정권(정치권)

참정권(정치적 기본권 또는 정치권)은 주권자인 국민이 국가기관의 형성과 국가의 정치적 의사형성 과정에 참여하는 권리이다. 주권자인 국민이 국가의 정치적 의사결정에 참정권을 행사하여야만 국가가 비로소 민주적 정당성을 확보할 수 있다. 국민의 정치적 참여는 선거 과정을 통하여 가장 잘 드러난다. 주권적 의사의 표현인 선거를 통하여 대표자를 선출하는 대의민주주의가 자리 잡고 있으며, 대의민주주의의 문제점을 보완하기 위하여 국민이 국가의 정치적 의사를 직접 결정하는 직접민주주의적 요소도 가미된다(반대표민주주의).

국민주권주의의 원리(제1조)에 따라 "모든 국민은 법률이 정하는 바에 의하여" 선거권(제24조)과 공무담임권에 기초하여 피선거권(제25조)을 가진다. 이에 따라 「공직선거법」에서는 선거연령을 19세로 규정한다. 참정권은 자연인 중 국민만이 누리는 권리이다. 대한민국 국민에는 재외국민도 포함된다. 원칙적으로 외국인은 참정권을 가지지 못하지만 근래 외국인에 대해서도 일정한 범위 내에서 참정권을 부여한다. 「공직선거법」에서는 일정한 요건을 구비한 외국인에게 지방선거의 선거권을 인정한다(제15조 제2항). 또한 「주민투표법」에서도 일정한 자격을 갖춘 외국인에게 투표권을 부여한다. 나아가서 외국인의 국가공무원과 지방공무원 임용도 가능하게 되었다(「국가공무원법」 제26조의3, 「지방공무원법」 제25조의2). 사실 외국인에 대한 투표권부여는 전통적인 주권이론에 비추어 본다면 매우 당혹스러운 문제임과 동시에 전통적인 주권이론은 새로운 위기에 봉착한다는 주장까지 제기된다. 일본에서도 재일동포의 법적 지위와 관련하여 선거권과 피선거권 문제가 제기되어 온 바 있다. 생각건대 외국인에 대한 투표권부여와 공직개방에는 일정한 한계가 불가피하다. 다만 지방선거와 지방자치의 특성상 외국인으로서가 아니라 오히려 당해 지역주민이라는 특성을 고려하여 일정한 요건에 따라 참정권을 부여하는 것은 자연스러운 현상으로 보아야 한다.

"모든 국민은 법률이 정하는 바에 의하여 공무담임권을 가진다"(제25조). 공무담임권은 일체의 국가기관과 공공단체의 직무를 담임할 수 있는 권리이다. 이에 비하여 피선거권은 선거직 공무원이 될 수 있는 자격요건이기 때문에 공무담임권보다 좁은 개념이다. 공무담임을 하기 위해서는 "법률이 정하는 바에 의하여" 일정한 요건을 구비하여야 한다. 공무담임권 중 피선거권에 관해서 「공직선거법」에서는 적극적 요건과 소극적 요건을 규정한다. 원칙적으로 피선거권은 일정한 조건을 충족하지 못하는 자를 제외하고는 누구나 자유롭게 향유할 수 있다(『헌법학』 제17판, 『헌법학입문』 제7판에서 발췌).

### 5) 사회권(생존권)

#### (1) 자유권에서 사회권으로 발전

인권의 역사에서 18·19세기가 자유권의 역사라면 20세기는 사회적 권리를 확보하기 위한 역사라 할 만큼 사회적 기본권(생존권적 기본권)의 헌법적 보장이 일반화되기 시작한 시대라 할 수 있다. 사회권(社會權)은 제1차 세계대전 이후 패전독일을 이끌었던 우파와 자본주의의 모순을 혁파하려는 좌파 사이에 하나의 국가공동체를 구성하는 과정에서 타협적 구조로서 성안된 1919년 바이마르헌법에 최초로 도입되었다. 사회권은 자본주의 경제체제의 모순과 갈등이 심화되고 또한 독점자본세력이 정치권력과 결탁한 제국주의의 발호로 인하여 사회적 갈등이 심화되면서 등장하기 시작한 사회주의적 이념의 헌법적 수용으로 볼 수 있다.

사회권이 보호해 주려는 주된 계층은 산업사회의 진전에 따라 대량으로 배출된 춥고 배고픈 무산대중이다. 이들에 대한 경제적 배려의 원천은 바로 유산계급의 소득으로부터 연유하기 때문에, 결국 사회권은 유산계급의 자유와 재산에 대한 실질적 제한을 의미한다고 해도 과언이 아니다. 그런 의미에서 사회권은 전통적인 자유권과 갈등의 소지를 안고 있다. 이에 따라 전통적 이론인 자유권과 사회권의 차이를 정리하면 다음과 같다.

첫째, 이념적 기초에 차이가 있다. 자유권은 근대입헌주의 헌법의 이념에 기초한다. 즉 자연법사상·사회계약론·계몽주의·자유주의·개인주의·시민국가원리에 기초한다. 반면에 사회권은 현대복지주의 헌법의 이념에 기초한다. 즉 사회정의의 실현을 위한 단체주의·복지국가·사회국가·급부국가원리에 기초한다.

둘째, 법적 성격에 차이가 있다. 자유권은 전 국가적 권리로서 국가권력으로부터의 침해를 배제하는 소극적·방어적·항의적 성격의 권리이다. 반면에 사회권은 국가 내적 권리로서 국가의 관여(배려와 급부)를 요청하는 적극적 권리다. 다만, 권리의 성격과 관련하여 종래 자유권은 구체적 권리인 반면 사회권은 추상적 권리라는 이론이 있었지만, 오늘날 사회권도 구체적 권리로 이해한다. 하지만 사회권의 구체적 권리로서의 성격은 자유권에 비하여 약한 것이 사실이다.

셋째, 권리의 주체에서 차이가 있다. 자유권은 천부인권적 자연권이기 때문에 자연인인 국민 및 외국인의 권리다. 다만 외국인에 대해서는 일정한 제한이 불가피한 경우도 있다. 하지만 법인은 예외적으로 권리의 주체가 될 수 있을 뿐이다. 반면에 사회권은 국가 내적인 권리이기 때문에 원칙적으로 자연인 중에서 국민만이 누리는 권리다. 외국인은 국내법이 허용하는 범위 내에서 예외적으로 권리의 주체가 될 수 있을 뿐이다. 또한 법인의 기본권 주체성도 부인된다.

넷째, 기본권의 효력에서도 차이가 있다. 자유권은 모든 국가권력을 직접 구속하는 권리이기 때문에 헌법규범이 바로 재판규범이다. 사회권도 원칙적으로 자유권과 마찬가지의 효력을 가지기는 하지만, 국가권력 중에서 주로 국회의 입법형성권을 구속하며 재판규범으로서의 성격이 자유권에 비하여 상대적으로 약화되어 있다. 기본권의 대사인적 효력에 있어서도, 자유권은 원칙적으로 사인 상호 간에도 효력이 미치나, 사회권은 예외적으로 효력이 미칠 뿐이다.

다섯째, 기본권의 제한과 법률유보에서도 차이가 있다. 자유권에 대한 제한은 기본권제한적 법률유보를 의미하지만, 사회권에서의 법률유보는 기본권형성적(기본권구체화적) 법률유보를 의미한다.

그러나 이제 사회권도 전통적인 모습의 그것 이외에 새로운 사회권의 등장으로 인하여 재조명이 불가피하다. 전통적인 사회권이 경제적·사회적 강자의 직간접적인 희생 위에서 이루어질 수 있는 것이라면, 환경권과 같은 새로운 사회권의 등장으로 이제 사회권도 가진 자·가지지 못한 자 혹은 경제사회적인 강자·약자라는 대립구도를 전제로 한 사고에서 벗어나야 한다. 이것은 곧 전통적인 사회권의 본질이나 체계에 대한 하나의 혁신을 의미한다. 여기에 필연적으로 사회권의 위상에 관한 체계적 정립의 어려움이 뒤따른다.

사회권의 법적 성격은 입법방침규정에서 구체적 권리로 변화되어 왔다. 입법방침규정설 등과 같은 사회권의 권리성 부인설은 우리 헌법 제34조 제1항에서 "모든 국민은 인간다운 생활을 할 권리를 가진다"라고 하여 실정헌법상 명문으로 명백히 "권리를 가진다"라고 규정한 그 취지에 어긋난다. 또한 원칙규범설은 여러 요소를 형량(衡量)하여 그 권리성을 인정하게 됨으로써 사회권의 실현 정도를 상대화시켜 해석자마다 달리 해석할 여지를 주게 된다는 비판을 면하기 어렵다. 법적 권리설 중에서 추상적 권리설은 사회권에 대하여 소극적·자유권적 효과만을 인정하는 점에 있어서 프로그램 규정설과 본질적인 차이를 발견하기 어렵다. 또한 불완전한 구체적 권리설은 구체적 권리설의 문제점을 극복하려는 의도로 보이나 현실적으로 구체적 권리설과의 본질적인 차이를 발견하기 어렵다. 생각건대 위헌법률심사가 가능하고 "공권력의 행사 또는 불행사로 인하여 국민의 기본권이 침해된 경우"(「헌법재판소법」 제68조 제1항)에 헌법소원을 제기할 수 있기 때문에, 사회권의 재판규범성을 부인할 수 없다. 따라서 사회권의 구체적인 법적 권리성을 인정하여야 한다. 요컨대 사회권의 구체적 권리성은 당해 국가가 처한 상황에서 입법정책·입법재량·시대정신의 조화로운 반영의 결과물이라 할 수 있다.

사회권의 실질적 보장은 국가정책의 입법적 반영을 통하여 이루어질 수 있으므로, 사회권은 자유권에 비하여 상대적으로 불완전한 구체적 권리이다. 실제로 사회권보장을 위한 입법을 국가가 제대로 하지 않는 입법부작위에 대하여 헌법소원을 제기할 수는 있겠지만 궁극적인 권리구제는 매우 제한적일 수밖에 없다. 예컨대 헌법상 모든 국민에게 인간다운 생활을 보장하기 위해서는 인간으로서 최소한의 생활이 보장되어야 한다. 이를 위하여 국가는 사회보장제도를 확충·강화하여야 한다. 국가가 경제적으로 곤궁한 모든 사람의 인간다운 생활을 보장할 수 있는 물질적 급부를 완전히 충족시키는 것은 국가의 재정능력상 불가능하다. 결국 사회권의 구체적인 법적 권리로서의 성격을 인정함으로써, 헌법재판소는 본안판단을 통해서 국가적 배려(급부)의 필요성 유무를 판단하고, 필요하다면 어떠한 범위의 배려가 헌법이념과 국가의 재정능력에 비추어 합리적인 것인지를 판단할 수 있다.

전통적인 사회권과 자유권이라는 이원론적 분류 및 사고의 틀에 비추어 사회권의 법적 성격 및 권리구제를 이해하는 것은 사회권이 가진 권리구제의 미완성적인 성격과 관련이 있다. 아마도 사회권은 영원히 미완성 기본권으로 머무를지도 모를 일이다. 이에 비록 종래 사회권으로 분류되고 있는 개별적 기본권이라 하더라도 그것이 자유권적인 성격을 가지고 있다면, 그 범위 내에서는 침해에 따른 권리구제에 있어서 자유권의 법리가 원용되어야 한다. 그렇게 함으로써 전통적인 자유권·사회권이라는 이원론적인 사고가 가진 문제점을 최소화시킬 수 있다. 예컨대 근로의 권리·교육을 받을 권리·환경권 등이 가지고 있는 자유권의 성격은 자유권적 기본권의 법리에 입각하여 권리구제를 받을 수 있을 것이다.

전통적인 사회적 기본권의 법리는 그 자체로서 충분한 가치를 가지며, 이에 따라 자유권과 사회권의 이원론적 사고도 일리가 있다. 다만 현대산업사회의 진전에 부응하여 새로운 사회권의 등장과 더불어 고전적인 사회권의 의미도 변용될 수밖에 없다. 이에 자유권과 사회권의 차별적 이해가 아니라 사회복지헌법의 원리에 부응하여 자유와 평등의 실질적 보장이라는 큰 흐름에서 이해할 것이 요구된다.

### (2) 헌법상 인간다운 생활의 보장으로부터 비롯된 사회권

1919년 바이마르헌법 제151조에서 '인간다운 생활'을 규정한 이래 세계 각국의 헌법에서 인간다운 생활을 할 권리를 규정한다. 이러한 정신은 세계 인권선언 등을 통해서 국제적 보장으로 나아간다. 한국헌법도 제헌헌법 이래 이를 규정하며, 현행헌법 제34조에서도 규정한다. 제1항에서 "모든 국민은 인간다운 생활을 할 권리를 가진다"라는 원칙규정을 둔다. 제2항 이하 제6항에서는 인간다운 생활을 실현하기 위한 구체적 규정을 둔다: "② 국가는 사회보장·사회복지의 증진에 노력할 의무를 진다. ③ 국가는 여자의 복지와 권익의 향상을 위하여 노력하여야 한다. ④ 국가는 노인과 청소년의 복지향상을 위한 정책을 실시할 의무를 진다. ⑤ 신체장애자 및 질병·노령 기타의 사유로 생활능력이 없는 국민은 법률이 정하는 바에 의하여 국가의 보호를 받는다. ⑥ 국가는 재해를 예방하고 그 위험으로부터 국민을 보호하기 위하여 노력하여야 한다." 또한 환경권에 관한 제35조에서 "③ 국가는 주택개발정책 등을 통하여 모든 국민이 쾌적한 주거생활을 할 수 있도록 노력하여야 한다"라고 하여 주거생활권을 규정한다.

인간다운 생활의 의미는 인간의 존엄성에 상응하는 건강하고 문화적인 최저한의 생활을 말한다. 하지만 건강하고 문화적인 생활의 의미는 매우 불확정적이고 추상적인 개념이다. 이에 당해 국가의 정치·경제적인 현실에 비추어 어느 정도가 인간다운 생활을 할 수 있는 범주인지를 결정하여야 한다. 인간다운 생활이 단순히 사회학적 개념이 아니라 구체적인 권리로서 정립되기 위해서는, 이의 실현을 위한 국가의 적극적인 의지가 있어야 한다. 또한 쟁송에 있어서도 어느 정도의 구체적인 기준은 제시될 수 있어야 한다. 그것이 바로 최소한의 생활 수준이라는 의미로 부각된다. 최소한의 의미는 생물학적인 최저생존, 인간다운 최저생존, 이상적인 인간다운 최저생존 등의 차원에서 각기 이해할 수 있다. 생각건대 현실적으로 이상향만을 추구할 수는 없으므로, 인간이 정상적인 사회활동을 할 수 있는 정도의 인간다운 최저생존의 의미로 이해할 수밖에 없다.

인간다운 생활을 할 권리가 사회권(생존권)의 이념적 기초로서 원리적 규정이라면, 기타 생존권에 관한 헌법의 규정은 이를 실현하기 위한 구체적 규정이다. 그것은 사회보장수급권, 교육을 받을 권리, 근로의 권리, 근로3권, 환경권, 보건권 등이다. 한편 비록 기본권으로서 헌법에 규정된 것은 아니지만 사회적 시장경제질서를 실천하기 위한 일련의 규정은 사회권(생존권)과도 간접적으로 연계되는 사항이다. 예컨대 경제에 대한 국가적 규제와 조정을 비롯해서 농어민보호, 소비자보호운동의 보장 등이 그것이다(『헌법학』 제17판, 『헌법학입문』 제7판에서 발췌).

## (3) 경제민주화와 헌법

비록 공산주의가 현실 국가사회에서는 실패하였을지라도 그들이 뿌린 씨앗은 시장경제에 새로운 경각심을 일깨워 주었다. 시장경제 모델 국가인 미국에서의 독과점 규제가 이를 입증한다. 프랑스와 독일에서는 아예 국가형태로서 경제사회적 복지국가를 지향하는 '사회적' 공화국임을 헌법에 명시하기에 이른다.

우리는 1948년 제헌헌법에서 헌법에 독립된 '경제 장(章)'을 마련하는데 자유민주주의국가에서 예를 찾아보기 어렵다. 제헌헌법 이래 1960년 제2공화국헌법에 이르기까지 대한민국의 경제질서는 "사회정의의 실현과 균형 있는 국민경제의 발전"을 기본으로 한다. 개인의 "경제적 자유는 이 한계 내에서 보장"될 뿐이다. 제헌헌법의 통제경제체제에서 점차 시장경제적 요소를 강화하여 왔지만 기본 틀은 변함이 없었다. 당시엔 국민경제적 기반도 취약하였다. 해방공간 당시에 《동아일보》의 보도에 의하면 국민의 3분의 2가 자본주의보다는 사회주의를 선호하였다는 여론조사 결과는 이를 더욱 뒷받침한다.

하지만 1962년 제3공화국헌법에 이르러서는 확연히 달라진다. "대한민국의 경제질서는 개인의 경제상의 자유와 창의를 존중함을 기본으로 한다." 국가는 "사회정의의 실현과 균형 있는 국민경제의 발전을 위하여 경제에 관한 규제와 조정"을 할 뿐이다.

이 틀은 1987년 헌법에서 제1항은 원칙적으로 유지되면서 제5공화국헌법의 제2항과 제3항을 아우르는 제2항에서 '사회정의'를 대체하는 '경제의 민주화'라는 이름 아래 경제에 관한 국가적 규제와 조정을 더욱 강화하는 식으로 바뀐다. 결국 현행헌법의 경제질서는 기본권으로서의 사유재산권보장(제23조 제1항)과 더불어 시장경제(제119조 제1항)가 그 기본 축을 이룬다.

여기에 재산권의 사회적 구속성원리(제23조 제2항)와 경제의 민주화(제119조 제2항)는 국가적 규제와 조정을 정당화한다. 시장경제를 기본으로 하면서 경제의 민주화를 위하여 규제와 조정을 한다는 점에서 이를 '사회적 시장경제질서'로 명명한다. 즉, 시장경제는 어간(語幹)이고 사회적은 그 수식어이다. 이처럼 '경제 민주화'를 둘러싼 논쟁의 준거는 동시대를 관류하는 공동체적 가치다.

요즘 경제 민주화의 요구는 시장경제의 왜곡에 대한 강력한 경고음이다. 국제통화기금(IMF) 관리체제와 세계적인 경제위기를 거치면서 양극화현상은 공동체가 해체될지도 모른다는 위기의식에 직면한다. 순환출자규제 같은 경제력 집중 방지를 위한 일련의 법적 규제는 한계가 있기 마련이다. 바로 여기에 가진 자의 덕(virtue)이 요구된다. 그것은 가진 자의 자비가 아니라 윤리성에 터를 잡아야 한다.

한 중소기업인은 외국에서 한국 대기업의 광고를 보면 속이 뒤집힌다고 한다. 대기업들의 횡포에 얼마나 당하였기에 울화통이 터질 정도일까. 외국 대기업과 거래하면 적어도 인간적인 대접은 받는다는 것이 그의 고백이다. 시간이 흐를수록 대기업 노동자들은 날로 그 위력을 더해 가고 있지만 중소기업에라도 취업해야 하는 하층 노동자들은 노조운동은 고사하고 직장이 있다는 사실만으로도 감사해한다. 더구나 노동자도 부자 노동자와 가난한 노동자로 양극화되어 가고 있는 실정이다. 고도산업사회에 진입한 국가에서 노동귀족이 등장한 것과도 맥락을 같이한다.

재벌의 탐욕은 시장을 교란하고 국민경제의 선순환을 왜곡시킨다. 하지만 재벌을 지배하는 이들은 소유지분을 뛰어넘어 초법적인 힘을 휘두른다. 그 과정에서 골목상권까지 쓸어 담는 약육강식의 승자독식과 양극화현상이 심화되기 마련이다.

영리 추구가 목적인 기업이 사회적 책임론에 떠밀려 이윤 추구를 소홀히 하라는 말이냐, 공권력이 시키는 대로 하다가 기업이 어려움에 부닥쳤을 때 누가 책임질 것이냐는 식의 극단적인 반론도 제기된다. 하지만 국내 재벌은 국가적 지원과 국민적 희생으로 현재의 위치에 오른 면도 없지 않다. 오너들도 세계적인 부자 대열에 합류하였다. 따라서 이젠 그에 걸맞은 인식의 전환과 책임의식을 가져야 할 때가 왔다. 재벌급 대기업의 오너들이 소유한 주식은 많아야 10% 이내다. 그런데 그들이 회사에 행사하는 권한은 여전히 막강하다.

특히 웬만한 대기업은 외국인의 주식 소유 비율이 과반수를 넘어섰다. 이제 경영의 투명성과 윤리성을 제고하지 않고는 세계적 기업으로 성장하기 어렵다. 하지만 대기업 오너들은 아직도 기업의 소유와 경영의 분리에 인색하다. 어느 몰락한 재벌총수의 표현대로 평생을 몸 바친 전문경영인(CEO)들을 '머슴'으로 인식하는 한 유능한 경영인이 배출되기 어렵고, 그것은 결국 기업 경영에도 악영향을 미친다.

북한 김일성 가족의 국가권력 세습은 물론이고 종교계의 세습도 사회적 비난의 표적이다. 하지만 기업의 세습만은 용납된다. 다만 세계적 기업의 수준에 걸맞게 경영이 이루어지지 않는 한 대기업의 세습이 자칫 국민경제적인 재앙으로 이어질 수도 있다. 오너의 황제 경영에 따른 실패는 누가 책임질 것인가. 재벌기업의 투명 경영이 필요한 이유가 여기에 있다.

몽테스키외가 『법의 정신』에서 갈파한 대로 "권력을 가진 자는 항상 그 권력을 남용하려 한다." 정치권력의 남용을 차단하기 위해 권력분립이 작동한다. 지방자치와 더불어 수직적 권력분립도 현실화된다. 하지만 기업 오너의 권력은 강화일로에 있다. 부(富)도 세습된다. 한국 재벌의 문어발식 경영은 세계 경영의 연구 대상이 된 지 오래다.

정치권력의 세습은 상상할 수 없지만 부와 기업의 세습은 당연시된다. 자본주의가 고도화될수록 정치권력은 헌법이라는 틀에 매인다. 이런 정치권력은 자신들만의 성채를 쌓아 가는 경제권력에 휘둘리기 십상이다.

기업을 사유화하는 상황에서 국민경제의 건전한 발전을 담보할 수 없다. 세계에서 유례를 찾아볼 수 없는 한국 재벌의 순기능과 역기능의 조화만이 그 존재이유를 정당화한다. 투명한 경영, 기업과 기업인의 윤리와 책임의식의 제고만이 글로벌사회에 순응하는 길이다. 그것은 정치의 계절에 펼쳐지는 정치적 수사(修辭) 이전에 해결되어야 할 선결과제다. 재벌은 재벌답게 대기업 업종에만 한정되어야 한다. 수많은 납품업체와 동반자여야 한다. 재벌이 중소기업이나 소매상과 돈놀이에까지 눈독을 들이는 한 상생은 불가능하다(〈칼럼〉 '경제 민주화'라는 경고음, 《동아일보》 2012. 8. 3.; 상생의 길 … 대기업의 사회적 책임, 《매일경제》 2010. 8. 3.).

### (4) 사회보장수급권

헌법의 인간다운 생활을 할 권리(제34조 제1항)는 사회권(생존권)의 기본적이고 원칙적인 규정이다. 이 권리는 헌법 제34조 제2항에서 제6항까지의 규정에서 구체화된다. 사회보장수급권(社會保障需給權)은 인간다운 생활을 할 권리의 내용으로서 설명되기도 한다. 하지만 사회보장수급권을 독자적인 기본권으로 논의하는 경향도 있다. 생각건대 오늘날 복지국가·급부국가·사회국가 원리의 강화에 따라 사회보장수급권의 중요성이 증가되고, 독자적인 법영역으로서 「사회보장기본법」이 정립되므로, 사회보장수급권을 독자적인 개별적 기본권으로 인정하여 논의하는 것이 타당하다.

사회보장수급권은 국가에 대하여 적극적으로 사회보장적인 급부를 요구할 수 있는 권리이다. "이러한 사회보장수급권은 헌법 제34조 제1항에 의한 인간다운 생활을 보장하기 위한 사회적 기본권의 핵심적인 것"이다(헌재 2003. 9. 25. 2000헌바94 등). 그것은 사회적 위험으로부터 인간의 생존을 위하여 요구되는 권리이며, 본질적으로 사회권(생존권)의 법적 성격과 같다. 따라서 비록 사회보장수급권이 경제적 약자의 경제적 자유를 향한 경제적 기본권의 성격도 가지고 있기는 하지만 그 본질은 사회권(생존권)에 기초한다.

### (5) 교육받을 권리

헌법상 '교육을 받을 권리'로 규정하지만 '교육기본권' 내지 '교육권'으로 이해하는 것이 바람직하다. 그리하여 좁은 의미의 수학권(修學權)에서 넓은 의미의 교육기회제공청구권까지 포괄하는 교육의 자유와 권리의 정립이 가능하다. 헌법 제31조 제1항은 "모든 국민은 능력에 따라 균등하게 교육을 받을 권리를 가진다"라고 규정하여 수학권을 보장한다. 헌법 제31조 제2항 내지 제6항의 교육을 받게 할 의무, 의무교육의 무상, 교육의 자주성·전문성·정치적 중립성 및 대학의 자율성, 평생교육진흥, 교육제도와 그 운영·교육재정 및 교원지위법률주의 등은 수학권의 효율적인 보장을 위한 규정이다 (『헌법학입문』 제7판에서 인용).

교육을 받을 권리를 좁게 이해하여 수학권으로 이해할 경우에는 사회권(생존권)으로 한정된다. 그러나 교육을 받는 것을 국가로부터 방해당하지 않을 권리인 교육의 자유까지를 포괄하는 개념으로 넓힐 경우 자유권적 성격도 동시에 가지게 되며, 그것은 곧 교육의 자유의 헌법상 근거규정이 된다.

교육을 받을 권리의 주체는 자연인으로서의 국민이다. 수학권의 주체는 개개 국민이고, 교육기회제공청구권의 주체는 학령아동의 부모이다. 그러나 교육 실시의 주체는 국민과 그 대표자인 국가가 공유한다. 이에 따라 일정한 범위 내에서 국가의 일정한 교육내용의 결정권, 양친의 교육의 자유, 사학교육의 자유, 교사의 교육의 자유를 인정하여야 한다. 헌법 제31조 제1항의 "모든 국민은 능력에 따라 균등하게 교육을 받을 권리를 가진다"라는 규정은 교육에 관한 원칙적 규정이다. 제2항의 "모든 국민은 그 보호하는 자녀에게 적어도 초등교육과 법률이 정하는 교육을 받게 할 의무를 진다"라는 규정은 교육의 의무에 관한 규정이다. 이와 같이 헌법에서는 부모의 교육에 관한 권리는 언급하지 않고, 간접적으로 의무조항에서 "모든 국민은 그 보호하는 자녀"라는 표현을 통해서 부모의 교육의 의무를 규정할 뿐이다. 하지만 헌법 제31조에서 규정하는 교육을 받을 권리의 기본권주체로서 부모를 인정하여야 한다. 교사의 수업의 자유는 헌법 제31조 제1항 및 제4항에서 보장하는 교육의 자유의 한 내용으로 포섭될 수는 있다. 그러나 교사는 수업과 교육을 자유롭게 할 수 있지만 그 내용에서 있어서는 교수의 강학(講學)의 자유와는 본질적으로 다른 차원에서 많은 제한이 불가피하다. 따라서 아직도 성장 과정에 있는 어린 학생에게 특정한 사상주입을 강제하는 교육은 배척되어야 한다.

교과서 집필자에게 역사관을 바꾸라고 강요할 수는 없다. 그러나 교과서는 헌법이 보장하는 학문의 자유에 기초한 대학교수의 학술 연구서가 아니라 성장 과정에 있는 학생을 위한 교육용 교재에 불과하다. 헌법재판소도 대학교수의 강학의 자유는 학문의 자유로 보호받지만 초·중등 교사의 수업의 자유는 교육의 자유로서 보장받을 뿐이기 때문에 더 많은 제한이 불가피하다고 판시한다. 특정 이념에 천착한 일방적인 교육은 청소년의 역사인식을 왜곡하기 마련이다. 지나온 역사의 발자취는 객관적으로 공정하게 기술해야 한다. 부정을 긍정으로 미화하여서도 아니 되겠지만 긍정을 부정으로 매도하는 자학적 행태도 아니 된다. 역사적 사실(史實)을 균형감각 있게 전달하는 일이 교과서 집필자의 사명이다. 사실에 대한 최종적인 판단은 독자의 몫이다.

역사교과서를 둘러싼 보수와 진보의 갈등은 어린 학생을 상대로 한 그들만의 파이 키우기에 불과하다. 상대방을 내치는 편협한 역사관을 가지고는 어느 쪽도 진정한 승자가 될 수 없다. 건국과 산업화, 인권과 민주주의는 대한민국 70년이 쌓아 올린 위대한 금자탑이다. 지금은 그 금자탑을 보듬어 안고 미래를 설계할 때다(〈칼럼〉 역사교과서, 좌우 편향 모두 안 된다, 《동아일보》 2008. 12. 16.).

능력에 따른 교육이란 정신적·육체적 능력에 상응하는 교육을 의미한다. 따라서 불합리한 차별이 아닌 능력에 따른 차별은 정당하다. 하지만 능력이 떨어지는 자에 대하여 국가는 오히려 이에 대한 적극적 배려를 하여야 한다. 균등(均等)한 교육을 위해서는 첫째, 취학의 기회균등이 보장되어야 한다. 성별·종교·인종·사회적 신분에 따른 차별은 인정되지 아니한다. 둘째, 국가와 지방자치단체는 교육의 기회균등을 보장하기 위한 시책을 수립·실시하여야 한다. 교육이란 가정교육, 사회교육(평생교육 등), 공민교육 등을 포괄하는 넓은 의미의 교육을 말하나 학교교육이 중심이 된다. 수학권(학습권)은 수업권(교육권)에 대응하는 개념으로서 어린이를 비롯한 모든 국민이 나면서부터 교육을 받아 학습하고 인간적으로 발달·성장하여 갈 권리를 말한다(『헌법학』 제17판에서 발췌).

교육의 기회균등과 사회안전망이 요망된다. 2012년에 상영된 〈7번방의 선물〉이 한국영화사상 몇 안 되는 1000만 관객 동원에 성공하였다. 착하디착한 장애인 아빠는 어이없게도 경찰청장의 딸을 살해한 혐의로 사형선고를 받는다. 고아원에서 어렵게 자란 딸이 사법시험에 합격하여 법조인으로서 아빠의 무죄를 입증한다. 현대판 코믹 멜로물은 가냘픈 주인공 예승이를 통해서 눈시울을 자아낸다. 1958년에 상영된 〈검사와 여선생〉은 '7번방'의 고전이 아닐 수 없다. 고학생인 제자를 지극정성으로 보살핀 여선생이 남편을 살해한 혐의로 기소되었는데 바로 그 사건 담당검사가 그 제자였기에 선생님은 혐의를 벗어날 수 있었다. 동시대에 만인의 심금을 울린 멜로물이다.

두 영화가 주는 공통적인 메시지는 어렵고 불우한 환경에서도 역경을 딛고 선 인간 승리에 대한 화답이다. 시대를 뛰어넘어 동서양을 막론하고 인간 승리에 대해서는 박수와 환호가 쏟아진다. 사형수의 딸과 고학생의 성공 스토리와 더불어 보은과 정의의 승리에 어찌 환호하지 않을 수 있겠는가.

세계에서 가장 큰 인구 규모의 선거 축제를 구현하고 있는 인도 총선에서 '거지가 왕자'를 밀어내 초미의 관심이다. '성냥팔이 소녀'처럼 기차간에서 차를 팔던 하층민 출신의 모디가 전통적인 귀족 가문의 간디 후보를 물리치고 집권에 성공하였다.

하지만 이들의 성공을 바라보면서도 못내 씁쓸한 감을 지울 수 없다. 왜냐하면 이제 우리 사회에서 그들이 성공할 수 있는 여건이 날로 희박해지기 때문이다. 건전한 사회는 '사회적 유동성'(social mobility, mobilité sociale) 즉 계층 사이에 이동이 활발해야 한다. '개천에서 용'이 나려면 역경을 딛고 일어설 수 있는 사회적 안전망이 확충되어야 한다. 자본주의의 원조인 유럽과 미국 사회의 건전성은 이를 잘 뒷받침해 준다. 아프리카 흑인 유학생의 아들인 미국의 오바마 대통령, 동독 출신이면서 통일독일의 최장수 여성 총리인 메르켈, 헝가리 이민의 아들인 프랑스의 전 대통령 사르코지가 그들이다. 이분들이 성공할 수 있었던 것은 양질의 교육을 받을 수 있었기 때문이다.

우리 사회를 뒤돌아보자. 과연 다문화가정의 아들을, 북한주민의 딸을 대통령으로 받아들일 준비가 되어 있는지 반문하지 않을 수 없다. 하물며 같은 대한민국 국민 사이에도 계층 사이의 골은 더욱 깊어만 간다. 심지어 초·중등학교에서부터 대학에 이르기까지 같은 반 학우들도 함께할 수 없는 지경에 이른다. 100만 원짜리 캐나다 구스를 입는 학생과 단칸방에 사는 학생 사이에는 이미 친구로서의 의미가 상실되어 간다. 그래서는 아니 된다. 있는 집 아이는 있는 대로 잘 성장해야 한다. 국내에서 견디지 못하고 외국으로 도피성 유학을 떠나게 해서는 아니 된다. 가난한 고학생도 계층을 뛰어넘는 인재로 성장할 수 있어야 한다.

교육의 중요성은 아무리 강조하여도 지나침이 없다. 일찍이 프랑스혁명기의 천재적인 저작자 장 자크 루소가 설파하였듯이 교육만이 미래를 열어갈 수 있다. 조손가정·결손가정·다문화가정이나 농어촌·도서벽지 학생들에게도 도회지 아이들 못지않은 교육의 기회가 보장되어야 한다. 양질의 교육을 받을 기회를 제대로 가지지 못한 학생들에게도 '흙 속의 보석처럼' 빛날 수 있는 기회가 부여되어야 한다. 서울대학교를 비롯한 국립대학의 존재이유는 자라나는 2세들의 잠재적 능력을 배양해 주는 데 있다.

이제 우리 사회의 소외된 이웃들에게 지식 나눔의 공동체를 형성해 나가야 한다. 그래도 희망적인 것은 기업들이 복지재단을 설립해서 이들을 보듬어 주고 대학생들도 지식 공유의 장으로 뛰어든다는 점이다. 야학으로 시작된 대학생들의 지식 나눔은 이제 중고생들의 멘토로서 그들의 앞날을 밝혀준다. 21세기 인권의 최고 화두는 동등한 교육을 받을 권리의 보장과 사회안전망의 확충을 통한 사회연대(solidarité)의 제도적 보장이다(〈칼럼〉 '7번방의 선물'은 계속돼야, 《매일경제》 2014. 4. 2.).


(6) 서울대 법인화의 명암

1968년 봄, 새 세상을 꿈꾸는 진보적 지식인과 열혈 학생들의 시위로 전 세계 대학사회가 혼란에 빠졌다. 프랑스의 낭테르(Nanterre)대학에서 촉발된 시위대의 위세는 제2차 세계대전의 영웅인 샤를 드골 대통령조차 혼비백산

시킬 정도였다. 일본에서는 시위 후유증으로 도쿄대학이 전원 유급 사태로 신입생을 뽑지 못하는 최악의 사태를 초래하였다. 학생들의 요구에 정부가 항복해 유서 깊은 파리(소르본)대학은 13개 대학으로 쪼개지면서 평등교육의 산실로 바뀌었다. 그나마 프랑스는 정치·경제에서 이공계에 이르기까지 특수대학인 '그랑제콜'(Grandes Écoles)이 광범하게 포진하여 엘리트교육의 명맥을 이어간다.

국립대는 국가기관으로서 그 소속원은 공무원 신분을 가지기 때문에 대학의 자치 이전에 턱없는 공적 규제에 휘둘린다. 국립대 법인화는 국가기관이라는 이유로 가해지는 각종 규제로부터 벗어나게 하는 대신 국가기관성을 포기하도록 한다. 노무현 정부는 전국 모든 국립대를 법인으로 전환하는 국립대 법인화법(안)을 제시한 바 있다. 그러나 지방 국립대의 강력한 반발에 부딪혀 이를 포기하였다. 반면 이명박 정부는 법인화에 비교적 호의적인 서울대법을 통과시켰다.

「국립대학법인 서울대학교 설립·운영에 관한 법률」(약칭: 서울대법)에 따라 2012년 1월 2일부터 국립 서울대는 '국립대학법인 서울대학교'로 전환되었다. 교직원은 공무원 신분에서 법인 소속으로, 연금은 공무원연금에서 사학연금으로 바뀐다. 종래 서울대가 소유·관리하던 재산은 원칙적으로 서울대법인으로 귀속되어야 한다.

하지만 서울대 정문에는 광양 주민이 올라와서 서울대 관리재산을 지역으로 환원해야 한다는 시위를 계속한다. 법인화에 따른 많은 희생에도 불구하고 획기적인 재정지원은 보이지 않는다. 대학이 기업 경영을 통하여 수입을 창출하는 것은 결코 쉽지 않다. 정부의 재정지원이 줄어들면 결국 학생들의 등록금에 의탁할 수밖에 없다. 법인화 이후에 굳이 사립대학보다 등록금이 싸고 교직원 월급이 적어야 할 이유를 찾기 어렵다.

재정안정은 대학 발전의 핵심이다. 법인화 이후에도 국가는 재정지원의 책무를 다해야 한다. 서울대법에 이에 관한 명시적 규정이 없기 때문에 등록금 인상 우려를 심화시킨다. 재정에서 국고지원이 일본 도쿄대는 50%인 데 반해서 서울대는 26%에 불과하다. 보다 근본적으로는 OECD(경제협력개발기구) 국가의 절반에 불과한 국가의 대학재정지원을 확대해야 한다. 그렇지 않아도 열악한 재정인데 서울대법에서는 법인화가 된다는 이유로 서울대가 관리하는 국·공유재산에 대한 무상양여도 지지부진이다. 게다가 국민세금으로 운영되는 국립대학에 엄청난 세금을 부과하고 있으니 기가 찰 노릇이다.

국립대학의 존재이유는 공교육의 책무를 다하는 데 있다. 소수학문·보호학문·첨단학문은 국가가 책임져야 한다. 다른 한편 우리도 이제 세계적인 대학이 필요하다. 이 시점에서 서울대만 한 세계적 대학을 새로 육성하기란 불가능하다. 그런데 서울대를 법인으로 내팽개치는 것이 아닌지 하는 의구심이 오늘의 혼돈 사태를 촉발한다.

법인화의 목표는 국가적 간섭과 규제는 최소화하는 대신 적극적인 배려를 통해서 학문공동체인 대학의 자치와 대학정신을 회복하는 데 있다. 차제에 서울대인들도 대한민국 최고 엘리트집단답게 국가와 사회에 대한 무한책임을 다할 각오를 다져야 한다. 동시대의 난무하는 일회성 유희에 일희일비하거나 좌고우면하지 말고 지성인으로서의 혜안과 금도(襟度)를 지켜 나가야 한다. 지혜로운 인재들이 선한 인재로 거듭 태어나야 한다. 배타적 이기주의자가 아니라 공동선(共同善)을 구현함으로써 인류사회의 보편적 가치에 충실한 세계적 지성인을 배출하는 요람이어야 한다. 서울대에 거는 국민적 기대에 부응하기 위해서는 헌신과 봉사에 기초한 서울대의 적극적이고 긍정적인 변신이 필요하다(〈칼럼〉 혼돈으로 치닫는 서울대 법인화, 《매일경제》 2011. 10. 25.).

(7) 근로기본권

근로기본권(勤勞基本權)의 정립은 현대산업사회의 핵심적인 과제로 부각된다. 「노동조합 및 노동관계조정법」(약칭: 노동조합법)의 재정립논의는 헌법의 사회복지국가의 원리 및 사회적 시장경제질서의 원리에 기초한 인간다운 생활을 할 권리·근로의 권리·근로3권의 원리에 부합하는 실천적 법률을 어떻게 정립할 것이냐에 그 출발점을 두어야 한다.

근로와 관련된 헌법상 직간접적 규정은 다음과 같다. 근로와 관련된 헌법의 직접적인 규정은 제32조의 근로의 권리와 제33조의 근로3권 및 제32조 제2항의 근로의 의무조항이다. 기본권 중 사회권에 관련된 일련의 헌법규정은 근로기본권과 밀접한 관련성을 가진다. 헌법 제34조 제1항의 "인간다운 생활을 할 권리"를 비롯하여 제34조 제2항 이하에서 규정하는 사회보장·사회복지조항, 즉 국가의 사회보장·사회복지증진의무(제2항), 국가의 여자의 복지와 권익향상 노력(제3항), 국가의 노인과 청소년의 복지향상정책 실시의무(제4항), 국가의 신체장애자 및 질병·노령 기타 생활능력이 없는 국민의 보호(제5항), 국가의 재해예방 및 위험으로부터 국민보호 노력(제6항)은 바로 사회적 약자인 근로자보호를 위한 헌법적 의지의 표현으로 이해할 수 있다.

간접적 규정으로, 한국헌법의 기본원리 내지 기본질서로서의 사회복지국가원리 및 사회적 시장경제질서(제119조 이하)에 관련된 일련의 규정은 근로기본권과 간접적인 관련성을 가진다. 이 중 특히 개별적 기본권과 관련된 것으로는 헌법에서 기본권의 원리적 규정이라 할 수 있는 인간의 존엄과 가치·행복추구권(제10조) 및 근본규범이라 할 수 있는 평등권(제11조)을 들 수 있다. 나아가서 거주·이전의 자유(제14조), 직업의 자유(제15조), 집회·결사의 자유(제21조), 재산권보장(제23조) 등은 근로기본권보장의 전제를 이루는 기본권이다. 그렇지만 이들 규정을 헌법상 근로기본권과 직접 연계시킬 필요는 없다. 따라서 근로기본권은 바로 근로의 권리와 근로3권을 결합한 형태로 논의될 수 있다.

근로의 권리란 인간이 생활에 필요한 기본적 수요를 충족시키기 위해 육체적·정신적 활동을 할 수 있는 권리로서, 근로능력을 가진 자가 일을 하려고 하여도 일할 기회를 가질 수 없을 경우에 일할 기회가 제공되도록 국가의 적극적인 개입과 뒷받침이 요구되는 권리이다.

근로의 권리는 개인의 일할 권리를 국가로부터 침해받지 아니할 자유권적 성격과 경제적 약자인 근로자의 인간다운 생활을 영위하기 위한 생존권적 성격을 동시에 갖지만, 기본적으로는 생존권적 성격이 강하다. 근로의 권리의 주체는 자연인 중에서 원칙적으로 대한민국 국민에 한한다. 헌법 제32조 제1항이 규정하는 근로의 권리는 근로자를 개인의 차원에서 보호하기 위한 것이므로 개인인 근로자가 그 주체가 되는 것이며 노동조합은 원칙적으로 근로의 권리의 주체가 될 수 없다. 근로의 권리는 원칙적으로 대국가적 효력을 가지는 기본권인 동시에 대사인적 효력을 가지는 기본권이다. 특히 헌법은 "국가는 사회적·경제적 방법으로 근로자의 고용의 증진과 적정임금의 보장에 노력하여야 하며, 법률이 정하는 바에 의하여 최저임금제를 시행하여야 한다"(제32조 제1항 후문)라는 명문규정을 둔다(『헌법학입문』 제7판에서 인용).

사유재산제·계약의 자유·과실책임의 원칙을 기조로 한 근대시민법질서는 산업혁명에 따른 새로운 노동자계급의 등장으로 근대입헌주의 헌법의 이념적 지표인 자유·평등·박애의 원리에 대한 근본적 변화가 불가피하게 되었다.

"① 근로자는 근로조건의 향상을 위하여 자주적인 단결권·단체교섭권 및

단체행동권을 가진다. ② 공무원인 근로자는 법률이 정하는 자에 한하여 단
결권·단체교섭권 및 단체행동권을 가진다. ③ 법률이 정하는 주요방위산업
체에 종사하는 근로자의 단체행동권은 법률이 정하는 바에 의하여 이를 제
한하거나 인정하지 아니할 수 있다"(제33조). 헌법 제32조 및 제33조에 각각
규정된 근로기본권은 근로자의 근로조건을 개선함으로써 그들의 경제적·
사회적 지위를 향상하기 위한 것으로서 자유권적 기본권으로서의 성격보다
는 사회권으로서의 측면이 보다 강하다.

근로3권의 향유자는 근로자이다. "'근로자'라 함은 직업의 종류를 불문하
고 임금·급료 기타 이에 준하는 수입에 의하여 생활하는 자를 말한다"(노동
조합법 제2조 제1호). 근로3권은 원칙적으로 대국가적 효력을 가지는 기본권인
동시에 대사인적 효력을 가지는 기본권이다. 근로자의 근로3권을 침해하는
사용자의 행위로부터 근로자를 보호하기 위하여 노동조합법 제6장에서는
부당노동행위를 규정한다.

### (8) 환경권

1960년대 이후 공업화·산업화의 부작용으로 환경 문제의 중요성이 부각
되기 시작한 이래, 1980년 헌법에서는 헌법상 기본권으로서 환경권(環境權)
을 명시하기에 이르렀다. 현행헌법 제35조에서도 환경권을 규정한다: "①
모든 국민은 건강하고 쾌적한 환경에서 생활할 권리를 가지며, 국가와 국민
은 환경보전을 위하여 노력하여야 한다. ② 환경권의 내용과 행사에 관하여
는 법률로 정한다. ③ 국가는 주택개발정책 등을 통하여 모든 국민이 쾌적
한 주거생활을 할 수 있도록 노력하여야 한다." 환경권의 의미는 환경 문제
의 중요성이 부각된 초기에는 대자연의 심각한 환경오염으로부터 국민을
보호하기 위한 것이었으나(협의: 자연환경), 점차 "건강하고 쾌적한 환경에서

생활할 권리"(광의: 사회적 환경)로 확대되었다.

환경권은 개인이 누려야 할 건강하고 쾌적한 환경에 대한 침해배제를 청구할 수 있는 자유권적 측면과 건강하고 쾌적한 환경에서 생활할 수 있도록 배려하는 보호·보장청구권의 측면을 동시에 가진다. 이에 환경권의 법적 성격을 총합적 기본권으로도 설명한다. 사실 모든 기본권이 총합적 측면을 동시에 가지기 때문에 환경권만 총합적 기본권이라고 할 수 있을지는 의문이나, 환경권의 특성상 총합적 기본권성이 특히 강조되는 것으로 이해할 수 있다. 사회권(생존권)으로서의 환경권은 추상적 권리로서의 한계를 가진다. 이에 "환경권의 내용과 행사에 관하여는 법률로 정"하며, "국가와 국민은 환경보전을 위하여 노력하여야 한다."

(9) 혼인과 가족, 보건에 대한 권리

"혼인과 가족생활은 개인의 존엄과 양성의 평등을 기초로 성립되고 유지되어야 하며, 국가는 이를 보장한다. 국가는 모성의 보호를 위하여 노력하여야 한다"(제36조). 이 헌법규정은 혼인제도와 가족제도는 인간의 존엄성 존중과 민주주의원리에 따라 규정되어야 함을 천명한 것이다. 이를 구현하기 위하여 「건강가정기본법」, 「가정폭력방지 및 피해자보호 등에 관한 법률」 등이 제정되었다. "따라서 혼인(婚姻)에 있어서도 개인의 존엄과 양성의 본질적 평등의 바탕 위에서 모든 국민은 스스로 혼인을 할 것인가 하지 않을 것인가를 결정할 수 있고, 혼인을 함에 있어서도 그 시기는 물론 상대방을 자유로이 선택할 수 있는 것이며, 이러한 결정에 따라 혼인과 가족생활을 유지할 수 있고, 국가는 이를 보장하여야 한다"(헌재 1997. 7. 16. 95헌가6 등).

우리 헌법은 제정 당시부터 혼인의 남녀동권을 헌법적 혼인질서의 기초로 선언함으로써 우리 사회 전래의 가부장적인 봉건적 혼인질서를 더 이상

용인하지 않겠다는 헌법적 결단을 표현하였다. 현행헌법에서는 양성평등과 개인의 존엄을 혼인과 가족제도에 관한 최고의 가치규범으로 확고히 한다. 한편, 헌법 전문과 헌법 제9조에서 말하는 '전통', '전통문화'란 역사성과 시대성을 띤 개념으로서 헌법의 가치질서, 인류의 보편가치, 정의와 인도정신 등을 고려하여 오늘날의 의미로 포착하여야 한다. 가족제도에 관한 전통·전통문화란 적어도 그것이 가족제도에 관한 헌법이념인 개인의 존엄과 양성의 평등에 반하는 것이어서는 아니 된다는 한계가 도출된다. 전래의 어떤 가족제도가 헌법 제36조 제1항이 요구하는 개인의 존엄과 양성평등에 반한다면 헌법 제9조를 근거로 그 헌법적 정당성을 주장할 수는 없다(헌재 2005. 2. 3. 2001헌가9 등).

헌법 제36조 제3항은 "모든 국민은 보건에 관하여 국가의 보호를 받는다"라고 하여 국가가 적극적으로 국민보건에 필요한 배려를 하여야 함을 규정한다. 그런데 다른 기본권의 규정형식과 달리 "국가의 보호를 받는다"라고 함으로써 보건에 관한 권리 내지 보건권(保健權)을 인정할 수 있을지가 문제시된다. 그러나 규정형식에 얽매일 필요 없이 보건권을 인정하는 데 큰 무리는 없어 보인다.

헌법 제36조 제3항이 규정하고 있는 국민의 보건에 관한 권리는 국민이 자신의 건강을 유지하는 데 필요한 국가적 급부와 배려를 요구할 수 있는 권리를 말하는 것으로서, 국가는 국민의 건강을 소극적으로 침해하여서는 아니 될 의무를 부담하는 것에서 한 걸음 더 나아가 적극적으로 국민의 보건을 위한 정책을 수립하고 시행하여야 할 의무를 부담한다는 것을 의미한다(헌재 1995. 4. 20. 91헌바11). 보건에 관한 권리는 소극적으로는 강제적 불임시술·의학실험과 같은 국가의 건강침해로부터의 방어권이면서, 적극적으로는 전염병에 대한 예방·관리, 식품유통 과정에 대한 관리·감독, 건강보험제도와 같은 의료정책의 실시 등을 적극적으로 시행할 것을 청구할 수 있는 권리이다. 이에 따라 의무적 가입을 규정하는 건강보험제도는 합헌적이다(『헌법학』 제17판에서 발췌).

### 6) 청구권적 기본권

#### (1) 기본권보장을 위한 기본권

청구권적 기본권은 기본권보장을 위한 기본권, 권리구제를 위한 기본권, 수익권 등 다양하게 표현되는 국민의 권리구제를 위한 기본권이다. 즉 청구권적 기본권은 국민이 국가에 대하여 적극적으로 특정의 행위를 요구하거나 국가의 보호를 요청하는 주관적 공권이다.

청구권적 기본권은 반사적 이익이 아니라 기본권을 실현하기 위한 공권이다. 자유권이 국가로부터의 자유를 의미하는 소극적 권리임에 반하여, 청구권적 기본권은 국가에 대하여 청구하는 적극적 성격을 가진다. 자유권이 인간으로서 가지는 전 국가적 자연권임에 반하여, 청구권적 기본권은 국가 내적인 실정법상 국민(시민)의 권리이다. 사회권이 구체적 법률을 통하여 현실적으로 구현될 수 있는 권리임에 반하여, 청구권적 기본권은 헌법의 규정에서 직접적 효력을 가지는 권리이다. 청구권적 기본권은 실체적 기본권을 실현하기 위한 절차적 기본권이다.

헌법상 청구권적 기본권에는 청원권, 재판청구권, 형사보상청구권, 국가배상청구권, 범죄피해자구조청구권이 있다. 청원권은 사전적 권리구제제도이지만, 나머지 것은 사후적 권리구제제도이다. 권리구제적인 청구권적 기본권의 본질에 비추어, 청구권적 기본권에 관한 논의는 기본권침해와 구제(기본권의 보호)에 관한 내용과 중첩적이고 상호 연계적이다. 그러나 실제로 청구권적 기본권 중 국가배상청구권, 국가보상청구권은 행정상 손해전보제도로서 행정법에서, 재판청구권은 헌법소송법 및 민사·형사소송법에서 구체화된다.

헌법의 재판청구권에 관한 기본 조항은 제27조 제1항이다. 헌법 제5장 법원(제101-110조) 및 제6장 헌법재판소(제111-113조)에 관한 규정이 재판청구권의 보장을 위한 전제규정이라면, 제27조 제2항 내지 제5항, 신체의 자유보장을 위한 제12조 및 제13조는 재판청구권을 보장하기 위한 구체적 규정이다. 헌법 제27조 "① 모든 국민은 헌법과 법률이 정한 법관에 의하여 법률에 의한 재판을 받을 권리를 가진다. ② 군인 또는 군무원이 아닌 국민은 대한민국의 영역 안에서는 중대한 군사상 기밀·초병·초소·유독음식물 공급·포로·군용물에 관한 죄 중 법률이 정한 경우와 비상계엄이 선포된 경우를 제외하고는 군사법원의 재판을 받지 아니한다. ③ 모든 국민은 신속한 재판을 받을 권리를 가진다. 형사피고인은 상당한 이유가 없는 한 지체 없이 공개재판을 받을 권리를 가진다. ④ 형사피고인은 유죄의 판결이 확정될 때까지는 무죄로 추정된다. ⑤ 형사피해자는 법률이 정하는 바에 의하여 당해 사건의 재판절차에서 진술할 수 있다."

재판청구권은 국가에 대하여 독립된 법원에 의하여 헌법과 법률이 정한 법관에 의해 재판을 받을 권리이다. 재판청구권은 재판이라는 국가적 행위를 청구할 수 있는 적극적 측면과 헌법과 법률이 정한 법관이 아닌 자에 의한 재판이나 법률에 의하지 아니한 재판을 받지 아니하는 소극적 측면을 아울러 가진다(헌재 1998. 5. 28. 96헌바4). 즉 재판청구권은 재판절차를 규율하는 법률과 재판에서 적용될 실체적 법률이 모두 합헌적이어야 한다는 의미에서의 법률에 의한 재판을 받을 권리뿐만 아니라, 비밀재판을 배제하고 일반국민의 감시하에서 심리와 판결을 받음으로써 공정한 재판을 받을 수 있는 권리를 포함한다(헌재 1996. 12. 26. 94헌바1).

## (2) 배심제와 참심제

배심제(陪審制)는 일반시민으로 구성된 배심원단이 직업법관과 독립하여 사실문제(事實問題)에 대한 평결을 내리고, 법관이 그 사실판단에 대한 평결 결과에 구속되어 재판하는 제도를 말한다. 배심제는 11세기경 영국에서 시작되었으며, 형사배심의 경우 오늘날 미국·캐나다·호주·러시아 등 50여 국가에서 실시된다. 배심제는 국민의 사법참여를 보장함으로써 사법작용에 있어서도 민주주의원리가 관철되도록 할 뿐 아니라, 법관의 관료화를 억제하고 일반인이 쉽게 납득할 수 있는 재판결과를 기대할 수 있게 한다. 하지만 상당한 시간과 비용의 투입이 불가피하여 비효율적인 측면이 없지 않고, 여론이나 개인적인 선입관, 편견 등의 영향으로 사실인정을 그르칠 염려가 있다.

참심제(參審制)는 일반시민인 참심원이 직업법관과 함께 재판부의 일원으로 참여하여 직업법관과 동등한 권한을 가지고 사실문제 및 법률(法律)문제를 모두 판단하는 제도를 말한다. 참심제는 13세기경 스웨덴에서 시작되었으며, 오늘날 독일·프랑스·이탈리아 등 유럽 여러 나라에서 실시된다. 참심제는 국민에게 사법 과정에 참여할 수 있는 기회를 제공해 주는 동시에 소송에서 전문적 지식을 갖춘 자를 적극 활용할 수 있는 장점이 있으나, 일반시민인 참심원이 직업법관과 대등한 위치에서 소송에 관여한다는 것은 사실상 기대하기 어려워 자칫 참심원의 역할이 형식적인 것에 그칠 가능성도 있다.

우리나라에서도 사법의 민주적 정당성과 신뢰를 높이기 위하여 국민이 형사재판에 참여하는 제도를 시행함에 있어서 참여에 따른 권한과 책임을 명확히 하고, 재판절차의 특례와 그 밖에 필요한 사항에 관하여 규정함을 목적으로 「국민의 형사재판 참여에 관한 법률」이 제정되었다. 국민참여재판이란 배심원이 참여하는 형사재판을 의미하고, 배심원이란 「국민의 형사재판 참여에 관한 법률」에 의하여 형사재판에 참여하도록 선정된 사람을 말한다.

국민참여재판의 대상사건은 형법상의 살인죄를 포함하여 「국민의 형사재판 참여에 관한 법률」 제5조가 상세하게 규정한다. 국민참여재판에는 원칙적으로 법정형이 사형·무기징역 또는 무기금고에 해당하는 대상사건인 경우 9인의 배심원이 참여하고, 그 외의 대상사건에는 7인의 배심원이 참여한다. 다만, 법원은 피고인 또는 변호인이 공판준비절차에서 공소사실의 주요내용을 인정한 때에는 5인의 배심원이 참여하게 할 수 있다. 배심원의 자격은 만 20세 이상의 대한민국 국민 중에서 일정한 결격사유 또는 직업 등에 따른 제외사유가 없는 자이다.

배심원은 국민참여재판을 하는 사건에 관하여 사실의 인정, 법령의 적용 및 형의 양정에 관한 의견을 제시할 권한이 있다. 또한 배심원은 법령을 준수하고 독립하여 성실히 직무를 수행하여야 하고 직무상 알게 된 비밀을 누설하거나 재판의 공정을 해하는 행위를 하여서는 아니 되는 의무를 부담한다.

변론이 종결된 후 심리에 관여한 배심원은 재판장의 일정한 설명을 들은 후 유·무죄에 관하여 평의를 한다. 평의의 결과 전원의 의견이 일치하면 그에 따라 평결을 한다. 유·무죄에 관하여 배심원 전원의 의견이 일치하지 아니하는 때에는 평결을 하기 전 심리에 관여한 판사의 의견을 들어야 한다. 이 경우 유·무죄의 평결은 다수결의 방법으로 한다. 평결이 유죄인 경우 배심원은 심리에 관여한 판사와 함께 양형에 관하여 토의하고 그에 관한 의견을 개진한다. 위와 같은 배심원의 평결과 의견은 법원을 기속하지 아니한다. 재판장은 판결선고 시 피고인에게 배심원의 평결결과를 고지하여야 하며 배심원의 평결결과와 다른 판결을 선고할 때에는 피고인에게 그 이유를 설명하고 판결서에 기재하여야 한다.

배심원이 사실인정과 양형 과정에 모두 참여한다는 점에서 이 제도는 배심제와 구별되고, 배심원의 의견은 권고적 효력만을 가질 뿐이라는 점에서 배심제나 참심제와 구별된다. 또한 평의에서 만장일치의 의견이 있더라도 법관을 구속하지 않는다. 이와 같은 제도의 설정은 위헌논의를 불식시키기 위한 불가피한 선택이다. 한편 검찰도 국민의 참여기회를 보장하기 위해서 검찰시민위원회를 운영한다. 하지만 이는 법률상의 제도가 아니라 검찰 자체적으로 운영하는 제도이다(『헌법학』 제17판에서 발췌).

### 7) 국민의 기본의무

한국헌법에서 국민의 기본의무는 납세의무(제38조), 국방의무(제39조), 교육의무(제31조 제2항), 근로의무(제32조 제2항), 재산권행사의 공공복리적합의무(제23조 제2항), 환경보전의무(제35조)가 있다. 그 외에도 비록 헌법상 명문의 규정은 없지만 헌법과 법률의 준수의무, 국가 수호의무 등은 국민의 당연한 의무이다. 국민의 기본의무의 법적 성격과 관련해서는 인간으로서의 의무인가, 국민으로서의 의무인가에 관한 논의가 있다. 생각건대 국민의 기본의무는 국민의 국가 구성원으로서의 의무라는 점에 비추어 볼 때 인간으로서의 의무가 아니라 국민으로서의 의무라고 보아야 한다(『헌법학』 제17판, 『헌법학입문』 제7판에서 발췌).


## 5. 헌법개정(개헌), 왜 필요한가

### 1) 전통·변화 아우른 새 헌법으로 국민대통합의 계기 마련

미국 건국의 아버지이자 초대 대통령인 조지 워싱턴(George Washington)은 주위의 만류에도 불구하고 4년 중임을 마치고 퇴임하였다. 이로써 대통령 중임제한은 150년 동안 관습헌법으로 정립된다. 프랭클린 루스벨트(Franklin Roosevelt) 대통령이 관습헌법을 무시하고 4선에까지 이르자 미국은 중임제한을 헌법에 명시한다. 영국 런던에서 '자유 프랑스' 망명정부를 이끌던 드골은 파리 해방 후에 자신이 제시한 집행권을 강화한 헌법안이 국민투표에서 부결되자 정계를 은퇴해 버린다. 1958년에 국가가 누란(累卵)의 위기에 처하자 국민의 부름을 받고 제5공화국헌법을 기초한 드골은 집권 10년 만에 신임투표를 동반한 국민투표에서 실패하자 깨끗이 사임하였다. 대한민국 건국의 아버지 이승만과 산업화의 지도자 박정희는 장기집권의 야욕에서 벗어나지 못하고 결국 비극적인 최후를 맞이하였다. 지도자의 관용과 아집의 차이를 극명하게 보여 준다.

1948년 제헌국회는 대한국민의 이름으로 5,000년 역사상 최초로 국민주권주의에 기초한 대한민국의 기본법인 헌법을 제정하였다. 제헌헌법은 곧바로 수난을 겪기 시작한다. 이승만 대통령은 장기집권을 제도화하는 위헌적인 개헌을 자행한다. 4·19혁명으로 탄생한 제2공화국도 소급입법의 헌법적 근거를 마련한다. 5·16쿠데타로부터 비롯된 제3공화국은 3선 개헌을 거쳐 유신헌법으로 이어진다. 1980년 '서울의 봄'을 짓밟은 제5공화국이 6·29민주화선언을 맞으면서 1987년 헌법체제가 탄생한다. 불과 40년 동안에 아홉 번의 헌법개정이 단행되었다. 그중에서 다섯 번은 헌정사적 격동의 와중에서 실질적으로 헌법제정에 해당하는 전면 개정이다. 제6공화국헌법이라 지칭되는 1987년 체제는 한국 민주주의의 새로운 이정표를 세웠다. 산업화와 민주화라는 두 마리 토끼가 동시에 작동된다.

제헌헌법의 수난에도 불구하고 기본 틀을 유지하는 가운데 기본권 분야에서는 많은 진화를 거듭한다. 환경권, 사생활의 비밀과 자유는 시대 변화를 반영한다. 10년을 지속한 적이 없는 헌법의 불안정성이 종식되고, 1987년 이래 30년 동안 헌법의 안정을 구가한다. 그사이에 민주주의의 꽃이라는 평화적 정권교체도 두 번이나 성공적으로 작동한다. 이제 산업화 과정에서 제대로 구현되지 못하였던 국민의 자유와 권리, 민주화 과정에서 제대로 작동되지 못하였던 정치제도의 균형을 새로 설계할 때다. 성숙한 시민의식에 터 잡아 21세기의 화두인 정보화·세계화·지방화 시대에 능동적으로 대응할 수 있는 헌법을 그려 본다.

과거에는 헌법의 제정과 개정이 급작스럽게 이루어졌다. 제대로 된 연구와 토론을 통한 국민적 공론 과정은 생략된 채, 시대상황을 합리화하는 데 급급하였다. 국민적 성원에 힘입은 제2공화국과 제6공화국 헌법도 예외가 아니다. 이제 헌법의 안정 속에 차분하게 70년을 되돌아보면서 대한민국의 '억만 년의 터'가 될 헌법적 좌표를 고민할 때다. 먼저 공론의 장을 형성하기 위해서는 국가적 차원의 헌법조사연구를 지속적으로 진행해야 한다. 헌법의 조사연구와 개정논의는 오해의 소지가 있는 정부보다는 민의의 전당인 국회에서 진행해야 한다. 정부·국회·시민사회·학계가 동참하여 국민적 합의를 도출해야 한다. 새 헌법은 인류사회의 보편적 가치인 인권을 존중하고, 지난 70년간 쌓아 올린 헌정사적 전통을 존중해야 한다. 대통령을 향한 권력의 쏠림현상을 차단하고 대통령, 총리(내각), 국회의 삼각 축이 견제와 균형을 이루는 권력분점을 현실화해야 한다.

이제 산업화와 민주화의 결정체로서 제3세계의 모델이 될 수 있는 헌법을 만들어 내자. 제헌 70주년에 이르러 헌법사랑이 나라사랑임을 재확인하자. 그리하여 그동안 쌓아 올린 한국적 민주주의의 위대한 금자탑을 바탕으로 민주법치국가로 재도약하는 이정표를 세워 나가자〈칼럼〉정치제도 불균형 극복할 개헌 돼야,《서울신문》2009. 9. 22.; 전통·변화 아우른 새 헌법 만들 때,《동아일보》 2008. 7. 15.; 국민대통합의 계기가 될 수 있는 방안으로서의 개헌, 《국회보》 2009. 10.).

## 2) 헌법개정절차(헌법 제10장)

헌법개정제안권자는 국회재적의원 과반수 또는 대통령(국무회의의 필수적 심의사항)이다(제128조 제1항). 제안된 헌법개정안은 대통령이 20일 이상의 기간 동안 공고하여야 한다(제129조). 국회는 헌법개정안이 공고된 날로부터 60일 이내에 의결하여야 하며, 국회의 의결은 재적의원 3분의 2 이상의 찬성을 얻어야 한다(제130조 제1항). 헌법개정안은 "국회가 의결한 후 30일 이내에 국민투표에 붙여 국회의원선거권자 과반수의 투표와 투표자 과반수의 찬성을 얻어야 한다"(제2항). 헌법개정안이 제2항의 찬성을 얻은 때에는 헌법개정은 확정되며, 대통령은 즉시 이를 공포하여야 한다(제3항).

헌법 제10장 헌법개정(제128-130조)에서는 엄격한 경성헌법원리에 따라 헌법개정은 주권자인 국민이 개입한 국민투표를 통해서만 가능하도록 규정

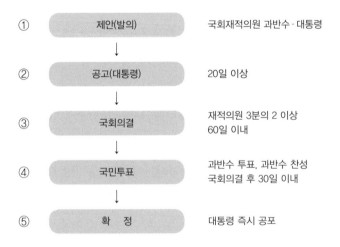

| ① | 제안(발의) | 국회재적의원 과반수 · 대통령 |
| ② | 공고(대통령) | 20일 이상 |
| ③ | 국회의결 | 재적의원 3분의 2 이상<br>60일 이내 |
| ④ | 국민투표 | 과반수 투표, 과반수 찬성<br>국회의결 후 30일 이내 |
| ⑤ | 확 정 | 대통령 즉시 공포 |

한다. 즉 제4공화국헌법에서와 같은 약화된 경성헌법원리인 이원적 헌법개정절차(① 대통령제안 → 국민투표확정, ② 국회의원제안 → 국회의결 → 통일주체국민회의 의결확정)를 포기하고, 일원적 경성헌법원리를 채택하고 있다. 사실 헌법제정도 아닌 헌법개정에 반드시 주권적 의사가 직접적으로 개입되어야 할 필요성이 있는가에 대해서는 의문을 가질 수 있지만, 한국 헌법사의 불안정한 "헌법의 왈츠 시대"(뒤베르제는 프랑스 헌법사에 있어서 헌법의 불안정을 헌법의 왈츠로 논술하고 있다. 이에 저자는 한국 헌법사에 있어서 불안정한 시기를 헌법의 왈츠 시대로 표현하고자 한다)를 극복하기 위한 불가피한 선택으로 보인다.

헌법개정제안(발의)권자는 국민적 정당성을 확보하고 있는 두 축인 국회와 대통령, 즉 국회재적의원 과반수 또는 대통령(국무회의의 필수적 심의사항)이다(제128조 제1항).

제안된 헌법개정안은 대통령이 20일 이상의 기간 동안 공고하여야 한다(제129조). 국가의 기본법인 헌법이 무엇 때문에 개정되고, 어떠한 내용이 개정의 대상인가를 국민 일반이 충분히 숙지하고 공론의 장을 마련하기 위하여 헌법개정안에 대하여 20일 이상의 공고기간을 둔다.

헌법개정이라는 주요한 이슈가 장기화되어 헌정의 불안정을 초래하거나 국론분열로 나아가지 않도록 국회는 헌법개정안이 공고된 날로부터 60일 이내에 의결하여야 하며, 국회의 의결은 재적의원 3분의 2 이상의 찬성을 얻어야 한다(제130조 제1항). 헌법개정안은 일반법률안과 달리 수정통과될 수 없으며, 일부투표는 허용되지 아니하므로 전부로써 가부투표에 회부되어야 한다. 헌법개정안에 대하여는 관례적으로 대체토론을 인정한다. 표결은 기명투표로 한다(「국회법」 제112조 제4항).

헌법개정안은 "국회가 의결한 후 30일 이내에 국민투표에 붙여 국회의원선거권자 과반수의 투표와 투표자 과반수의 찬성을 얻어야 한다"(제2항).

헌법개정안이 제2항의 찬성을 얻은 때에는 헌법개정은 확정되며, 대통령은 즉시 이를 공포하여야 한다(제3항). 국민투표로 확정된 헌법개정안에 대한 대통령의 공포는 형식적인 절차에 불과하다(거부권행사 불가)(『헌법학』제17판, 『헌법학입문』제7판에서 발췌).

### 3) 정보화 시대에 부응하는 기본권 개헌

새로운 헌법은 주권재민의 원리에 따라 나라의 주인인 국민이 자유와 권리를 만끽하면서 인간다운 생활을 할 권리를 보다 적극적으로 규정해야 한다. 헌법상 기본권 규정과 체계는 여전히 1948년 제헌헌법의 틀을 크게 벗어나지 못한다. 정보사회의 진전에 따른 정보기본권을 보다 적극적으로 규정해야 하고 정보소외계층의 권리도 보장해야 한다. 공동체적 가치에 기반을 두면서도 인류의 보편적 가치에 충실한 기본권장전이 필요한 때다. 2004년에 유럽연합이 채택한 기본권헌장은 인류사회의 보편적 가치로 자리 잡은 인권의 규범화를 통해서 21세기 권리장전의 새 모델을 제시한다. 우리도 이제 단일민족·단일언어·단일국가의 틀에서 벗어날 때가 되었다. 다문화가정은 날로 중대한다.

무엇보다 기본권의 체계화와 완결성이 보장되어야 한다. 첫째, 제헌헌법 이래 지속되어 온 기본권 조문의 편제는 차제에 개편할 필요가 있다. 즉 현재의 기본권 편제는 인간의 존엄과 가치 및 행복추구권, 평등권, 자유권, 청구권적 기본권, 사회권으로 되어 있는데 오늘날 사회권의 기본권성과 규범성을 인정하는 데 이론의 여지가 없기 때문에 청구권적 기본권을 맨 뒤로 편제하는 게 바람직하다. 즉 앞에서 실체적 기본권을 규정하고 그 이후에 절차적 기본권 즉 실체적 기본권의 침해에 대한 구제제도인 청구권적 기본권을 설정하는 게 바람직하다. 둘째, 기본권의 전반적인 보강이 필요하다.

예컨대 유럽연합의 2004년 기본권헌장은 20세기에서 21세기에 걸쳐서 논의되어 온 기본권을 망라하는 기본권 백화점을 이룬다. 즉 전문, 7절 54조로 구성된다. 이런 망라적 기본권 규정은 아니라 하더라도 오늘날 헌법규범이 국민의 생활규범으로 자리 잡고, 그 헌법규범에 기초하여 헌법재판소와 법원의 사법심사가 진행되므로, 국민들이 널리 이해하고 소통할 수 있기 위해서는 기본권 규정을 상세하게 설명할 필요가 있다.

더 나아가서 현행헌법상 기본권의 흠결과 하자도 보정되어야 한다. 첫째, 헌법상 대표적인 독소조항이자 실질적 위헌조항이 헌법 제29조 제2항의 이른바 군인·군무원에 대한 이중배상 금지조항이다. 이는 이미 대법원이 위헌법률심사권을 가지고 있던 제3공화국헌법 시절에 대법원이 1971년에 위헌결정[대판(전합) 1971. 6. 22. 70다1010]한 「국가배상법」 제2조 제1항 단서 조항을 1972년 유신헌법에서 헌법규범으로 만든 이후 제5공화국헌법을 거쳐서 현행헌법에까지 그대로 유지된다. 위헌법률심사를 통해서 위헌결정이 내려진 조항이 헌법규범으로 작동하고 있다는 사실 자체가 그동안 얼마나 헌법규범에 대하여 방관적 입장이었는가를 단적으로 드러낸다. 이 규정을 헌법에 편입시킨 이면에는 당시 국민소득 수준에 비하여 군인·군무원 등에 대해 국가가 충분한 배상을 할 수 없었던 현실적 여건이 작동된 것으로 보인다. 하지만 이제 국민소득 3만 달러를 앞두고 있는 시점에서는 오히려 이분들에게 더 많은 배상을 해 주는 것이 국가의 책무이다. 현행헌법에서 헌법재판소는 "우리 헌법은 독일기본법처럼 헌법개정의 한계에 관한 규정을 두지 아니하고, 헌법의 개정을 법률의 형식으로 하도록 규정하지도 아니한 점을 감안할 때, 우리 헌법의 각 개별규정 가운데 무엇이 헌법제정규정이고 무엇이 헌법개정규정인지를 구분하는 것이 가능하지 아니할 뿐 아니라, 각 개별규정에 그 효력상의 차이를 인정하여야 할 형식적인 이유를 찾을 수 없다"(헌재 1995. 12. 28. 95헌바3)라고 하여 헌법규범에 대한 위헌심사가 불가능하다고 판시한다. 생각건대 논리적으로나 실질적으로나 어느 측면에서 보든 간에 위 규정은 개헌 시에 반드시 삭제되어야 한다.

둘째, 새로운 기본권 규정도 도입되어야 한다. 생명의 존엄은 아무리 강조하여도 지나침이 없다. 그런 의미에서 생명권은 비록 헌법에 규정되어 있지 아니하여도 당연히 헌법적 가치를 가진 권리로 인식된다. 바로 그러한 이유로 생명권은 독자적 개별기본권으로 규정되어야 한다. 저 유명한 셰익스피어(William Shakespeare)의 『베니스의 상인』에 나오는 내용에서 보듯이 '신체를 훼손당하지 않을 권리'도 헌법상 신체의 자유와 별도로 규정하는 게 바람직하다. 나아가서 현대적인 위기사회에서 안전에 대한 권리는 아무리 강조하여도 지나침이 없다. 이에 안전권도 어떠한 형태로든 규정하여야 한다. 즉 헌법의 기본권 전반 특히 자유권에서는 단순히 자유 또는 권리에 한정할 것이 아니라 안전까지 포괄하는 형태의 기본권 규정이 필요하다. 나아가서 양심의 자유에서 일반적으로 사상의 자유를 포괄하는 것으로 이해하고 있지만 그 성격이 다소 상이한 면을 고려하여 양심의 자유와 더불어 사상의 자유도 명시할 필요가 있다. 소비자의 권리는 제5공화국 헌법제정 과정에서 이를 기본권으로 할 것이냐 여부에 관해서 논쟁이 제기된 바 있다. 현행헌법에서도 경제질서 장에서 '소비자보호운동의 보장'이라는 매우 애매한 상태에 있다. 기본권의 실질화라는 관점에서 본다면 헌법재판의 준거규범으로서 소비자의 권리는 독자적인 권리로 규정하는 게 바람직하다. 더불어 소수자보호 내지 약자보호라는 관점에서 아동의 권리·노인의 권리를 보장할 필요성도 제기된다.

다음으로 21세기적인 지방화·세계화와 더불어 정보화와 사회연대에 부응한 정보기본권의 확립이 필요하다. 첫째, 우리도 이제 헌법상 민족적 민주주의의 틀을 벗어나야 한다. 이미 다문화사회·다문화가족은 우리 앞에 현실로 다가와 있다. 그런 관점에서 본다면 사회의 다원성을 수용할 수 있는 헌법규범이 정립되고 민족주의적 규범도 정리되어야 한다. 그것은 종교·언어·문화의 다양성과 다원성을 수용하는 방향으로 정립되어야 한다.

둘째, 정보사회에 대응한 기본권 규범의 체계적 정립이 필요하다. 1980년 제5공화국헌법에서 사생활의 비밀과 자유가 규정되어 오늘에 이른다. 그런데 이와 관련하여 개인정보자기결정권을 독자적인 기본권으로 인정하려는 경향이 헌법재판소 판례와 학자들에게서 보이나, 사생활의 비밀과 자유에 관한 헌법규범이 존재하지 아니하는 나라의 경우에 비견될 수 없기 때문에 굳이 개별적 기본권으로 규정할 필요는 없다. 한편 사생활의 이면인 알 권리는 이미 헌법재판소 판례와 학설을 통해서 헌법적 가치를 가진 기본권으로 인정되기 때문에 당연히 새 헌법에서는 이를 명시하여야 한다.

셋째, 우리 사회에 경제위기 등을 겪으면서 사회의 양극화현상이 심화된다. 심화되는 양극화는 사회연대를 저해하고 궁극적으로는 공동체에 대한 위기를 초래할 우려가 있다. 직장과 사회 그리고 가정에서까지 연대를 강화할 필요가 있으며 이는 궁극적으로 사회복지국가의 내실화를 통해서 이루어질 수 있다. 이를 위해 사회보장과 관련된 기본권을 대폭 강화하여야 한다.

국민의 기본권보장은 아무리 강조하여도 지나침이 없다. 그런 관점에서 본다면 현행 기본권 규정은 크게 보아서 1948년 제헌헌법의 모델을 벗어나지 못한다. 제헌헌법 70주년에 이르고 21세기 정보사회에 진입하는 상황에서 아직도 20세기적인 기본권의 틀을 가지고는 새로운 시대에 부응하지 못한다. 바로 그런 점에서 헌법상 국민의 자유와 권리 즉 기본권도 전면적으로 새 옷으로 갈아입어야 한다.

## 4) 정치제도 불균형 극복할 개헌

개헌에서는 헌법상 정치제도의 틀에 대한 근본적인 논의가 필요하다. 그간 정치제도에 관한 한 대통령제적인 헌법에서 제2공화국의 의원내각제에 이르기까지 다양한 헌법규범과 헌정실제를 체험한 바 있다. 대통령제라고 하지만 제헌헌법에서부터 의원내각제적인 요소가 잠복해 있었다. 하지만 정치제도의 현실적 작동은 대통령으로의 권력불균형을 심화하였다. 헌법상 의원내각제적인 요소는 장식품으로 전락하였다. 그간의 헌정사적 경험을 기초로 하여 새로운 제도의 균형을 모색할 때다. 제왕적 대통령제로 상징되는 대통령으로의 헌정사적 불균형을 교정하여야 한다.

다만 이 과정이 지나온 헌정사적 경험을 무시한 채 새로운 제도의 실험장이 되어서는 아니 된다. 60년 헌정사의 경험을 소중하게 보전해야 한다. 대통령을 정점으로 하는 정부와 국회의 불균형을 시정하기 위해서는 국회의 지위와 권한의 확대가 불가피하다. 현행헌법에서도 이를 구현하는 제도가 마련되어 있다. 예컨대 국민들은 국무총리를 대통령이 직권으로 임명하는 대통령의 보좌관쯤으로 알고 있다. 하지만 헌법상 대통령이 국무총리를 임명하기 위해서는 국회의 사전적 동의를 얻어야 한다.

제왕적 대통령으로 상징되는 정치제도의 불균형을 극복하기 위해 새로운 균형을 구축하여야 한다. 혁명적인 의원내각제 개헌도 가능하다. 하지만 국민들은 대통령직선제를 원한다. 독일헌법은 합리화된 의원내각제의 전범(典範)이다. 헌정의 안정 속에 라인강의 기적과 통일대업을 이루었다. 그 독일에서도 대통령직선제가 논의된다. 하지만 직선대통령에 대한 권한부여 문제로 답보 상태다. 직선대통령은 의원내각제적인 상징적·의례적 국가원수로 머물 수는 없다.

대통령·국회·국무총리(내각)의 삼각구도에 기초한 현행헌법의 기본 틀을 유지하면서 두 개의 국민적 정당성의 축이 균형을 이루어야 한다. 직선 대통령은 국가와 헌법을 수호할 신성한 책무를 지는 국가원수이자 나라의 큰 어른이다. 온 나라가 누란의 위기에 처할 때, 국정이 교착 상태에 빠질 때, 국민여론이 심각한 분열 양상을 보일 때, 대통령은 국가긴급권, 국회해산권, 국민투표부의권을 통해서 국가의 이정표를 제시하여야 한다. 의회의 신임에 기초한 내각은 일상적인 국정운영의 책임을 다하여야 한다. 프랑스·포르투갈·핀란드의 다양한 이원정부제적 경험은 한국적 이원정부제의 밑거름이 된다. 프랑스의 동거정부제에서 보여 준 대통령과 내각의 갈등 양상을 반복해서는 아니 되기 때문이다.

실패한 한국적 대통령제의 제도균형을 미국식 순수대통령제로 치환할 수도 있다. 정·부통령 러닝메이트제도와 4년 중임제의 채택이다. 의회의 위상과 좌표를 제고해야 한다. 정부의 법률안제출권도 삭제해야 한다. 하지만 70년에 이르는 헌정사적 경험을 내쳐야 한다. 집행부의 대통령·국무총리 메커니즘을 폐기하고 한 번도 경험하지 않은 러닝메이트 부통령제를 도입하는 것은 새 제도의 실험장이 될 우려가 크다(〈칼럼〉 정치제도 불균형 극복할 개헌 돼야,《서울신문》2009. 9. 22.).

### 5) 헌법적 흠결에 대한 보정으로서의 개헌

헌법개정이 필요한 현실적 이유로는 헌법적 흠결에 대한 보정이 있다. 예컨대 그토록 중요한 대통령의 유고 판단기관이 없다. 1979년 10·26 사태가 발생하였는데 대통령 유고를 공식적으로 판단할 기관이 없었다. 대통령 선거기간 중에 발생한 후보자 유고에 대해서도 아무런 규정이 없다. 1956년과 1960년 대통령 선거기간 중에 제1야당의 신익희·조병옥 후보의 사망으로 선거가 파행으로 치달은 경험이 있지 않은가. 임기만료에 따른 선거와 유고에 따른 선거에 대한 규정도 부정합적이다.

21세기 정보화·세계화·지방화 시대에 능동적으로 대응하면서 새로운 시대정신을 반영할 수 있는 헌법이 요구된다. 정부의 일방적 홍보에 의탁한 헌법개정이 아니라 민의의 광장에서 공개된 토론과 합의를 도출해야 한다.

헌정사상 처음으로 비상사태 아닌 정상적인 상태에서 국민과 국회가 평상심을 가지고 충분한 숙고기간을 거치면서 공동체의 규범을 새로 모색할 때가 되었다. 헌법개정논의가 더는 정쟁의 대상이 되어서는 아니 된다. 새로 마련할 헌법으로 대한민국이 다시 한번 세계 속에 우뚝 선 정상국가의 모습을 보여 주어야 한다.

## 6. 소결: 진정한 문민 시대를 위한 헌법이념의 구현

1948년 헌법제정 이후 대한민국 헌법사와 헌정사는 상처투성이로 점철되어 왔다. 1948년부터 1987년까지 불과 40년의 짧은 기간 동안에 제헌헌법을 포함하면 10개의 헌법이 명멸해 왔다. 하지만 1987년 헌법은 30년 동안 헌법과 헌정의 안정을 구가한다. 문민정부의 정확한 자리매김은 과거에 흐트러졌던 국법질서를 반석 위에 올려놓고 정의의 원리가 지배하는 사회를 정립하는 것이다. 이를 위해 국민적 합의문서인 헌법의 이념과 가치를 국가생활 속에 정착시켜야 한다. 이제 위정자들도 헌법이 지배하는 사회가 꽃을 피우도록 노력하여야 한다.

특히 2000년 6월 15일에 합의한 남북정상회담에 따라 이제 통일의 시대에 능동적으로 대처하기 위한 통일한국의 헌법적 질서는 어떠한 것이어야 하는가에 대한 국민적 논의도 충분히 이루어져야 한다. 반세기 이상에 걸쳐

서로 이질적 체제에서 살아온 한민족의 국민적 통일성을 확보하기 위한 통일헌법의 권력구조에 대해서도 적극적인 대응이 필요하다. 통일한국에서는 지난 세기에 걸쳐서 이어온 남북 사이의 이질성을 극복하는 새로운 장치를 설정해야 한다. 그 장치는 남북연합, 남북연방과 같은 이론들을 포괄하는 한민족공동체를 구현할 수 있어야 한다.

돌이켜 보면 대한민국 헌정사는 혁명과 쿠데타 그리고 정변이 이어지는 가운데에서도, 주권자의 의식 속에는 민주공화국의 이념과 정신이 면면히 자리 잡아 왔으며 그것은 바로 오늘의 민주정부 구성에까지 이른다. 혁명과 항쟁의 성취를 통하여 민주시민의 역량을 제고할 수 있었고, 쿠데타와 정변의 소용돌이 속에서도 면면히 이어온 불의에 대한 항쟁을 통하여 국민주권의 정신이 살아 움직이고 있음을 확인할 수 있었다. 지난 반세기에 걸쳐 쌓아 온 민주주의를 향한 의지의 침전물은 결국 오늘의 정권교체로 이어진다. 새뮤얼 헌팅턴(Samuel Huntington)이 설파한 동아시아에서의 "정권교체 없는 민주주의"를 종식시킨 국민적 저력은 바로 이러한 헌법사적인 환희와 시련 속에서 잉태되었다. 1987년 체제하에서 이룩한 두 번의 평화적 정권교체는 이제 한국적 민주주의의 정립을 알리는 청신호이기도 하다.

이제 동서냉전체제의 종식과 더불어 과학기술의 눈부신 발달에 힘입은 정보사회의 진전에 따라, 더 이상 권력의 인격화현상은 설 자리를 잃게 되고, 그 공간에는 전 인류가 주권자가 되는 전자민주주의 시대가 새로운 자리매김을 하고 있다. 새로운 민주공화국의 미래는 통일한국의 이정표와 직접적으로 연계될 것이다. 통일의 그날 대한민국은 새로운 웅비를 준비해야 한다.

제 3 장

—

# 민주법치국가의 정립

## 1. 민주법치주의의 정착을 위한 시련

19세기 조선조 말기에 이르러 법과 제도에 있어서 전근대적인 봉건 시대를 타파하고 새로운 국가통치 모델을 정립하려 하였지만 서세동점(西勢東占)과 일본 제국주의의 발호(跋扈)로 그 뜻을 제대로 이루지 못하였다. 1919년 기미(己未) 독립선언을 기화로 상하이에 대한민국임시정부를 수립하였지만 이는 국권(國權)을 빼앗긴 상태에서 외국에 수립한 임시정부라는 한계를 가졌다. 1945년 해방과 더불어 새로운 공화국의 수립을 위한 일련의 노력으로 마침내 1948년 대한민국을 수립하게 되었다. 1950년에 발발한 동족상잔의 비극적인 전쟁의 폐허 속에서도 좌절하지 않았다. 마침내 세계에서 그 유례를 찾아보기 어려울 정도로 초단기간에 압축적인 산업화와 민주화의 대업을 이루어 냈다. 50년 전 국민소득 200달러에서 3만 달러 시대가 눈앞에 있다. 원조를 받던 나라에서 이제 원조를 주는 나라로 위상이 바뀌었다. 헌법을 제정하고 근대적 법과 제도를 도입한 지 어언 70년에 이르지만 여전히 민주주의와 법치주의는 미완의 상태에 머문다.

산업화와 민주화를 동시에 달성하는 과정에서 새로운 갈등을 잉태하였다. 산업화는 빈부 갈등과 노사 갈등을 부채질하였다. 결국 사회적 양극화는 심화되었다. 산업화의 그늘에서 민주주의는 희생의 제물이 되었다. 산업화의 결과물로서 민주주의도 새롭게 둥지를 틀었다. 특히 1987년 헌법체제에서 두 번의 평화적 정권교체가 이루어지고 그에 따라 외형적 민주주의는 어느 정도 달성된 것으로 이해된다. 하지만 외형적인 산업화와 민주화의 성공적인 정착의 이면에는 여전히 갈증이 해소되지 않고 있다. 산업 현장에서의 노사 갈등은 법과 원칙에 입각하지 못하고 일시적인 임기응변식 땜질 처방에 급급하다. 외형적 민주주의의 시대를 맞이하지만 여전히 정치·경제·사회의 각 부분에서 실질적 민주주의는 제대로 작동되지 못한다. 정치적 안정의 이면은 민주화 과정에서 뿌리 깊게 각인된 '자기만의 정의'에서 벗어나지 못한다. 법과 원칙은 민주주의의 이름으로 무시되어 왔다. 때로는 민주주의의 과잉이 포퓰리즘으로 치닫는다는 비판으로부터도 자유로울 수 없다. 더 심각한 문제는 권위주의 시대를 거치면서 우리 사회는 정부 또는 법과 제도에 대한 저항이 곧 민주주의를 위한 것으로 오해하는 인식이 여전히 팽배한다는 점이다. 여기에 법치주의의 실질적 정립이 요원한 이유가 있다. 이제 선진 대한민국을 건설하기 위해서는 글로벌 스탠더드에 부합하는 법과 원칙이 뿌리내려야 한다.

국가의 최고규범이자 국가의 이념적 지표를 제시하고 있는 헌법은 온 국민의 생활전범이어야 한다. 헌법에 기초해서 국민의 대표로 구성된 국회에서 제정한 법률은 국민주권의 실질적 표현이다. 그럼에도 여전히 헌법과 법률에 대한 왜곡이 그치지 아니한다. 이제 생활법치를 구현할 때가 되었다. 일상적인 생활 속에서 온 국민이 법의 소중함을 깨우쳐야 한다. 다툼이 있을 때 무엇이 법인지에 대한 투철한 인식만 있다면 당사자 사이에 쉽게 합의할 수 있다. 오늘날 법규범은 특정 국가의 개별성으로부터 벗어나서 보편화되어 간다. 우리가 원하든 원하지 않든지 간에 국제적인 표준규범이 정립된다. 인류의 보편적 가치인 인권의 국제화는 이미 정립된 지 오래다. 세계시민의 일상생활도 일반규범으로 정립되어 간다. 우리도 이와 같은 세계사적인 흐름에서 이방인으로 머물 수는 없다.

우리 국민 모두가 그리는 이상사회는 선진 민주법치국가의 건설이다. 모든 국민에게 기회의 균등이 보장되고 인간다운 삶을 영위할 수 있는 터전이 마련되어야 한다. 다문화사회의 진입에 따른 전통적인 민족적 민주주의의 해체, 남북 분단에 따른 이념적 갈등의 심화, 고도산업사회의 진전 과정에서 심화되는 양극화, 민주주의의 실질적 수혜자가 되지 못한 계층의 잃어버린 불만 표출구, 이 모든 것을 용해할 수 있는 유일한 길은 법과 원칙이 살아 숨 쉬는 사회로 진입하는 것이다.

법을 제정하는 입법부, 그 법을 집행하는 행정부, 분쟁이 발생하고 권리 가 침해되었을 때 무엇이 법인가를 최종적으로 선언하는 사법부가 국민의 사랑을 받아야 한다. 특히 법적 문제로 현장에서 국민과 마주치는 법원과 검찰은 법치주의의 살아 있는 실험장이기에 법조인에게는 그 어느 직역보 다 높은 직업윤리와 도덕의식이 요구된다.

국민적 염원이던 민주국가의 건설이 진정 국민과 더불어 가기 위해서는 법치국가의 건설이 뒤따라야 한다. 다수의 목소리가 지나치게 투영된 민주 주의는 소수자와 약자에 대한 배려가 소홀하기 쉽다. 그 사회적 배려는 법 의 몫이다. 법의 제정과 집행에서 온기(溫氣)가 필요한 이유다. 국민이 참주 인이 되는 진정한 민주국가는 법치주의와의 결합을 통해서 완결성을 가진 다. 민주법치국가의 건설이야말로 이 시대 우리 모두에게 주어진 소명이다 (〈칼럼〉 민주법치국가의 건설, 《세계일보》 2010. 5. 4.).


## 2. 위기의 국회, 국회의 후진적 정치 행태

### 1) 산업화의 신화를 정치 발전의 신화로

대한민국은 세계사에서 그 예를 찾아보기 어려울 정도로 정치·경제적인 성공신화를 달성하였다. 전쟁의 폐허 속 세계 최빈국에 머물던 나라에서 민주화와 산업화를 인류 역사상 최단기간에 달성한 나라로 극적인 성공을 이룩하였다. 특히 지난 60년 동안에 이룩한 경제 부문에서의 비약적 발전과 성장은 세계에서 그 유례를 찾아볼 수 없다.

이와 같은 대한민국의 국력 신장과 발전에 보조를 맞추지 못하고 아직도 후진성을 면하지 못하고 있는 분야가 바로 정치 부문이다. 정치 부문에서도 특히 입법부의 구성과 그 활동에서 보여 주는 후진성은, 입법부가 국민의 대표기관으로서 국민의 총의(일반의사)의 표현인 법률을 제정하는 기관이라는 점에서, 법치주의의 확립에 미치는 부정적 영향력이 지대하다.

1987년 체제에 따른 현실정치의 민주화 과정에서 의회권력은 날로 그 위력을 더해 간다. 그 과정에서 의원입법은 더욱 증가된다. 하지만 그 의원입법이 정치적 로비의 대상으로 작동하면서 또 다른 유형의 정치부패를 초래한다. 더 나아가 여야의 극한대립은 국회를 식물국회로 전락시킨다. 민의의 전당인 국회가 정상적으로 작동되어야만 정치의 선진화를 이룩할 수 있다. 실종된 여야 대화를 복원할 수 있는 다양한 방안을 강구하여야 한다.

## 2) 의회주의의 위기

의회주의(議會主義)란 주권적 정당성의 원천인 국민이 선출한 의원들로 구성된 합의기관인 의회가 국가의사결정의 원동력이 되어야 한다는 정치원리(정치방식)이다. 의회주의는 대의제도(代議制度)의 원리에 따라 국민의 대표기관인 의회에 국민적 정당성을 부여하는 원리이다. 국민적 정당성에 기초한 의회는 국민의 신임에 기초하여 책임정치를 구현하여야 한다. 국민의 대표로 구성된 의회는 의원의 자유위임의 원리에 따라 공개적이고 개방적인 토론의 장이다. 의회에서의 충분한 토론과 공론화 과정을 거친 후에는 민주주의의 일반원칙인 다수결원리에 따라 최종적인 의사결정이 이루어져야 하지만, 이 과정에서 소수파 존중의 원리도 지켜져야 한다.

의회주의의 위기(危機)는 ① 의회주의를 실천하기 위한 전제조건 즉 대의제원리가 제대로 지켜지지 아니함으로 인하여 야기되는 위기와, ② 현대국가의 구조와 기능의 변화에 따른 위기로 나누어 볼 수 있다. 의회주의의 위기현상으로는 정당국가 경향에 따른 고전적 국민대표원리의 변용과 행정국가 경향에 따른 집행부 강화를 들 수 있다. 또한 의회에서의 대립과 갈등의 심화 및 그에 따른 다수파의 독주는 정치적 합의를 통한 국민적 컨센서스를 형성하지 못한다.

의회주의의 위기 극복을 위해서는 첫째, 의회에서 중심적 기능을 차지하고 있는 정당의 민주화가 이루어져야 한다. 정당의 민주화는 의회의 구성에 있어서 민주적 공천 과정과 의회의 활동에 있어서 자유투표 등을 통해서 달성될 수 있다.

둘째, 참여민주주의를 활성화시켜야 한다. 정보사회에서 국정참여와 비판의 길을 넓히는 한편, 여론조사결과의 공정성과 정확성을 담보함으로써 국민의 살아 있는 의사에 정치인들이 귀를 기울여야 한다.

셋째, 의회에서의 토론과 합의 과정이 투명하게 공개되어, 국민적 비판을 수용하여야 한다. 토론과 합의의 효율성을 제고하기 위하여 상임위원회의 상시 운영체제가 이루어져야 한다.

넷째, 의회의 전문성을 제고함으로써 행정부 종속적인 의안처리를 시정하여야 한다. 어차피 오늘날 의회의 기능이 대정부 통제로 중점이 이동하고 있다면, 감사기관을 의회와 연계시킴으로써 의회의 전문성을 제고할 수도 있을 것이다(『헌법학』 제17판, 『헌법학입문』 제7판에서 발췌).

## 3) 입법부의 신뢰 회복과 정치 시스템의 선진화

국민의 대표기관인 국회가 국민들로부터 신뢰를 받지 못한다는 것은 법치주의의 관점에서 심각한 문제점이라 아니할 수 없다. 국회는 국민의 총의의 표현인 법률을 제정하고 국정 통제기관으로서의 기능과 역할을 수행하도록 헌법으로부터 권한을 부여받았음을 상기할 때 국회에 대한 국민의 신뢰 회복은 법치주의의 발전을 위하여 반드시 요청된다.

특히 입법부의 활동이 능동적·적극적으로 작동하기 위해서는 상시(常時) 국회가 필요하다. 국회의 회기에는 정기회, 임시회, 특별회가 있다. 국회의 정기회의 회기는 100일을, 임시회(臨時會)의 회기는 30일을 초과할 수 없다(헌법 제47조 제2항). 현행헌법과 「국회법」은 국회의 상설화를 위한 배려를 하고 있지만 여전히 부족하다. 즉, 헌법상 임시회는 대통령 또는 국회재적의원 4분의 1 이상의 요구에 의하여 집회된다(제47조 제1항 후단). 대통령이 임시회의 집회를 요구할 때에는 기간과 집회요구의 이유를 명시하여야 한다(제47조 제3항). 국회의원 총선거 후 최초의 임시회는 국회의원의 임기개시 후 7일에 집회한다(「국회법」 제5조 제3항). 제4·제5공화국헌법에서 "국회는 정기회·임시회를 합하여 연 150일을 초과하여 개최할 수 없다. 다만, 대통령이 집회를 요구한 임시회의 일수는 이에 산입되지 아니한다"라고 규정하여 권위주의 시절에 국회를 비상설적 기구로 전락시킨 흔적이 있는데, 이는 아직도 현행헌법에 남아 있다. 하지만 외국의 입법례도 그러하고 국민의 대의기관이 상시적이 아니라 비상시적으로 작동하는 것은 바람직하지 않다. 현행헌법에서도 법률을 통하여 상시국회로 하는 것이 불가능하지 않을 뿐만 아니라 앞으로 헌법개정이 있을 경우에는 이와 같은 사정을 적극적으로 반영하여야 한다. 하지만 국회의 상시화에 앞서 국회가 정쟁의 장으로부터 벗어나야 한다. 국회가 국정의 발목을 잡는 현상이 계속되는 한 상시화도 어려울 뿐만 아니라 바람직하지도 않다.

입법부가 국민으로부터 신뢰를 회복하기 위해서는 입법부의 구성원이 편협한 당리당략에 의하여 행동할 것이 아니라 자유위임의 법리에 따라 무엇이 국가에 이익인가를 판단하여 행동할 것이 요구된다. 또한 후진적인 정치 시스템을 개선하여 선진적인 효율적 의회제도를 마련하여 실천하는 것이 필요하다.

앞으로 입법부도 법률의 제정과 개정 과정에서 국민생활과 직결되는 문제를 해결하는 실질적인 방향으로의 정립이 요망된다. 실제로 그간 법규범과 법현실의 괴리는 서구적 법체계의 급속한 도입 과정에서 야기되는 혼란도 있었지만 그에 못지않게 현실을 외면한 채 외국의 법제를 무조건적으로 도입한 모방적 입법도 큰 몫을 차지하고 있었음을 부인할 수 없다.

정치부패 등 후진적 정치 시스템뿐만 아니라 국민의 정치 과잉의식 또한 문제다. 분쟁 해결을 임무로 하는 기관은 원칙적으로 사법부이다. 물론 사회의 모든 갈등과 분쟁을 사법을 통하여 해결할 수는 없다. 따라서 분쟁의 사법적 해결이 아닌 정치적 해결이 요구되고 필요한 영역이 일정 부분 존재함을 부인할 수 없다. 그러나 우리 사회는 분쟁의 사법적 해결이 요청되는 많은 부분에서 사법적 해결이 아닌 정치적 해결로 갈등과 분쟁을 해결하려 한다. 국민의 법치의식을 고양하고 법치주의가 완전히 정착되기 위해서는 법률을 제정하는 입법부의 구성에서부터 철저한 법률 준수가 필요하며 입법부의 활동에서도 선진화가 이루어져야 한다. 입법부에 대한 국민의 신뢰는 바로 국민의 법률에 대한 신뢰를 가져온다는 점에서도 후진적인 정치체계의 개선이 시급히 요청된다.

### 4) 국회의 헌법상 지위 변화와 국정 통제

국민주권주의의 논리적 체계에 따르면, 주권자인 국민이 직접 국정을 담당하여야 한다. 그러나 현실적으로 직접민주주의를 국가생활에서 실천하는데 어려움이 있다. 이를 해결하기 위한 제도적 장치가 국민의 대표기관인 국회다. 국회는 국민의 주권적 의사를 대변하는 기관이다. 국회의 본원적 권한인 입법권행사의 결과물인 법률은 주권자의 일반의사를 표현한 것이다. 그러나 현대적인 행정국가 경향에 따라 국회의 주된 역할이 정부에 대한 통제·견제권으로 이행한다.

20세기에 이르러 그동안 적대시되어 왔던 정당이 오히려 헌법상 적극적 보호를 받으면서, 국회의원이 전체 국민을 위한 봉사자를 의미하는 자유위임(기속위임 금지)의 법리를 오용하여 정당의 지휘·통제에 따르게 되는 정당국가 현상을 초래한다. 그것은 결과적으로 국회의 국민대표기관성에 대한 심각한 도전이자, 의회제에 대한 회의로 이어진다. 한편 대의제(간접민주제)의 모순을 극복하기 위하여 직접민주제적 요소를 도입함으로써 반대표(半代表)의 원리가 헌법상 제도로 정립되어 있다. 21세기적인 인터넷 시대의 도래에 따라 이제 인터넷은 비제도적인 직접민주제로서 국가생활 속에 작동된다. 그것은 반대표원리의 비제도적인 구현이라고도 할 수 있으며, 앞으로 법적 제도로 구현될 가능성이 높다.

의원내각제국가에서는 대의제논리와 결합하여 국민주권 = 의회주권이라는 등식이 작동하였다. 의회의 의사는 입법을 통하여 구현되므로 의회주권 = 법률주권으로 연결되었다. 그러나 헌법의 최고규범성을 구현하기 위하여 법률에 대한 사법심사제를 시행함으로써 의회주권과 법률주권 시대는 사실상 종언을 고하게 되었다. 따라서 이제 국회에서 제정한 법률은 헌법에 합치되는 범위 내에서만 정당성을 가진다.

입법기관으로서의 국회의 지위는 그 형식적 측면에서는 여전히 변함이 없다. 국민의 대표기관이자 최고의 합의체기관인 국회에서 공개된 토론의 장을 통하여 법률을 제정하는 것은 당연한 이치다. 그러나 그 실질적 측면에서는 국회가 매우 위축되어 있다. 현대적인 다원화사회에서 국가기능이 복잡해지고 확대되어 가지만, 국회는 전문적 입법능력의 부족으로 행정부에서 작성한 입법안을 통과시키는 절차적 기관에 불과한 통법부(通法府)라는 비판을 받는다. 그것은 필연적으로 국회에서 제정한 법률이라는 외관만 갖춘 채 그 법률의 실질적 내용은 위임입법의 형태로 넘겨 버린다. 이러한 현상은 전문적이고 특수한 영역의 입법에서 더욱 심화되어 간다.

전통적인 의회의 국민대표기관 및 입법기관으로서의 성격은 현대의회제도의 정립 과정에서 상당 부분 퇴색되었다. 이에 따라 국민주권=의회주권=법률주권 시대의 종언으로 귀착된다. 여기에 고전적 권력분립론에서의 견제와 균형의 원리에 기초한 의회의 국정 통제기관으로서의 성격이 부각된다.

의회의 국정 통제기능은 대정부 통제기능에 중점을 둔다. 의원내각제국가에서의 대정부 통제기능은 궁극적으로 정부불신임권을 통하여 정부를 전복시킬 수도 있다. 즉 정부의 성립과 존속 그 자체가 의회에 달려 있다. 대통령제에서의 정부 통제기능은 경성적 권력분립으로 의원내각제에 비하여 일정한 한계가 있다. 그러나 오늘날 정부형태에 관계없이 정부 및 그를 지지하는 여당과 정부에 적대적인 야당 사이에서, 의회는 정치적 토론과 공론화의 각축장으로서 국민의 의사를 수렴한다.

우리나라에서도 여야 간 대립의 핵심은 정부의 지지와 비판 사이에 야기되는 정치적 통제에 있다. 그러나 지나친 당리당략적 행태로 국회가 건전한 민의의 전달장이 되고 있는지에 대하여 심각한 의문을 던져 준다. 헌법상

대정부 통제권의 주요한 것으로는 의원내각제 내지 반대통령제적인 국무총리 임명동의권, 국무총리·국무위원 해임건의권, 국회출석요구·질문권 등이 있다. 그 밖에도 국정감사·조사, 탄핵소추의결권, 긴급명령 및 긴급재정경제명령 승인권, 계엄해제요구권, 주요공직자 임명동의권 및 인사청문권, 예산에 관한 권한 등이 있다.

국회의 중요한 정책 통제수단의 하나로서 국정감사제도를 드는 데 이론이 없다. 국회는 국정감사를 통하여 국정 전반에 대하여 그 문제점을 포괄적으로 지적하고 앞으로 국정운영의 방향을 제시함으로써 국정의 투명성을 제고하며 국민의 알 권리를 충족시켜 준다. 국회는 국민의 대표기관으로서 국가권력의 정당한 행사 여부를 조사하며, 국정에 관한 자료와 정보를 수집하고, 국회의 권한에 상응한 책임을 추궁한다. 특히 국민의 알 권리의 보장을 위하여, 국회가 국정에 관하여 적극적으로 진실을 밝히고 정보를 제공하여 국민적 공감을 형성함으로써 정치적 통합에 기여할 수 있다. 또한 대통령제국가에서 국정조사권은 다른 국가기관과의 견제와 균형을 유지하는 수단으로 인식되어 그 중요성이 증대되어 간다. 국정감사·조사가 국정의 민주화를 위한 중요한 도구로서 기능함에도 불구하고, 국정감사·조사제도의 본질 및 국정감사의 방향과 그 한계 등과 관련하여 문제점이 제기된다.

국정감사는 1년에 한 번 열리는 정기국회기간 중에 국회가 국정 전반에 걸쳐서 감사권을 행사하는 우리 헌법에서 가장 강력한 국정 통제제도이다. 외국 헌법에서는 단지 특정 의혹 사건에 대한 국정조사권만 인정할 뿐이며 국정 전반에 걸친 국정감사제도는 찾아보기 어렵다. 그런데 우리 헌법상 국정감사제도는 제헌헌법에서 채택한 이래 국회의 독보적인 권한으로 자리매김한다. 국정감사권은 국정조사권과 그 본질·주체·방법과 절차·한계·효과 등에서 거의 비슷하지만 그 시기·기간·대상을 달리할 뿐이다. 국정조사가 부정기적으로 특정 사안에 대한 것이라면, 국정감사는 정기적으로 국정 전반을 대상으로 한다는 점에서 구별된다.

1972년 10월 17일 정기국회의 국정감사 현장에서 야당 의원들이 대정부 비판의 날을 세워 가던 중에 박정희 대통령이 10월 유신을 단행하였다. 연이어 제정된 유신헌법은 대통령직선제와 국정감사제도를 폐지하였다. 하지만 국정감사가 아닌 국정조사는 허용된다고 보았다. 이에 따라 1975년에 개정된 「국회법」에는 국정조사에 대한 법적 근거를 마련한 바 있다. 국정감사권이 폐지됨에 따라 국회의 대정부 통제기능은 약화될 수밖에 없었다. 1980년 제5공화국헌법에서는 국정조사권제도만 규정하는 데 그쳤다. 1987년 6월 민주항쟁 후 제정된 제6공화국헌법은 유신으로 빼앗긴 권리를 되찾으려는 국민적 염원에 따라 대통령직선제와 더불어 국정감사제도를 부활시켰다.

그간 국정감사제도는 정기국회를 통하여 지난 1년간의 국정 전반을 파악하고 이를 비판하며 또한 이를 통하여 국민의 알 권리를 충족시켜 준다. 특히 야당이 행사할 수 있는 최고의 대정부 공격수단으로서 그 위상을 차지한다. 반면에 국정감사제도가 집권세력에게는 거추장스러운 제도임에 틀림없다. 나라의 민주화, 정권교체, 권력의 투명성, 그 어느 것도 실현되지 못하였던 시대에 국정감사는 국정비리를 파헤치는 최고의 무기였다. 권력기관의 잘못을 폭로함으로써 위정자의 비리는 언제든지 국정감사를 통하여 드러날 수밖에 없다는 의식을 심어 준 점에서 국정감사는 한국 민주주의의 발전에 큰 기여를 하였다.

국정감사제도는 한국적 현실에서 그 뿌리를 내려 왔고 또 그 순기능적 측면이 국민적 공감을 얻는다. 그러나 국정감사제도는 선진 외국에서 그 예를 찾기 어렵고, 국정감사에 따른 행정마비 등의 문제점도 적지 않게 노출된다.

「국정감사 및 조사에 관한 법률」에 따르면 국정감사는 매년 정기회 집회일 이전에 30일 이내의 기간을 정하여 실시한다. 국감 현장에서 벌어지는 의원의 저질 공방과 난무하는 막가파식 속언을 지켜보는 국민이 오히려 안쓰럽다. 이제 국감이 국정의 막힌 곳을 뚫어 내는 것보다 오히려 그 폐해가 더 많이 드러난다. 의원이 국정의혹은 제대로 파헤치지 못한 채 피감기관을 닦달하는 데 여념이 없다. 피감기관 관계자를 마치 죄인처럼 윽박지르는 모습은 결코 민주화된 의정 현장이 아니다.

수단과 방법을 가리지 않고 의원의 질책에서 헤어나려고 궁리하는 관계기관의 과공(過恭) 또한 민망스럽기 그지없다. 무엇보다도 국정감사를 전후하여 국가기관들이 수감 준비를 하느라 행정이 사실상 마비 상태에 빠진다. 한 트럭 이상의 무리한 자료를 요구해 놓고 정작 제대로 한 번 열어 보지도 않고 폐기처분하는 과정에서 국가기밀과 개인정보가 유출된다.

우리나라도 민주헌법에 기초한 정권교체와 정부교체가 일상화되었다. 행정의 투명성을 확보하도록 정보공개법과 「행정절차법」, 「공직자윤리법」이 시행된다. 국회의 실질적 역할 강화를 위한 제도적 장치도 마련하였다. 예산전문성 제고와 예산 통제의 실질화를 위한 국회 예산정책처, 입법기능의 실질적 보좌를 위한 국회입법조사처가 설치되어 있다.

여야 사이에 평화적 정권교체가 일상화되고 그에 따라 책임정치가 구현되었으므로, 국정감사제도의 존재 자체에 관한 근본적인 재검토가 불가피하다. 궁극적으로 국정운영에 대한 판단은 선거를 통한 국민의 현명한 손에 맡기고 국회는 임기 동안 그 본연의 임무에 충실함이 바람직하다. 그런 의미에서 국정감사제도는 한국적 민주주의를 정착시키기 위한 과도기적 제도로서의 특성을 가진다.

성숙된 한국 민주화의 현 단계에서 보면 국정감사제도는 폐지해도 무방한 시점에 이르렀다. 그러나 이는 헌법개정사항이다. 그렇다면 현행 국정감사제도는 존치하더라도 국정감사의 폐해를 최소화하는 적극적 조치가 필요하다. 감사 대상기관의 대폭 축소, 지방화 시대에 부응해 자치단체에 대한 감사의 지방의회 위임, 감사원과의 연계 감사를 통한 중복 감사의 시정과 같은 제도개혁을 이루어야 한다.

국회로서는 황금알과 같은 권한을 놓치고 싶지 않겠지만 새로운 국정감사 모델을 창출하지 않고서는 국민의 호응을 얻기 어렵다. 시대가 변하면 변화된 시대에 걸맞은 제도로 조응해야 한다(〈칼럼〉국정감사도 개혁해야 한다, 《동아일보》2007. 11. 6.).

### 5) 고전적 대의민주주의와 현대적 직접민주주의의 조화

왕권신수설에 기초한 군주주권이론은 18세기 근대자연법론·사회계약론·계몽사상에 의하여 배척·부인되기에 이르렀다. 이제 주권은 사회계약이라는 행위에 의해서만 탄생될 수 있으며 또한 주권은 반드시 시원적(始原的) 사회계약의 서명자(참가자), 즉 국민(Nation)을 형성하는 개개인에게 귀속되는 것으로 인식되었다. 절대왕조의 구체제를 청산하는 근대 시민혁명을 통하여 국민주권주의를 정립시켰지만 그 국민주권주의는 어떠한 것이어야 하느냐에 관하여 새로운 논쟁이 전개된다.

인민(Peuple)주권론은 루소가 『사회계약론』에서 정립한 이론으로서, 사회의 각 구성원은 각기 각자의 몫을 가진다고 본다. 국민주권론은 몽테스키외의 『법의 정신』에서 비롯되어, 시에예스(Emmanuel Joseph Sieyès)가 『제3신분이란 무엇인가?』(Qu'est-ce que le tiers état?)에서 정립한 이론으로서, 주권은 국민이라는 하나의 법인체에 부여된 것이라는 이론이다. 서로 상이한 두 개의 이론은 1789년 헌법과 혁명력 1년 헌법에서 구현된 바 있다.

국민주권과 인민주권이라는 이원적 대립과 논리적 갈등, 즉 몽테스키외나 시에예스의 논리전개와 루소의 논리전개 사이의 갈등은 근본적으로 온건혁명파와 과격혁명파 사이에 사용된 하나의 도구적 개념이었다. 즉 고대 그리스 시대에 작동되던 직접민주주의의 이상을 국민주권과 더불어 구현하여야 한다는 장 자크 루소의 직접민주주의를 향한 이상은 혁명의 분위기를 급진적 민주주의로 내닫게 한다. 인민주권론에 의하면 당선자는 'Peuple'에 의하여 통제되어야 한다. 모든 'Peuple'이 한자리에 모이기가 불가능하다면, 직접민주주의방식으로서 국민투표를 할 수도 있다. 이에 선거인이 기속적으로 명령한 바에 따라 활동하도록 당선자에게 부과된 위임, 즉 강제위임(기속위임)의 원리를 취하게 된다. 이에 따라 정부는 당선자에게 복종하여야 하며, 이 당선자들은 'Peuple'에 복종하여야 한다. 반면에 민주시민의 좌표를 제대로 인식하는 데에는 아직도 시간이 필요하다는 몽테스키외나 시에예스와 같은 온건혁명론자들은 간접민주주의 즉 대의제 민주주의를 주창하기에 이른다. 'Nation'주권이론에 의하면 선거에서 당선된 사람들로 구성된 'Nation'의 대표는 자유롭게 'Nation'의 의사를 대표한다. 'Peuple'이나 선거인이 'Nation'의 대표를 통제할 수는 없다(자유위임, 기속위임 금지). 순수대표이론은 국민주권 개념에 포함되며, 국민주권이론은 권력분립의 원리에 의하여 순수대표이론을 보장해 준다. 혁명과 반혁명이 교차하는 가운데 결국 진보적인 직접민주주의라는 이상은 보수적인 간접민주주의라는 현실에 그 자리를 양보하게 된다(『헌법학』 제17판, 『헌법학입문』 제7판, 『프랑스헌법학』에서 발췌).

직접민주주의란 국민이 직접 주권을 행사하는 제도이며, 작은 규모의 국가에서 잘 시행된다. 단일국가에서는 지방자치단체를 중심으로 활성화되고, 연방국가에서는 지방(支邦)의 인구나 지역적 규모가 작은 국가에서 활성화된다. 후자의 요건을 충족하고 있는 국가가 바로 스위스이다. 스위스에서는 전통적으로 칸톤(Canton) 단위로 직접민주주의가 시행된다.

간접민주주의에서 주권의 행사권한은 국민의 보통선거를 통하여 선출되고 국민 전체의 이름으로 혹은 'Nation'의 이름으로 결정하는 대표에게 부여된다. 대표민주주의에서 선거는 모든 시민이 대표의 선출에 참여하는 보통선거 및 직접선거여야 한다.

직접민주주의는 그 이상적인 성격에도 불구하고 현실세계에서 제대로 작동하기란 쉬운 일이 아니다. 그렇지 않아도 대통령선거, 국회의원선거에 지방자치선거까지 겹쳐서 선거의 홍수를 이루고 있는 상황에서 전체 국민을 상대로 또 직접민주적인 선거를 실시한다는 것은 국민들의 정치적 무관심을 촉발하고 가중시키기에 충분하다. 다른 한편 직접민주주의는 때로 독재자들의 권위주의적 통치를 합리화하는 도구로 전락하기도 한다. 여기에 직접민주주의에 대한 부정의 씨앗이 싹트기 마련이다. 이와 같은 양극단적인 상황을 극복하는 것이야말로 직접민주주의제도의 성공적 안착과 직결되는 사안이다.

21세기에 이르러 대의민주주의는 직접민주주의의 현대적 변신을 통하여 그 보완책을 마련한다. 정보사회의 진전에 따라 인터넷뿐 아니라 아예 휴대용 정보기기를 통하여 곧바로 소통하는 소셜네트워크서비스(Social Network Service: SNS) 시대에 접어들었다. 언제, 어디서, 누구와도 소통할 수 있는 유비쿼터스(ubiquitous) 시대에 이른 오늘날 선거는 이미 예정된 결과물을 들여다보는 의식행위이자 요식행위에 불과할 수도 있다. 여론조사기법의 발달과 첨단적인 소통기술의 발전에 힘입어 이제 굳이 직접민주주의적인 투표라는 의식행위를 거치지 않아도 시대의 흐름을 정확하게 파악할 수 있는 상황에 이른다. 정책담당자들은 국민의 뜻이 어디에 있는지를 여론의 추이에 따라 판단할 수 있다. 심지어 정치인들에 대한 여론의 추이를 자본주의 시장의 첨단인 주식시장의 상장회사 주식시세표처럼 실시간으로 진단하기도 한다.

급격한 여론의 흐름은 때로 국민대표기관을 중심으로 하는 정당제 민주주의에 대한 위협으로 작동한다. 대의민주주의가 원래 의도하는 바는 국민과 대표 사이에 아무런 간격을 두지 않고 소통하자는 데 있다. 그런데 정당이라는 국민의 여론형성의 매개체가 등장하면서 오히려 주권적 의사는 정당의 의사로 치환되는 상황을 연출하게 된다. 장 자크 루소처럼 정당에 대하여 적대적인 주장이 없는 바는 아니지만, 근대민주주의의 발전사는 정당제 민주주의의 발전사라 해도 과언이 아닐 정도로 정당은 이제 필요악으로 자리 잡는다. 그런데 그 정당국가현상은 정보사회의 진전에 따라 정치지도자와 국민 사이의 직접적인 소통이 가능해지면서 새로운 변신이 불가피해진다.

그렇다고 정당제 민주주의에 기반을 둔 기존의 틀을 송두리째 바꿀 수도 없고 또 바꾸어서도 아니 된다. 이제 무엇이 변화와 변혁의 초점인지를 분명히 해야 한다. 첨단정보사회에서 그들만의 리그는 더 이상 통용되지 않는다. 선거기간 동안에만 국민을 주인으로 모신다는 형식적인 구호에 매몰되지 않는다. 진정으로 함께하는 정치야말로 미래를 약속한다. 그렇지 않아도 전 세계적으로 양극화가 심화된다. 거리로 내몰린 전 세계 시민들의 함성을 남의 탓으로 돌려서도 아니 된다. 함께하는 정치, 함께하는 사회만이 이 혼돈의 계절을 약속의 계절로 치환할 수 있다(〈칼럼〉 광장민주주의에서 대의민주주의로, 《서울신문》 2009. 7. 3.; 고전적 대의민주주의와 현대적 직접민주주의의 조화, 《고시계》 2011. 11.).

## 3. 선거제도의 개혁

### 1) 민주주의와 선거제도

현대 자유민주주의체제의 전개 과정에서 국민주권의 원리는 직접민주정보다는 오히려 간접민주정 즉 대의제를 채택하게 되었다. 이에 따라 선거라는 대표자를 선임하는 정치 과정이 뒤따른다. 권력의 원천인 국민을 대표하는 대표자 선임행위는 민주주의적 원리에 입각하여야 한다. 특히 오늘날 대의제는 자유위임(기속위임 금지)의 법리에 입각하고 있기 때문에 민주주의적 선거제도의 중요성이 강조된다.

주권적 의사의 표현인 선거에서 보통·평등·직접·비밀선거의 원리는 이제 일반적이고 필수적인 요소로 자리 잡는다. 하지만 어떤 선거제도를 채택하느냐에 따라 정당 사이에 의석 배분이 달라지고, 이는 곧 그 나라의 정당구조 내지 헌정체제의 운용에 직접 영향을 미친다. 각국의 다양한 헌정체제와 헌정현실은 그것이 헌법전 속에 구현되는 정치체제 못지않게 이들 국가 특유의 정치적 환경, 특히 현대적 정당국가 경향에 따른 정당제도 및 이들 정당의 형성에 결정적인 영향을 미치는 선거제도와 불가분의 관계를 형성한다.

우리 헌법은 선거제도와 관련하여 국회의원선거와 대통령선거에서 국민의 "보통·평등·직접·비밀선거"를 명시한다(제41조 제1항·제67조 제1항). 또한 "모든 국민은 법률이 정하는 바에 의하여 선거권을 가진다"(제24조), "지방의회의 조직·권한·의원선거와 지방자치단체의 장의 선임방법 기타 지방자치단체의 조직과 운영에 관한 사항은 법률로 정한다"(제118조 제2항)라고 규정한다. 헌법규정에 비추어 보면 보통·평등·직접·비밀선거는 헌법상 선거제도의 기본원칙이지만, 나머지 사항은 이를 준수하는 범위 내에서 법률

사항으로 되어 있다. 선거제도의 구체적인 모습은 국회의원선거, 대통령선거, 지방자치선거에서 각기 달리하지만 그 기본원칙은 동일하다는 점에서 「공직선거법」에서는 이들 사항을 포괄적으로 규정한다.

선거제도에 관한 논의는 첫째 선거구(選擧區)획정을 어떻게 할 것인가, 둘째 선거구의 규모는 대·중·소선거구제 중 어느 것을 채택할 것인가, 셋째 대표의 결정방식은 다수대표제·소수대표제·비례대표제·직능대표제 중에서 어느 것을 택할 것인가 등이 있다.

첫 번째 선거구획정 문제는 선거구 간 인구불평등 및 게리맨더링 방지에 관한 것으로서 이는 합리성과 적헌성에 기초한 이론적 해결이 가능한 문제이다. 그러나 두 번째와 세 번째 문제는 선거제도로서의 합리성이나 정당성 혹은 당위의 문제가 아니라, 각국이 처한 특수한 사정을 감안하여 정치적으로 해결하여야 할 합목적적 선택의 문제이므로 근대적 선거제도가 실시된 이래 항시 논란이 되어 왔다. 대표의 결정방식 또는 의원정수의 결정방식인 대표제와 의원을 선출하는 단위인 선거구에 관한 논의는 일견 별개의 문제로 볼 수도 있다. 그러나 대표제의 종류로 논의되고 있는 다수·소수·비례·혼합·직능대표제는 오늘날 대체로 다수대표제냐 비례대표제냐 혹은 양자의 절충이냐 하는 문제로 귀착된다.

그런데 다수대표제는 이론상 중선거구제가 불가능한 것은 아니지만 소선거구제로 귀착되며, 비례대표제는 논리필연적으로 중·대선거구제를 전제로 할 수밖에 없다. 그 밖에 이른바 독일식 혼합선거제는 진정한 의미의 혼합선거제라기보다는 오히려 비례대표제에 다수대표제를 혼합한 제도이기 때문에, 그것은 결과적으로 비례대표제적 성격을 강하게 띠고 있어 부진정 혼합대표제다. 따라서 선거구제에 관한 논의는 소선거구제냐 대선거구제냐의 논의로 축소 조정하여 논리를 전개하는 것이 보다 편리하다. 그리고 소선거구제와 대선거구제의 장단점은 다수대표제와 비례대표제에도 적용될 수 있는 내용이다.

선거구제에 관한 고전적인 논의를 개괄하면 다음과 같다. 소선거구제란 하나의 선거구에서 1인 내지 2인을 선출하는 제도이다. 대선거구제는 하나의 선거구에서 적어도 5인 이상을 선출하는 제도이다. 중선거구제는 하나의 선거구에서 3-4인 정도를 선출하는 제도이다. 과거 일본에서 중선거구제를 채택한 바 있으나 폐지되었다. 우리나라에서는 기초지방의회의원선거에서 중선거구제를 도입한다.

소선거구제의 장·단점은 대선거구제의 단·장점으로 연결되기 때문에 여기에서는 소선거구제의 장·단점을 살펴본다. 장점으로는 ① 양대정당제의 확립, ② 정치적 안정 확보, ③ 선거인의 대표 선택 용이, ④ 선거인과 의원 사이의 유대 강화, ⑤ 선거비용의 최소화, 단점으로는 ① 과다한 사표(死票) 발생, ② 정당득표율과 의석획득률의 괴리, ③ 지방 토착 인물의 과다 등용, ④ 매수 등에 의한 부패 가능성, ⑤ 선거구획정의 난점 및 게리맨더링의 위험 등이 있다.

다수대표제(多數代表制)란 다수의 후보자 중에서 선거인으로부터 다수득표를 한 후보자를 당선자로 결정하는 선거제도다. 선거제도로서 가장 간명하기 때문에 가장 오래된 선거제도이며 오늘날에도 널리 시행되고 있다. 다수대표제는 상대적 다수대표제와 절대적 다수대표제로 구분할 수 있다.

상대적 다수대표제는 단 한 번의 선거를 통하여 상대적으로 많은 유효득표를 한 자를 대표로 선출한다는 점에서 1회제 다수대표제라고도 한다. 선거제도가 간명하기 때문에 오늘날에도 영국과 미국 등에서 이 제도를 채택하고 있다.

절대적 다수대표제는 첫 번째 선거에서 유효투표의 과반수 득표자가 없을 경우에 일정한 득표 이상을 한 후보자 중에서 두 번째 결선투표를 실시하여 유효투표의 과반수 득표자를 당선자로 결정하는 선거제도라는 점에서 결선투표제 또는 2회제 다수대표제라고도 한다. 두 번 선거를 하여야 한다는 점에서 불편하고 어려운 점이 있으나 적어도 유효투표의 절대 과반수 득표자를 당선자로 한다는 점에서 민주적 정당성에 보다 부합하는 선거제도라 할 수 있다. 현재 프랑스에서 채택하고 있는 제도이다.

다수대표제의 장점으로는 무엇보다도 기술적으로 손쉬운 방법을 통하여 안정적 다수파를 확보함으로써 헌정체제의 안정을 기할 수 있다는 점에서 긍정적인 제도로 평가받는다. 이에 따라 정당제도는 양당제적 경향으로 나아간다. 특히 다당제국가에서 절대적 다수대표제를 채택할 경우에 2차투표에서 좌우연합을 통한 양극화현상을 나타내어 실질적으로 양당제와 유사한 정국안정을 기할 수 있다. 또한 소선거구제 선거를 통하여 선거인은 쉽게 후보자를 직접 선택함으로써 직접선거의 원리에 충실할 뿐만 아니라 선거인과 대표 사이의 유대를 강화할 수 있다. 그러나 다수대표제는 많은 유효투표를 결과적으로 사표로 만들기 때문에 선거인의 정확한 의사가 의회에 반영되지 못하는 치명적인 단점을 가진다. 이에 따라 소수 정당은 전국적으로 더 많은 유효투표를 획득하였음에도 불구하고 의석수 확보에서는 실패하는 현상까지 초래할 수 있다. 또한 거대 정당에게만 유리하고 소수파의 의회진출기회가 차단당하게 된다. 선거구의 소규모화로 인해 선거구의 인위적 조작 가능성도 제기된다.

비례대표제(比例代表制)는 다수대표제의 단점을 극복하기 위하여 각 정치세력의 득표율에 비례하여 대표자를 배분하는 선거제도다. 유권자인 국민의 의사를 보다 정확하게 반영할 수 있는 비례대표제는 확실히 다수대표제보다 더 국민적 정당성을 확보할 수 있기 때문에, 오늘날 유럽 각국에서 널리 채택된다.

비례대표제의 이상은 사표의 방지를 통하여 대표 선출에 있어서 선거인의 의사를 정확하게 반영하려는 데에 있다. 이를 구현하기 위한 기법은 매우 다양하다. 선거구의 규모, 후보자의 입후보방식, 선거인의 투표방법, 유효투표의 의석 배분방법 등에 따라서 다양한 제도가 안출되어 있다. 의석 배분방법은 매우 복잡하다. 그간 제도의 창안자인 동트(d'Hondt)의 이름을 원용한 이른바 동트식 비례대표제가 많이 채택되어 왔다.

선거구의 규모는 대선거구제를 전제로 하지만 전국선거구제와 권역별 선거구제가 있으나 국회의원선거에서는 일반적으로 권역별 비례대표제를 채택한다. 입후보방식은 개인별 입후보방식과 명부식 입후보방식이 있으며, 명부식은 다시 고정명부식과 가변명부식 등이 있다. 오늘날 정당국가 경향과 더불어 정당별 고정명부식 비례대표제가 일반화되어 있다. 정당명부식의 일반화에 따라 투표방식도 복수투표방법 등 복잡한 방법보다는 단일투표방법이 보편적으로 채택된다.

비례대표제는 투표의 산술적 계산가치의 평등뿐만 아니라 성과가치의 평등도 동시에 실현할 수 있다는 점에서 평등선거의 원리에 가장 부합하는 제도다. 이 경우 소선거구제에서 사표로 머물게 되는 군소 정당 내지 새로운 정치세력의 의사가 의회로 진출함으로써 민주주의의 또 다른 이상인 소수파 보호를 구현할 수 있다. 이를 통해서 다수파의 횡포를 방지할 수 있을 뿐만 아니라 정당정치의 활성화에도 기여할 수 있다. 또한 비례대표제를 채택하기 위해서는 대선거구제를 채택할 수밖에 없는데, 이에 따라 다수대표제의 소선거구제에서 야기될 수 있는 선거구획정의 불평등 논란을 불식시킬 수 있다.

그러나 비례대표제를 통하여 각계각층의 다양한 정파를 의회에 내보낼 수 있다는 것은 바꿔 말하자면 곧 안정적이고 동질적인 다수파를 의회 내에 확보하기가 곤란할 뿐만 아니라 군소 정당의 난립으로 인하여 정국불안정을 초래할 우려가 있다는 뜻이다. 또한 대선거구제 채택으로 선거인과 대표 사이의 관계가 소원해질 수밖에 없다. 현실적으로도 비례대표제를 실시함에 있어서는 절차상·기술적 난점이 많다. 일반적으로 명부식 비례대표제를 채택하고 있는데, 이 경우 그 명부 자체 및 명부의 순위가 특정 정치지도자 또는 정치세력에 의하여 좌우되기 때문에 선거인의 정확한 의사를 제대로 반영할 수 없다는 문제점도 적시된다.

우리나라에서 선거제도의 기본인 국회의원선거제도는 소선거구 상대적 다수대표제(지역구국회의원)와 전국선거구 비례대표제(비례대표국회의원)를 채택한다. 기존의 1인 1표제에 의한 전국선거구 비례대표선거제도는 헌법재판소의 한정위헌결정으로 폐지되었고, 2004년부터 국회의원 총선거에서는 비례대표국회의원선거에 정당투표제가 도입되었다(헌재 2001. 7. 19. 2000헌마 91 등). 대통령선거는 상대적 다수대표제를 채택한다. 기초 및 광역 지방자치단체의 장 선거도 상대적 다수대표제를 채택한다. 광역의회와 기초의회는 상대적 다수대표제로 선출되는 의원과 비례대표의원으로 구성된다. 다만 광역의회는 소선거구제를, 기초의회는 중선거구제를 채택한다(『헌법학』 제17판, 『선거법론』에서 발췌).

## 2) 선거부정의 차단

선거 과정에서 「공직선거법」 등 관련 법규를 준수하여 공정하게 선거가 시행되었는가의 문제는 국민의 법치주의 의식 고양에 중대한 영향을 미친다. 정치부패를 청산하고 정치의 투명화·선진화를 이룩하기 위해서는 정치자금 및 선거비용이 공정하게 작동되어야 한다.

한국 민주주의의 발전 과정에서 선거는 관권선거 등 부정선거로 얼룩져 왔다. 정치 과정의 핵심적인 어젠다인 선거에는 항상 집권자의 자의가 개입되어 왔다. 그러나 민주화 이후에 선거는 차츰 투명성과 공정성을 더하여 왔다. 1994년에는 기존의 대통령선거법·국회의원선거법·지방의회의원선거법 및 지방자치단체의 장 선거법을 통합하여 '공직선거 및 선거부정방지법'을 제정하였다. 이는 기존에 개별법으로 나뉘어져 있던 선거 관련 법을 하나로 통합하였다는 의미에서 일명 '통합선거법'이라고도 지칭되지만 약칭 「공직선거법」으로도 불러 왔다. 「공직선거법」은 헌법과 「지방자치법」에 의한 선거가 국민의 자유로운 의사와 민주적인 절차에 의하여 공정히 행하여지도록 하고, 선거와 관련한 부정을 방지함으로써 민주정치의 발전에 기여함을 목적으로 하는 법률이다. 통합선거법의 제목에서 선거부정 방지를 명시하였다는 사실은 그만큼 선거부정 방지를 위한 정치개혁이 시대의 화두였다는 의미를 단적으로 드러낸다. 하지만 선거부정 방지라는 명제에 집착하다 보니 국민의 주권적 의사의 표현인 선거가 그 대원칙인 선거의 자유 내지 선거운동의 자유가 아니라 선거운동의 제한법으로 작동되고 있는 현실이다.

민주주의의 고향이라는 영국에서도 선거혁명을 이루기가 쉽지 않았다. 18세기에서 19세기에 이르는 산업혁명의 성공으로 신흥 부르주아 계층이 등장함에 따라 물신주의(物神主義)가 팽배하면서 선거에서도 매관매수가 난무하자 1883년에는 선거와 관련된 '부패 및 위법행위방지법'을 제정하여 선거부정 방지를 위한 획기적인 조치를 취하였다. 이로써 정치 과정을 철저하게 규제하기 시작하였고 그제야 비로소 선거부정은 사라지고 선거가 민주주의의 축제로 자리 잡게 된다. 영국보다 불과 20년 뒤진 1948년에 우리도 보통·평등·직접·비밀선거제도를 도입하였다. 하지만 허울 좋은 외형에도 불구하고 민주적 선거제도의 정착은 요원해 보였다. 금권선거·관권선거가 난무하는 가운데 주권자의 표심이 찬탈당하는 상황에서 1960년 4월 학생혁명의 발발은 역사의 필연이었다. 1994년에 정치개혁입법으로 '공직선거 및 선거부정방지법'이 제정된 이후 거의 매년 정치 관계 법 특히 선거 관련 법제가 개정을 거듭한다. 이는 정치활동의 투명성보장과 관련된 세계 여러 나라의 법제와 맥락을 같이한다. 20세기 후반에 이르러 대부분의 정치선진국에서는 선거운동의 규제에서 자유로 선거법제가 전환되어 왔다. 즉 선거운동의 자유는 최대한 보장하고 다만 정치자금의 투명성에 중점을 둔다. 하지만 우리나라의 선거법제는 여전히 선거운동의 자유에 관한 법제라기보다는 선거운동의 규제를 위한 법제의 수준에 머문다.

그나마 21세기에 접어들면서 선거운동 규제를 통한 선거부정 방지가 나름대로의 효과를 거두어 간다는 판단에 따라 2005년에는 '선거부정 방지'를 법률의 명칭에서 삭제하고 대신 「공직선거법」으로 명칭이 변경되었다. 그럼에도 여전히 선거부정이 완전히 불식되기에는 역부족이다.

선거의 투명성과 공정성을 확보하기 위해 중앙선거관리위원회를 비롯해서 시·도선거관리위원회와 시·군선거관리위원회를 설치하여 선거관리위원회는 전국적인 조직이다. 이와 같이 일반 행정기관이 아닌 선거관리기관을 전국적으로 설치하고 있는 나라는 우리나라가 거의 유일하다. 지방에서의 선거관리는 지방행정기관에서 담당하면 될 것이지만, 행정기관이 선거관리를 담당할 경우에 일반 국민이나 정치권의 불신이 심화될 소지가 있다. 이에 현행법에서는 중앙선거관리위원회 위원장은 위원 상호 간에 호선(互選)하도록 되어 있지만 관례적으로 대법관이 겸임한다. 더 나아가 각급 선거관리위원회 위원장 또한 현직 법관이 겸임한다. 이러한 비정상적인 선거관리체계는 선거의 공정성이 담보될 수 있는 일정한 상황에 이르면 교정되어야 할 명제다.

이제 선거법제도 아날로그 시대의 선거부정 방지라는 울타리를 벗어나서 디지털 시대의 선거운동 자유의 법제로 거듭 태어나야 한다. 선거의 본질에 충실할 수 있도록 선거운동의 자유를 원칙으로 하고 규제는 예외로 해야 한다. SNS뿐만 아니라 갖가지 규제로 점철되어 있는 선거법에 자유의 바람을 불어넣어야 한다. 그래야 선거운동도 생명력을 가지게 된다. 그래야 신진정치세력에게도 개방된 선거가 될 수 있다[〈칼럼〉 선거법의 개혁방향(선거법, 닫힌 법에서 열린 법으로), 《매일경제》 2012. 1. 31.].

### 3) 바람직한 선거구획정

헌법은 국회의원 숫자와 선거제도에 관해서 다음과 같이 규정한다. "국회의원의 수는 법률로 정하되, 200인 이상으로 한다. 국회의원의 선거구와 비례대표제 기타 선거에 관한 사항은 법률로 정한다"(제41조). 이 헌법규정에 따라 「공직선거법」에서는 국회의원의 숫자와 선거제도, 즉 선거구의 크기, 대표의 결정방식, 인구비례 등에 관해서 규정한다. 대표의 결정방식을 상대적 다수대표제와 비례대표제를 병용하는 상황에서 소선거구에서의 인구편차가 문제시된다.

대통령과 비례대표국회의원은 전국을 단위로 하여 선거한다(「공직선거법」 제20조 제1항). 비례대표시·도의원은 당해 시·도를 단위로 선거하며, 비례대표자치구·시·군의원은 당해 자치구·시·군을 단위로 선거한다(제2항). 지역구국회의원, 지역구지방의회의원(지역구시·도의원 및 지역구자치구·시·군의원을 말한다)은 당해 의원의 선거구를 단위로 하여 선거한다(제3항). 지방자치단체의 장은 당해 지방자치단체의 관할구역을 단위로 하여 선거한다(제4항).

국회의 의원정수는 지역구국회의원과 비례대표국회의원을 합하여 300인으로 하되, 하나의 국회의원지역선거구(이하 '국회의원지역구'라 한다)에서 선출할 국회의원의 정수는 1인으로 한다(제21조). 제20대 국회는 「공직선거법」 부칙규정에 따라 253명의 지역구국회의원과 47명의 비례대표국회의원으로 구성한다.

국회의원지역구의 공정한 획정을 위하여 임기만료에 따른 국회의원선거의 선거일 전 18개월부터 해당 국회의원선거에 적용되는 국회의원지역구의 명칭과 그 구역이 확정되어 효력을 발생하는 날까지 국회의원선거구획정위원회를 설치·운영한다(제24조 제1항). 국회의원선거구획정위원회는 중앙선거관리위원회에 두되, 직무에 관하여 독립의 지위를 가진다(제24조 제2항). 한편 자치구·시·군의원지역선거구의 공정한 획정을 위하여 시·도에 자치구·시·군의원선거구획정위원회를 둔다(제24조의3 제1항). 국회의원선거구획정위원회는 중앙선거관리위원회 위원장이 위촉하는 9명의 위원으로 구성하며 위원장은 위원 중에서 호선한다(제3항). 국회의 소관 상임위원회 또는 선거구획정에 관한 사항을 심사하는 특별위원회는 중앙선거관리위원회 위원장이 지명하는 1명과 학계·법조계·언론계·시민단체·정당 등으로부터 추천받은 사람 중 8명을 의결로 선정하여 국회의원선거구획정위원회 설치일 전 10일까지 중앙선거관리위원회 위원장에게 통보하여야 한다(제4항).

선거구획정의 주된 쟁점은 평등선거의 실현이다. 「공직선거법」에서 선거구획정은 지역구국회의원 선거구획정과 지방의회의원 선거구획정으로 구분된다. 주된 쟁점은 선거구획정에 있어서 선거구 간 인구편차와 지리적 기준(게리맨더링과 같은 부정선거구획정)이다. 국회의원지역구는 "시·도의 관할구역 안에서 인구·행정구역·지리적 여건·교통·생활문화권 등을 고려하여" 획정하되(제25조 제1항), "제1항 제2호의 인구범위를 벗어나지 아니하는 범위에서 농산어촌의 지역대표성이 반영될 수 있도록 노력하여야 한다"(제2항).

헌법재판소는 1995년 결정에서 국회의원 선거구획정에 있어서 인구편차가 4:1 이상일 경우에는 위헌임을 선언함과 더불어, 옥천과 보은·영동 선거구 간의 분리는 게리맨더링임을 인정하였다. 게리맨더(Gerrymander)식 선거구획정이라는 표현은 19세기 미국의 매사추세츠(Massachusetts) 주지사 게리(Gerry)에 의하여 자행된 부정한 선거구획정을 두고 그의 이름과 그 선거구 모습이 그리스 신화에 나오는 'Salamander'(도마뱀 형상의 괴물)와 비슷하다고 하여 이를 합성하여 붙인 이름이다.

한편 헌법재판소는 2001년 결정에서 합헌적인 선거구 인구편차를 종전의 4:1에서 3:1로 판례를 변경하면서 법정의견은 앞으로 상당한 기간이 지난 후에는 인구편차 상하 33⅓%, 인구비례 2:1 또는 그 미만의 기준에 따라 위헌 여부를 판단하여야 할 것이라는 점을 명시하였다(헌재 2001. 10. 25. 2000헌마92 등). 2001년 결정 후 13년이 경과한 2014년, 헌법재판소는 2001년 결정에서 국회의원 선거구획정에 있어 인구편차를 완화할 수 있는 근거로 제시한 국회의원의 지역대표성이나 도농(都農) 간의 인구격차, 불균형한 개발 등이 이제는 더 이상 인구편차 상하 33⅓%, 인구비례 2:1의 기준을 넘어 인구편차를 완화할 수 있는 사유가 되지 않는다고 하면서, 헌법이 허용하는 선거구 인구편차의 기준을 인구편차 상하 33⅓%, 인구비례 2:1을 넘어서지 않는 것으로 변경하였다(헌재 2014. 10. 30. 2012헌마190 등).

선거구 인구편차를 완전히 제로로 할 수는 없으므로 일정한 편차의 존재를 인정할 수밖에 없다. 하지만 일정한 범위를 넘어서면, 그것은 투표가치의 등가성(等價性)을 위배하는 것으로서 평등원리에 위반된다. 헌법질서에 반하는 선거를 통하여 대표자를 선출하는 것은 주권적 의사의 왜곡현상을 초래한다.

인구편차의 기준을 종전 3:1에서 2:1로 변경한 헌법재판소의 결정은 평가할 만하다. 국회를 구성함에 있어 국회의원의 지역대표성도 고려되어야 하지만, 지방자치제도가 정착된 현 시점에서는 지역대표성을 이유로 헌법상의 원칙인 투표가치의 평등을 저해할 수는 없다. 국회의원의 지역대표성에 대한 고려가 국민주권주의의 출발점인 투표가치의 평등보다 우선할 수는 없기 때문이다. 2014년 결정은 정치선진국의 선거구 인구편차 기준에 근접한다는 점에서 그 의의를 찾을 수 있다. 이에 따라 국회의원지역구획정이 새롭게 실시되었으며, 제20대 국회의원선거는 지역선거구 인구편차 2:1 기준으로 시행되었다.

"국회는 국회의원지역선거구를 선거일 전 1년까지 확정하여야 한다"(제24조의2 제1항)라는 규정에도 불구하고 제20대 국회의원선거를 위한 지역구는 지역구국회의원선거일(2016년 4월 13일) 전 120일부터인 예비후보자 등록 기간을 훨씬 넘긴 3월 3일에야 확정되었다. 여야가 자신에게 유리한 지역구 획정을 고집하던 탓이다.

그런데 정작 농어촌 선거구의 희생 위에 도시 선거구만 늘어나는 결과를 초래하고 있다는 점에서 참담함을 금할 수 없다. 만약 이렇게 인구비례만 강조하는 식의 농어촌 선거구 축소가 계속된다면 더 이상 소선거구 상대적 다수대표제의 존재이유도 없다. 우리나라 특유의 급격한 도시화현상과 단원제 국회의 측면 또한 부인할 수 없는 현실이다. 지방자치가 실시되고 있다고 하지만 양원제국가에서의 지역대표성이 고려되지 못한다는 점에서, 선거제도의 근본적인 개혁이 동반되지 아니한 채 인구편차에 지나치게 매몰되어서는 아니 된다. 새로운 인구편차는 근본적으로 선거제도의 개혁으로 이어질 소지를 안고 있다.

헌법재판소는 "선거구의 획정은 사회적·지리적·역사적·경제적·행정적 연관성 및 생활권 등을 고려하여 특단의 불가피한 사정이 없는 한 인접

지역이 1개의 선거구를 구성하도록 함이 상당하며, 이 또한 선거구획정에 관한 국회의 재량권의 한계"(헌재 1995. 12. 27. 95헌마224 등)임을 분명히 한다. 즉 헌법재판소는 선거구획정에 있어서 인구비례의 원칙을 가장 중요한 기준으로 삼으면서도 지역구국회의원에 대한 어느 정도 지역대표로서의 성격을 고려한다.

국회의원지역구의 공정한 획정을 위하여 중앙선거관리위원회 산하에 독립기구로 국회의원선거구획정위원회가 구성되나, 국회의원지역구를 획정하기 위한 객관적인 기준을 구체적으로 규정하고 있지 않아 선거구획정위원회의 실질적인 활동에 제약이 발생하고 있는 실정이었다. 이에 개정된 「공직선거법」에서는 국회의원지역구획정 기준에 관한 구체적인 사항을 정함으로써 국회의원지역구가 공정하고 객관적인 기준에 따라 합리적으로 획정되도록 한다. "국회의원지역구는 시·도의 관할구역 안에서 인구·행정구역·지리적 여건·교통·생활문화권 등을 고려하여 다음 각호의 기준에 따라 획정한다. ① 국회의원지역구획정의 기준이 되는 인구는 선거일 전 15개월이 속하는 달의 말일 현재 「주민등록법」 제7조 제1항에 따른 주민등록표에 따라 조사한 인구로 한다. ② 하나의 자치구·시·군의 일부를 분할하여 다른 국회의원지역구에 속하게 할 수 없다. 다만, 인구범위(인구비례 2:1의 범위를 말한다. 이하 이 조에서 같다)에 미달하는 자치구·시·군으로서 인접한 하나 이상의 자치구·시·군의 관할구역 전부를 합하는 방법으로는 그 인구범위를 충족하는 하나의 국회의원지역구를 구성할 수 없는 경우에는 그 인접한 자치구·시·군의 일부를 분할하여 구성할 수 있다(제25조 제1항). 국회의원지역구의 획정에 있어서는 제1항 제2호의 인구범위를 벗어나지 아니하는 범위에서 농산어촌의 지역대표성이 반영될 수 있도록 노력하여야 한다"(제25조 제2항).

헌법상 보통선거·평등선거의 원칙에 따라 선출되는 국회의원은 특정한 집단의 대표가 아니라 전체 국민을 대표하는 기관이며, 이러한 대표관념에 비추어 본다면 선거구획정은 인구수에 기초하여야 한다. 하지만 인구기준만으로는 무수한 선거구획정안이 나올 수 있고, 그중 어느 것을 선택할 것인가에 대한 기준이 마련되지 않는다면 결국 행정구역이나 선거구의 단일성 내지 인접성 등을 고려하지 않을 수 없다. 다만 이 경우에도 이러한 보충적 기준에 의하여 인구기준이 훼손당해서는 아니 될 것이며, 또한 보충적 기준을 활용한다고 하여 국회의원의 지역대표성과 이익대표성을 지나치게 강조하여서도 아니 된다(〈칼럼〉 선거구野合 막을 제도 보완 절실하다, 《문화일보》 2012. 2. 29.).

### 4) 대표 결정방식의 개혁

대표(당선자) 결정방식은 이상과 현실이 조화를 이루어야 한다. 가장 간명한 제도는 제1득표자를 당선자로 결정하는 상대적 다수대표제다. 미국, 영국, 우리나라의 선거제도가 이에 해당된다. 이 제도는 많은 유효투표가 사표(死票)가 되는 치명적 단점이 있다. 겨우 27.7%의 득표로 당선되기도 한다. 프랑스에서 채택하는 절대적 다수대표제(결선투표제)는 유효투표의 절대과반수를 득표해야 당선되는데 선거를 두 번 실시해야 한다. 다수대표제의 단점인 사표를 최소화하는 제도가 비례대표제다. 이상적 제도이지만 특정 정당이 의회에서 과반수를 확보하기가 어려워 정국불안을 초래할 우려가 있다.

비례대표선거제도는 각 정치세력에 대한 선거권자의 지지에 비례하여 대표자의 수를 배분하는 선거제도이다. 이는 사표를 양산하고 다양한 국민의 목소리를 제대로 대표하지 못하는 다수대표제의 문제점을 보완하기 위하여

고안되었다. 이러한 비례대표제는 소수자보호의 원리와 투표가치의 실질적 평등에 충실하지만, 대의제이념과 갈등을 일으킬 소지도 있다. 그러나 비례대표제가 적절한 방법으로 운용될 경우 사회세력에 상응한 대표를 형성하고, 정당 간의 경쟁을 촉진하여 정치적 독점을 배제하는 긍정적인 효과를 기대할 수 있다.

현행 비례대표의원정수는 47인이다. 비례대표국회의원 후보자의 등록은 추천 정당이 서면으로 신청하되 그 순위를 정한 비례대표국회의원 후보자 명부를 함께 첨부하여야 한다(「공직선거법」 제49조 제2항 후문). 중앙선거관리위원회는 비례대표국회의원선거에서 유효투표 총수의 100분의 3 이상을 득표하였거나 지역구국회의원 총선거에서 5석 이상의 의석을 차지한 각 정당(의석할당정당)에 대하여 당해 의석할당정당이 비례대표국회의원선거에서 얻은 득표비율에 따라 비례대표국회의원의석을 배분한다(저지규정). 득표비율은 각 의석할당정당의 득표수를 모든 의석할당정당의 득표수의 합계로 나누어 산출한다. 비례대표국회의원의석은 각 의석할당정당의 득표비율에 비례대표국회의원 의석정수를 곱하여 산출된 수의 정수(整數)의 의석을 당해 정당에 먼저 배분하고 잔여의석은 소수점 이하 수가 큰 순으로 각 정당에 1석씩 배분하되, 그 수가 같은 때에는 당해 정당 사이의 추첨에 의한다(제189조).

우리나라에서 비례대표제 도입은 엉뚱하게 출발하였다. 상대적 다수대표제를 통하여 선출된 국회의원 수에 따라 비례대표의석을 배분하였을 뿐만 아니라 심지어 정국안정을 이유로 제1당에 무조건 과반수를 배정하기도 하였다. 유권자가 비례대표에 대한 투표를 따로 하지 않는 제도는 위헌이라는 2001년 헌법재판소 결정에 따라 정당투표제가 도입되었다. 즉, 헌법재판소는 2001년 7월 19일 결정에서 '공직선거 및 선거부정방지법' 제146조 제2항 중 "1인 1표로 한다" 부분은 "국회의원선거에 있어 지역구국회의원선거와 병행하여 정당명부식 비례대표제를 실시하면서도 별도의 정당투표를 허용하지 않는 범위에서 헌법에 위반된다"라고 하여 한정위헌결정을 내렸다 (헌재 2001. 7. 19. 2000헌마91 등). 헌법재판소는 「공직선거법」이 지역구선거에서 표출된 유권자의 의사를 그대로 정당에 대한 지지의사로 의제하여 비례대표의석을 배분하도록 하고 있는데, 이러한 규정은 민주주의원리, 직접선거의 원칙 및 평등선거의 원칙에 위반되고, 그 결과 유권자들의 선거와 관련된 기본권을 침해한다고 판단하였다.

이 밖에 제도운용상의 문제점도 드러났다. 첫째, 비례대표제의 본질에 비추어 본 사표 방지의 효과를 기대할 수 없었다. 비례대표국회의원선거제도는 지역구국회의원선거에서 양산된 사표를 전국구제도를 통하여 어느 정도 중화할 수 있는 소지를 마련한 것으로 평가할 수도 있다. 그러나 지역구국회의원선거제도가 상대적 다수대표제를 채택하고 있기 때문에, 이른바 뒤베르제의 경향성법칙에 따라 양당제적 경향으로 흐르고 있는 정치적 상황에서는 그에 따라 나타난 결과를 통하여 비례대표제가 가지고 있는 이상을 실현할 수는 없었다.

둘째, 직능대표제의 기능은 사라지고 특정 정치지도자의 카리스마를 제도화시켜 주었다. 한국의 정당정치가 특정 정당지도자에 의한 사당화 경향을 보이고 있는 중요한 요인 중의 하나로 비례대표국회의원선거제도를 들지 않을 수 없다. 특히 후보자명부 작성에 있어서 민주적인 당내절차를 밟지 못하고 있었다.

셋째, 지역할거주의의 완화에도 기여하지 못하였다. 소선거구 다수대표제에서 지역할거주의 경향을 해결하는 데에 비례대표제도는 아무런 기여를 하지 못하였다. 선거인들은 자기지역 출신 인사들이 비례대표로 당선되더라도 이들에게 지역대표성을 전혀 인정하지 않았다. 외국에서는 일반적으로 지역별 내지 권역별 비례대표제를 시행한다. 다만 유럽의회의원선거의 경우 그 특수성 때문에 전국을 단위로 한 비례대표제가 시행된다. 우리나라와 비슷한 국가규모나 인구규모의 나라에서 전국선거구 비례대표제를 시행하는 예는 드물다.

비례대표제는 사표를 줄일 수 있는 대신 그 시행기술상 어려움이 많다. 근래에는 정당명부식을 많이 채택한다. 그러나 정당명부식은 명부의 순서가 정당지도자의 의사에 의하여 정해지기 때문에 자칫 권위적인 정당지도자에 의한 놀이로 전락할 위험이 있다. 유권자는 정당이 정해 놓은 명부에 대하여 투표한다는 점에서 이론상 직접선거의 원리에 위배될 소지도 있다.

비례대표명부는 전적으로 정당에 의하여 작성되는데 선거 때마다 분란이 그치지 않는다. 찬조금 명목의 '돈 공천'이 언제나 말썽이다. 정치자금이 쪼들리는 야당은 공천을 통하여 선거자금을 확보하여 왔다. 하지만 선거공영제가 확대되고 선거가 있는 해에는 국민의 세금에서 수백억 원의 보조금이 정당에 추가 배분되기 때문에 더는 돈 공천을 해서는 아니 된다. 그런데도 정당 수뇌부의 탐욕이 화를 자초한다.

정당 내부의 의사형성 및 결정 과정이 민주화되어 있지 않을 경우 국민에 의한 지배가 아니라 유력 정치인 개인 또는 과두적 소수가 정당을 이용하여 행하는 인적 지배로 변질될 가능성이 있다. 따라서 당내민주주의는 정당민주주의가 민주주의로서 정당화되기 위한 기본전제다. 당내민주화의 핵심 내용으로는 ① 정당의 민주적·공개적 운영, ② 정당의결의 민주화, ③ 정당기구 구성과 선거후보자 추천의 민주성, ④ 재정의 공개, ⑤ 당원의 지위보장 등이 있다.

정당의 목적·조직과 활동은 민주적이어야 한다(헌법 제8조 제2항). 정당의 강령과 당헌은 공개되어야 하고(「정당법」 제28조), 당원의 총의를 반영할 수 있는 대의기관 및 집행기관과 의원총회를 가져야 한다(제29조). 공직선거 후보자 추천은 민주적이어야 하며, 이를 위해 당내경선을 실시할 수 있다(「공직선거법」 제47조, 제6장의2). 당내민주화를 위하여 「정당법」은 정당의 대표자와 투표로 선출하는 당직자의 선출을 위한 선거에서 당대표경선 등의 자유방해죄(제49조), 매수 및 이해유도죄(제50조), 매수 및 이해유도죄로 인한 이익의 몰수(제51조), 허위사실공표죄(제52조)를 규정한다. 「공직선거법」은 당내경선과 관련한 매수 및 이해유도죄(제230조 제6항), 선거의 자유방해죄(제237조 제5항, 제6항), 선거사무관리관계자나 시설 등에 대한 폭행·교란죄(제244조 제2항), 허위사실공표죄(제250조 제3항), 부정선거운동죄(제255조 제2항 제3호)를 규정한다.

무엇보다도 비례대표제는 그 당선자 결정방식에 어려움이 있다. 비례대표제를 통한 사표의 최대한 억제라는 목적을 달성하기 위하여 다양한 방안이 강구되어 왔다. 일반적인 방식으로는 당선기수를 먼저 정하고 이어서 나머지 잔여의석을 어떻게 배분할 것인가가 주된 쟁점이다. 가장 간단한 방법으로는 최대잔여표를 기준으로 나머지 의석을 배분하는 것이다.

헌법과 「공직선거법」의 규정에 비추어 보건대 비례대표제의 존치가 불가피하다면 현행 전국선거구제도의 개혁이 요망된다. 전국선거구제도를 비례대표제의 본질에 부합하도록 하기 위해서는 이중투표제(정당투표제) 외에도 권역별 비례대표제를 도입하는 것이 바람직하다. 이를 위해 비례대표의 원정수가 지역구국회의원정수의 절반 정도로 상향조정되어야 한다. 그러나 이 또한 극복하여야 할 많은 과제를 안고 있다.

첫째, 정당투표식 비례대표제의 도입을 통하여 환경운동단체 등 일부 신진세력이 의회에 진입할 기회를 가진다는 점에서는 긍정적으로 평가할 수 있다. 그러나 한국적 현실에서 원내교섭단체를 구성하지 못하는 소수파의 존재가 어떠한 의미를 가질 수 있을지 의문이다. 둘째, 정당명부식 비례대표제는 정당의 민주화를 전제로 한다. 정당국가 경향에 따라 한국에서도 이미 소선거구에서조차 유권자의 투표성향이 인물보다는 정당으로 기울고 있는 상황에서, 정당투표제의 도입은 정당이 정해 놓은 후보자에 대한 투표라는 점에서 정당민주화의 요구가 증폭된다. 셋째, 비례대표제의 실시에 따라 제1당이 국회재적의원 과반수를 확보하지 못하는 상황이 연출될 경우 그것은 자칫 군소 정당의 난립에 따른 정국불안정으로 이어질 소지가 있다. 따라서 이에 대한 대응책도 숙고되어야 한다. 넷째, 비례대표제의 시행이 여야 간 평화적 정권교체의 새로운 장애요인이 될 수도 있다. 한국적 현실에서 비례대표제의 시행은 여당이 비록 의회 과반수를 확보하지는 못한다 하더라도 항시 제1당을 차지할 가능성이 높다. 다섯째, 선거제도 자체와 직접 관련된 사안은 아니지만 정당의 이합집산이 심화되고 있는 상황에서 전국선거구 비례대표국회의원의 당적이탈에 따라 야기되는 문제점도 시정되어야 한다.

비례대표제는 직능대표의 배려, 지역 편중의 완화, 소수자와 약자의 의회진출을 위해 필요하다. 여성의 의회진출 확대를 위해 「공직선거법」에서는 "100분의 50 이상을 여성으로 추천하되, 후보자 명부 순위의 홀수에는 여성을 추천해야 한다"라고 규정한다(제47조 제3항). 그런데 같은 비례대표선거인데도 지방의원선거에서는 이를 위반하면 등록신청을 수리할 수 없고(제49조) 등록 후에도 등록을 무효로 하지만(제52조), 국회의원선거에서는 이 같은 제재조항이 없다. 이는 잘못된 입법이다.

이제 비례대표제뿐 아니라 지역구제도까지 포함해 후보자 추천방식과 시기의 혁신이 필요하다. 하지만 묘약이 없어 안타깝다. 헌법상 보장된 정당활동의 자유에 비춰 공천 과정을 법적으로 강제하기는 어렵다. 국민의 눈높이에 맞는 정치지도자들의 성숙한 정치공학을 기대할 수밖에 없다. 공천은 가급적 빨리 마무리 지어야 한다. 그래야만 후보 등록 이전에 정치적·사회적 검증 과정을 거칠 수 있다. 선거일을 불과 보름 앞두고 발표되는 공천결과는 유권자의 알 권리에 중대한 제약을 가져온다. 공천을 지금처럼 외인부대에 의탁하고 정당 수뇌부가 뒤쫓아 가서는 아니 된다. 정당의 존립이유와 직결되는 정당 후보자의 검증과 추천은 정당 수뇌부가 직접 책임져야 한다. 그래야만 선거결과에 대한 책임소재도 분명해진다. 타협과 소통을 통한 정당 내부에서의 민주화가 이루어져야만 정당정치의 내일을 기약할 수 있다 (〈칼럼〉 탐욕과 손잡기 쉬운 비례대표제, 《동아일보》 2008. 4. 22.).

### 5) 바람직한 선거공영제

선거는 국가의 존속과 국민 전체의 이익을 위하여 국가의 공적 업무를 수행할 국민의 대표자를 선출하는 행위이므로 이에 소요되는 비용은 원칙적으로 국가가 부담하는 것이 바람직하다. 특히 선거에 소요되는 비용을 후보자 개인에게 모두 부담시키는 것은 경제적으로 넉넉하지 못한 사람의 입후보를 어렵거나 불가능하게 하여, 국민의 공무담임권을 부당하게 제한함은 물론 유능한 인재가 국가를 위하여 봉사할 수 없게 되는 결과를 초래할 수도 있다. 선거공영제(選擧公營制)는 이를 방지하기 위하여 선거의 관리·운영에 필요한 비용을 후보자 개인에게 부담시키지 않고 국민 모두의 공평부담으로 하고자 하는 것이다(헌재 2010. 5. 27. 2008헌마491).

선거공영제는 선거운동에 있어서 기회균등과 선거비용의 원칙적인 국가부담에서 비롯된다. 우리 헌법도 "선거운동은 각급 선거관리위원회의 관리하에 법률이 정하는 범위 안에서 하되 균등한 기회가 보장되어야 한다. 선거에 관한 경비는 법률이 정하는 경우를 제외하고는 정당 또는 후보자에게 부담시킬 수 없다"(제116조)라고 선거공영제를 규정한다. 선거운동은 원칙적으로 자유로워야 하나 부정선거를 방지하기 위해 많은 제약을 둔다. 이와 같은 제약은 역설적으로 선거운동에서 기회균등을 실질화하기 위한 조치다.

그러나 선거공영제를 운영함에 있어서 소요되는 비용은 국민의 부담, 즉 세금으로 충당되므로 이를 합리적으로 운영하여야 한다. 선거에는 막대한 비용이 소요되므로 이를 부담할 국가의 재정상황을 고려하여야 함은 물론 현재의 정치상황과 선거문화를 고려하여 국가가 부담하는 비용이 무분별하게 사용되지 않도록 적절한 조치를 취하여야 한다. 선거비용을 국가가 모두 부담한다면 누구나 아무런 부담 없이 선거에 입후보할 수 있으므로, 진지한 공직취임의 의사가 없거나 선거를 개인적인 목적에 악용하려는 사람들이 자유롭게 입후보할 수 있게 되어 후보자가 난립하게 되고 그로 인하여 국가가 부담하여야 하는 비용이 걷잡을 수 없이 커질 수 있다. 또한 후보자들의 난립으로 인한 정치적 주장의 난립으로 중요한 정치적·사회적 쟁점에 관한 국민적 논의와 평가가 어렵게 될 우려도 있다. 따라서 국가가 선거공영제를 형성함에 있어서 국가예산의 효율적 집행을 도모하고 선거공영으로 인한 위와 같은 부작용을 방지하기 위한 장치를 마련하는 것은 정당하다(헌재 2010. 5. 27. 2008헌마491).

선거비용을 국가가 어느 정도 부담할 것인가는 입법정책적인 문제이다. 국가의 재정과 정치상황도 고려해야 하고, 세금이 낭비되지 않아야 한다. 하지만 국가의 부담이 최소화할수록 금권선거가 횡행하게 되고, 결과적으로 선거 과정에서의 평등과 후보자의 기회균등의 원칙이 훼손될 수 있다. 선거공영제를 악용하는 자에 대한 대표적인 제한이 기탁금제도와 선거비용 보전제도이다.

첫째, 기탁금제도는 원칙적으로 용인된다. 다만 그 액수가 문제이다. 기탁금제도는 선거를 할 때에 후보자로 하여금 일정 금액을 기탁하게 하고 후보자가 선거에서 일정 수준의 득표를 하지 못할 때에는 기탁금의 전부 또는 일부를 국고에 귀속시키는 등의 방법으로 금전적 제재를 가하는 선거제도이다. 후보자의 무분별한 난립을 방지하고 아울러 당선자에게 되도록 다수표를 몰아주어 민주적 정당성을 부여하는 한편 후보자의 성실성을 담보하려는 취지에서 생겨난 것이다(헌재 1996. 8. 29. 95헌마108).

일반 서민층이 입후보할 기회를 원천적으로 차단할 우려가 있는 지나친 고액의 기탁금제도는 바람직하지 않다. 기탁금이 지나치게 고액일 경우는 공직취임에서 기회균등의 원칙에 어긋나는 위헌임은 말할 것도 없다. 기탁금 액수를 산정함에 있어서는 선거구의 규모, 선거가 가지고 있는 특성, 피선거권자의 경제력 등을 충분히 고려해야 한다. 헌법재판소는 국회의원선거에서 2000만 원의 기탁금은 지나치게 고액이며, 정당추천 후보자와 무소속 후보자의 기탁금 차이도 평등원칙에 어긋난다고 판시한 바 있다.

둘째, 민주주의의 축제인 선거에서 선거비용은 필요악이다. 하지만 후보자 난립으로 공정성을 해치고 과열선거를 촉발할 수 있기 때문에 선거비용의 제한이 불가피하다. 이에 선거종류, 인구수에 따라 선거비용 상한을 설정하고 있다. 그 상한의 범위 내에서 일정한 득표를 확보한 후보자에게는 선거비용을 보전하여 준다.

「공직선거법」에서는 유효투표 총수의 100분의 15 이상을 득표한 후보자에게는 선거비용의 전액을 보전하여 준다. 100분의 10 이상 100분의 15 미만을 득표한 후보자에게는 선거비용의 50%를 보전하여 준다. 헌법재판소는 선거의 과열 방지와 국가부담의 한계를 고려해 볼 때 합헌적인 규정이라고 결정하였다. 15% 이상의 득표자에 대한 전액 선거비용의 보전은 당연하다. 문제는 10% 이상 득표자에게만 50%의 선거비용을 보전하여 주는 것은 획일적인 잣대로 보인다. 9.9% 득표자는 전액을 보전받지 못하지만 10% 득표자는 50%나 보전받는 것은 비례의 원칙에 비추어 합리적인 기준이라고 보기 어렵다. 예컨대 비례대표국회의원의석을 배정받을 수 있는 저지조항인 5% 이상의 득표율을 기준으로, 이 정도 이상이면 선거비용을 보전받을 권리를 보장하여 줄 필요가 있다.

셋째, 법정 선거홍보물은 각자가 작성해서 만든 것을 선거관리위원회가 제출받아 유권자에게 발송하는 것도 개선되어야 한다. 특히 2010년 지방선거와 같이 8개 투표를 동시에 실시할 경우 어느 후보가 어느 선거에 입후보하였는지를 가릴 수가 없다. 이에 관한 최소한의 가이드라인이 필요하다. 예컨대 8개 투표에 있어서 각기 상이한 색깔의 투표용지를 마련한 것에 호응해 후보자의 홍보물에 표시함으로써 누가 어느 선거의 후보자인지를 분명히 해 줄 필요가 있다.

기탁금과 선거비용 보전은 각 제도의 목적에 부합하는 제도를 마련해야 한다. 기탁금제도는 후보난립 방지와 기회균등보장의 취지에 따라 모든 후보자에게 법정홍보물을 배정할 기회균등이 보장되어야 한다. 반면 선거비용은 결과적으로 나타난 유권자의 의사에 따라 보전 정도가 결정되어야 한다(〈칼럼〉 바람직한 선거공영제, 《세계일보》 2010. 6. 7.).


## 6) 지방자치선거의 개혁

2010년 6월 2일에 실시된 동시지방선거에서 사상 처음으로 유권자는 8개를 투표하였다. 광역단체장, 기초단체장, 광역의회 지역구 및 비례대표의원, 기초의회 지역구 및 비례대표의원, 교육감, 교육의원을 선출하는 투표였다.

일반적으로 유권자의 관심은 단체장과 교육감 선거의 후보자 정도다. 나머지는 이들과 가장 가까워 보이는 후보자를 선택할 뿐 누군지도 모르고 투표한다. 기초의원 정당공천 금지 시절에도 1번 단체장을 찍은 사람은 기초의원도 첫 번째 후보, 즉 기호 '가'를 찍는 웃지 못할 사태가 벌어졌다. 민주성·정통성·정당성의 논리에만 매몰된 지방선거제도는 결과적으로 현대판 문맹(깜깜이) 투표로 전락하고 있다. 2006년에 6개 선거에 선거구마다 입후보자가 수십 명에 이르렀지만 투표율은 겨우 50%를 상회하였다. 그만큼 국민적 관심이 없다는 증거다.

주민의 무관심 속에 선출된 의원들은 당선되자마자 자기 몫 챙기기에만 급급해한다. 민주주의의 이상을 실천하고자 시작한 지방자치에 정작 주인공인 주민은 외면당하고 소외되는 가운데 문제점만 드러난다. 고래등 같은 청사 짓기 경쟁, 교류를 끊은 채 꽉 막아 버린 자기들만의 인사행정, 감시와 통제로부터 무방비 상태에 빠진 행정의 난맥상은 바로 오늘 이 시점의 지방자치의 현주소다. 우선 목전에 이른 선거제도부터 근본적인 개혁이 필요하다.

첫째, 모든 지방자치 대표자 선거에 직접선거가 바람직한 것인지 의문이다. 지방선거는 의회제적인 의원 직선·단체장 간선제와 대통령제적인 단체장·의원 모두 직선제가 있다. 우리는 단체장 직선을 선호한다. 이 때문에 단체장 유고 시에 행정 공백을 초래하고 연이은 재·보궐선거에 너무 많은 혈세가 낭비된다. 장기적으로 간접선거도 검토해 볼 필요가 있다. 지방의회와 지방자치단체장 선거는 다 같이 주민직선제를 취한다. 이와 같은 이중의 국민적 정당성을 통하여 상호 견제와 균형을 이룰 수도 있다. 그러나 지방의회와 단체장이 상호 견제와 반목을 계속할 경우 그 갈등의 해결이 쉽지 않으므로 지방의회의 주민직선과 단체장 간선제도 고려해 볼 필요가 있다. 민주주의원리상 지방의원을 간접선거로 뽑을 수는 없다. 그렇지만 4개를 투표하는 현행 지방의원 선거제도는 개혁이 필요하다.

기초의원과 광역의원 사이에 선출 과정에서부터 역할과 기능에 이르기까지 차별성을 부각해야 한다. 현행 선거제도는 지역구국회의원뿐 아니라 광역의회의원·기초의회의원 모두 상대적 다수대표제에 비례대표제를 가미한다. 지방자치의 본질이 지방주민의 의사를 기초단위에서부터 수렴하는 데 있다고 본다면 국회의원선거와는 구별되어야 한다. 무엇보다도 지역단위를 기초로 한 지역주민의 대표라는 인식에 기초하여야 한다. 그런데 기초의회의원의 경우에 지역선거구에서 2인 이상 4인 이하의 기초의원을 선출하도록 하여 종전의 소선거구제가 중선거구제로 변경되었다(「공직선거법」제26조 제2항). 기초의회의원은 지역주민과 밀착될 수 있는 인사여야 하므로 매우 세분된 동·읍·면 단위의 대표자 선출이 불가피하기 때문에 소선거구 상대적 다수대표제가 바람직하다. 그런 점에서 중선거구제의 채택은 바람직하지 않다. 풀뿌리민주주의의 이상에 맞게 지역주민과 밀착해야 하는 기초의원은 전면적으로 소선거구 상대적 다수대표로 선출하는 게 바람직하다.

기초의원이 가장 작은 신경조직의 대표라면, 광역의회의원은 일정한 규모의 지역을 대표하는 사람이어야 하므로, 행정단위와의 연계가 불가피하다. 따라서 인구 50만 이상 대도시의 경우, 구 단위의 대표자 선출이 바람직하다. 선거구는 도의 경우 기초자치단체의 대표성을 보전하기 위해 시·군 단위별로 하고, 특별시·광역시의 경우 규모와 특성에 따라 자치구 단위별·권역별로 하거나 아예 단일 선거구로 할 수도 있다. 광역의원은 지역 주민과 느슨한 연계를 형성하더라도 문제 될 것이 없으므로 전면적인 비례대표제를 도입해도 무방하다. 이 경우 현행 상대적 다수대표제에 비례대표제가 일부 가미되어 있는 제도를 전면적으로 개혁하여 대선거구 정당명부식 비례대표제를 도입할 필요가 있다. 광역의회의원선거제도의 개혁방안은 자칫 국회의원과 광역의회의원 사이에 갈등을 야기할 소지가 있다. 그러나 국회의원은 전국적 인물이, 지방의원은 지역적 인물이 선출되는 방향으로 정립되어야 한다.

둘째, 교육자치는 아직도 실험 중에 있다. 교육위원을 통한 간접선거는 극소수의 유권자를 상대로 매수 공작이 벌어졌고 마침내 교육감 과반수가 사법처리 되기도 하였다. 선거인단을 통하여 유권자 숫자를 대폭 확대해 보았지만 소기의 성과를 거두지 못하였다. 간접선거의 문제점이 드러나자 결국 직선으로 귀착되었다. 교육의 정치적 중립성이라는 이상에 따라 정당공천을 금지하고 있지만 실질적으로 어느 정당이 지원하는 후보인지 다 안다. 기초의원선거에서 정당공천제를 배제하였을 때 실질적으로 정당을 표방한 경우와 마찬가지다. 그럴 바에야 아예 단체장과 러닝메이트제도를 도입해서 광역자치단체장이 교육감과 더불어 교육자치도 함께 책임지는 형태가 더 낫다. 시·도 교육의원선거는 더욱 황당하다.

결국 지방의원선거제도만 바꿔도 현재의 8개 투표는 5개로 줄어든다. 교육감선거를 러닝메이트로 하면 4개로 줄어든다. 4개 정도면 모든 선거의 후보자에 관심을 가질 만하지 않겠는가. 민주화와 지방화의 꿈을 안고 닻을 올린 지방자치선거에서 비롯된 주민들의 무관심은 자치행정에까지 이어진다. 이제 다시 선거제도부터 새로 설계하자. 이상에 치우친 제도의 실험은 끝내고 현실과 조화를 이루어 나가자(〈칼럼〉 '8개 투표' 고쳐야 한다, 《세계일보》 2010. 2. 22.).

## 7) 기초선거 정당공천제

현행헌법 제8조에서는 정당에 대한 상세한 규정을 두고 있다. 즉 정당설립의 자유(복수정당제보장), 목적·활동·조직의 민주성 및 위헌정당해산절차, 국민의 정치적 의사형성에 필요한 조직, 국가의 보호 및 정치자금의 국고보조 등을 규정하고 있을 뿐만 아니라 그 밖의 조항에서도 정당에 관한 규정을 다수 두고 있다. 이와 같은 헌법의 태도는 정당이 비록 국가기관은 아니지만, 적어도 헌법상 보장되는 기관임을 밝힌 것이다. 나아가 권위주의체제의 일당독재를 배제함으로써 민주주의적 다원성이 정당제도를 통하여 반영될 수 있도록 복수정당제를 보장한다.

정당은 "국민의 이익을 위하여 책임 있는 정치적 주장이나 정책을 추진하고, 공직선거의 후보자를 추천 또는 지지함으로써 국민의 정치적 의사형성에 참여"하는 국민의 자발적 조직이다. 다원화된 사회에서 국민의 정치적 의사형성에 참여하는 것이 정당의 독점적 지위나 권한일 수는 없으나, 국민 여론형성의 매개체로서 정당이 가장 주요한 자리매김을 한다. 이에 따라 정당은 공직선거에 후보자를 추천하기 위하여 당내경선을 실시할 수 있다(「공직선거법」제47조, 제6장의2, 「정당법」제28조). 또한 정당은 추천한 후보자의 당선을 위한 선거운동을 하며, 각급 선거관리위원회 위원 추천권과 선거참가인 지명권을 가진다.

구 공직선거법에서는 대통령선거, 국회의원선거, 광역 의회의원 및 단체장 선거, 기초단체장선거에서와 달리 기초의회의원선거에서만 정당표방과 정당공천을 금지하였다. 기초선거 정당공천제는 온갖 공천비리와 추악한 정치부패를 초래하고, 진정한 풀뿌리민주주의의 성장과 발전을 저해하는 요소로 작용하고 있다고 비판한다. 유독 기초의회의원선거에서만 정당표방을 금지하고 있는 공직선거법은 위헌이라는 의견이 제기되어 왔다. 헌법재판소도 초기에는 정당표방 금지와 정당공천 금지에 대해서 합헌결정(헌재 1999. 11. 25. 99헌바28)을 내렸다가 2003년에 판례를 변경하여 위헌결정을 내린 바 있다(헌재 2003. 1. 30. 2001헌가4). 그만큼 논쟁적인 사안이다. 그런데 최근에는 기초의회의원선거뿐 아니라 기초단체장선거에서도 정당공천제 금지를 주장한다.

폐지론의 입장은 첫째, 당내민주주의가 제대로 정립되지 않은 상태에서 지방 문제는 간과되고 지역정당이 중앙당에 예속되는 결과를 가져올 수 있다. 둘째, 전국규모 정당의 지방선거참여는 중앙정치에 있어서의 여야 간 갈등을 지방자치단체에까지 확산시킬 우려가 있다. 셋째, 헌법상의 정당보호 및 지방자치의 제도적 보장, 우리의 정치문화와 지방자치에 대한 국민의식 등 제반 사정을 고려할 때 입법적으로 폐지해도 문제 될 것이 없다.

반면에 허용론의 입장은 첫째, 정당표방을 통하여 지방선거에 있어서 지역주민들의 선택이 쉬워진다. 둘째, 중앙당과 지역정당의 유기적인 연계를 통하여 국가와 지방자치단체, 국가사무와 지역사무의 유기적 연계에 기여할 수 있다. 셋째, 지역적 이해관계의 대립이 아닌 국민의사의 통일적 형성에 기여할 수 있다. 넷째, 우리나라의 취약한 정당의 하부구조를 강화시키는 데 도움이 될 수 있다고 본다.

헌법재판소가 유권자의 기본권침해라는 위헌결정을 내린 논거는 다음과 같다. 첫째, 공무담임권의 내용인 선거에 입후보해서 당선될 수 있는 피선거권과 모든 공직에 임명될 수 있는 공직취임권의 제한이다. 둘째, 후보자에 대한 정당의 지지 또는 추천에 관한 정보가 봉쇄됨으로써 유권자의 알 권리를 제한한다. 셋째, 정당의 지방선거참여 제한은 헌법상 보장된 정당활동의 자유의 제한이다. 넷째, 4대 지방선거 중 유독 기초자치단체선거의 경우에만 후보자에 대하여 정당표방을 금지할 본질적 차이가 없다. 이 네 가지 기본권보다 더 본질적으로 침해되는 기본권은 정치적 표현의 자유와 평등권이다.

후보자가 소속 정당으로부터 지지 또는 추천받음을 표방하는 것은 유권자들에게 자신의 자질과 능력이 소속 정당에 의하여 검증되었고 자신의 정치적 신념, 지향하는 정책노선과 실천적 복안 등이 소속 정당이 내세운 정책 등과 궤를 같이한다는 사실을 알리면서 동시에 자신을 지지해 달라는 의사를 표현하기 위한 것이다. 그런데 정당표방 금지는 정치적 표현의 자유를 제한하고 있을 뿐만 아니라 정당원 경력은 인정하면서 정당추천제를 금지한 것은 명확성의 원칙에도 어긋난다. 특히 정치적 표현의 자유는 민주주의 실현의 본질을 이루는 기본권이므로 이의 제한에는 다소 엄격한 기준이 적용되어야 한다. 평등원칙과 관련해서는 4대 지방선거 중 유독 기초의회의원 선거의 경우에만 그 후보자에 대하여 정당표방을 금지하고 있는바, 다르게 취급할 만한 본질적인 차이가 있다고 하기 어렵다.

생각건대 지방자치제도의 본질인 주민참여와 정당제 민주주의에서의 정당의 존재의의인 선거참여 사이에 야기되는 갈등관계는 조화롭게 해결되어야 한다. 지방자치제도와 정당민주주의 모두 헌법이 보장하고 있는 제도로 둘 중 어느 것이 더 우월하다고 보기 어려우므로 국회의 입법재량에 속한다고 판시한 종전의 헌재 판례도 나름대로 최소한의 일리가 없는 바는 아니다. 하지만 정당민주주의의 활성화가 한국 민주주의의 발전을 위한 초석이라는 점에 비추어 본다면 기초선거에서부터 정당공천제를 통하여 풀뿌리정당제도의 착근에 기여해야 한다. 정당공천에 따른 지방정치의 중앙정치 예속화 내지 황폐화는 근본적으로 우리 정당이 극복해야 할 과제이지 편의적인 정당공천 금지로 그 효과를 발휘하기 어렵다. 또한 정당경력표시의 금지가 원천적으로 불가능한 상황에서 정당공천 금지는 과잉입법에 불과하다. 앞으로 대의민주주의가 활성화되기 위해서나 의원내각제의 한국적 접목의 결정적인 장애요인으로 들고 있는 정당의 미성숙 문제를 해결하기 위해서도 정당공천제는 피할 수 없는 명제다. 풀뿌리민주주의의 정착을 위해서도 정당제도가 기초지역에서부터 활성화돼야 한다. 그런 점에서 지구당제도를

폐지하고 시·도당제도를 도입하고 있는 현행 「정당법」도 근본적인 개혁이
뒤따라야 한다. 정당공천제에 따른 지방정치의 부패를 이유로 정당공천 금
지제도를 도입하려는 의도는 "호랑이가 무서워 산에 못가는" 치졸한 발상이
다(〈칼럼〉 기초선거 정당공천제, 유지돼야 한다,《서울신문》2009. 7. 2.).

### 8) 선거와 여론조사

선거일이 가까워질수록 여론조사결과 공표의 영향이 더욱 커진다. 여론
조사결과 공표는 상반되는 효과를 가진다. 투표자로 하여금 승산이 있는 쪽
으로 가담하도록 하는 우세자(優勢者) 효과(Bandwagon Effect)가 있는 반면에
불리한 편을 동정해 열세에 놓인 쪽으로 기울게 하는 열세자(劣勢者) 효과
(Underdog Effect)도 나타날 수 있다.

그런데 여론조사의 객관성과 정확성은 언제나 논란의 대상이다. 전국을
단일선거구로 하는 대통령선거와 정당명부식 비례대표국회의원선거에서는
지역별 또는 득표율에 약간의 편차가 있어도 여론조사결과가 역전되지 않
는다. 하지만 지역구국회의원선거에서는 여론조사의 정확도가 훨씬 떨어지
기 마련이다. 초경합 선거구에서는 100표 미만의 차로 당락이 좌우되는 경
우도 빈발한다. 현실적으로 선거구당 500명의 표본조사에 응답률이 20%에
도 미치지 못하기 때문에 그 정확도를 가늠하기가 매우 어렵다.

최근에는 본선거 못지않게 후보경선 과정에서도 여론조사를 중히 여긴
다. 2002년 대통령선거를 목전에 두고 합의한 노무현·정몽준 후보단일화는
여론조사결과만으로 결판이 났다. 2007년의 한나라당 대선 후보경선에서
이명박 후보는 대의원 지지에서 열세였지만 여론조사결과 반영 덕분에 박
근혜 후보를 물리쳤다. 지역구국회의원 후보 추천 과정에서도 통합민주당
은 경합지역의 경우 복수의 후보자를 놓고 실시한 여론조사결과에 따라 공

천자를 결정하였다. 그만큼 우리 선거에서 여론조사는 선거판 전체를 뒤흔드는 파급효과를 가진다. 하지만 여론조사가 정치권의 책임 회피용으로 악용되어서는 아니 된다.

「공직선거법」은 여론조사결과의 공표에 매우 소극적이다. 옛 법에서는 법정 선거기간에 여론조사결과를 공표하는 것을 전면적으로 금지하였다. 후보자 등록이 임박해서야 정당공천 후보자가 확정되는 탓에 유권자는 후보자가 누구인지도 잘 모르는 채로 전개된 선거운동기간의 여론 추이도 전혀 알 수 없었다. 그럼에도 헌법재판소는 이를 입법재량이라 하여 합헌결정을 내렸지만 소수의견이 제시한 바와 같이 지나친 제한이다: "국내에 있는 신문·방송 등 언론매체만 규제할 수 있을 뿐 외국의 언론매체와 인터넷 등에는 대응하지 못하므로 오늘날의 국제화·정보화 시대에 걸맞지 아니한 약점을 안고 있어 실질적인 효력면에서 의문이 있다. … 여론조사결과의 공표는 선거기간에 유권자들의 정당·후보자에 대한 지지도와 그 지지도의 변화과정을 알 수 있는 유일한 수단이라는 점 등을 헤아려 보면, 여론조사결과의 공표금지는 헌법이 보장하는 국민의 알 권리·표현의 자유의 핵심 부분을 제한함으로써 여론형성을 제대로 못하게 막고 국민의 올바른 참정권행사를 침해하게 된다"(헌재 1999. 1. 28. 98헌바64).

이에 대한 비판이 고조되자 개정된 「공직선거법」은 선거일 6일 전부터 여론조사결과 공표를 금지한다. 즉, 누구든지 선거일 전 6일부터 선거일의 투표마감시각까지 선거에 관하여 정당에 대한 지지도나 당선인을 예상하게 하는 여론조사(모의투표나 인기투표에 의한 경우 포함)의 경위와 그 결과를 공표하거나 인용하여 보도할 수 없다(제108조 제1항). 국회의원선거에서 13일의 법정 선거운동기간에 유권자는 초기 일주일 동안에 드러난 여론의 추이만 알 수 있고, 그 이후의 여론 동향은 전혀 알 수 없다.

하지만 이 기간에도 언론사와 연계된 기관들은 지속적으로 여론조사를 실시한다. 언론사와 여론조사기관 관계자는 그 결과를 알고 있음에도 공표가 금지되어 있기 때문에 일반 국민만 까막눈이다. 그러니 선거일 6일 전부터 언론보도는 애매하기 그지없다. 각 정당의 주장을 보도하는 것처럼 하면서 자신들이 알고 있는 여론조사결과를 뒤섞는 자의적 판세분석을 일삼는다. 더구나 오늘날과 같은 인터넷 시대에 국내 언론사만 공표 금지에 묶이고 외국 언론사는 얼마든지 보도할 수 있기 때문에 규제의 실효성도 없다.

비례대표선거는 정강정책에 좌우되지만 지역구선거에서는 후보자의 인품도 큰 몫을 차지한다. 이제 주권자의 알 권리를 보장하기 위해서는 선거일 전 이틀 또는 선거 전날에 한해서 여론조사결과의 공표를 금지하는 입법조치가 필요하다. 언론사도 여론조사결과의 공표에 더욱 신중한 자세를 보여야 한다. 여론조사결과의 오차범위는 ±4.4%이다. 이를 엄격히 적용하면 대부분의 지역에서는 누가 우세라고 단정하기 어렵다. 언론의 생명은 객관적이고 공정한 보도 자세에서 비롯된다(〈칼럼〉 선거 D-3까지 여론 공표 허용하자, 《동아일보》 2008. 4. 8.).


## 4. 독선에 빠진 대통령과 정부

### 1) 대통령선거와 대선 후보 유고

"대통령은 국민의 보통·평등·직접·비밀선거에 의하여 선출한다"(헌법 제67조 제1항). 대통령은 직접 국민적 정당성을 확보하고 있을 뿐만 아니라, "국가의 원수이며, 외국에 대하여 국가를 대표"(제66조 제1항)하고, 행정권의 수반(제66조 제4항)으로서 명실상부한 정치제도의 중추기관이다.

현행 대통령선거제도는 국민의 보통·평등·직접·비밀선거에 의한 상대적 다수대표제를 채택한다. 한국 헌법사에서도 대통령직선제는 대표의 결정방식으로서 상대적 다수대표제를 채택하고 이를 실시하여 왔다. 그런데 최근 현행헌법에서도 「공직선거법」의 개정을 통하여 상대적 다수대표제에서 절대적 다수대표제로의 변경이 가능하다는 논의가 제기된다. 하지만 헌법사는 물론이거니와 현행헌법의 규정에 비추어 보아도 절대적 다수대표제의 도입은 개헌을 통하여서만 가능하다 할 것이다. 또한 "최고득표자가 2인 이상인 때에는" 국회에서 선출할 수 있도록 한 규정은 상대적 다수대표제를 전제로 한 규정이라고 보아야 한다.

특히 1987년 대통령선거에서 노태우 후보가 유효투표의 36.6%밖에 획득하지 못하고도 당선된 이후 결선투표제 즉 절대적 다수대표제를 도입하여야 한다는 주장이 제기된다. 그러나 결선투표제는 그 이상적인 성격에도 불구하고 현실적으로는 두 차례에 걸친 선거의 번거로움·선거비용의 증대·후보자의 난립과 같은 문제점이 있기 때문에 신중을 기해야 한다. 오히려 국민의 살아 있는 여론을 통하여 여와 야 두 축을 중심으로 단일화하는 정치 과정이 바람직하다.

1956년 5월 15일 실시한 제3대 대통령선거에서 제1야당인 민주당 신익희 후보의 사망으로 이승만 후보는 무소속 조봉암 후보를 쉽게 물리쳤다. 1960년 3월 15일 제4대 대통령선거에서도 민주당의 조병옥 후보가 사망함에 따라 이승만의 단독 후보로 선거가 실시되었다. 역사에 가정은 허용되지 않는다지만 야당 후보가 사망하지 않았든가, 야당 후보의 유고에 따라 선거를 연기하였다면 다른 역사가 전개되었을지 모른다.

대선의 꽃은 역시 후보 자신이다. 당내경선을 통과한 유력 후보에 대해서는 특별한 배려가 있어야 한다. 만약 제1야당 후보의 유고가 발생한다면 대선정국은 정치적 공황 상태에 빠져든다. 특히 남북 분단의 특수 사정에서 극단적인 선거운동이 전개되는 대선 과정은 언제나 돌발 사태가 일어날 가능성이 있다.

유고란 궐위(闕位)와 사고(事故)를 포함한다. 즉, 사망 등으로 직(職)이 비어 있는 경우와 탄핵소추나 건강악화 등으로 정상적인 직무 수행이 불가능한 장애 상태를 포괄한다. 대통령직과 관련된 유고는 현직 대통령의 유고, 대통령선거 후보자의 유고, 대통령선거 당선자의 유고로 나누어 볼 수 있다.

대통령직 자체에 장애가 발생한 경우를 대통령의 유고라고 한다. 대통령의 유고는 곧 국가적으로 헌정운용에 중대한 지장을 초래한다. 이에 각국 헌법상 다소의 차이는 있지만 대통령 유고 시에는 즉시 새 대통령이 취임하든가 아니면 권한대행을 거쳐 새 대통령선거를 실시한다. 현행헌법에서 대통령 유고 시에는 권한대행에 이어서 후임자선거, 후임자의 새로운 임기개시 등의 절차로 진행된다. 그런데 전임자와 후임자선거 사이의 헌법적인 문제점이 명료하게 정비되어 있지 아니한 점이 지적된다. 대통령 유고에 따른 후임자선거와 대통령임기만료에 따른 후임자선거의 선거일이 상이함으로 인하여 시간상의 간격이 발생할 소지가 있다. 즉 "대통령의 임기가 만료되는 때에는 임기만료 70일 내지 40일 전에 후임자를 선거한다"(제68조 제1항). "대통령이 궐위된 때 또는 대통령 당선자가 사망하거나 판결 기타의 사유로 그 자격을 상실한 때에는 60일 이내에 후임자를 선거한다"(제2항). 이 점은 프랑스나 독일 헌법과 같이 통일시킬 필요가 있다. 다만 그 기간의 장·단기는 보다 신중한 논의가 필요하다.

우리 헌정사에서 대통령의 유고는 1960년 4·19에 따라 이승만 대통령이 4월 27일 대통령 사임서를 국회에 제출하고, 5월 2일에 허정 과도정부 수반이 집권한 것을 들 수 있다. 또한 1961년 5·16 이후 윤보선 대통령이 사임한 바 있다. 1979년 10·26에 박정희 대통령이 시해됨에 따라 최규하 국무총리가 대통령권한대행에 취임하였다. 1980년에는 최 대통령의 하야와 더불어 박충훈 권한대행이 취임한 후 곧바로 전두환 대통령이 취임하였다.

우리 헌법은 현직 대통령의 유고에 관해서만 규정한다. 하지만 대선 후보와 대선 당선자의 유고에 관해서는 침묵을 지킨다. 중대한 헌법적 흠결이자 공백이다. 대통령선거 및 대통령직의 중요성에 비추어 본다면 헌법개정이 있을 때 이에 관한 명확한 방침을 천명해야 한다.

한국과 같이 대통령직선제를 실시하는 프랑스에서는 헌법에 대선 후보의 유고에 관하여 명시적 규정이 있다. 정식 입후보 등록이 되지 않은 상황에서는 선거의 연기 여부를 구체적으로 따져서 결정한다. 즉, 대통령선거 입후보 등록 마감일 전 30일 이내에 입후보 결정을 공개적으로 발표한 사람이 유고(사망 또는 장애)일 때에는 입후보 등록 마감일 전 7일 이내에 헌법재판소가 선거의 연기 여부를 결정한다. 법정 선거기간 중에 후보자의 유고가 발생한 경우에는 당연히 선거를 연기한다. 즉, 제1차 투표 전에 후보자가 유고일 때는 헌법재판소가 선거의 연기를 선언한다. 우리나라의 헌법재판소와 유사한 기능을 가지고 있는 프랑스 헌법재판소가 최종 결정권을 가지는 것도 특징적이다.

이제 우리도 「공직선거법」에서라도 대통령선거 입후보자의 유고에 따른 선거 연기 등의 사항을 규정해야 한다. 첫째, 주요 정당의 후보자가 결정된 이후 본격적인 대선 레이스가 진행되는 시점을 기준으로 판단해 본다면 적어도 대선 60일 전부터 후보자 유고에 대한 법적 조치가 필요하다. 이 경우에는 선거 연기 여부를 특정 기관이 판단해야 한다. 입법정책적으로는 헌법재판소가 결정하는 것이 바람직하지만 이는 헌법개정사항이다. 그렇다면 선거 총괄기관인 중앙선거관리위원회가 결정할 수밖에 없다. 핵심적 기준은 유력 후보인가 여부에 달려 있다.

두 번째로 대통령선거 입후보 등록기간(선거일 24일 전)에 이르렀을 경우 즉, 법정 선거기간에 후보자가 유고인 경우에는 반드시 선거를 연기해야 한다. 마지막으로 후보자의 유고가 사망이 아니라 장애 상태에 빠진 경우에도 중앙선거관리위원회가 장애 상태 여부와 선거 연기 여부를 판단하도록 해야 한다(〈칼럼〉대선후보 유고, 법적 대비 필요하다, 《동아일보》 2007. 8. 28.).

## 2) 국가원수이자 정부수반인 대통령의 조건

대통령(大統領)이라는 용어 속에는 이미 국가원수라는 관념이 포함된다. 국가원수로서의 대통령의 지위와 권한은 헌법상 정부형태에 따라서 달라진다. 대통령제국가에서의 대통령은 국가원수이자 동시에 집행부의 수반이다. 이원정부제(반대통령제)의 대통령도 국민적 정당성을 가지므로 수상을 중심으로 한 정부와 집행권을 공유한다. 반면에 의원내각제의 경우, 군주제도를 두고 있는 국가에서는 군주(왕)가, 군주가 없는 국가에서는 대통령이 국가원수가 되며, 국가원수는 명목적·의례적·상징적 지위에 머물며 국정에 관한 실질적 권한을 가지지 못한다.

한국에서는 제2공화국의 의원내각제 대통령을 제외하고는 대통령이 국가원수이자 동시에 정부수반으로서의 지위를 가져 왔다. 하지만 제헌헌법 이래 의원내각제적 요소가 병존하여 왔기 때문에 절충형 정부형태에서 대통령의 지위와 비슷한 점이 많다. 대통령은 국민의 직접선거에 의하여 선출(헌법 제67조)되기 때문에 국민적 정당성은 국회와 대통령이 공유한다. 그러므로 유신헌법에서 간선된 대통령이 국회보다 더 강력한 지위와 권한을 누렸던 것은 헌법상 정당성의 원리에 어긋난다.

대통령은 행정권의 수반(제66조 제4항)이다. 그러나 정부(제4장)는 대통령

(제4장 제1절)과 행정부(제4장 제2절)라는 이원적 체제다. 특히 대통령은 사전에 국회의 동의를 얻어 국무총리를 임명한다(제86조 제1항). 또한 국회의 국무총리·국무위원 해임건의제도(제63조)를 통한 정치적 통제를 받는다.

국가원수로서의 대통령은 국정의 최고책임자이다. ① 헌법기관 구성에 관한 권한을 가진다. 헌법재판소장 및 헌법재판관 임명권, 대법원장 및 대법관 임명권, 중앙선거관리위원회 위원(3인)의 임명권자이다. ② 국가원수의 자격으로 영전수여권, 사면권, 법률공포권을 가진다. ③ 민족의 숙원인 "조국의 평화적 통일을 위한 성실한 의무"(제66조 제3항)를 진다. "조국의 평화적 통일"(제69조)의 책무를 선서하고, 필요할 경우 통일정책을 국민투표에 부의(제72조)하여 주권적 개입을 가능하게 한다.

"행정권은 대통령을 수반으로 하는 정부에 속한다"(제66조 제4항). 대통령은 행정권의 수반(首班)으로서 행정부의 구성권을 가진다(국무총리·국무위원, 감사원장 등 중요공직자 임명권). 행정권의 구체적 내용으로서는 국가원수로서의 지위와 직결되는 군통수권을 비롯해서, 행정정책결정 및 집행, 행정입법 등에 관한 권한 등이 있다. 행정권의 수반으로서의 대통령은 국가최고정책심의기관인 국무회의의 의장(제88조)이다. 대통령의 행정권행사는 국무회의의 심의(제89조에는 필수적 심의사항을 명기하고 있음), 국무총리 및 관계 국무위원의 부서, 헌법상 자문기관의 자문 등 헌법과 법률이 정한 절차에 따라야 한다.

대통령에게 아쉬울 게 무엇이겠는가. 그것은 바로 부와 권력을 뛰어넘어 어떻게 명예를 지키느냐에 있다. 70년 전 출범한 민주공화국의 깃발 아래 선출된 대통령 중에서 국민적 존경을 받는 인물이 여태껏 아무도 없지 않은가. 건국의 아버지, 산업화의 영도자, 민주화의 화신들, 그 누구도 퇴임 이후 더는 국민적 존경의 대상이 아니다.

대통령은 남북 간, 지역 간, 계층 간에 찢어진 국민을 소통과 통합으로 이끌어 가는 한반도 선진화의 향도(嚮導)여야 한다. 정치적 반대자나 여의도 정치는 배척의 대상이 아니라 포용의 대상이다. 경제 살리기, 물론 중요하다. 하지만 일자리 더 늘고 월급 더 받는 게 능사가 아니다. 경제인과 노동계의 상생을 위한 대화가 필요하다. 무엇보다 흐트러진 민심을 보듬어 안는 넓고 따뜻한 가슴이 필요하다. 어른스러운 말 한마디 행동 하나가 만백성을 감읍(感泣)하게 한다. 언제나 어버이처럼 조건 없는 사랑을 실천해야 한다.

"국민의, 국민에 의한, 국민을 위한 정부"가 결코 권위주의적 냄새가 진동하는 정권으로 전락해서는 아니 된다. 아서 마이어 슐레진저가 폄훼한 제왕적 대통령(imperial president) 시대를 청산하자. 군왕 같은 위엄은 지키되 군림하지 않는 모리스 뒤베르제의 현대판 공화적 군주(monarchie républicaine)로 거듭 태어나야 한다. 권력만 탐하는 정객(politicien)이 아니라 민주공화국 역사에 빛나는 국가적 인물(homme d'État)로 길이 남아야 한다. 왜 우리는 링컨, 케네디, 드골 같은 남의 나라 대통령만 칭송하고 살아야 하나. 우리 국민도 이제 떠날 때 뒷모습이 아름다운 대통령을 기약해 보자(〈칼럼〉 존경받는 대통령의 조건,《동아일보》 2008. 1. 4.).

### 3) 대통령직 인수위원회와 새 정부 구성

헌법상 대통령은 국가원수이자 행정권의 수반이다(제66조 제4항). 따라서 국정의 모든 부분에 걸쳐서 권한을 행사할 수 있다. 그러나 실제 권한행사에 있어서는 국무총리를 중심으로 하는 좁은 의미의 정부와 상당 부분 공유한다.

국정책임자로서의 대통령은 정부 이외의 헌법기관 구성에 관한 권한을 가진다. 헌법재판소장 및 헌법재판관, 대법원장 및 대법관, 중앙선거관리위원회 위원(3인)의 임명권자다(제104·111·114조). 헌법재판소장·대법원장은 국회의 동의를 얻어 임명한다. 대법관은 대법원장의 제청으로 국회의 동의를 얻어 임명한다. 9인의 헌법재판관 중 3인은 국회에서 선출하는 자를, 3인은 대법원장이 지명하는 자를 임명한다. 결국 대통령은 헌법재판관 3인과 중앙선거관리위원 3인만 독자적으로 임명할 수 있다. 이들 임명에 관한 사항은 대통령의 재량적 권한이다.

행정부의 수반인 대통령은 국무총리, 감사원장, 행정각부의 장 및 중요 공직자 임명권을 가진다. 국무총리는 국회의 사전동의를 얻어 임명한다(제86조 제1항). 국무위원 및 행정각부의 장은 국무총리의 제청으로 임명한다(제87조 제1항·제94조). 감사원장은 국회의 동의를 얻어 임명한다(제98조 제2항). 감사위원은 감사원장의 제청으로 임명한다(제98조 제3항). 국회는 국무총리와 감사원장의 임명동의를 처리하기 전에 인사청문회를 실시한다(「국회법」 제65조의2).

보수와 진보의 이념적 갈등, 세대·지역·빈부 간 양극화가 가장 극심한 나라의 대선 과정에서 상처 난 국민의 마음을 치유하기 위해서는 통합과 탕평의 시대를 열어야 한다. 대통령의 소신과 원칙을 국정에 제대로 반영하기 위해서는 적재적소에 인재를 등용해야 한다. 그 첫 시험대가 대통령직인수위원회 구성이다.

대통령 유고 등 특단의 사정이 없는 한, 현 대통령 "임기만료일 전 70일 이후 첫번째 수요일"에 대통령선거가 실시된 이후 대통령취임 전일인 2월 24일까지 대통령당선인으로서 국정을 인수할 준비기간을 가진다. 그런데 종래 대통령선거결과 대통령당선인이 확정된 후 취임 시까지 대통령당선인의 법적 지위에 관한 헌법과 법률상의 규정이 없었다. 이에 따라 대통령당선인의 활동과 관련하여서는 대통령령인 '대통령취임준비위원회설치령'을 통하여 일정한 지위와 권한을 부여하였다. 2003년에는 대통령당선인의 지위와 권한을 법적으로 명확하게 보장하기 위하여 「대통령직 인수에 관한 법률」이 제정되었다.

대통령당선인을 보좌하여 대통령직 인수와 관련된 업무를 담당하기 위하여 대통령직인수위원회를 설치하고, 동 위원회는 대통령 임기 시작일 이후 30일의 범위까지 존속한다(제6조). 대통령직인수위원회는 정부의 조직·기능 및 예산 현황의 파악, 새 정부의 정책기조를 설정하기 위한 준비, 대통령의 취임행사 등 관련 업무의 준비, 그 밖에 대통령직 인수에 필요한 사항 등에 관한 업무를 담당한다(제7조). 대통령직인수위원회는 위원장 1명, 부위원장 1명 및 24명 이내의 위원으로 구성하고 대통령당선인이 임명한다(제8조). 대통령직인수위원회는 위원회의 활동경과 및 예산사용명세를 백서로 정리하여 위원회의 활동이 끝난 후 30일 이내에 공개하여야 한다(제16조). 대통령당선인은 대통령임기 시작 전에 국회의 인사청문절차를 거치게 하기 위하여 국무총리 및 국무위원 후보자를 지명할 수 있다. 이 경우 국무위원 후보자에 대하여는 국무총리 후보자의 추천이 있어야 한다(제5조). 즉 대통령취임 즉시 국무총리를 임명하여 국정에 임할 수 있도록 배려한다. 그러나 헌법상 (현직)대통령의 국무총리 임명동의요청권과의 조화가 문제 될 수 있다.

첫째, 대통령이 원칙을 제시하면 그 원칙을 충실히 구현할 수 있는 인재들의 뒷받침이 절실하게 요구된다. 대통령이 전봇대 뽑는 일에까지 신경을 곤두세워서는 나라의 미래를 설계하는 큰 정치를 구현하기 어렵다. 제왕적 대통령 시대를 마감하고 국민 우선의 정치 시대로 접어든 이때 대통령은 권한을 과감하게 내각에 위임해야 한다. 권력분점은 인사로부터 시작되어야 한다. 그동안 유명무실하였던 헌법이 보장한 국무총리의 국무위원 임명제청권을 실질화해야 한다. 그래야 총리의 영(令)이 선다. 장관도 부처를 제대로 통할할 수 있도록 부처와 산하 기관장에 대한 인사권을 보장해 주어야 한다. 총리와 장관이 국정에 전념하도록 국회의원 겸직은 금지해야 한다.

　헌법은 대통령의 국무총리·감사원장 등의 임명에 있어서 국회의 동의를 요구한다. 특히 국무총리 후보자에 대한 인사청문회에서는 국정의 제2인자로서 내각을 통할할 후보자의 국정에 임하는 정치철학과 능력 등을 충분히 검증하여야 한다. 여소야대 국회가 정립되면 국무총리가 정치적 실세로 등장할 가능성도 있다. 이 경우 국무총리는 헌법의 "대통령을 보좌하며, 행정에 관하여 대통령의 명을 받아 행정각부를 통할한다"(제86조 제2항)라는 대통령보좌기관으로서의 성격보다는 오히려 '행정각부를 통할'하는 국정의 중추로 등장할 가능성을 배제할 수 없다. 국무총리가 국정의 실질적 기능과 역할을 담당하기 위해서는, 국무총리의 신임의 기초도 대통령보다는 오히려 국회로부터 나와야 한다. 국무위원의 임면에 있어서도 국무총리의 제청권 및 해임건의권(제87조 제3항)과 대통령의 임면권은 경합적 관계를 형성할 수도 있다. 나아가서 헌법상 국무회의의 필수적 심의를 거쳐 임명되는 주요공직자에 대한 임명권도 대통령의 재량권으로부터 국무총리와 대통령의 정치적 합의를 통하여 이루어져야 한다(헌법 제89조 제16호).

　"대통령은 헌법과 법률이 정하는 바에 의하여 공무원을 임면한다"(제78조). 임면은 임명·파면·휴직·전직·징계처분을 포함하는 넓은 개념이다. 행정기관 소속 5급 이상 공무원 및 고위공무원단에 속하는 일반직 공무원은 소속 장관의 제청으로 인사혁신처장과 협의를 거친 후에 국무총리를 거쳐 대통령이 임용하고, 기타 6급 이하의 공무원은 그 소속 장관이 임용한다(「국가공무원법」 제32조 제1·2항). 그러나 대통령이 공무원을 임면함에 있어서도 일정한 제약이 있다. 첫째, 선거직 공무원은 대통령의 임명 대상이 아니다. 둘째, 임명 자격이 정해진 공무원은 일정한 자격요건을 갖춘 자 중에서 임명하여야 한다. 셋째, 일정한 고위공무원의 임명에는 국무회의의 필수적 심의를

거쳐야 한다: 검찰총장, 합동참모의장, 각군참모총장, 국립대학교 총장, 대사 기타 법률이 정한 공무원과 국영기업체관리자의 임명(제89조 제16호). 넷째, 중요헌법기관 구성원의 임명에는 국회의 인사청문회를 거친 후 동의를 얻어야 한다: 대법원장, 대법관, 헌법재판소장, 국무총리, 감사원장의 임명 등. 다섯째, 임명에 있어서 일정한 기관의 제청을 요하는 경우에는 그 제청이 있어야만 대통령은 임명할 수 있다: 대법관, 국무위원, 행정각부의 장, 감사위원. 여섯째, 그 밖에도 「국회법」 등에서 정한 중요공직자의 임명에는 국회의 인사청문회를 거쳐야 한다.

종래 헌법이 부여한 대통령의 권한 및 그에 대한 견제장치에 대하여 충분한 고려를 하지 않고 대통령주의제적인 헌정현실에 입각하여 헌법에 부여된 대통령의 주요권한을 대통령의 재량적 권한으로 간주하여 왔다. 하지만 대통령과 국회의 다수파가 일치하는 상황에서도 정부여당 내부의 갈등은 곧 대통령의 주요공직자임면에 대한 도전으로 이어질 수 있다. 더 나아가 대통령과 국회다수파의 불일치가 초래될 경우에, 대통령의 주요공직자임면에 대한 국회의 통제권은 살아 있는 헌법규범으로서 대통령과 국회다수파 사이에 정치적 타협의 기초를 제공해 줄 수 있다.

국무총리와 국무위원(장관)의 국회의원 겸직 문제는 정부형태의 한 잣대로 논의된다. 미국식 대통령제에서는 허용될 수 없지만 의원내각제에서는 겸직이 당연한 순리다. 하지만 의원내각제에서 겸직이 야기하는 문제점을 시정하고자 프랑스 제5공화국헌법은 의원과 장관의 겸직을 금지한다. 그럼에도 불구하고 헌정실제에서는 겸직 금지의 실질적 효과가 반감된다.

헌법 제43조에서는 "국회의원은 법률이 정하는 직을 겸할 수 없다"라고만 규정하고 그 구체적인 범위는 「국회법」에 위임한다. 「국회법」에서 "의원은 국무총리 또는 국무위원의 직 이외의 다른 직을 겸할 수 없다"라고 규정한다(제29조 제1항). 또한 "국무총리·국무위원·국무총리실장·처의 장, 행정 각부의 차관 기타 국가공무원의 직을 겸한 의원은 상임위원을 사임할 수 있다"(제39조 제4항)라는 규정은 국무위원과 의원의 겸직을 전제로 한 규정으로 볼 수 있다. 결국 현행헌법의 의원과 국무위원의 겸직 여부에 관한 명확한 의지의 부재는 「국회법」을 통한 겸직 허용으로 정착된다. 이러한 의원과 정부직의 겸직 허용은 대통령중심제적 헌정운용에서 현행헌법이 많은 의원내각제(혹은 반대통령제)적 요소를 안고 있는 또 다른 예시사항이다. 헌정실제에서도 이 겸직규정은 폭넓게 활용된다. 하지만 국회의원이 국무위원을 비롯한 정부직을 지나치게 겸직하는 것은 그렇지 않아도 심화된 대통령중심제적인 헌정현실을 강화시킬 뿐이다. 그런 점에서 박근혜 정부에서 국회의원을 대통령특보로 임명한 것은 바람직하지 않다.

둘째, 대통령은 큰 귀를 가지고 열린 자세로 인재를 등용해야 한다. 선거라는 혹독한 과정을 거치다 보면 측근들에게 마음을 빼앗기기 십상이다. 대통령은 어느 특정 정파나 세력의 대표자가 아니라 국가원수다. 학연·지연·혈연에 휘둘린 '고소영' 내각으로 집권 초기부터 국정의 추동력을 상실한 전철을 답습한다면 정권의 미래가 없다. 측근들을 내치라는 게 아니라 측근이 할 수 있는 일과 국정 수행능력을 명확하게 구분해야 한다.

셋째, 대통합 인사를 위해서 야당의 협조를 구해야 한다. 「대통령직 인수에 관한 법률」(제5조 제2항)과 「국회법」(제46조의3 제1항 단서, 제65조의2 제2항 제2호)에서는 대통령당선인이 국무총리 후보자에 대한 인사청문의 실시를 요청할 수 있도록 규정한다. 이는 대통령취임과 동시에 정부를 구성할 수 있도록 배려한 것이다. 굳이 거국연립내각을 구성할 필요는 없다 하더라도 야당이 납득할 수 있는 인재 등용이 필요하다. 만약 국가를 위해서 꼭 필요한 인재임에도 불구하고 야당이 정략적 차원에서 반대한다면 대화로 설득해 나가야 한다. 버락 오바마 전 미국 대통령도 새 정부 구성을 위해서 끊임없이 야당과 대화하였다. 첫 단추가 인사청문회로부터 시작되는 만큼 사전에 야당과 충분히 대화해야 한다.

넷째, 정권이 바뀔 때마다 대구·경북, 부산·경남, 호남 인사들이 차례로 서울구치소를 채워 온 현실은 지역 편중 인사의 슬픈 초상이다. 고질적인 학연·지연을 벗어나야 한다. 박정희 시대 이래 팽배해 온 지역 갈등 해소를 위한 대통합 인사의 장을 마련해야 한다. 동서화합을 실천해야 한다.

다섯째, 청와대 비서실 중심의 정책 구현은 자제해야 한다. 비서는 대통령과 내각을 연결하는 가교 역할에 머물러야 한다. 문고리가 권력이 되어서는 아니 된다. 내각에 모양새만 갖춰 놓고 정작 비서들의 보좌에만 의존하면 국정이 정상적으로 작동되기 어렵다. 실제로 장관에 취임한 이후 대통령을 한 번도 독대하지 못하고 퇴임하는 경우가 많았다. 그러니 무책임한 비서들이 설친다. 법적·정치적 책임소재가 명확한 내각에 인재 등용의 최우선 순위를 두어야 한다. 내각이 청와대와 지리적으로 떨어져 있는 세종시 시대에는 더욱 그러하다.

정권마다 한목소리로 "인사가 만사(萬事)"라고 해 왔다. 하지만 아이러니하게도 어느 정권도 인사에서 좋은 평가를 받지 못하였다. 그만큼 인사가 어렵다는 방증이다(〈칼럼〉 '탕평人事', 인수委가 시험대다, 《문화일보》 2012. 12. 21.).

자유민주주의를 실천하고 있는 양대 산맥은 유럽과 미국이다. 유럽 국가들은 의원내각제적인 책임정치를 구현하기 때문에 총선 이후 곧바로 새 내각이 들어선다. 따라서 미국식 인사청문회를 할 시간도 없고 필요성도 없다. 군이 있다면 고위사법관 정도에 한정된다. 인사청문회는 미국식 대통령제의 산물이다. 행정부와 의회가 엄격히 분립되어 있기 때문에 고위공직자에 대해서 의회가 제어할 수 있는 유일한 기회가 임명 전에 실시하는 인사청문이다. 우리나라 정부형태를 대통령제라고들 하지만, 우리에게는 미국에서 찾아볼 수 없는, 국회의 임명동의를 얻어야 하는 국무총리제도와 국회의 국무총리·국무위원 해임건의권이 있다. 이는 국회가 정부의 존속에 개입할 수 있는 이원정부제적인 규범이다.

1987년 이후 갖가지 제도를 민주주의란 이름으로 수용하였다. 그 나라 특유의 법문화에 기초한 제도를 무턱대고 이 땅에 이식하여 왔다. 세계에서 미국만 채택하고 있는 특별검사만 해도 그렇다. 1999년에 빌 클린턴 전 대통령의 성추문 사건에서 케네스 스타(Kenneth Starr) 특검이 부적절한 행위가 있었음을 파헤친 게 거의 마지막이다. 정작 미국에서 실제로 사라진 특검을 우리나라에서 열한 차례 이상 실시하였지만 전혀 국민적 기대에 부응하지 못하였다. 인사청문회도 마찬가지다.

국회는 공직 후보자에 대한 인사청문회를 실시한다. 인사청문회는 대통령제를 채택하는 미국에서 발전된 제도다. 인사청문회제도는 첫째, 지위에 적합한 인물을 선택함으로써 헌법기관 구성에 있어서 국민적 정당성을 확보할 수 있고, 둘째 국회의 행정부 및 사법부에 대한 통제기능을 강화할 수 있고, 셋째 청문 과정에서 국민의 참여를 실현할 수 있다.

국회의 인사청문회는 헌법상 국회의 임명동의를 받아야 하는 공직 후보자에 대하여는 인사청문특별위원회에서 실시하고, 그 밖에 법률상 인사청문의 대상인 공직 후보자에 대하여는 소관 상임위원회에서 실시한다. 국무총리·대법원장 및 대법관·헌법재판소장 및 국회선출 헌법재판관·국회선출 중앙선거관리위원회 위원·감사원장 등 국회의 동의 및 선출을 요하는 공직 후보자에 대하여는 인사청문특별위원회에서 인사청문회를 실시한다(「인사청문회법」 제3·9조).

공직자의 엄격한 사전 검증을 이유로 헌법상 국회의 임명동의를 얻어야 하는 공직뿐만 아니라 대통령이 재량으로 임명할 수 있는 공직에 대해서도 인사청문을 확대하여 왔다. 때로는 이상에만 치우친 나머지 국정의 난맥상만 초래하기도 하는 등 청문회의 명암(明暗)이 교차한다. 김대중 대통령은 장상 이화여대 총장을 헌정사에서 최초의 여성 총리로 지명하였으나 한나라당의 반대로 무산되었다. 박근혜 정부의 초대 총리로 내정된 김용준 후보는 청문회에 서 보지도 못하고 자진 사퇴하였다. 장애를 극복한 불굴의 의지를 높이 살 수 있었을 텐데도 말이다.

대통령이 다른 법률에 따라 헌법재판소 재판관, 중앙선거관리위원회 위원, 국무위원, 방송통신위원회 위원장, 국가정보원장, 공정거래위원회 위원장, 금융위원회 위원장, 국가인권위원회 위원장, 국세청장, 검찰총장, 경찰청장, 합동참모의장, 한국은행 총재, 특별감찰관 또는 한국방송공사 사장의 후보자에 대한 인사청문을 요청한 경우, 대통령당선인이 지명하는 국무위원 후보자에 대한 인사청문을 요청하는 경우 및 대법원장이 다른 법률에 따라 헌법재판소 재판관 또는 중앙선거관리위원회 위원의 후보자에 대한 인사청문을 요청한 경우에는 그 인사청문을 실시하기 위하여 각각 소관 상임위원회별로 인사청문회를 연다(「국회법」 제65조의2 제2항). 소관 상임위원회의 인사청문 이후에 행하는 소관 상임위원장의 보고는 대통령이 공직 후보자를 임명하는 데 있어서 참고자료에 불과하다는 점에서, 헌법상 국회의 임명동의를 받아야 하는 공직 후보자의 경우와 구별된다.

미국 국적의 김종훈 미래창조과학부 장관 후보자 지명은 사회적 논쟁을 촉발하였다. 이중국적, 미국 중앙정보국(CIA) 자문 경력, 국내 부동산투기와 같은 전방위적 문제 제기에 그는 정치권에 대한 실망과 더불어 "아내가 울고 있다"라는 고단한 심사를 내비치며 퇴장하였다. 김종훈 미래부 장관 내정자의 사퇴는 긴 여진을 남긴다. 그는 이민 1세로 자수 성장하여 벤처기업 가로서 엄청난 부를 축적하였을 뿐 아니라 세계적인 벨연구소의 최고경영 자로서 경영능력을 인정받았다. 비록 한국 국적을 버리고 미국 시민권을 획 득하였지만 조국의 부름을 받고 한국 국적을 회복하였다. 하지만 인사청문 회를 앞두고 전개된 일련의 공방에서 상처만 안고 되돌아갔다. 성공한 이 민 1세의 금의환향(錦衣還鄕)을 반기던 교민들의 상심도 크다. 우리는 세계 10대 경제대국에 이르는 과정에서 한민족의 우수성과 열정을 전 세계에 과 시하여 왔다. 이제 이중국적을 허용하고 외국인도 공무원이 될 수 있는 글 로벌 시대에 좀 더 순응해야 한다.

플뢰르 펠르랭(Fleur Pellerin)은 2012년 5월에 집권한 프랑스 사회당 프랑 수아 올랑드 대통령 정부에서 약관의 나이에 '중소기업·디지털 장관'에 취 임하였다. 프랑스 대표적인 시사주간지 《르푸앵》(Le Point)은 그녀를 '한국의 여왕'(reine de Coree)이라고 칭송하였다. 펠르랭(한국 이름 김종숙)은 1973년 서 울에서 태어나자마자 거리에 버려진 채 발견되어 생후 6개월 만에 프랑스로 입양되었다. 경제적으로 그리 넉넉하지 않은 집안에서 자랐지만 총명하기 이를 데 없는 그녀는 '그랑제콜'이라는 최고 명문 대학을 두루 거친 엘리트 로 성장하였다. 그녀는 자기 삶이 녹아들어 있듯이 "개천에서 용이 나는 사 회가 건전한 사회"임을 역설한다.

두 사람의 성공 스토리를 통하여 우리는 한민족의 우수성에 감탄하면서 도 동시에 이를 폐쇄적인 사고의 틀에서 이제는 벗어나야 할 때가 되었음을 알려 주는 경고음으로 받아들여야 한다. 간난의 세월을 딛고 일어선 이민 1세의 귀환을 보다 긍정적 시각으로 포용할 수는 없었는가 하는 아쉬움을 떨쳐 버리기 어렵다. 조국 사랑의 영혼을 품고 있었기에 성공신화를 이룬 나라의 국적을 포기하면서까지 금의환향 대열에 동참하려 하지 않았던가.

지금 이 시점에서 우리가 가지고 있는 편협한 시각으로만 들여다볼 것이 아니라 미래를 향한 대한민국을 설계하기 위하여 아량을 가져야 한다. 프랑스의 장관에 오른 펠르랭이 입양아에서 최고 엘리트로 성장한 과정은 그야말로 그녀의 피와 땀의 결정체다. 그녀의 성공에 박수를 보내면서도 그녀를 방기한 대한민국에 성찰의 계기를 제공한다. 세계 10위권 경제대국이지만 이를 무색하게 만들 정도로 경제협력개발기구(OECD) 회원국 중에서 가장 많은 입양아를 송출하는 불명예를 씻어야 할 때가 되었다.

차제에 나라의 기본법인 헌법 전문과 총강에서 구현하고자 하는 민족주의적 성향을 발전적으로 승화시켜 나가야 한다. '민족의 단결을 공고히 하고' '민족 문화의 창달'을 위해서는 민족적 민주주의에만 의탁하기보다는 오히려 글로벌사회, 다문화사회에서 보다 능동적이고 개방적으로 대응하는 지혜가 필요하다(〈칼럼〉 김종훈과 펠르랭, 《매일경제》 2013. 4. 2.).


청문회를 통과한 인사들은 과연 이들보다 도덕적으로나 국정 수행능력에서 더 훌륭한지도 의문이다. 국회의원 출신 후보자는 전원 청문회를 통과한다. 인사청문회의 공정성이 의심되는 장면이다. 격동의 시대를 살아온 기성세대들에게 모든 것을 오늘의 잣대로 재단하는 데는 한계가 있게 마련이다. 고위공직자에게는 더 높은 도덕과 윤리가 요구된다. 그러나 동시대의 보편적 가치에 어긋나지 않는 선에서 청문이 이루어져야 한다. 검증된 능력으로 특별히 발탁된 인사라면 국민적 양해와 공감대 형성도 필요하다. 청문회 단골 메뉴인 위장전입만 해도 역대 총리, 헌재소장, 대법원장과 같은 최고위 공직자들도 자유롭지 못하였다.

무엇보다도 인사청문회 때문에 헌법기관이 파행을 거듭해서는 아니 된다. 헌법재판소는 몇 달째 수장이 공석인 상태에서 후임자 지명도 못한 적이 두 번이나 있다. 선임재판관이 맡는 권한대행마저 곧 퇴임하면 두 번째 권한대행체제가 들어서야 한다. 2012년에도 1년 이상 재판관 미충원으로 인하여, 비록 짧은 기간이지만 과반수 재판관의 궐원을 초래한 적도 있다.

여야 사이에 정권교체를 거듭하면서 인재 풀이 좁아진다. 이제는 기존의 고정관념을 벗어나 널리 폭넓게 인재를 구해야 한다. 이를테면 김용준 전 헌법재판소 소장이 총리 후보가 되듯이, 김황식 전 총리 같이 검증된 인물이면 헌재소장 후보가 될 수 있어야 한다. 더 나아가 유능한 사기업 최고경영자도 정부에 진입할 수 있도록 문호를 개방해야 한다. 공직의 존엄함과 더불어 공직 헌신이 소중함을 인지하는 지혜가 필요하다(〈칼럼〉 인사청문회의 명암과 지혜, 《문화일보》 2013. 3. 12.).

### 4) 지속 가능한 정부조직

"행정각부의 설치·조직과 직무범위는 법률로 정한다"(제96조). 이는 곧 정부조직 법정주의(政府組織 法定主義)를 채택하고 있음을 의미한다. 정부조직 법정주의는 정부의 지나친 비대현상을 방지하기 위하여 반드시 국회에서 제정한 법률에 의하여 행정각부를 설치·조직할 수 있다는 짐에서 긍정적 측면도 있다. 반면에 국민의 신임에 따라 구성된 정부가 정치적 책임을 걸고 국민 앞에 공약한 정책을 능동적으로 실천하기 위해서는 정부조직 비(非)법정주의가 가지고 있는 장점도 있다.

1986년 3월 16일 프랑스 하원의원 총선거에서 범우파가 승리하였다. 사회당의 프랑수아 미테랑 대통령은 패배를 인정하고 우파의 수장인 자크 시라크 파리시장에게 조각(組閣)을 일임하였다. 대통령주의제를 마감하고 최초의 동거정부(同居政府)가 탄생하는 순간이었다. 하지만 미테랑은 유보영역 이론에 입각하여 시라크가 처음 제청한 외교·국방 장관에 대한 반대의사를 관철시켰다. 좌우동거라는 사상 초유의 조각 과정에서 허둥대던 나머지 보건부 장관의 임명이 누락되었다. 왜 이런 현상이 발생하였을까. 프랑스는 정부조직 비법정주의를 채택하고 있기 때문이다. 즉, 당해 정부의 정책의지를 자유롭게 반영하기 위해 정부조직은 대통령령으로 정한다.

반면에 우리나라는 정부조직 법정주의를 채택한다. 지난 정부조직개편 과정에서 외교통상부 장관이 통상조직의 이관에 대하여 난데없이 헌법위반 문제를 제기한 바 있다. 이는 정부조직의 원리와 법적 성격을 오해한 데서 비롯된다. 전 세계 어느 나라든 정부조직의 구체적인 명칭이나 직무범위를 헌법에서 규정하는 예는 없다. 우리 헌법도 행정각부의 일반적인 지위와 권한에 관해서만 규정하고 있을 뿐이다.

5년마다 정부조직개편 문제로 몸살을 앓는다. 당선인은 대선 과정에서 제시한 정책을 실천하기 위한 정부조직을 요구하게 마련이다. 반면에 국회는 급격한 변화를 원하지 않는다. 그렇다면 당선인 측과 국회의 합의점은 국민 일반이 용납할 수 있는 보편적인 조직원리에 충실하는 길밖에 없다. 국회는 가급적 새 정부가 순조롭게 출범할 수 있도록 협조하는 게 바람직하다. 당선인도 지속 가능한 행정각부를 조직해야 한다. 다음 정권에서 사라질 포말(泡沫)조직의 창설은 바람직하지 않다.

이명박 정부는 과학기술부·해양수산부 폐지로 5년 내내 시달렸다. 박근혜 정부에서는 미래창조과학부가 논쟁의 초점이었다. 미래와 창조는 행정각부의 명칭으로는 매우 낯설다. 낯설면 오래가기 어렵다. 자칫 제2의 지식경제부가 될 가능성도 크다. 미래창조과학부의 본체는 과학기술에 있다. 방송과 통신의 융합 시대에 부응하기 위하여 어렵사리 만든 방송통신위원회가 자칫 껍데기만 남게 될 우려도 깊어 간다. 공룡부처 기획재정부는 부총리까지 겸하니까 명실상부한 경제사령관이다. 박정희 대통령 시대에 부총리가 맡은 경제기획원과 재무부의 분리를 통하여 경제기획·예산·국고작용의 견제와 균형을 모색한 프레임도 고려해 봄 직하다. 통상업무의 소관 부처는 옳고 그름의 문제가 아니라 대통령의 의지가 중요한 사안이다. 다만, 장기적으로는 산업자원뿐 아니라 농축수산·통상의 중요성이 높아져 가고 투자자 국가소송제도가 빈발할 가능성을 고려한다면 통상교섭업무를 독립 부서로 설치해야 할 것이다.

청와대에는 보좌진만 있어야 하고, 집행부서가 있으면 헌법체계에 부정합적이다. 수도가 분할된 상황에서 책임장관제는 불가피하다. 국가원수에 대한 경호의 중요성을 모르는 바 아니지만 경호실장도 비서실장 산하에 두는 게 조직체계에 부합한다.

각종 위원회도 최대한 정비되어야 한다. 현 정부의 국민권익위원회는 기형적 구조다. 행정심판은 유사 이래 전문성을 확보한 법제처 주관의 국무총리행정심판위원회로 환원시키고, 국가청렴위원회도 부활되는 게 부패 청산과 법치주의를 강조하는 대통령의 코드에 어울린다. 금융감독체계의 재정비도 시급하다. 금융위원회와 금융감독원의 이원적 체계는 바람직하지 않다. 차제에 금융감독원은 공무원 신분의 국가기관으로 거듭 테이나야 한다(〈칼럼〉 지속가능한 정부조직, 《문화일보》 2013. 2. 12.).

### 5) 국가조직과 인력 충원의 문민화

1987년 헌법체제 아래서 여섯 명의 직선대통령이 배출되면서 국가와 사회의 문민화가 진척된다. 군인은 현역을 면한 후가 아니면 국무총리로 임명될 수 없다(제86조 제3항). 이는 문민정부의 원칙에 입각한 규정이다. 문민원칙은 국무총리에 한정된 것이 아니라 집행부 구성의 일반원칙이다. "군인은 현역을 면한 후가 아니면 국무위원으로 임명될 수 없다"(제87조 제4항). 국무총리뿐만 아니라 국무위원도 문민원칙에 입각한다. 그것은 군벌정치 내지 군국주의적 발호를 방지하려는 것이다. 하지만 아직도 국가조직 곳곳에서 기득권에 안주하는 특정 전문가집단의 독식현상은 여전하다.

김영삼 전 대통령은 취임 즉시 전광석화와 같이 군 내부의 최대 사조직인 하나회에 대하여 대대적인 숙청을 단행하였다. 군사정부의 잔재를 청산하겠다는 최고 권력자의 의지를 반영한 것이다. 하지만 여전히 장관을 비롯한 핵심 요직은 전·현직 장군들의 독무대다. 미국의 부시 대통령 시절에 6년간 재임한 도널드 럼즈펠드(Donald Rumsfeld)와 그 후임인 로버트 게이츠(Robert Gates) 국방장관은 모두 문민 출신이다. 게이츠는 정권교체 이후에도 버락 오바마 대통령 정부에서 국방장관으로 계속 재임하였다.

외교부도 장관을 비롯한 대부분의 관료가 직업외교관 일색이다. 선진국에서는 직업외교관 출신이 아니라 대통령의 외교정책을 가장 충실히 수행할 수 있는 인물로 충원한다. 미국의 힐러리 클린턴 전 국무장관을 비롯하여 주요국 대사는 오히려 비외교관 출신으로 충원된다. 동종번식이 계속되는 한 핑퐁외교를 통하여 중국을 개방시킨 닉슨 대통령 시절의 헨리 키신저 같은 훌륭한 외교관이 배출되기 어렵다. 법조계의 배타적 독식현상은 더욱 심하다. 노무현 전 대통령은 판사 출신의 젊은 강금실 변호사를 법무장관으로 전격 발탁한 바 있다. 검사들의 저항에 부딪히자 전무후무한 '대통령과 평검사의 대화'가 TV를 통해서 생중계되었다. 그 이후의 '검사스럽다'는 유행어에서 드러나듯이 노회한 변호사 출신의 대통령에게 열정만 앞선 젊은 검사들이 참패하고 말았다. 하지만 그의 실험은 단명으로 끝났다.

법무부의 상층조직은 현직 검사의 독점공간이다. 그 인적 구성에 관한 한 대검찰청과 차이가 없다. 오히려 검찰의 전위조직이나 마찬가지다. 검사는 현장에서 수사를 지휘해야 한다. 대신 법무부는 인권, 범죄예방, 교정, 법교육 같은 고유한 법무행정을 담당해야 한다. 1년이 멀다 하고 단행되는 검찰의 인사이동에 휘둘려 법무행정의 안정적 수행은 불가능하다. 대법원도 마찬가지다. 이용훈 전 대법원장이 취임한 이후 법원행정처장을 법원장 출신이긴 하지만 비법관으로 임명한 바 있다. 하지만 후임은 종전대로 현직 대법관이 겸임한다. 법원행정처의 핵심 요직도 온통 법관으로 보임된다. 불가피한 경우를 제외하고 법원행정처는 법원행정 전문가로 충원되어야 한다. 법관은 재판이 그의 소명이다. 그런데 심지어 법관이 해외주재 대사관 소속 또는 국회사무처 소속으로 파견 근무도 한다. 이는 법관이라는 특수한 신분에 본질적으로 어울리지 않을 뿐 아니라 헌법적 가치인 사법부의 독립 중에서도 핵심적 요구사항인 법관의 인적 독립에도 어긋난다.

대검찰청은 2010년부터 검찰수사관을 로스쿨에 위탁교육한 데 이어 법원공무원들도 2014년부터 로스쿨에 위탁교육한다. 그간 법원에서는 판사와 법원공무원, 검찰에서는 검사와 검찰수사관이 마치 전혀 다른 직종인 양 치부되어 차별대우를 받아 온 게 부인할 수 없는 사실이다. 법원·검찰에 우수한 일반직을 확보하기 위하여 20여 년 전부터 법원에서는 법원행정고시(법원사무관시험), 검찰에서는 행정고시 검찰직(검찰사무관시험)이 실시되지만 여전히 판검사와는 서로 다른 신분으로 작동되어 왔다. 법원행정고시 출신의 우수한 인력이 있음에도 불구하고 법원행정처 고위직은 법관들의 독무대다. 법무행정뿐 아니라 법원행정의 문민화를 위해서 법관은 재판에 전념하고 행정은 행정공무원에게 맡기는 게 순리다.

그간 변호사 자격 유무에 의존하여 법원·검찰에서 판검사와 일반직으로 구분되어 왔던 시대적 상황도 2000년대 이후 사법시험 합격자 1,000명 시대를 넘어서 로스쿨이 도입됨에 따라 변호사 자격 유무로 공직을 구획하는 일은 의미가 없어졌다고 해도 과언이 아니다. 그런 장벽을 뛰어넘을 필요성이 로스쿨제도를 통해서 구현되었으면 하는 바람이다. 그 첫 번째 출발이 법원·검찰 일반직의 로스쿨 진입이라 할 수 있다.

프랑스 유학시절에 접하였던 프랑스의 사법관 충원제도에 당혹하였던 일 중의 하나가 바로 이 같은 문제였다. 프랑스에서는 법대를 졸업하고 판검사를 지망하면 우리나라의 사법시험에 해당하는 국립사법관학교(École nationale de la Magistrature)를 지원하고 변호사가 되려면 따로 변호사시험을 치른다. 그런데 국립사법관학교 정원에 법원·검찰 일반직을 위한 자리를 마련한다. 그야말로 프랑스혁명의 구호였던 '자유, 평등, 박애' 중에서 법조직역에 있어서 평등원리의 실천을 위한 제도적 장치인 셈이다. 프랑스적인 법조직역에 있어서의 평등원리가 우리나라에서 로스쿨을 통해서 구현될 수 있다는 사실은 매우 고무적인 현상이다.

더불어서 군과 경찰에서도 그사이 다수의 인재들이 법대 학부나 대학원에 진학하여 사법시험에 합격하여 군법무관이나 경찰간부로 활약하여 왔다. 그런데 로스쿨이 되면서 수학연한이 길어지고 학비 부담이 커져 그 진학이 다소 주춤한 상태인 것 같다. 특히 사관학교 출신의 우수한 인재들이 로스쿨과 변호사시험을 거친 후에 장기근속 군법무관으로 근무하게 되면 군대 내부의 사정에도 정통할 수 있기 때문에 바람직한 현상이다. 그들의 업무영역은 단지 군검찰이나 군판사에 한정할 것이 아니라 60만 대군을 이끌어 가는 과정에서 분출하는 각종 법적인 과제를 담당함으로써 군대 내부에서 법치주의 구현을 위한 인재로서 크게 기여할 수 있을 것이다. 그런 의미에서 국가정책적으로 로스쿨에 군대와 경찰 출신들도 과감하게 교육시킬 필요가 절실하다.

법원, 검찰, 경찰, 군대는 법치주의가 살아 있음을 보여 주어야 할 현장이다. 그 현장에 법률가의 자격을 갖춘 이들이 직접 참여하는 것 이상으로 바람직한 것이 없다. 더 나아가서 공공기관이나 산업 현장에서 법적 업무를 담당하고 있는 인재들에게도 로스쿨 진학의 길을 마련해 주어야 한다. 법률가의 길이라면 법과 제도가 다른 외국으로 연수를 보낼 것이 아니라 우리 로스쿨에서 교육받아 법률가의 자격을 가지고서 당당하게 업무에 임할 수 있는 여건 조성이 필요하다. 이를 통하여 우리나라 법치주의 구현의 방사효과를 기약할 수 있다.

국방부는 장군, 외교부는 외교관, 법무부는 검사, 대법원은 판사 출신이 행정의 수장으로 있으면 우선은 현실을 잘 알고 있기 때문에 편할지 모른다. 하지만 국가행정은 기관이기주의에 매몰될 것이다. 물론 외부인사가 관료조직에 휘둘려 업무파악도 제대로 못한 상황에서 물러나고 마는 문제도 있다. 하지만 1년이 멀다 하고 갈아 치우는 장관직의 소모품화를 청산하고 장관이 실질적으로 업무를 파악하고 기관을 이끌어 나갈 수 있도록 장관직의 안정을 통해서 해결해야 한다.

국가의 존립이유와 직결되는 국민의 신체와 재산을 보전하고 국가안보를 책임지며 대외적으로 국가를 대표하는 핵심적인 국가기관은 이제 문민화되어야 한다. 정부의 다른 부처에는 각종 직역의 다양한 인재들이 수장에 취임하고 핵심 보직도 차지하지만 유독 이들 부처만은 여전히 장군, 외교관, 검사, 판사의 철옹성이다. 민주화 이후에 정권교체와 정부교체가 일상화되고 있는 상황에서 국가지도자의 정치철학을 제대로 담보할 수 있는 인사들이 책임 있는 지위에서 국정을 이끌어 나가야 한다(〈칼럼〉국가조직과 인력 충원의 문민화, 《서울신문》 2009. 8. 17.; 로스쿨 진학생의 다양화, 《법률저널》 2013. 8. 9.).

## 6) 정부의 초법적 행정작용: 엄격하고 합리적인 법집행의 강화와 행정의 신뢰보호원칙 준수

우리나라 헌법은 정부형태로서 대통령제를 채택한다고들 하지만 실제로는 제헌헌법 이래 의원내각제적인 요소가 대폭 가미되어 있다는 점에서 헌법학자들은 대통령제에 의원내각제적 요소가 가미된 권력분산형 대통령제라고 본다. 그러나 의원내각제적인 요소가 대통령권력의 독주로 인하여 사실상 형식적으로 머물기 때문에 흔히 대통령중심제라고도 한다. 다만 의회의 다수파와 대통령이 정당이나 정파를 달리할 경우에는 더 이상 대통령제라고 할 수 없는 상황도 연출될 수 있다.

대통령은 행정입법권(行政立法權)을 가진다. 행정입법이란 행정기관이 정립하는 일반적·추상적 법규범이다. 법규범의 단계구조나 법치주의의 원칙상 입법권은 국회에 속하고(제40조), 특히 국민의 권리·의무에 관한 법규사항은 법률로 정하여야 할 것이나(제37조 제2항), 예외적으로 대통령에게 행정입법권을 부여한다. 즉 "대통령은 법률에서 구체적으로 범위를 정하여 위임받은 사항과 법률을 집행하기 위하여 필요한 사항에 관하여 대통령령을 발할 수 있다"(제75조).

오늘날 행정부는 날로 그 위력을 더해 간다. 현대행정이 전문성·다양성을 더해 감에 따라 행정부나 행정관료에 의한 통치가 일상화되어 간다. 법치주의에서의 법치는 '헌법과 법률에 의한 통치'를 의미하지만 오늘날 헌법과 법률보다는 법규명령 즉 대통령령·총리령·부령에 의하여 입법의 실질적 내용이 좌우된다. 현대국가기능의 변화 즉 사회복지국가의 성격과 행정국가 경향에 따라 국가기능은 확대되고 다원화되어 간다. 이에 따라 법규범도 전문화·기술화되어 법률에서는 기본원칙만을 정하고 세부적인 내용은 행정입법으로 정한다. 따라서 국민의 대표기관이 제정한 법률은 살은 없고 뼈만 앙상하게 드러난 골격입법(骨格立法)으로 형해화된다. 더 나아가 행정관료는 법규명령보다는 오히려 행정명령에 충실하고 있다. 행정명령이란 행정청 내부의 의사표시로서 법규범으로서의 효력을 가지지 아니하지만 일반행정은 훈령·직무명령과 같은 행정명령에 의하여 실질적으로 작동되는 실정이다.

이에 법집행에 있어서의 공평함 내지 법집행의 평등이 요구된다. 권력, 사회적 지위와 신분 등에 의하여 법집행의 형평성이 무너지게 되면 국민의 의식 속에 법은 불공평하다는 생각이 자리 잡게 되고 이는 법치주의에 중대한 악영향을 미칠 위험성이 있기 때문이다. 헌법상 법 앞의 평등은 단순히 법원리를 선언한 것에 불과한 것이 아니라, 주관적 공권으로서의 기본권이다. '법'이란 단순히 국회에서 제정한 법률뿐만 아니라 모든 법규범을 포괄한다. 그러므로 법률·명령·조례·규칙 등 모든 형태의 법규범은 자연법적 원리인 평등의 원리를 위반하여서는 아니 된다. '법 앞의' 평등이란 법적용 내지 법집행의 평등만을 의미하는 법적용평등(입법자비구속)만 뜻하는 것이 아니고, 행정·사법뿐만 아니라 입법자까지도 구속하는 법내용평등(입법자구속)을 의미한다. 법집행에 있어서의 평등 혹은 공정하고 합리적인 법집행은 법치주의의 출발점이 된다는 점을 잊어서는 아니 된다.

한편으로 공권력행사에 있어서 예측 가능성의 보장과 공권력에 대한 국민의 신뢰보호는 법적 안정성을 위하여 법치주의의 구현에 있어 필수적으로 요구된다. 헌법은 집행권과 사법권의 조직에 대한 법률주의(제96조, 제102조 제3항)를 규정함으로써 간접적으로 공권력행사의 예측 가능성을 담보하며, 형벌불소급과 일사부재리원칙을 규정하여 국민의 신뢰를 보호한다(제13조). 또한 신뢰보호의 원칙은 법령의 개정에 있어서도 적용된다. 헌법상 법치국가원리의 파생원칙인 신뢰보호의 원칙은 국민이 법률적 규율이나 제도가 장래에도 지속할 것이라는 합리적인 신뢰를 바탕으로 이에 적응하여 개인의 법적 지위를 형성해 왔을 때에는 국가로 하여금 그와 같은 국민의 신뢰를 되도록 보호할 것을 요구한다.


## 5. 불신의 늪에 빠진 사법

### 1) 국민의 신뢰를 받는 사법제도의 구비

"사법권(司法權)은 법관으로 구성된 법원에 속한다"(제101조 제1항). 사법은 구체적인 쟁송을 전제로 헌법과 법률에 의하여 신분이 독립된 법관에 의하여 무엇이 법인가를 선언하는 작용이다. 따라서 사법은 정치적 영역인 입법이나 행정과는 그 본질을 달리한다. 사법은 국민의 자유와 권리보장을 위한 최후의 보루다. 국가권력으로부터 개인의 권리보호뿐만 아니라 개인 상호간의 권리분쟁에 관해서 사법은 최종적인 판단권자이며, 이를 통해서 법치주의가 구현된다.

사법은 권력분립의 요청에 따라, 입법부에서 제정한 법 아래서 행한 행정부의 법집행 및 사인의 법적 행위에 대하여 그 합법성을 심사함으로써, 객관적 법질서를 유지하는 기능을 가진다. 사법은 국민의 생활 속에서 야기된 법적 분쟁의 종국적인 해결의 장이다. 따라서 사법은 법적 해결을 통해서 사회적 갈등과 긴장관계를 해소함으로써, 궁극적으로 법적 평화의 유지기능을 가진다.

우리 헌법은 사법권의 독립을 보장하여 사법에 의한 국민의 권리보장을 도모한다. 즉, 명령·규칙 또는 처분이 헌법이나 법률에 위반되는 여부가 재판의 전제가 된 경우에는 법원에서 이를 심사하여 국민의 권리를 보장하고 행정재판도 사법일원주의를 채택하여 일반법원에서 이를 심판하며, 헌법재판소에 위헌법률심판권과 헌법소원심판권을 부여하여 헌법재판소로 하여금 국민의 기본권을 최종적으로 보장하게 한다.

사법부는 비록 그 성립과 존속에 있어서 직접 국민적 정당성을 확보한 기관은 아니지만, 사법의 본질은 공정한 재판을 통하여 분쟁을 평화적으로 해결함으로써 국민의 자유와 권리를 보장하는 데 있다. 따라서 사법부는 그어느 국가기관보다 독립성의 요청이 강하다. 사법부의 독립(獨立)을 위하여 법원이 국회나 정부로부터 독립되어야 한다는 '법원의 독립'과, 그 법원에서 재판하는 법관이 그 어느 권력기관이나 사회세력의 간섭으로부터 독립적으로 재판하여야 한다는 '법관의 독립'이 요구된다.

사실 사법권은 근대입헌주의 이전 단계에서는 행정과 분리되지 못하였다. 그러나 근대입헌주의의 발전 과정에서 사법의 독립성이 강조되어 왔고, 특히 몽테스키외가 『법의 정신』에서 제시한 사법부를 포함한 삼권분립론은 1787년 미국 연방헌법 제3조 및 1789년 프랑스 인권선언 제16조에 명시되기에 이르렀다. 현행헌법상 사법권 독립과 직접 관련되는 조항으로는 제101조 "사법권은 법관으로 구성된 법원에 속한다"라는 규정에 이어 법관의 직무상 독립을 규정한 제103조, 법관의 신분보장을 규정한 제106조 등이 있다.

법관의 독립은 신분상 독립(인적 독립)과 직무상 독립(재판상 독립 또는 물적 독립)으로 나누어 볼 수 있다. 사법권의 본질적 내용인 재판작용은 법관이 담당한다. 그 법관의 신분상 독립이 확보되지 않으면 재판의 공정성과 독립성이 확보될 수 없다. 법관이라는 신분 그 자체의 보장이 법관의 신분상 독립(인적 독립)이라면, 법관으로서 직무를 수행하는 데 있어서의 독립이 바로 재판상 독립 또는 직무상·물적 독립이다. "법관은 헌법과 법률에 의하여 그 양심에 따라 독립하여 심판한다"(제103조).

국민에게 법적 분쟁이 발생하였을 때 이를 제3의 독립된 국가기관인 사법부가 해결하는 사법적 권리구제제도는 법치주의의 구현을 위해 필수적으로 요구되는 제도이다. 이러한 역할을 부여받은 사법부가 국민으로부터 신뢰를 받지 못한다면 법적 분쟁의 당사자인 국민은 사법부에 의한 법적 분쟁의 해결방안에 대하여 복종하지 않게 될 가능성이 높고, 이러한 현상이 만연하게 된다면 사회생활에서의 갈등과 분쟁을 법규범을 통해서가 아니라 다른 수단에 의탁하는 방향으로 해결하게 될 것이고, 그곳에서 법치주의는 생명력을 잃게 될 것이다. 법치주의의 정착과 발전을 위해서는 국민으로부터 신뢰받는 사법제도가 구비되어야만 한다. 사법부도 주권자인 국민으로부터 수임받은 사법권을 행사함에 있어 언제나 공정하고 엄정한 사법권의 행사가 요구됨을 유념하여야 한다.

한국 사회에서 법조계에 대한 불신은 매우 심각한 수준이다. 법원을 불신하는 이유로는 법조비리, 판사의 권위적 재판 태도, 판결에 대한 불만을 그 이유로 들고 있다. 특히 권력 또는 전관예우가 판결에 영향을 미친다고 생각한다.

법과 원칙에 입각한 민주법치국가의 건설이 이 시대의 소명이다. 그런데 모범을 보여야 할 법조계가 국민을 불편하게 한다. 2008년과 2016년 촛불집회에서 많은 시민은 "대한민국은 민주공화국이다"(헌법 제1조)를 외쳤다. 민주공화국은 국민이 참주인이 되는 세상이다. 역사적으로 공화국은 절대군주제를 철폐시킨 혁명적 구호와 연계된다. 군주제와 귀족제를 폐지하였지만 법률가들은 법복귀족으로 환생한다. 법률가 직업은 귀족의 전유물이었기 때문이다.

광복 이후 사법부는 일제 강점기의 법조인으로 채워졌다. 그분들은 대한민국의 법적 기초를 닦는 데 기여한 공로에도 불구하고 태생적으로 권위주의 사법으로부터 자유롭지 못하였다. 고시제도는 육법전서에 매몰된 채 전인교육에 소홀하였다. 타인을 법적으로 재단하는 법률가는 성직자와 같은 자세를 가져야 한다. 그런데 고급 직장인으로 전락한 일부 사법관의 언행이 타의 모범이 되기는커녕 당사자에게 씻을 수 없는 인격적 상처를 안겨 준다.

국민의 권리구제에서 최후의 보루가 되어야 될 사법부와 사법 시스템에 대하여 국민이 신뢰를 보여 주지 못하고 있음은 법치주의의 면에서 심각한 현상이라 아니할 수 없다. 사법부에 대한 불신은 곧 사법부에 의한 권리구제를 회피하는 하나의 원인으로 작용할 수 있으며, 결과적으로 분쟁 해결의 수단으로서 법에 의지하는 것을 기피하는 요소로 작용할 수 있다.

1987년 체제의 등장에 따라 민주화 시대를 연 지 어언 30년에 이르렀지만, 법원·검찰이 과연 권위주의 시대와 무엇이 달라졌는지 묻고 싶다. 구시대의 기득권은 그대로 유지한 채 과거에 대한 통절한 반성도 없이 민주화 시대에 무임승차한 결과 오늘의 불신과 비난의 표적이 되었다. 이제 기득권을 과감하게 내려놓아야 한다. 내려놓으면 새 길이 보일 것이다.

서초 전철역을 사이에 두고 고래등 같은 건물들이 들어서 있다. 한쪽에 대법원과 대검찰청, 길 건너편에는 지방법원과 지방검찰청이 각기 위용을 자랑한다. 법원과 검찰은 소위 재조(在曹)의 쌍두마차다. 하지만 두 조직은 매우 이질적으로 작동한다.

5년마다 찾아오는 권력교체의 계절에 삼권분립의 한 축인 법원은 무풍지대다. 사법권의 인적 독립을 위해서 법관은 임기가 보장되고 탄핵·형벌이 아니고는 파면되지 않는다. 판사가 법정에서 증인을 "늙으면 죽어야 한다"라고 해도 견책처분에 그친다. SNS에서 "가카 새끼 빅 엿"을 내질러도 속수무책이다. 하지만 국민의 눈높이에 맞춰서 법원도 이제 내려놓을 것은 과감하게 내려놓아야 한다. 평생법관제와 대등재판부를 도입한 상황에서 굳이 고법부장이 차관급일 필요는 없다. 130명이 넘는 차관급 숫자는 스스로 과하다고 생각하지 않는지 묻고 싶다.

법원은 삼권의 한 축이다. 하지만 임명된 권력인 사법권이 국민을 위한 서비스를 제대로 해 왔는지에 대한 근본적인 성찰이 있어야 한다. 임명된 권력의 생명은 국민적 신뢰에 있다. 아직도 국민은 법원을 가장 불친절한 국가기관으로 본다. 군림하는 사법은 법원에 대한 불신에서 더 나아가 판결에 대한 불복으로 이어진다. 법원은 국민의 자유와 권리 보장을 위한 최후의 보루다. 법관의 기본 덕목은 기록을 잘 읽고 당사자의 말을 귀담아들어 주는 데 있다.

검찰권력의 향배는 5년마다 초미의 관심사다. OECD 국가 중에서 고위공직자비리수사처나 상설특검을 설치한 나라가 전혀 없다. 고비처는 싱가포르 같은 도시국가 정도에서 존재하고, 상설특검의 유일한 본고장인 미국도 클린턴 전 대통령의 성추문 사건 이후 사실상 가동되지 않는다. 우리나라에서는 열한 차례 비상설특검을 채택하여 보았지만 단 한 번도 소기의 성과를 거두지 못하였다. 오히려 당사자들에게 면죄부만 부여하지 않았는가. 그렇다면 결국 도쿄지검 특수부처럼 지검에서 직접 수사하도록 하되 수사에 있어서 정치적 중립성과 독립성을 보장하면 된다.

이를 위해 법무부 장관은 직을 걸고 정치적 방패가 되어야 하고, 검찰총장은 명예를 걸고 실체적 진실 발견의 후견자가 되어야 한다. 차제에 무소불위의 검(劍)을 휘두르면서 고위직만 독차지한다는 비난으로부터 자유롭기 위해서도 50개가 넘는 차관급을 내려놓아야 한다. 예컨대 지검의 차장, 법무부와 대검의 실·국장만 내려놓아도 숫자가 적지 않다.

대선 과정에서 야기된 검찰총수의 공백 상태는 오늘 이 시점에서 검찰이 처한 위기를 단적으로 드러낸다. 검찰의 위기는 자업자득한 측면도 있다. 스폰서검사·벤츠검사·성검사의 오욕에도 불구하고 자체 정화가 제대로 작동되지 않았다. 스스로 해결하지 못하고 결국 정치권에 의하여 강요당하는 개혁은 최고 사정기관으로서 수치다.

이래서는 아니 된다. 첫째, 사법관도 철저하게 서비스 정신으로 무장해야 한다. 검찰을 포함한 사법은 임명된 권력이다. 임명된 권력이 국민 위에 군림해서는 아니 된다. 국민적 신뢰를 상실한 사법은 존재이유가 없다. 국민의 자유와 권리를 수호하기 위한 최후의 보루인 사법은 공역무(public service) 수행기관으로 거듭 태어나야 한다.

둘째, 사법관이 되는 과정뿐만 아니라 재임 중에도 인성교육이 필요하다. 인간은 금수와 달리 고유한 인격적 존재다. 사람을 수단으로 대하지 말고 인격으로 대해야 한다. 모든 국민은 인간으로서의 존엄과 가치와 행복을 추구할 권리를 가진다. 평생 법원이나 검찰에 가지 않고 사는 게 행복한 삶일 수 있다. 그만큼 사법적 판단을 받는 것은 곤혹스러운 일이다. 재판결과 여하를 떠나 법관의 따뜻한 말 한마디가 당사자의 쓰린 가슴을 어루만져 줄 수 있다.

셋째, 권위주의적 외관을 벗어야 한다. 법정의 모습도 바뀌어야 한다. 법원과 검찰청 건물도 너무 고압적이다. 독일 연방헌법재판소의 법정은 권위적 외투를 벗어던진 법정의 상징이다. 어둡고 칙칙한 법정을 밝고 환한 색상으로 바꿨다. 사건 당사자와 재판관이 지근거리에 있고 당사자가 일어서면 재판관과 같은 눈높이다.

넷째, 지혜로운 젊은 법관은 덕성이 부족하다. 국민은 후덕한 법관을 원하는 것 같다. 현행 법관 충원구도는 유럽 국가와 유사하다. 미국은 기성법조인 중에서 법관을 선발한다. 우리는 로스쿨 도입과 더불어 미국식 경력

법관제도로 나아간다. 어느 경우이든 간에 사법관에 대한 여과장치가 필요하다. 변호사협회가 법관에 대한 평가결과를 내놓았다. 새로운 변화의 조짐이다.

다섯째, 이용훈 전 대법원장의 취임 일성은 구술심리주의의 강화였다. 맞는 말이다. 하지만 폭주하는 업무에 쫓긴 나머지 제대로 된 구술심리를 할 수 있는 상황이 아니다. 사법관의 막말도 이와 무관하지 않다. 미제 사건은 쌓여만 가는데 수사나 재판 과정에서 당사자의 주장을 경청할 여유가 없다. 법률가의 대량배출 시대에 걸맞게 헌법이 보장하는 변호사의 도움을 받을 권리가 현실화되어야 한다.

끝으로 사법절차의 공개성과 투명성을 제고해야 한다. 변호사협회가 요구하는 동영상 공개까지는 어렵더라도 헌법이 명시한 심리와 판결 공개원칙을 적극적으로 실천하려는 의지가 필요하다. 사법의 생명인 권위를 세우려면 권위적 사법의 구각을 벗어나야 한다(〈칼럼〉 권위주의 벗고 서비스 법복 입어라, 《동아일보》 2010. 2. 9.; 법원·검찰, 국민 눈높이에 맞춰야, 《매일경제》 2013. 1. 15.).

## 2) 국민의 사법참여

사법은 주권자인 국민의 민주적 정당성이 입법부나 행정부에 비하여 미약하다. 과거 각 지역의 행정 수장인 원님이 재판관을 겸하던 원님재판은 권력이 분립되지 않았던 결과다. 오늘날에는 입법, 행정, 사법의 삼권분립이 정립된 입헌주의 헌법을 채택한다. 국회의원과 대통령은 각각 국민이 직접 선출하기 때문에 국민적 정당성을 확보한다. 임명직인 사법관은 국민으로부터 직접 정당성을 확보하지 않는다. 하지만 그간 재판은 사법 엘리트의 전유물로 인식되어 왔으며 주권자인 국민은 재판 과정에 아무런 참여를 할 수가 없었다.

우리 헌법은 다른 나라 헌법보다 엄격하게 "모든 국민은 헌법과 법률이 정한 법관에 의하여 법률에 의한 재판을 받을 권리를 가진다"(제27조 제1항)라고 명시한다. 법관이 아닌 자의 재판참여를 봉쇄하는 규정으로도 해석될 수 있다. 그동안 법관의 자격을 엄격하게 규정하고, 법관이 아닌 자가 재판에 관여하는 것 자체가 위헌이라는 논리가 팽배하여 왔다.

민주화 과정에서 정부와 의회의 개혁과 더불어 국민의 사법참여를 보장하는 사법개혁이 새로운 화두로 등장한다. 방향은 여러 갈래로 논의된다. 기술입국 시대를 맞이하여 독일식 기술법관제도의 도입을 주장하기도 하였으나 결국 특허법원 설립과 기술심리관제도로 정착되었다. 기술심리관제도는 법관이 아닌 자가 재판에 참여하는 첫 모델이다.

국민 일반이 재판에 널리 참여할 수 있는 제도로는 배심제와 참심제가 있다. 배심제는 시민으로 구성된 배심원단이 직업법관과 독립하여 사실문제에 대해 평결을 내리고, 법관도 배심원의 사실판단에 대한 평결에 구속되는 제도다. 참심제는 일반 시민인 참심원이 직업법관과 같은 권한을 가지고 재판에 참여하는 제도다.

우리나라에서도 사법개혁의 일환으로 「국민의 형사재판 참여에 관한 법률」이 2008년 1월 1일부터 시행된다. 형사재판에 국민이 배심원으로 참여함으로써 재판의 투명성을 높이고 사법부에 대한 국민의 신뢰를 제고하며 사법의 민주적 정당성을 강화하는 것을 목적으로 도입된 국민참여재판제도는 국민이 직접 형사재판에 참여하여 사법 시스템을 경험하게 함으로써 국민의 법의식의 고양과 이를 기초로 법치주의의 확립을 가능하게 하는 기능을 가진다.

중죄(重罪)의 형사재판에 한하여 피고인이 원할 경우 국민참여재판을 선택할 수 있다. 이 경우 무작위로 선정된 일반 국민으로 구성된 배심원단은 형사재판에 직접 참여해 유·무죄를 판단한 뒤 판사에게 권고적 효력을 가지는 평결을 제시한다. 법관은 배심원단의 평결에 기속되지는 않는다. 하지만 배심원단의 평결을 배척하려면 정당한 이유를 제시해야만 한다. 권고적 효력만 부여한 이유는 위헌논의를 잠재우기 위한 불가피한 측면이 있지만 동시에 새로운 제도 도입에 따른 점진적 제도 정착과 연계된 결과물이다. 국민참여재판의 대상범죄를 매우 제한적으로 설정한 것도 같은 취지다.

국민참여재판제도는 배심원이 사실인정과 양형 과정에 모두 참여한다는 점에서 배심제와 구별되고, 배심원의 의견은 권고적 효력만을 가질 뿐이라는 점에서 배심제나 참심제와 구별된다. 또한 평의에서 만장일치의 의견이 있더라도 법관을 구속하지 않는다. 이와 같은 제도의 설정은 위헌논의를 불식시키기 위한 불가피한 선택으로 보인다.

국민참여재판제도의 활성화는 곧 우리 사회의 법치주의의 확립에도 기여할 것이다. 국민참여재판제도의 활성화를 통하여 사법에 대한 국민의 신뢰를 제고하는 것은 법치주의의 발전과 정착을 위해서도 요청되는 바이므로 국민참여재판제도의 활성화방안이 요청된다.

한편 「형사소송법」도 개정되어 재정신청 대상을 모든 고소 사건으로 확대한다. 재정신청이란 고소, 고발 사건을 검찰이 불기소처분을 할 때 법원에 기소 여부를 재심리해 달라고 요청하는 제도다. 영장실질심사제, 구술심리주의 확대와 더불어 국민의 사법 불신 해소에 상당히 기여한다. 또 헌법소원 사건의 70%를 차지한 검찰의 불기소처분에 대한 헌법소원도 대폭 감소한다. 그러나 남소의 폐해를 어떻게 시정할 것인가란 새로운 과제를 던져준다.

검찰도 검사의 공소제기, 불기소처분, 구속취소, 구속영장 재청구에 관한 의사결정 과정에 국민의 의견을 직접 반영하여 수사의 공정성과 투명성을 제고하고 국민의 인권을 보장하기 위하여 검찰시민위원회를 운영한다. 하지만 이는 법률상의 제도가 아니라 검찰 자체적으로 운영하는 제도다.

국민의 사법참여 확대를 통하여 사법은 민주적 정당성과 투명성을 제고할 수 있다. 그러나 새로운 제도 도입에 따른 부작용 또한 간과해서는 아니 된다. 외국 제도의 무분별한 도입이 아니라 우리의 현실에 조응하는 한국적 모델을 정착시키는 지혜를 법조계와 국민이 함께 고민해야 할 때다(〈칼럼〉 '사법참여제' 한국형 모델 만들자, 《동아일보》 2007. 4. 21.).

### 3) 최고사법기관, 대법원과 헌법재판소의 관계

헌법 제5장 법원(제101-110조)은 전통적인 의미에서의 사법부에 관한 규정이다. 헌법 제101조 제1항에서 "사법권은 법관으로 구성된 법원에 속한다"라고 규정한다. 그것은 제3장 국회의 제40조 "입법권은 국회에 속한다", 제4장 정부의 제66조 제4항 "행정권은 대통령을 수반으로 하는 정부에 속한다"라는 규정과 대비된다. 그런데 제5장 법원에 관한 규정에는 제6공화국헌법에서 새로 도입된 제6장 헌법재판소와의 관계를 제대로 고려하지 않은 규정들이 문제가 된다. 특히 최고법원인 대법원과 헌법재판소의 관계 설정이 중요한 쟁점으로 부각된다.

헌법재판소를 설치하는 나라에서 헌법재판소가 최고사법기관의 하나라는 데에는 이론의 여지가 없다. 다만 일반법원으로서의 대법원과의 관계에 나라마다 차이가 있을 뿐이다. 예컨대 독일은 5개 연방법원을 아우르는 최고법원의 설치를 예정하였으나 연방헌법재판소가 명실상부한 최고사법기관으로서의 역할과 기능을 다하기 때문에 더 이상 최고사법기관의 설치가 필요하지 않게 되었다. 한편 프랑스에서는 일반 최고법원으로는 파기원(파훼원)이, 행정 사건에 대해서는 지방행정법원과 항소행정법원을 거쳐서 최고행정법원의 역할과 기능을 국사원의 소송부가 담당한다. 다른 한편 헌법위원회가 설치되어 있는데 2007년 헌법개정과 더불어 헌법위원회가 사후적인 위헌법률심판권을 가지게 됨에 따라 이제 헌법재판소라고 명명하고 있다. 이에 최고사법기관으로서 헌법재판소, 파기원, 국사원의 3각 관계가 이루어진다.

우리 헌법의 헌법재판소는 제5장 법원과 별도로 제6장에서 따로 규정된다. 제5장 법원에서는 "법원은 최고법원인 대법원과 각급법원으로 조직한다"(제101조 제2항)라고 규정하여 헌법재판소와 대법원이 각기 최고사법기관인 셈이다. 다만 헌법재판소는 그 기능의 특성상 헌법에서 부여한 다섯 가지 권한 즉 위헌법률심판, 탄핵심판, 위헌정당해산심판, 권한쟁의심판, 헌법소원심판으로 한정된다. 두 개의 최고법원이 병존하는 상황이어서 때로는 두 기관 상호 간에 판례의 불일치 문제가 야기되기도 하지만 크게 보아서 지난 30년간 무난하게 작동하여 왔다. 그런 점에서 우리나라 사법기관의 성숙성을 읽을 수 있다(〈칼럼〉 헌법재판소와 대법원 구성의 합리성 담보, 《법률저널》 2014. 2. 7.).

헌법재판소나 대법원 모두 기본권보장의 최종보루인 점에 비추어 본다면, 그 어느 기관이 어떠한 권한을 가지느냐는 국민의 입장에서 중요한 문제가 될 수 없다. 다만 어느 기관이 기본권보장기관으로서의 헌법적 사명을 다할 수 있느냐가 중요하다. 헌법체계상 법원과 헌법재판소가 병렬적으로 규정되어 있는 관계로 인하여 헌법상 명쾌하지 못한 부분이 있는 것도 사실이다. 어차피 현행헌법상 병렬적인 규정체계에 따를 수밖에 없다면 두 기관이 이론과 판례를 통하여 상호 보완적인 기능과 역할을 다하여야 한다. 현행헌법은 헌법재판관의 3분의 1인 3인을 대법원장이 지명하도록 되어 있고 실제로 대법원장은 현직 고위법관 중에서 헌법재판관을 지명하여 왔고, 또한 현직 법관이 헌법연구관으로 파견근무하고 있으므로 이들 기관 상호 간에 충분한 유기적 협조관계가 마련될 수도 있다. 즉 독일처럼 명문규정이 없는 이상, 프랑스에서 헌법재판소와 국사원·파기원이 문제를 상호 협조적으로 해결하는 모델을 참고하여야 한다.

우리나라에서는 종래 대법원이 명실상부한 유일의 최고법원으로 작동하였으나 1987년 헌법에서 헌법재판소를 도입하고 그 헌법재판소의 역할과 기능이 매우 활성화됨에 따라 대법원과 헌법재판소 사이에 갈등이 야기된다. 하지만 헌법재판소는 그 권한이 헌법에 열거된 다섯 가지 사항에 한정되어 있으므로 여전히 일반 사건에서 대법원의 역할과 영향력은 절대적이다. 다만 헌법재판소가 작동되고 있는 상황에서 전통적으로 사법일원적인 대법원에 대한 견해도 재고되어야 한다는 점에서 대법원의 위상을 재정립할 필요성이 제기된다. 특히 대법원이 민·형사 사건의 최고법원으로서 지나치게 일반 사건에 매달리는 상황은 결국 대법원의 국민의 재판을 받을 권리를 실질적으로 제약하는 지연재판을 초래할 수밖에 없다. 여기에 대법원의 개혁 필요성이 제기된다.

"법원은 최고법원인 대법원과 각급법원으로 조직된다"(제101조 제2항). 헌법상 법원은 대법원을 정점으로 하는 각급법원으로 조직되지만, 각급법원의 구체적인 내용은 명기되어 있지 않다. 이에 따라 "대법원과 각급법원의 조직은 법률로 정한다"(제102조 제3항). 각급법원은 항소법원인 고등법원과 사실상 항소법원인 특허법원·지방법원, 제1심법원인 행정법원·가정법원·회생법원이 있다. 그 밖에 특별법원인 군사법원이 있다. 그런데 대법원의 과도한 업무부담에 따라 대법원이 아닌 상고법원을 설치하려 노력하였으나 성공하지 못하고 있다.

이에 따르면 대법원 소재지에 하나의 상고법원을 설치하고, 모든 상고사건은 일단 대법원에 접수된다. 법률에서 대법원이 필수적으로 심판하도록 정한 사건 이외에는, 대법원이 사건을 분류·심사하여 법령해석 통일 또는 공적 이익과 관련 있는 사건은 대법원에서 재판하고, 기타 사건은 상고법원에서 재판한다. 상고법원에는 전문성 강화를 위하여 전문재판부를 두고, 전원일치제도를 도입하여 전원의 의견이 일치하지 않거나 대법원 판례와 다른 결론에 이른 경우 대법원으로 이송한다. 3심인 상고법원의 판결에 대해서는 더 이상 불복할 수 없고, 다만 헌법적 쟁점이나 판례위반에 대해 예외적으로 대법원에의 특별상고를 허용한다.

법원은 민사·형사·행정 사건, 기타 쟁송 사건에 대한 재판권 이외에도 비송사건관할권, 명령·규칙·처분심사권, 위헌법률심판제청권, 대법원규칙제정권, 사법행정권, 법정질서유지권 등의 권한을 가진다. 대법원장은 헌법재판소 재판관 3인 지명권 및 중앙선거관리위원회 위원 3인 지명권 등의 권한을 가진다.

### 4) 최고사법기관(대법원과 헌법재판소)의 구성

최고사법기관의 구성에 관해서는 여전히 민주성과 합리성 담보에 의문이 제기된다. 대통령은 국가원수의 지위에서 다른 헌법기관의 구성에 직접적인 권한을 가진다. 헌법재판소의 장은 국회의 동의를 얻어 재판관 중에서 대통령이 임명한다(제111조 제4항). 또한 대법원장 및 대법관(대법원장의 제청이 있어야 함)은 국회의 동의를 얻어 대통령이 임명한다(제104조).

사법기관의 구성에 있어서 국회의 동의절차를 거치도록 한 것은 국민적 정당성의 확보 및 권력분립의 또 다른 축인 국회의 합리적인 통제를 통하여 대통령의 임명권행사가 적절하도록 견제하고자 하는 것이다. 여소야대 국회가 초래될 경우에 대통령의 임명권은 상당한 변용을 겪을 것이다. 더구나 헌법재판소장과 대법원장은 각 1명뿐이기 때문에 여야 사이에 자리 배분이 불가능하며, 결국 정부여당과 야당 사이에 정치적 합의를 이루어야만 임명동의절차가 원만하게 진행될 수 있다.

특히 이들 사법관은 임명 전에 엄격한 검증이 필요하다. 왜냐하면 사법관은 임명된 이후에는 "그 직무집행에 있어서 헌법이나 법률을 위배"하여 국회의 탄핵소추(제65조 제1항)를 받는 경우를 제외하고는 엄격히 그 신분이 보장되고(제106조 제1항), 그 임기도 비교적 긴 6년이기 때문이다. 다만 대통령 5년 단임, 국회의원 임기 4년에 비추어 헌법재판소 재판관·대법관(원장 포함)의 6년 임기는 정치적 중립성을 담보하고 사법의 안정을 도모한다는 측면에서 긍정적으로 평가할 수도 있다.

헌법재판소 재판관은 국회에서 선출하는 3인, 대법원장이 지명하는 3인, 대통령이 직권으로 임명하는 3인을 포함한 9인을 대통령이 임명하고 그중에서 대통령이 소장을 임명한다. 물론 그 과정에서 국회의 인사청문회를 거치기는 하지만 대법원장이 임명하는 3인은 전적으로 대법원장의 재량적 권한이다. 실제로 대법원장은 전원을 현직 법원장급 법관 중에서 헌법재판관을 임명하여 왔다. 헌법재판소장은 대법관을 지명할 권한이 없는데 대법원장만 헌법재판관을 지명하는 것 자체가 최고사법기관의 균형을 위해서 바람직하지 않다. 더 나아가서 국회와 대통령이 선출 또는 임명하는 재판관조차도 현직 법관 중심으로 이루어진다. 8인 중 7인의 법원장급 인사는 현직에서 곧바로 재판관으로 부임하였다. 나머지 1명은 검찰 출신이다. 이래서는 헌법재판의 다양성과 다원성을 확보하기 어렵다. 이는 초대 헌법재판관의 구성에서 변호사, 판사, 검사, 국회의원 출신들이 다양하게 포진하였던 것에 비하면 오히려 퇴보한 것이라 하지 않을 수 없다.

현행헌법은 재판관의 자격을 법관의 자격을 가진 자로 한정한다. 헌법재판에는 전문성과 독립성이 필요하기 때문에 재판관의 자격을 법관의 자격을 가진 자로 한정하고 헌법재판을 독립된 재판소에서 담당하도록 할 필요가 있다는 취지다. 그렇지만 헌법재판이 지닌 일반재판과의 차이로 그 전문성은 법관에게 필요한 실정법률의 해석과 적용능력만으로는 부족하다. 헌법재판은 정치공동체의 최고법을 해석하여 국가작용을 헌법에 합치하는 방향으로 이끄는 작용이라는 점에서 이런 헌법재판을 담당하는 구성원인 재판관의 자격을 정함에 있어서도 일정한 헌법적 전문성을 검증받은 인물에게 재판관의 자격을 부여하고 헌법재판의 활성화의 기회로 삼을 필요가 있다. 너무 법조계 일색의 재판부 구성은 국가권력 특히 국회의 입법권에 대한 통제에서 나타나듯이, 다양한 요소의 이익형량을 통하여 법률의 위헌성을 논증하는 과정에서 단조로운 해석의 가능성을 보여 줄 우려가 있다. 헌법이 보장하는 넓은 생활영역에서 발휘되는 헌법정신을 정확히 밝혀내어 법률의 위헌심사에서 이런 요소들이 가감 없이 고려됨으로써 위헌논의가 풍부한 숙고적 과정이 될 수 있도록 풍부한 경험과 헌법적 상상력을 구비한 재판관의 존재는 필수적이다. 이런 관점에서 볼 때 재판관의 자격을 법관자격을 가진 자로 한정한 것은 헌법재판이 가진 특성을 제대로 반영하지 못한 규범구조이다. 헌법재판소 재판관의 자격을 공인된 대학에서 법률학을 전공한 일정한 경력 이상의 대학교수·국회의원 등에게도 허용하는 것이 필요하다.

대법원의 구성은 더 심각한 상황이다. 대법관은 대법원장의 제청에 의하여 국회의 동의를 얻어 대통령이 임명하지만, 대법원장이 실질적 임명권을 행사하고, 국회의 인사청문회는 단순한 통과의례에 불과한 실정이다. 대법원에 대법관후보추천위원회를 구성하긴 하지만 실질적으로는 대법원장의 뜻이 크게 반영된다. 현재 대법원은 대법원장을 포함한 14인의 대법원 구성원 중 검찰 출신 1인을 제외하고 전·현직 법관 출신으로 채워져 있다.

대법관의 임명절차는 대법관후보추천위원회의 추천 → 추천된 사람 중에서 대법원장이 대통령에게 임명제청 → 대통령의 국회 임명동의안 제출 → 국회 인사청문회 → 대통령의 임명이라는 비교적 복잡한 단계를 거친다. 하지만 실제로는 대법원장과 대통령이 사실상 전권을 가진다. 대법관후보추천위원회는 당연직인 외부인사로 법무부 장관·대한변호사협회장·한국법학교수회장·법학전문대학원협의회 이사장을 제외하면 실질적으로 내부인사들로 채워진다. 즉 선임대법관·법원행정처장은 당연직이고, 대법원장이 지명하는 1인의 부장판사와 외부인사 3인으로 구성된다. 일각에는 대법원 구성에 외부인사의 개입 특히 법무부 장관의 간여에 부정적인 견해가 있다. 하지만 전 세계에서 대법원 구성에 대법원장이 임명제청권을 가지고, 그것도 실질적인 권한을 행사하는 나라가 우리나라밖에 없다. 헌법상 같은 임명제청권인 국무총리의 국무위원 임명제청권과 대법원장의 대법관 임명제청권에 대해서 국무총리의 제청권은 형식적인 것으로 이해하고 대법원장의 제청권은 실질적이어야 한다고 보는 견해가 지배적이다. 사법부 수뇌부 구성에서조차 대법원장에게 절대적인 권한을 부여하고 있고 또 이를 당연시한다.

더 나아가 대법원장은 헌법재판관 3인의 지명권을 가진다. 이 경우에는 대법관후보추천위원회의 자문이나 대법관회의의 심의·의결 같은 것도 필요 없고 오로지 대법원장의 재량적 권한으로 작동된다. 또 다른 최고사법기관의 구성에 있어서 그 3분의 1에 대법원장이 재량권을 행사한다는 것 자체가 바람직하지 않다. 역설적으로 헌법재판소장이 대법관 임명에 전혀 관여할 수 없는 것과도 대비된다. 바로 그런 점에서 우리나라 대법원장의 권한 이야말로 제왕적이라고 하지 않을 수 없다.

게다가 대법원이나 헌법재판소 할 것 없이 한두 명의 예외를 제외하고는 서울법대 출신의 50대 일색이다. 물론 그 당시에 사법시험 합격자 대부분이 서울법대 출신이었기에 불가피하다는 반론도 가능하겠으나 변화된 시대에 걸맞은 최고사법기관의 변신이 필요하다. 대법관들의 성향 또한 보수화됨에 따라 대법원 전원합의체에서 판결은 대부분 만장일치 또는 극히 일부의 소수의견에 불과하다.

하급법원과 달리 대법원이나 헌법재판소는 국가최고사법기관이다. 특히 헌법재판소의 구성에 있어서 우리나라처럼 오로지 '법관의 자격을 가진 사람'으로 구성되는 나라는 없다. 그런 점에서 이제 헌법재판소부터 그 구성에 있어서 헌법학자뿐 아니라 경제학자·정치학자 더 나아가 인권운동가까지 포용하는 열린 자세가 필요하다. 이들의 역할이 판검사 출신 법률가보다 오히려 더 요구된다. 대법원도 마찬가지다. 검찰관뿐 아니라, 법학교수·직업외교관까지 대법관으로 포용하는 일본 최고재판소의 예를 외면해서는 아니 된다. 헌법재판소와 대법원의 구성이 법조인의 틀 속으로 매몰되어 있는 한 진정한 국민의 사법으로 갈 길이 멀다(〈칼럼〉 최고법원의 다양성과 다원성, 《법률저널》 2012. 7. 7.).

### 5) 헌법재판의 본질

헌법재판(憲法裁判)이란 헌법을 적용함에 있어서 헌법의 내용과 의미에 대하여 분쟁이 발생한 경우에 독립된 헌법재판기관이 헌법을 유권적으로 선언하여 그 분쟁을 해결하는 작용을 말한다. 헌법재판은 헌법규범의 실효성을 담보하는 헌법보장제도로서의 가치가 있다. 즉 헌법재판을 통해서 헌법의 규범력을 실질화하고, 궁극적으로 입헌주의를 규범적으로 실현하는 것이다.

근대입헌주의 초기에는 헌법규범의 최고성을 담보할 수 있는 제도적 장치를 갖추지 못하였다. 더구나 의회제 전통이 자리 잡은 유럽에서 국민주권은 의회주권으로, 의회주권은 법률주권으로 인식되고 있었으므로, 국민의 의사로 간주되는 법률에 대한 사법적 재단은 용납되기 어려웠다. 여기에 헌법의 최고규범성을 담보할 수 있는 실질적 공간을 확보하기 어려운 상황이었다. 사실 국민주권을 대표하는 의회의 행위에 대하여 국민으로부터 직접 그 존재의 정당성을 확보하지 아니한 법관에 의한 사법적 재단으로 인하여 야기되는 "법관에 의한 통치"는 대표민주주의원리에 비추어 보건대 결코 바람직하지 않다.

헌법재판의 본질적 부분은 위헌법률심판이다. 따라서 위헌법률심판이 전제되지 않는 한 이를 헌법재판이라 할 수 없다. 다만 헌법재판소제도가 창설되면서 각국의 헌법에서는 헌법재판소의 권한사항으로 위헌법률심판 이외에 헌법소원심판, 권한쟁의심판, 탄핵심판, 위헌정당해산심판, 선거심판 등을 추가하기도 한다.

헌법재판의 핵심인 위헌법률심판은 유럽민주주의를 이식한 미국에서 시작되었다. 미국이라는 신생독립국가를 이끌어 나가는 데 있어서 그 유일한 합리적 통치수단은 바로 법규범의 엄격성을 정립하는 것이었다. 또한 엄격한 권력분립주의에 따라 정부와 의회 사이에 놓인 차단벽을 합리적으로 제어하기 위한 유일한 수단은 헌법적합성의 원리에 기초한 사법적 통제일 수밖에 없었다. 1803년 미국 연방대법원이 'Marbury v. Madison 사건'에서 처음으로 인정한 위헌법률심사는 헌법재판의 기념비적 사건이다.

서유럽에서는 그간 탄핵심판·권한쟁의심판 등을 다루기는 하였지만, 헌법재판의 본질적 부분인 위헌법률심사는 20세기에 들어와서 비로소 그 실체를 정립시켜 나갔다. 현대 법실증주의의 창시자인 한스 켈젠(H. Kelsen)이 제시한 헌법재판은 법원의 일반재판작용과는 구별되는 헌법재판을 위한 특별헌법재판소제도를 통하여 헌법재판의 실질화와 특수성을 도모하려는 것이었다. 헌법재판은 오스트리아에서 시작되어 독일에서 꽃을 피웠고, 20세기 후반에 이르러 유럽 각국에서 보편적 제도로 자리 잡는다. 따라서 오늘날 헌법재판이라 함은 미국식 위헌법률심사제도보다는 오히려 유럽 대륙식 헌법재판소제도를 통한 헌법재판을 일반적으로 지칭한다.

헌법재판은 헌법의 최고규범성과 실효성을 담보하기 위한 제도적 장치다. 따라서 그 헌법은 성문의 헌법전으로 구현되어야 한다. 헌법재판에 있어서 최고의 준거규범인 헌법은 주권자의 헌법제정권력 발동을 통하여 정립되었다. 그 헌법은 헌법개정을 어렵게 하는 경성헌법의 특성을 가진다. 여기에 헌법규범의 최고성과 안정성을 담보할 수 있는 헌법재판의 특수성이 도출된다.

헌법은 단순히 한 국가의 최고규범일 뿐만 아니라 주권자인 국민의 자유와 권리를 실질적으로 보장하는 기본권보장규범으로서의 특성도 동시에 가진다. 근대입헌주의 헌법의 이념적 지표는 국민주권주의와 기본권보장이다. 주권자인 국민의 기본권을 보장하기 위해서 헌법은 단순한 자유의 기술로서 머무를 것이 아니라 권력의 민주화를 위한 기술로서의 사명을 다하여야만 한다. 여기에 권력분립주의가 국민주권주의와 기본권보장을 실현하기 위한 제도적 원리로서 자리 잡게 된다. 요컨대, 헌법재판은 근대입헌주의 헌법이 담고 있는 국민주권·기본권보장·권력분립원리를 현실적·사후적으로 담보하기 위한 제도적 장치이며, 근대헌법은 성문헌법·경성헌법의 형식을 통하여 헌법의 최고규범성을 보장할 수 있는 제도적 여건을 마련한다.

20세기 후반 헌법재판의 활성화는 곧 헌법재판이 개입할 수 있는 영역의 무한계성을 드러낸다. 헌법적 쟁점을 판단하기 위하여 설립된 헌법재판기관이 특정한 사안에 대하여 헌법적 판단을 회피하거나 자제한다는 것은 적절하지 않다. 하지만 헌법규범이 가지고 있는 정치적 성격에 비추어 보건대 모든 헌법적 쟁점이 헌법재판기관을 통하여 재단되는 것은 권력분립원리나 권력의 정당성원리에 비추어 결코 바람직한 것만은 아니다. 여기에 헌법재판의 한계 문제가 제기된다(『헌법학』 제17판, 『헌법학입문』 제7판, 『헌법소송론』에서 발췌).

## 6) 헌법재판소의 권한

우리 헌법에서 명시하는 헌법재판소의 권한으로는 위헌법률심판, 헌법소원심판, 권한쟁의심판, 탄핵심판, 위헌정당해산심판이 있다(헌법 제111조 제1항).

첫째, 헌법에 위배되는 법률에 대한 심판 즉 위헌법률심판이다. "법률이 헌법에 위반되는 여부가 재판의 전제가 된 경우에는 법원은 헌법재판소에 제청하여 그 심판에 의하여 재판한다"(제107조 제1항). 헌법재판소는 "법원의 제청에 의한 법률의 위헌여부심판"을 관장한다(제111조 제1항 제1호). 당해 사건을 담당하는 법원이 직권 혹은 당사자의 제청신청으로 위헌법률심판의 제청을 결정하여야 한다. 법원이 법률의 위헌 여부의 심판을 헌법재판소에 제청한 때에는 당해 소송 사건의 재판은 헌법재판소의 위헌 여부의 결정이 있을 때까지 정지된다.

"헌법재판소는 제청된 법률 또는 법률조항의 위헌 여부만을 결정한다. 다만, 법률조항이 위헌결정으로 인하여 당해 법률 전부를 시행할 수 없다고 인정될 때에는 그 전부에 대하여 위헌의 결정을 할 수 있다"(「헌법재판소법」

제45조). 그렇지만 헌법재판의 특성상 합헌·위헌결정 이외에 변형결정을 인정한다. 헌법재판소 결정은 위헌심판제청각하결정·합헌결정·위헌불선언결정·변형결정·위헌결정·일부위헌결정으로 분류된다. 변형결정의 유형으로서는 헌법불합치결정·한정합헌결정·입법촉구결정·한정위헌결정 등이 있다. 일반재판과 달리 헌법재판에 있어서 변형결정을 허용하는 것은 일도양단적인 재판으로 인하여 야기될 법적인 문제점을 해결하고 이를 통해서 국회의 입법권도 존중할 수 있기 때문이다.

둘째, 헌법소원심판이다. 헌법소원은 본질적으로 개인의 주관적인 기본권보장기능과 위헌적인 공권력행사를 통제하는 객관적 헌법질서보장기능을 가진다. 「헌법재판소법」 제68조에서는 권리구제형 헌법소원과 위헌심사형 헌법소원을 규정한다. 제1항: "공권력의 행사 또는 불행사로 인하여 헌법상 보장된 기본권을 침해받은 자는 법원의 재판을 제외하고는 헌법재판소에 헌법소원심판을 청구할 수 있다. 다만, 다른 법률에 구제절차가 있는 경우에는 그 절차를 모두 거친 후에 청구할 수 있다." 제2항: "제41조 제1항에 따른 법률의 위헌여부심판의 제청신청이 기각된 때에는 그 신청을 한 당사자는 헌법재판소에 헌법소원심판을 청구할 수 있다. 이 경우 그 당사자는 당해 사건의 소송절차에서 동일한 사유를 이유로 다시 위헌여부심판의 제청신청을 할 수 없다."

권리구제형 헌법소원제도는 오스트리아와 독일의 헌법재판소제도에서 도입된 이래 헌법재판소제도의 일반적인 제도로 인정된다. 하지만 위헌심사형 헌법소원은 법원의 재판에 대한 헌법소원을 인정하지 아니하면서 위헌법률심판제청인의 권리구제와 객관적 규범 통제제도를 채택하고 있는 우리나라 특유의 제도이다. 그 법적 성격에 대하여 법원의 기각결정에 대한 헌법소원이라는 입장과, 그 본질에 중점을 두어 위헌법률심사라는 입장이 있으나 두 가지 성격을 동시에 가지는 것으로 이해된다.

헌법재판소제도가 작동되면서 국민들의 가장 많은 관심을 끈 제도가 바로 권리구제형 헌법소원이다. 공권력작용에 의하여 권리가 침해된 일반 국민들이 국가의 최고사법기관인 헌법재판소에 직접 권리구제를 청구할 수 있다는 점에서 하나의 혁신적인 제도다.

셋째, 탄핵심판이다. 탄핵제도는 고위공직자의 직무상 중대한 위법행위에 대하여 일반적인 사법절차가 아닌 특별한 절차를 통해서 처벌하거나 파면하는 제도를 말한다. 탄핵제도는 정치적 평화유지기능을 가진다. 헌법은 "국회는 탄핵의 소추를 의결할 수 있다"(제65조 제1항)라고 하여 국회를 탄핵소추기관으로 규정한다. 이는 국민대표기관으로서의 국회로 하여금 국민을 대신하여 책임을 추궁할 수 있는 권능을 부여한 것이다. 탄핵결정은 공직으로부터 파면함에 그친다. 그러나 탄핵의 결정으로 민사상의 책임이나 형사상의 책임이 면제되는 것은 아니다. 즉 탄핵은 공직에서 파면함에 그치는 징계적 성격을 가지므로, 탄핵심판과 민·형사재판 사이에는 일사부재리의 원칙이 적용되지 아니한다. 현실적으로 탄핵 사건은 매우 제한적으로 작동된다. 외국의 경우에도 고위공직자에 대한 탄핵 사례가 거의 없다. 미국의 닉슨 대통령이 워터게이트 사건에 휘말려 탄핵발의에까지 이르렀으나 스스로 사직하고 말았다.

그런데 2004년 노무현 대통령이 「공직선거법」상 공직자의 정치적 중립의무를 위반하였다는 이유로 국회에서 탄핵소추가 의결된 바 있다. 이에 따라 헌법재판소의 탄핵심판결정이 있을 때까지 대통령의 직무가 정지되고 고건 총리가 대통령직무대행으로 취임한 바 있다. 그러나 헌법재판소는 대통령의 정치적 발언이 중앙선거관리위원회의 견해대로 비록 「공직선거법」을 위반한 것은 사실이라 하더라도 그것이 대통령직을 탄핵할 정도의 중대한 법

위반이 아니라는 이유로 탄핵심판 기각결정을 내린 바 있다(헌재 2004. 5. 14. 2004헌나1). 2016년에는 박근혜 대통령에 대한 탄핵소추가 가결(2016. 12. 9.)되어 헌법재판에 회부되었다. 헌법재판소는 대통령 박근혜의 국정농단이 헌법과 법률을 위반한 정도가 매우 심각하여 헌법이 부여한 국민의 신임을 배반하였다고 보아 헌정사에서 최초로 탄핵심판 인용결정을 내렸다. 이에 따라 박근혜 대통령은 헌법재판소의 결정 당일 대통령직에서 파면되었다(헌재 2017. 3. 10. 2016헌나1).

넷째, 권한쟁의심판이다. "국가기관 상호 간, 국가기관과 지방자치단체 간 및 지방자치단체 상호 간의 권한쟁의에 관한 심판"을 헌법재판소의 관할 사항으로 규정하고 있다(헌법 제111조 제1항 제4호). 기관 상호 간의 "권한의 유무 또는 범위에 관하여 다툼이 있는 때에는"(「헌법재판소법」 제61조) 헌법재판소가 헌법해석을 통하여 이를 명확히 함으로써, 기관 상호 간의 원활한 업무 수행 및 견제와 균형의 원리를 실현시키는 데 권한쟁의심판의 목적이 있다.

다섯째, 위헌정당해산심판이다. 현행헌법은 헌법보장을 위한 방어적 민주주의의 한 제도적 장치로서 위헌정당해산제도를 도입한다. 즉 "정당의 목적이나 활동이 민주적 기본질서에 위배될 때에는 정부는 헌법재판소에 그 해산을 제소할 수 있고, 정당은 헌법재판소의 심판에 의하여 해산된다"(헌법 제8조 제4항). 헌법재판소는 통합진보당이 민주적 기본질서에 위배된다고 하여 해산결정을 내렸다(헌재 2014. 12. 19. 2013헌다1). 이에 따라 통합진보당이 해산되었다. 헌법재판소는 명문의 규정이 없음에도 불구하고 소속 국회의원도 자격을 상실한다고 판시하였다.

헌법재판소가 심판권한을 행사하는 데 있어서 인용과 기각 결정을 내리면서 특별정족수제도를 채택하고 있는 점이 특징적이다. 즉 권한쟁의심판을 제외하고는 재판관 9인 중 6인 이상의 찬성이 있어야 인용결정을 할 수 있다. 예컨대 특정 법률에 대한 위헌 여부의 심판에서 재판관 9인 중 5인이 위헌의견을 제시하여도 위헌결정정족수에 이르지 못하기 때문에 인용 즉 위헌결정을 할 수 없고 기각결정을 하여야 한다. 이는 헌법재판의 특수성 즉 헌법재판이 가지는 국가공권력행사에 대한 통제나 권력분립의 원리에 입각한 통제에 있어서 지나치게 개입하는 '정치의 사법화'를 최소화하면서 헌법재판소 스스로도 최대한 자제시키기 위한 제도적 장치로 이해하여야 한다(『헌법학』 제17판, 『헌법소송론』에서 발췌).

### 7) 검찰개혁의 조건

1989년에 서경원 의원 방북사건이 터지면서 공안정국이 회오리쳤다. 당시 평화민주당 총재이던 김대중 전 대통령도 이 사건에 연루돼 공안부 검사실에서 하루 종일 조사를 받았다. 자정이 다 되어서 검찰청을 나서면서 노회한 정치인은 기자들 앞에서 좋은 학교 나와서 어려운 시험을 거친 엘리트가 기껏 이런 식이냐고 쓴소리를 내뱉었다. 훗날 대통령에 취임한 그의 화두는 "검찰이 바로 서야 나라가 바로 선다"였다.

검찰은 법원과 더불어 대한민국의 대표적인 엘리트집단이다. 하지만 건국 이후 검찰권행사는 영욕이 교차되어 왔다. 군사정권 시절 검찰조직은 안정과 번영을 구가하였다. 대신 정권에 충성하는 검사만이 살아남을 수 있었다. 1987년 5년 단임 대통령제 이후 검찰도 5년 단위로 옷을 갈아입는 과정에서 정치검찰로 지탄을 받는다. 김영삼, 김대중 대통령의 집권 마지막 해에 아들들이 구속 수감되자 대통령은 넋을 잃었다고 한다. 노무현 정부 초기에 이회창 후보의 차떼기 대선자금수사는 국민검찰을 탄생시켰다. 그 검찰이 이명박 정권 초기에 노무현 전 대통령을 사지로 내몰았다.

그간 검찰은 죽은 권력만 난도질하고 살아 있는 권력에 대해서는 침묵으로 일관하였다. 기세등등한 대통령의 임기 초반기에 온갖 측근비리가 싹튼다. 이때 검찰이 제대로 된 수사를 한 기억이 없다. 물론 검찰도 항변할 것이다. 살아 있는 권력을 상대로 누가 비리첩보를 제공하겠느냐고.

정의의 파수꾼으로서 담대한 검찰권행사는 국민검사를 배출하기도 한다. 하지만 권력 앞에 무기력한 정치검찰로 지탄받기도 하고, 의욕만 앞선 젊은 검사의 과잉수사는 선량한 시민을 인격적으로 살인하는 부작용도 초래한다. 이제 검찰이 환골탈태하여야 한다. 무엇이 국민을 위해 바로 선 검찰인가를 보여 주어야 한다.

첫째, 조직체계에서 법무부와 검찰의 존재이유를 분명히 해야 한다. 지금처럼 법무부와 검찰이 온통 검사 일색인 조직으로는 기관에 부여된 역할과 기능을 제대로 수행할 수 없다. 검찰권은 대검찰청 중심으로 작동되어야 한다. 검사는 수사에 전념해야 한다. 국민의 자유와 권리를 보장하는 견인차여야 하는 법무부는 검사가 아닌 법무행정 전문가로 대체되어야 한다. 그래야만 발전적인 상호 보완이 가능하다. 검찰조직 내에서의 상호 견제와 균형 즉 검찰청은 수사기관으로, 법무부는 법무행정기관으로 각자의 역할 정립이 필요하다. 이를 통하여 수사와 행정의 이원성을 명실상부하게 구축해야 한다.

둘째, 검찰 인사의 투명성을 제고해야 한다. 「검찰청법」에서 검찰은 검찰총장과 검사만 있다. 검사는 능력에 따라 적재적소에 배치되어야 한다. 어느 조직이든 평생을 의탁하는 사람이면 누가 적격자인지 다 안다. 검찰 인사가 정치권력에 휘둘리는 한 검찰의 미래를 보장할 수 없다. 객관성과 투명성을 담보할 수 있는 검찰인사위원회가 실질적으로 작동되어야 한다. 장기적인 인사원칙도 제시되어야 한다. 정권이 바뀔 때마다, 총장이 바뀔 때마다 인사원칙이 변경되어서는 아니 된다. 1년이 멀다 하고 행해지는 지나치게 잦은 검찰 인사로는 조직의 안정을 꾀할 수도 없고 제대로 된 수사도 이루어질 수 없다. 전국 단위로 이뤄지는 검찰 인사야말로 예측 가능해야 한다. 검찰의 정치적 중립성은 인사와 직결된다. 엘리트들이 사회정의를 위해 헌신할 수 있는 분위기를 조성해야 한다. 검찰 인사는 최고통치권자의 국가경영철학과 직결된다. 스스로 잘못된 인사가 결국 자신에게 부메랑으로 되돌아온다는 평범한 사실을 잊어서는 아니 된다.

셋째, 수사 브리핑제도는 근본적인 개혁이 필요하다. 언론보도를 통한 국민의 알 권리도 중요하지만 개인의 인격권을 우선적으로 보장해야 한다. 검찰수사 단계에서보다는 재판 단계에서 피고인의 동일성을 식별하거나 범죄혐의를 드러내는 것이 바람직하다.

넷째, 정의의 칼은 언제나 형평의 저울추에 맞춰야 한다. 실적과 공명심에 휘둘러서는 아니 된다. 기소독점주의란 무기에 지나치게 의탁하지 말고 국민의 자유와 권리를 어떻게 수호할지 고민해야 한다. 검찰수사를 통해서 처벌받는 대다수는 집안의 가장이다. 가장이 구속되는 순간 온 집안이 파멸의 길을 갈 수밖에 없다. 인신구속의 사회적·경제적 파장을 심각하게 되새기면서 검찰권을 신중하게 행사해야 한다. 편파수사·표적수사라는 비난을 면하기 위해서는 과학수사에 더욱 정진해야 한다. 검찰에도 전문영역이 필요하다. 다원화사회에서 검사가 모든 영역의 전문가가 될 수는 없다.

검찰의 뼈를 깎는 자기정화는 선결과제다. 간통과 수뢰, 성추행까지 벌어지니 스스로 꼴이 말이 아니다. 검찰에 대한 불신으로 마침내 검사장 직선제까지 논의된다. 직선제는 검찰의 정치화를 가속화시킬 뿐이다. 스폰서 검사 파동 이후 도입된 검찰시민위원회는 나름 좋은 평가를 받는다. 차제에 검찰권행사에 대한 시민참여를 강화하는 방안도 제시되어야 한다.

고위공직자비리수사처를 신설해 본들 기존의 검찰조직보다 더 잘할 것이라는 기대는 환상이다. 특별기구를 옥상옥(屋上屋)으로 신설해도 역할과 기능에는 한계가 있기 마련이다. 그러니 특별기구는 싱가포르·홍콩 같은 도시국가 정도에서만 작동된다. 미국·영국·독일·프랑스 등 선진국 어디에도 이런 조직은 없다. 미국 특유의 특별검사를 흉내 낸 한국판 특검은 예산과 인력만 낭비한 채 아무것도 보여 준 것이 없다.

특별검사제도(特別檢事制度)는 고위공직자의 비리나 국정의혹 사건에 대하여 수사의 정치적 중립성을 담보하기 위하여 국회가 주도하여 「검찰청법」의 검사가 아닌 독립된 수사기구에서 수사하게 함으로써 국민적 의혹을 해소하고자 하는 제도이다.

특별검사제도는 미국에서 발달된 제도이다. 미국에서 특별검사제도가 도입된 계기는 1973년 닉슨 대통령의 워터게이트 사건이다. 즉 백악관 관리나 대통령에 대한 수사 및 기소를 법무부 관리가 담당하는 것은 '이익충돌'이라는 이유로 상원 특별위원회가 특별검사제를 요구하였다. 1978년에는 정부윤리법에 명시적으로 도입되었다. 1993년에는 클린턴 대통령 성추문 사건에서 특별검사제가 시행된 바 있다. 하지만 제도에 대한 회의론이 제기됨에 따라 1999년에 특별검사법이 폐지되었다. 그 이후 '외부 특별검사'제도를 도입하였으나 사실상 기능을 못한다. 우리나라에서 종전의 특별검사법들은 모두 개별 사건에 관한 처분적 법률이었지만, 일반법으로서의 「특별검사의 임명 등에 관한 법률」도 새로 제정되었다.

우리나라에서 미국식 특별검사제도의 도입이 타당한 것인지에 관하여는 찬반론이 전개되어 왔다. 찬성론에서는, 현행 우리 검찰의 기소독점주의 및 기소편의주의에 대한 제도적 견제장치로서 검찰의 미흡한 수사 및 불기소처분 등을 보정하기 위하여 필요하고, 권력형 부정 사건 및 정치적 성격이 강한 사건에서 대통령이나 정치권력으로부터 독립된 특별검사가 수사 및 공소유지를 하게 함으로써 법의 공정성 및 사법적 정의를 확보할 수 있으며, 국민의 기본권보장 및 권력 남용 방지라는 차원에서 볼 때 권력분립원칙을 실질적으로 확보하는 것이라고 한다.

반대론에서는, 특별검사제도는 검사의 신분과 정치적 중립성이 헌법과 법률에 의하여 보장되는 우리나라에는 적합하지 않고, 정략적 차원에서 특별검사제를 실시하여 정치적 여론재판이 지속될 경우 정치적 혼란이 가중되고 국정 수행에 방해가 될 우려가 있으며, 권력분립원칙이 훼손되고 특별검사의 무리한 수사로 국가기밀누설 및 인권침해의 우려가 있다고 지적한다.

종전의 특별검사제도는 여야 사이에 정치적 흥정의 대상이 되어 왔다. 따라서 법률의 일관성과 정확성에 문제가 있다. 또한 수사 대상 및 기간이 지나치게 한정됨으로써 실체적 진실규명이 제대로 이루어지지 못하고 있고, 권력분립적 견지에서 비록 준사법권이라고는 하지만 어디까지나 행정부의 권한인 검찰권이 입법부인 국회에 의하여 좌우될 우려가 있다. 특히 지나치게 잦은 특별검사제의 도입은 자칫 헌법과 법률이 정한 수사기구인 검찰의 기소독점주의를 왜곡시킬 우려가 있다.

끝으로 검찰개혁에 국민도 적극 동참해야 한다. 검찰은 국민 위에 군림하는 조직이 아니라 국민의 자유와 재산을 보전하기 위해 존재하는 공익의 대변자다. 검찰을 비난하기에 앞서 법과 원칙을 존중하는 성숙한 시민사회가 뿌리내려야 한다.

검찰, 경찰, 국가정보원, 국군기무사령부와 같은 수사사정기관 전부에 대한 근본적인 역할 분담이 필요하다. 민주화 이후 국정원·기무사와 같은 특수수사기관의 민간인에 대한 사찰이나 수사가 불가능하게 되면서 검찰과 경찰은 명실상부한 최고사정기관으로 자리매김한다. 그런 두 기관이 자신들의 이익만 앞세우고 실력행사도 불사하는 추한 모습을 연출하였다. 불법 집단행동을 엄단하겠다는 사정기관이 스스로 그 집단행동의 유혹을 뿌리치지 못하였다. 법치주의 수호를 위한 최고수사기관과 최대수사조직이 자긍심과 상호 존중의 미덕을 발휘하면서 검·경이 국민의 인권보장기구로 거듭 태어나길 기대한다(〈칼럼〉 검찰 개혁의 5가지 조건, 《동아일보》 2009. 9. 3.; 검경 개혁, 검·경 이젠 자성의 자세로, 《세계일보》 2011. 7. 4.; 검찰, 개혁하지 않으면 개혁 당한다, 《국민일보》 2012. 4. 26.).

## 8) 경찰은 호국의 수호신이어야

경찰은 역사적으로 대한민국의 존립 그 자체와 직결된다. 정부수립 초기에 남북 갈등의 와중에서 국법질서를 수호함으로써 대한민국 건국의 초석을 다졌다. 1950년에 한국전쟁의 발발로 경찰은 단순히 일반치안의 확보에 머무는 것이 아니라 호국(護國)의 수호신(守護神)으로서 그 역사적 사명을 다하였다. 수많은 경찰이 전장에서 이슬과 같이 스러져 갔다. 이제 국민들은 그분들의 영혼이 잠든 삼천리강산에서 그분들의 염원에 힘입어 평화와 행복을 누릴 수 있게 되었다. 하지만 경찰이 건국 초기에 정치권력에 의하여 경찰 본연의 업무보다는 정권치안의 도구로 전락한 뼈아픈 기억이 있음을 부인해서는 아니 된다. 그 시대의 아픔은 국가폭력의 현장에 경찰이 존재하였다는 역사적 사실로 드러난다. 이렇게 위정자들은 언제나 경찰을 자신의 정치적 도구로 악용하려는 유혹을 가지기 마련이다. 하지만 이제 그와 같은 전 시대적인 구악이나 행태는 이 땅에서 발을 디딜 자리를 상실하였다. 경찰이 국민의 경찰로 거듭 태어나야 함을 다시금 인지시켜 준다.

국가의 존재이유가 무엇인가에 관한 논의는 예나 지금이나 마찬가지다. 그 와중에도 변함없는 국가의 핵심 과업은 국민의 생명, 신체, 재산의 안전과 자유의 확보에 있다. 이 고전적인 명제는 근대입헌주의국가의 초기 단계에서 특히 강력하게 주창되었다. 즉 국가의 존재이유는 국가가 국민들의 일상생활에 개입하는 것이 아니라 국민들을 가만히 내버려 둘 것을 주장하게 되었고, 그것은 바로 19세기적인 소극국가 즉 야경국가로 귀결되었다. 그것은 "자유 아니면 죽음을 달라"라는 명제로 귀결된다. 야경국가란 그야말로 밤에 국민들이 편하게 쉴 수 있도록 질서유지를 잘해 주는 국가를 말한다. 이는 달리 말하자면 그 어떤 경우에도 국가의 핵심적인 역할은 경찰로부터 비롯된다는 사실을 역사적으로 입증하는 셈이다.

20세기 이래 국가의 역할과 기능의 확대가 강조되면서 이제 국가는 소극국가, 야경국가에서 사회국가, 복지국가, 적극국가, 급부국가, 사회복지국가로 전이된다. 사회복지국가의 이념은 국가가 국민의 일상적인 삶 속에 적극적으로 개입하기를 원한다. 즉 국가는 국민을 귀찮게 하는 존재가 아니라 국가가 선(善)인 시대에 접어든 셈이다. 이에 따라 경찰도 단순히 치안유지에 국한하는 것이 아니라 국민의 복지를 위한 경찰로 거듭 태어나야 한다. 하지만 사회복지국가는 튼튼한 치안으로부터 비롯된다는 점은 특별히 강조하지 않아도 너무나 당연한 명제다. 생명과 신체의 안전과 자유가 확보되지 못하는 곳에 사회복지는 공염불에 불과할 것이기 때문이다. 지구촌에서 개인적 자유의 향연을 최대한 구가한다는 미국에서 벌어지고 있는 '묻지마' 총기난사 사건은 더 이상 공동체적인 안전과 자유 없이는 개인적 자유의 구가가 불가능하다는 교훈을 안겨 준다. 북유럽식 사회복지국가의 모델 국가로 칭송받고 있는 스웨덴에서의 묻지마 총기난사 사건은 사회복지만으로 공동체의 안전과 자유의 보장이 이루어질 수 없음을 단적으로 보여 준다.

경찰에게 주어진 시대적 소명을 다할 수 있기 위해서는 무엇보다도 경찰의 조직이 안정되어야 한다. 「경찰법」에서 경찰위원회는 경찰의 최고 정책심의의결기관이다. 경찰위원회는 지난 1991년에 설립된 이후 조직의 안정을 구가한다. 하지만 조직의 안정에도 불구하고 경찰위원회가 법상 주어진 책임과 의무를 다하여 왔는가에 대해서는 의구심을 지울 수 없다. 경찰청은 경찰청장을 수장으로 하는 계급(hierarchy)화된 조직체이다. 경찰위원회가 합의제(合議制) 기구라면 경찰청은 독임제(獨任制) 관청이다. 이 두 조직체가 상호 협력과 견제 그리고 상응한 보완을 해 나가는 과정에서 경찰은 그 본연의 업무를 더욱 충실히 할 수 있을 것이다.

독임제 관청인 경찰청은 그 업무의 성격에 비추어 본다면 군대조직 못지않은 일사불란한 특수조직체여야 하지만, 동시에 경찰의 독립성과 정치적 중립성을 담보해야 하는 어려움이 있다. 일반 국민의 일상적인 삶과 직결되기보다는 국가의 존립과 안전을 확보하기 위한 존재가 군대라면, 경찰은 일반 국민의 일상적인 삶과 밀착된 사회공공의 안녕과 질서유지를 위한 존재다. 이를테면 군대가 국가 속의 특수조직이라면 경찰은 사회 속의 특수조직이다. 경찰청의 최고책임자인 경찰청장은 법상 임기 2년이 보장된다. 임기제도가 바람직한 것이냐의 여부를 떠나서 여태 경찰청장의 법상 임기가 제대로 지켜지지 못하고 있다는 사실은 경찰조직의 불안정성을 보여 주는 징표이기도 하다. 여기서 경찰 수뇌부의 구성에 있어서 정치적 고려가 작동하고 있다는 흔적을 발견한다. 국가기관의 최고수뇌부 구성에 있어서 임명권자의 정치적 고려가 없을 수는 없고 이를 부인하여서도 아니 된다. 하지만 그 정치적 고려가 법과 원칙을 훼손해서는 아니 된다는 사실을 명심해야 한다. 법과 원칙이 훼손되는 가운데 틈입된 정치적 고려가 결국 임명권자나 임명당하는 조직 자체에 전혀 도움이 되지 않는다는 사실은 역사적으로 잘 증명되었다.

국가와 민족의 수호신으로 태어난 경찰은 그러나 그들이 하는 일만큼의 대접을 국민들로부터 받고 있지 못하다는 아쉬움과 회한을 안고 있는 조직 체이다. 국민이 깨어 있는 시간은 물론이고, 국민이 곤히 잠든 시간에도 경찰은 언제나 깨어 있어야 하고 또 깨어 있다. 하지만 그 깨어 있음에도 불구하고 국민의 생명과 신체에 위해가 발생할 수밖에 없고 그 와중에는 언제나 경찰의 책임 문제가 발생한다. 어렵고 험한 일을 능동적이고 성공적으로 수행하고 있음에도 불구하고 현실적으로 발생하는 한두 가지 사건에서 야기된 국민의 생명침해는 경찰의 책임으로 되돌아온다. 그만큼 경찰은 국민들로부터 무한책임을 부여받은 국가기관이다.

열악한 환경에서 온 힘을 다하여 일해 왔음에도 사건만 발생하면 언제나 경찰은 동네북이 된다. 하지만 경찰에 대한 질책은 그만큼 국민들의 경찰에 대한 기대치가 높다는 반증이다. 기대가 클수록 실망도 커진다. 기대가 클수록 실망만 커지는 것이 아니라 사랑도 깊어 간다는 희망을 저버릴 필요는 없다.

이제 경찰은 21세기 대한민국의 새로운 이정표를 제시할 사회방위망 확립을 위한 경찰로 거듭 태어나야 한다. 경찰에 대한 국민의 눈높이에 아쉬워할 것이 아니라 경찰이 국민의 눈높이에 맞추어 나가야 한다(〈칼럼〉 경찰은 호국의 수호신이다, 《치안정책연구》 권두언 2012. 8. 31.).

### 9) 법률가의 책무와 법조인의 길

영국은 1215년에 이미 마그나 카르타(대헌장)를 통하여 민주주의의 단초를 열었다. 오랜 세월의 손때가 묻어나는 역사와 전통을 소중히 여기면서 오늘에 이르고 있다. 명예혁명, 인신보호법, 권리장전을 채택하면서 서서히 절대군주 시대에 종언을 고하고 국민주권주의를 채택하면서도 군주제를 그대로 유지한다. 최고법원이 상원에 소속된 법률위원회라고 한다면 믿지 않을 정도이지만 이 또한 사실이다. 2009년에 비로소 대법원을 상원과 별도로 설치하였지만 대법원장을 비롯하여 임기가 남은 상원의원은 여전히 그 직을 유지하였다. 다만 이들의 임기가 끝나면 그 후에는 민간법률가로 충원한다. 그만큼 전통과의 단절을 원하지 않는다는 의미와 더불어 여전히 의회주권적인 전통이 남아 있음을 의미한다.

반면에 프랑스는 1789년 혁명을 통하여 절대군주 시대를 마감하고 공화국을 창건하였다. 태양왕의 후예는 혁명군에 의하여 단두대의 이슬로 사라졌다. 하지만 왕정복고, 나폴레옹의 황제정이라는 반동의 역사를 거듭한 끝에 1875년에 이르러 공화국은 새롭게 자리 잡는다. 제3공화국은 비록 1940년 독일의 침공에 따라 비시(Vichy)체제로 종언을 고하지만 프랑스 민주주의의 기틀을 잡은 황금기라 할 수 있다. 현행헌법에서도 공화국은 헌법개정의 대상이 되지 않음을 명시하고 있다. 그만큼 공화국적 전통에 대한 국민적 가치를 부여하고 있는 셈이다.

혁명 이후 과거의 세습귀족은 법률가라는 이름으로 실질적인 귀족의 역할을 수행한다는 의미에서 법복귀족이라는 비판을 받아 왔다. 그런데 혁명 이후 도전과 응전의 역사를 거친 끝에 탄생한 제3공화국의 의회주권적 민주주의는 곧 국민주권은 의회주권을 의미하며 그 의회주권은 곧 법률주권 즉 법률은 국민의 일반의사의 표현으로 연결되었다. 민주주의를 정립하는 과정에서, 민주주의적 원리를 법규범으로 정립하는 과정에서 법률가의 역할과 기능이 중요함은 말할 필요가 없다. 실제로 국가생활에 필요한 중요한 규범뿐만 아니라 국법질서의 기초를 다지는 공법학이론도 이 시대에 정립되었다는 사실은 제3공화국이 근대적인 민주법치국가 건설에 효시를 이루고 있음을 단적으로 보여 준다.

문제는 의회주권 시대에 법률가들의 높은 역할과 참여에도 불구하고 그들의 전횡이 너무 심해 제3공화국이 흔히 법률가공화국(République des juristes)이라는 비아냥거림의 대상이 되고 있다는 점이다. 법률가는 좋은 일을 해도 비판받을 수 있고 나쁜 일을 하면 더욱 비판을 받을 소지를 늘 안고 있다. 그래서인지 프랑스에서는 일반법원과 검찰을 중심으로 한 순수 법조직보다는 오히려 행정대학원 격인 국립행정학교(École nationale d'administration)를 졸업하고 행정관료로 진출하는 것이 더 인기다. 그뿐만 아니라 국사원(Conseil d'État)을 정점으로 하는 행정법원뿐 아니라 헌법재판소(Conseil constitutionnel)의 재판관은 사법관일 필요가 없다.

우리나라에서도 최근 법률가에 대한 국민의 시각이 별로 좋지 않아 보인다. 법원의 판결을 둘러싼 갈등은 같은 사건, 유사 사건에서 법원마다 판결 내용이 상이하다. 법률 전문가의 입장에서 본다면 법원마다 판결이 다를 수 있다고 하지만 국민의 눈높이에서 본다면 이해하기 어려운 일이다.

어린 시절에 선친께서는 신문의 주요 기사를 스크랩해서 자식들에게 보여 줌으로써 이를 교육의 한 장으로 삼으셨다. 그 기사 하나가 천재소년의 고등고시 합격, 소위 '소년등과'였다. 그런데 꿈에도 그리던 그분을 조우한 곳은 변호사징계위원회였다. 오래전 대한변호사협회 징계위원회의 외부위원으로 참여하여 심리하는 중에 바로 그분의 징계 건이 상정되었는데 사안 자체가 너무나 어처구니없는 것이라 그분에 대한 어린 시절의 환상이 한순간에 무너져 버렸다.

법률가들의 윤리와 사회적 책임 문제를 야기하는 사건들이 이어진다. 그 실체적 진실 여부를 떠나 이와 같은 사건들로 인하여 국민들로부터 의혹의 시선을 받게 된 것 자체가 우리 사회의 불행이자 동시에 법률가의 사회적 책임을 다시 한번 되새기는 계기가 된다. 우리 사회에서 법률가들은 그 어느 직업인보다 선택받은 이들이다. 좋은 대학 나와서 어려운 시험에 합격하였고 그들이 향후 어떠한 직업을 가지는가에 관계없이 국가로부터 공무원 신분으로 2년간 무료교육의 혜택까지 받아 왔다. 그럼에도 불구하고 우리 사회로부터 은혜를 입었다고 생각하는 이들이 과연 얼마나 있을까 하는 의구심을 지울 수 없다. 보다 근본적으로는 경쟁과 시험에만 익숙하고 인간 본성에 충실한 법률가로서의 윤리와 책임에 대한 교육이 부족하지 않았는지 우리 법학교육에 대한 근본적인 반성이 필요한 장면이다.

외형적으로 드러난 일들 못지않게 현실세계에서는 선량한 시민들이 상상할 수 없을 정도의 비리가 법률가 사회에서 속출한다. 법원, 검찰, 변호사뿐만 아니라 민생 현장과 직결된 경찰도 수많은 비리의 온상이다. 이와 같은 문제를 해결하기 위해서 법학전문대학원 소위 로스쿨은 시험에 의한 법률가 배출이 아니라 교육을 통한 법률가 배출이라는 명제를 구현하고자 한다. 하지만 로스쿨도 차츰 변호사시험학원처럼 변화한다는 비판으로부터 자유롭지 못하다. 변호사시험을 위한 필수코스인 법조윤리만 해도 그렇다. 그 내용은 천편일률적으로 온통 법률가로서 업무와 관련하여 비난받을 일인지 아닌지에 한정된다. 법률가로서 지켜야 할 법적·윤리적 소양을 시험하는 일은 필요하다. 하지만 그 내용은 어쩌면 미국식 법조윤리의 한국적 이식에 불과하다. 즉 법조윤리는 법률가로서의 법적 윤리에만 치중하여 법률가로서의 사회적 책임에 관해서는 소홀히 한다. 그것은 우리 사회의 법률가에 대한 기대와는 동떨어져 있다. 차제에 로스쿨의 의전형식 과목으로 전락한 법조윤리 교육과 시험을 법률가로서의 온전한 소양을 제고함은 물론 우리 사회에서 마땅히 가져야 할 법률가의 사회적 책임의식을 제고하는 방향으로 재정립하여야 한다. 시험을 통한 법조윤리가 아니라 교육을 통한 법조윤리가 바로 로스쿨이 지향하는 목표와도 부합한다.

법률가라는 대한민국에서 선택된 인재들이 국민적 기대에 부응하지 못하고 있는 한 법치국가로의 진입은 그리 쉬운 일이 아닐 것이다. 그 어느 때보다도 법률가의 새로운 각성과 높은 윤리의식이 요구되는 시점이다(〈칼럼〉 법률가의 윤리와 사회적 책임, 《법률저널》 2013. 10. 4.; 판검사 충원시스템의 새로운 설계, 《법률저널》 2011. 3. 4.; 법률가에 대한 국민의 눈, 《법률저널》 2010. 5. 7.).

### 10) 한국형 로스쿨, 첫 단추 잘 끼워야

노무현 정부의 대표적인 학제개혁이 로스쿨과 메디컬스쿨이다. 노무현 정부에서는 한국적인 입시병의 원인이 이공계는 의대, 문과계는 법대 입시 때문인 것으로 진단하였다. 이에 따라 소위 의학전문대학원인 메디컬스쿨과 법학전문대학원인 로스쿨 설립을 통해서 의대와 법대를 대학원대학으로 전환시키는 학제개혁을 단행하려 하였다. 메디컬스쿨과 로스쿨은 미국식 교육제도의 산물이다. 원래 미국이 뒤따라 한 영국뿐 아니라 유럽식에서는 의학과 법학 모두 학부에서 교육해 왔고 아직까지 그 체제를 유지한다.

메디컬스쿨 도입에는 찬반이 치열하게 대립되었다. 특히 미국에서도 메디컬스쿨은 반드시 학부를 졸업한 학생들만 대학원교육을 받는 것이 아니라는 비판에 직면하였다. 결국 정부의 의학전문대학원제도에 반발한 서울대 의대는 절반은 고교 졸업생들을 선발하고 절반은 대학 학부 졸업생을 선발하는 이원적인 체제를 도입하였다. 하지만 노무현 정부가 끝나고 서울대 의대를 비롯한 상당수의 대학에서는 다시금 종전의 고교 졸업생을 선발하는 의대 시스템으로 되돌아갔다.

실제로 의·치·약·한의대로 인하여 이공계교육이 황폐화한다는 비판에 직면하였다. 우수한 고교 졸업생들이 의·치·약·한의대를 진학하고 그다음에 서울대 공대를 비롯한 이공계대학에 진학하는 기현상까지 발생하면서 그에 대한 우려가 심각한 것도 사실이다. 하지만 시대상황을 단지 학제개편으로 해결할 수는 없는 일이다. 한 곳을 누르면 다른 곳에서 터져 나오기 마련이다. 메디컬스쿨의 설치에 따라 이공계대학은 전국의 우수한 이공계 학생들의 메디컬스쿨 진학을 위한 예비학교로 전락하는 또 다른 부작용을 초래하였다.

반면에 미국식 로스쿨은 학부 폐지와 더불어 대학원교육으로 일원화시켜서 나름대로 제도의 정착을 이루는 듯하였다. 「법학전문대학원의 설치·운영에 관한 법률」을 통해서 학제개편의 대못을 박아 버렸다. 정부가 바뀌어도 의대와는 달리 쉽사리 법학부로 되돌아갈 수 없는 상황이 되었기 때문에 로스쿨제도의 성공적인 정착을 기약하는 수밖에 다른 도리가 없다.

한국과 일본은 사법개혁 과정에서 두 가지 다른 로스쿨 모델을 선택하였다. 한국은 대학원에서만 전문 법학교육을 실시함에 따라 로스쿨을 설치하고자 하는 대학은 법학부를 폐지해야 한다. 일본은 법학부를 그대로 두고 법학전문대학원을 운영한다. 판례법 중심의 영미법체계가 아닌 실정법 중심의 프랑스나 독일과 같은 대륙법체계를 가지고 있는 나라로서는 한국이 최초로 미국식 로스쿨을 도입하였다.

로스쿨 도입의 당위성논의에서 핵심은 시험을 통한 선발보다는 교육을 통하여 인재를 양성하는 데 있다. 사법시험의 질곡에서 젊은 인재를 해방시키고 대학의 고시학원화를 차단하자는 취지다. 다양한 스펙트럼 가운데 미국식을 선택하였다.

첫째, 미국식 로스쿨은 미국식 자본주의의 산물이다. 미국식 시장경제의 논리가 철저하게 작동한다. 우리도 로스쿨 설치를 널리 허용해야 하지만 규모의 경제를 갖추어야 한다. 특정 분야를 집중 육성하는 소수정예 로스쿨에서부터 아시아는 물론 세계 일류 로스쿨과 경쟁하는 대형 로스쿨에 이르기까지 다양한 로스쿨이 필요하다. 동시에 대학의 자율성에 기초한 로스쿨 사이의 경쟁을 통하여 양질의 교육체계를 구축해야 한다.

둘째, 로스쿨교육은 『하버드 대학의 공부벌레들』에 나오는 킹스필드 (Kingsfield) 교수의 문답식(socratic method)을 연상케 한다. 하지만 대륙식 성문법 국가의 특성도 충실히 반영해야 한다. 기존의 전통적인 법학교육과 미국의 문답식 법학교육의 조화점을 찾아야 한다.

셋째, 젊은 인재가 하루빨리 시험의 질곡에서 해방되어야 한다. 대학 4년, 로스쿨 3년에 군복무까지 합치면 아무리 빨라도 30대는 되어야 법률가로서 사회에 첫발을 내디딜 수 있다. 글로벌 인재를 양성하기에는 너무 늦다. 일정 수준 이상의 학생이면 적어도 로스쿨 재학 중에는 변호사시험을 걱정하지 않고 자유롭게 공부하게 하는 제도적 장치가 필요하다.

넷째, 가난한 천재에게 기회를 충분히 부여해야 한다. 미국식 대여장학금 제도는 졸업과 동시에 빚쟁이 법률가를 양산하는 체제다. 환경이 어려운 수재가 안심하고 공부하는 장학제도와 정책당국의 배려가 필요하다.

하지만 전국의 25개 로스쿨 이외의 대학에서는 여전히 법학부가 존치하는 상황에서 로스쿨의 출현에 따라 학부 법학교육은 사실상 황폐한 상황으로 내몰릴 수밖에 없다. 이에 따라 2017년부터 로스쿨만이 법률가 양성을 독점하는 체제에 대한 비판이 고조된다. 그 대안이 로스쿨을 졸업하지 않은 법학도를 위한 사법시험 영구존치론과 로스쿨교육에서 일본식으로 법학부 졸업생과 비법학부 졸업생들의 교육연한차별화 시도 같은 것이다. 그 기저에는 미국과 일본에 잔존하고 있는 예외적인 법률가 충원 시스템에 대한 미련이 있다고 할 수 있다.

대륙법계의 성문법체제를 가진 나라에서 미국식 로스쿨의 전면적인 도입은 여전히 문제점을 드러내는 게 사실이다. 더구나 법학부에서 교육을 이수한 학생들과 비법학도를 동일한 선상에 놓고 로스쿨교육을 진행하는 것 자체가 모순투성이다. 그러니 비법학도들의 선행학습을 위한 휴학 사태까지 초래되기도 한다. 앞으로 변호사시험 합격자 숫자를 1,500명으로 제한하는 한 이와 같은 현상은 더욱 가속화되리라고 본다. 과도기적인 경과규정을 두지 아니하고 너무 쉽게 제도개혁을 단행한 여진이다. 이제 법학부 졸업생들의 로스쿨 진학도 어느 정도 일단락되어 가는 상황이기 때문에 이 문제를 더 이상 촉발시킬 이유는 없다. 다만 사법시험 존치 문제는 아직도 논쟁이 현재진행형이다.

현 단계에서 정부가 지난 정부의 시행착오를 일거에 해결할 수 있는 특단의 방안은 없다. 메디컬스쿨 문제는 일단락된 상황이고 보면, 로스쿨 문제도 향후의 분명한 로드맵을 제시해야 한다. 법률가단체들도 무엇이 한국적인 법학교육과 법률가 양성의 바람직한 방향인지 결론을 내려야 한다. 정부, 학계, 법률가단체들이 좀 더 진지한 자세로 로스쿨과 법학 및 법조계의 미래에 대한 회답을 내야 할 때다(〈칼럼〉 한국형 로스쿨, 첫 단추 잘 끼워야, 《동아일보》 2007. 7. 17.; 로스쿨과 메디컬스쿨, 《법률저널》 2013. 12. 5.).

## 11) 프로보노(pro bono), 법률가의 공익인권활동

20년 전 도쿄에서 개최된 정보공개법 국제학술대회에서 만난 미국의 여성 변호사 사이크스(Sikes)는 명문 하버드 로스쿨 졸업생으로서 랠프 네이더(Ralph Nader)가 설립한 소비자단체인 공적 시민(Public Citizen)의 소송 부문(Litigation Group)에서 공공정보공개(Freedom of Information Clearinghouse)의 책임자로서 일하는 전형적인 공익변호사이다. 필자가 그녀에게 왜 연봉 5만 달러도 되지 않는 박봉에도 불구하고 이와 같은 정보공개업무에 매달리느냐고 질문하였을 때 그녀는 "나는 더 이상의 돈이 필요하기보다는 보람 있는 인생이 필요하다"라고 응답하였다.

서울대 공익인권법센터는 "로스쿨과 공익인권법, 전망과 모색"이라는 주제로 국제심포지엄을 개최한 바 있다. 한인섭 소장은 가진 자, 못 가진 자, 사회, 국가라는 틀에 기초하여 기업변호사, 관료형 변호사, 공익변호사, 인권변호사로 법조인의 기본 모델을 설정한다.

일반적으로 공익인권법이라고 지칭하고 있지만 성균관대 게디(Goedde) 교수에 의하면 프로보노(pro bono)는 라틴어의 "공익을 위하여"라는 의미에서 비롯된 것으로서 변호사들이 자발적으로 무료 법률서비스를 제공하는 것을 말한다. 한편 공공서비스(public service) 프로그램은 보다 넓은 개념으로서 프로보노 활동뿐만 아니라 비법적인 서비스까지 포함하는 넓은 의미를 가진다. 미국 로스쿨에서 이 분야의 프로그램이 발달되어 있을 뿐만 아니라 미국변호사협회(ABA)도 윤리강령으로 채택한다.

사실 로스쿨은 미국식 시장경제원리에 입각한 인재를 배출하는 산실이다. 학부에서 우수한 학업성취도를 이룩한 이후에 진입하는 대학원 과정인 로스쿨 졸업생은 으레 유명 로펌에 취업하여 금전적 이득과 더불어 사회적 입신양명(立身揚名)을 구가할 수 있었다. 그럼에도 불구하고 로스쿨에서 공익법(public interest law)의 중요성을 인식하고 이들 분야에서 활동하는 많은 법률가를 배출하고 있다는 사실이 어쩌면 미국 사회의 건강함을 보여 주는 징표이기도 하다. 로스쿨이라는 신흥 특권층을 위한 제도에서 국가적 혜택을 입은 영재들이 사적 동기에 몰입하기보다는 공동체적 가치에 관심을 가지고 다 함께하는 사회 건설에 헌신한다면 그 이상의 보람은 없을 것이다.

하지만 현실은 그리 녹록지 않다. 로스쿨에 진입한 학생들은 비싼 학비를 감수하고 있기 때문에 그들에게 부과된 금전적 보상이 로스쿨 졸업 이후의 커다란 과제다. 미국 로스쿨 졸업생 중 상당수가 재학 중에 대여받은 등록금을 졸업 후에 되갚기 위해 거대 로펌에 취업하여 경제적·정신적으로 여유가 없는 실정이다.

미국식 자본주의의 총아로 등장한 학교가 바로 로스쿨과 비즈니스스쿨 (MBA)이다. MBA 학생들은 그들의 전공 자체가 시장이라는 정글에 기초해 있기 때문에 로스쿨학생들보다는 공공영역에 대한 관심과 이해가 떨어지기 마련이다. 하지만 로스쿨의 경우는 반드시 같지 않다. 사적 시장에 투입되는 것이 당연한 MBA 졸업생들과는 달리 로스쿨 졸업생들은 한편으로 자본주의사회 법질서의 첨병이기도 하지만 다른 한편으로는 사회적 정의의 실현이라는 사명을 동시에 안고 있다. 바로 여기에 로스쿨 졸업생들의 공적 부문 진출과 사적 부문 진출이라는 이중의 갈등이 존재한다.

경제적 부의 성취를 통한 로이어스 드림(lawyer's dream) 못지않게 공동체적 삶에 가치를 부여하는 법률가가 있는 한 한국적 로스쿨도 새로운 지평을 열 수 있을 것이다[〈칼럼〉 프로보노(pro bono), 공공서비스, 공익인권, 《법률저널》 2008. 7. 5.].

제 **4** 장

—

# 민주시민의 생활법치

# 1. 생활법치(生活法治)의 정립

## 1) 왜 생활법치인가?

우리 국민의 사회생활에서 법이 어느 정도로 잘 지켜지고 있는지, 법이 잘 지켜지지 않는다면 그 이유는 무엇인지에 관해서는 여러 차례에 걸친 국민법의식조사에서 잘 드러난다. 국민들은 우리 사회에서 법이 잘 지켜지지 않고 있다고 응답한다. 법이 잘 지켜지지 않는 원인에 대하여는 "법대로 살면 손해를 본다"라든가, 법을 지키지 않는 사람이 더 많아서 또는 법을 지키는 것이 번거롭고 불편해서라고 응답한다. 이는 우리 사회생활에서 법치주의가 완전히 정착하지 못하고 있음을 잘 보여 준다.

우리 사회에서 법치주의가 완전히 뿌리를 내리지 못하고 있는 이유 내지 원인에 대해서는 여러 가지 진단이 가능하다. 한국법제연구원의 조사에 의하면 우리 사회에서 법치주의가 착근하지 못하는 원인으로 ① 유교적 전통과 근대 서양적 법률문화의 괴리, ② 후진적 정치체계와 정치의식, ③ 사법시스템에 대한 불신, ④ 부정적 법인식과 충분한 법교육의 미비 등을 들고 있다[한국법제연구원(이세정/이상윤), 2008국민법의식조사연구 참조]. 여기에 더하여 무엇보다도 민주사회에서 민주시민정신의 정립이 시급하다.

법치주의의 궁극적인 정착을 위해서는 일상생활에서 법을 준수하는 것이 생활에서 가장 편리하고 유익하다는 인식이 국민들의 사고에 각인되도록 하여야 한다. 법을 지키는 것이 오히려 손해라는 인식이 광범위하게 자리 잡은 사회에서는 법치주의의 정착이 요원하다. 일상의 작은 개개인의 행동에서 법이 준수될 수 있도록 하는 것이 법치주의의 출발점이 된다는 점을 고려하여 생활 속 법치가 구현되도록 국가와 국민 모두가 노력하여야 한다. 그런 점에서 민주시민의 의식개혁이 특별히 요망된다.

법치주의에 대한 국민의 인식을 개선하기 위해서는 일상생활에서의 법위반행위에 대하여 엄격한 법집행이 요청된다. 법 위반행위에 대해서는 반드시 법이 정한 제재 내지 불이익이 부과된다는 사고가 일반 국민들의 의식 속에 자리 잡게 될 때 법치주의는 구현될 수 있기 때문이다.

2) 법과 사회통념 · 법감정 사이에 존재하는 간격의 극복을 통한 법치주의의 정착

한 사회 내부에는 인간이 사회생활을 영위하면서 준수해야 하는 규범들이 다수 존재한다. 법규범은 말할 것도 없고, 이 밖에도 도덕규범 · 종교규범 등의 여러 규범들이 존재한다. "법은 도덕의 최소한이다"라는 격언이 말해 주듯 법규범은 한 사회의 존립과 유지를 위해 최소한으로 그 준수가 요구되는 강제규범(强制規範)이며 이 점에서 그 준수의 강제가 요구되지 않고 임의적(任意的)인 준수를 요소로 하는 다른 규범과 법규범은 차이를 보인다.

한 사회에서 법치주의가 일상의 생활에까지 뿌리를 내리지 못하게 되면 규범의 수범자(受範者)인 일반 국민은 법규범보다는 오히려 종래 전통적 · 관습적으로 따르던 도덕규범과 같은 임의적인 규범을 준수하게 마련이다. 이 경우 법규범과 사회의 다른 규범 사이에 괴리가 존재하게 되면 법규범의 준수를 보장할 수 없게 될 가능성이 크다. 법규범과 일반적 사회통념 사이에 간극이 존재하게 되면 이 또한 법규범의 준수를 곤란하게 하는 요인으로 작용한다. 일반인은 사회통념에 따라 행동할 가능성이 더 크기 때문이다.

습관이 오래도록 지속되는 행동으로 나타나면 관행이 된다. 관행의 반복

이 명료하고 항구적으로 지속되면서 국민 속에 자리 잡으면 관습이 된다. 그 관습이 국민의 법적 합의를 얻으면 관습법(慣習法)이 된다. 신행정수도법은 국회에서 통과한 법률이다. 그럼에도 헌법재판소가 행정수도 이전은 수도가 서울이라는 관습헌법에 어긋난다는 이유로 위헌결정을 내렸다(헌재 2004. 10. 21. 2004헌마554 등).

오랜 관행이나 관습은 쉽사리 국민 일반의 생활에서 지워지기 어렵다. 그럼에도 위정자들은 국민적 편익은 고려하지 않고 정책적 의지만 가지고 관습을 쉽게 바꾸려 한다. 정부가 시행한 두 가지 사례가 이를 방증한다. 그 하나는 우측통행이다. 우측통행이 이론상으로는 맞는 정책일 수 있다. 하지만 생활 속의 일부로 좌측통행이 자리 잡은 지 이미 오래다. 그것은 옳고 그름이나 정당성의 문제가 아니다. 그런데 어느 날 갑자기 좌측통행은 정당하지 않고 우측통행이 정당하다고 한다면 이를 쉽게 수긍하기 어렵다. 하루아침에 길 걷는 습관을 바꾸기 위해 온 나라에 우측통행 팻말이 나부낀다. 생활의 편익을 위한 정책이 오히려 국민들을 불편하게 만든다.

운전자에게는 더욱 당황스러운 일이 벌어졌다. 자동차 길이 만들어진 이래 좌회전 신호가 먼저 떨어지고 이어서 직진 신호가 뒤따르는 것이 일반적인 생활 속의 관습으로 자리 잡아 왔다. 그런데 어느 날 갑자기 직진 신호에 이어서 좌회전 신호로 신호체계가 변경되었다. 정책당국자는 선진 외국의 사례도 그러하고 교통 흐름에도 도움이 된다고 한다. 하지만 직진 우선의 교통체계를 구축한 나라에서는 이미 오랜 세월에 걸쳐서 직진 우선에 부합하는 교통편익시설을 마련하여 왔다. 그런데 우리는 아무런 대책도 없이 무작정 직진 우선이 좋다는 생각만으로 이를 실시하다 보니 자연히 현실적인 교통시설과 맞지 않는 일이 벌어진다. 좌회전 길은 특별히 마련된 길이어서 매우 짧게 설계되어 있다. 그런데 직진 우선에 따라 좌회전 차들이 직진 차선을 점거하게 되고 결과적으로 직진 우선이라고는 하지만 직진 차선 하나가 좌회전 차들로 막혀 버린 상태다. 신호체계 변경에 부합하는 교통시설을 설치하지 않은 채 신호 변경만 강행한 결과다. 더구나 교차로에 따라서는 여전히 좌회전 우선과 직진 우선이 뒤범벅이다. 운전자의 혼란만 가중된다.

우리도 이제 정부수립 70주년에 이르렀다. 국민들의 생활 속에 익숙한 관습을 무시한 채 원칙론만 내세워 법과 제도를 함부로 바꿔서는 아니 된다. 일찍이 로마 시대 법학자 키케로(Cicero)는 "정의란 각자에게 그의 것을 주는 것"이라고 하였다. 정의란 각자에게 편해야 한다. 정권이 바뀌면 새로운 정책이나 제도를 제시하는 것만이 좋은 정부라는 환상에 휘둘린다. 하지만 성숙한 사회라면 무엇이 국민생활에 편리한 것인지 먼저 배려하는 자세가 필요하다.

관행이나 관습은 쉽게 바뀔 수 있는 것이 아니다. 더더구나 특정 정부에서 일방적으로 밀어붙인다고 될 일은 더욱 아니다. 좋은 제도, 좋은 정책을 모를 정도로 민도가 낮은 시대는 지났다. 지난 세월의 여적(餘滴)을 안고 가면서 주어진 틀을 가꾸고 일구어 나가는 지혜가 필요하다(〈칼럼〉 관습과 전통을 존중하는 사회, 《매일경제》 2010. 4. 13.).

법규범과 사회의 통념 내지 법규범 이외의 다른 규범과의 사이에 간극이 존재함으로 인하여 발생하는 법규범 위반행위의 대표적인 사례로 다음과 같은 것을 들 수 있다. 첫째, 「청소년보호법」은 청소년을 만 19세 미만인 사람(다만, 만 19세에 도달하는 해의 1월 1일을 맞이한 사람은 제외)으로 정의하면서 이러한 청소년에게 주류와 담배를 포함한 일정한 청소년 유해약물의 판매 등을 금지한다(제2조 및 제28조). 그런데 대학교 1학년 학생은 상당수가 만 19세 미만이므로 「청소년보호법」에서 규정하는 청소년에 해당된다. 우리 사회의 통념상 대학생에게는 주류나 담배 등을 판매하여도 무방하다는 의식이 자리 잡고 있다. 여기에 법규범과 사회통념 사이의 간극이 존재한다. 「청소년보호법」의 대상이 되는 사람임에도 불구하고 단지 대학생이라는 이유로 주류 등을 판매하여도 무방하다고 생각하고 주류 등을 판매하면 「청소년보호법」을 위반하는 것인데, 이때 법을 위반한 사람은 사회의 통념에 근거하여 행위를 하였으므로 자기의 법규범 위반행위를 의식하지 못한다.

둘째, 우리의 관습과 전통에 따르면 관혼상제에 소정의 부조금을 낸다. 이때 부조금을 받은 사람은 부조금을 지급한 사람이 관혼상제를 당하게 될 경우에는 비슷한 금액의 부조금을 지급하는 것이 우리의 전통적 관습이다. 그러나 「공직선거법」에서는 공직선거에 출마하려는 자는 금전·물품 기타 재산상 이익의 제공, 이익 제공의 의사표시 또는 그 제공을 약속하는 행위 등 기부행위를 엄격히 제한한다(「공직선거법」 제112조). 여기에도 마찬가지로 법규범과 전통적 관습 사이의 간극이 존재한다. 특히 혁명적인 「부정청탁 및 금품 등 수수의 금지에 관한 법률」(약칭: 청탁금지법)의 시행에 따라 전통적인 관행과 관습은 엄격한 법의 규제를 받게 되었다.

또한 서양의 근대법제가 도입되면서 국민들의 법감정과 법규범 사이의 괴리를 드러낸다. 첫째, 민사 사건과 형사 사건의 구별의 획이 제대로 인식되지 못한 측면이 있다. 민사소송은 변론주의(辯論主義)원칙에 입각하여 당사자가 얼마나 자신에게 유리한 주장을 제기하는가의 여부에 따라 재판의 승패가 갈린다. 법원 또는 재판부는 당사자가 제시한 증거에 따라 결론을 내리는 것이 원칙이다. 반면에 형사소송은 당사자주의(當事者主義)를 원칙으로 하지만 직권주의(職權主義)도 보충적 역할을 한다. 또한 검찰이 공익의 대변자로서 국가형벌권의 실현을 위하여 원고의 입장이 되고 죄를 범한 사람은 피고인(被告人)이 된다. 반면에 민사소송에서는 소(訴)를 제기한 사람이

원고(原告)이고 소를 제기당한 사람은 피고(被告)일 뿐이다. 그 점에서 원고는 소를 제기하였다는 점 이외에는 공익과 아무런 관련성이 없다. 이와 같은 민사소송과 형사소송의 본질에 관한 이해가 제대로 되지 않은 현실에서는 당연히 민사 사건과 형사 사건의 구별의 획이 그어지지 아니한다.

예를 들면 국민들은 일반적으로 금전적 피해가 있으면 형법상 사기죄로 고소한다. 그런데 형법상 사기죄가 구성되려면 "기망(欺罔)의 의사"라는 요건이 엄격하게 요구된다. 따라서 대부분의 경우는 형법상 사기죄의 요건을 충족하지 못하고 금전적 채무불이행에 따른 민사소송 사건에 불과하다. 그 경우 경찰이나 검찰이 기소유예나 불기소처분을 내리는데 약한 국민의 입장을 대변하지 못한 사정기관에 대하여 국민들은 불만을 노골적으로 드러낸다. 하지만 국민의 법감정에 비추어 본다면 자신의 '돈을 떼먹고도' 오히려 큰소리치면서 채무를 이행하지 않는 채무자에 대한 불만이 고조될 수밖에 없다. 이에 관계 당국에서는 충분한 채무의 변제능력이 있으면서도 고의 또는 악의적으로 채무를 이행하지 않는 채무자에 대하여 일종의 징벌적 성격의 배상을 명하는 제도를 도입하려 한다. 이는 지난 70년간 그저 민사 문제로 방치하여 온 법적 분쟁에 대하여 국가적 공권력의 사실상 개입이 가능한 방안을 모색하는 것으로 긍정적으로 평가할 수 있다.

또 다른 예로 법원은 가압류신청이 들어오면 이는 본안사건이 아니라는 이유로 거의 받아들여 왔다. 그런데 한국적 현실에서는 보증 특히 인(人)보증 즉 사람보증이 일반화된 상황에서 보증인이 아무런 이유도 모른 채 자신의 거의 유일한 재산인 주택이 가압류되었다는 사실을 법원으로부터 일방적으로 통보받아 왔다. 법원도 거의 기계적으로 가압류신청을 받아들인 게 사실이다. 이는 개인의 재산에 대한 지나친 제한임에 틀림없다. 단순히 지인이나 친척의 부탁에 따른 취업보증 등을 섰다가 그 보증 사실도 잊어버리고 수년의 세월이 흐른 후 어느 날 갑자기 자신의 주택이 가압류되었다는 사실을 알게 되었을 때 당사자의 황당함이란 이루 형언하기 어렵다. 가압류된 상태에서는 자신의 집을 처분하는 것도 거의 불가능하다. 자본주의국가에서 자신의 재산을 압류당하고도 그 영문도 제대로 모르고 그에 관한 그 어떠한 사전고지도 하지 않는 것은 지나치게 형식적으로 법을 적용한 사법부의 안일한 자세의 한 전형이라 아니할 수 없다. 이에 법원에서는 가압류와 같은 신청 사건도 보다 신중히 하려는 제도적 개선책을 최근에야 모색하기 시작하였다.

국민의 생활 일반에 법치주의가 뿌리내리기 위해서는 우선 법규범과 사회의 통념 사이에 존재하는 간극을 최소화하여야 한다. 사회적 통념과 법규범 사이에 간극이 존재하게 되면 일반 국민들은 사회적 통념을 준거규범으로 행동을 하여 법규범을 위반할 가능성이 농후하기 때문이다.

법규범과 법감정 사이에 괴리가 발생하면 법규범이 국민생활과 유리된다. 이에 입법자는 사회통념과 법규범을 일치시키는 데 노력을 아끼지 않아야 하며 법관들은 법적 분쟁에서 법을 해석함에 있어 사회통념과 법규범 사이에 합리적인 해결책을 찾도록 노력해야 한다. 그렇게 함으로써 법규범이 단순히 분쟁 해결의 재판규범으로서만 기능하는 것이 아니라 생활규범으로서 일상의 시민생활 가운데에서 살아 숨 쉬는 규범으로서의 기능을 다할 수 있다.

법규범과 일반 국민이 법에 대해서 가지고 있는 사회통념·법감정과의 차이는 서양법제의 한국적 수용에 따라 불가피한 현상이다. 그러나 이제 서양의 법규범이 한국에 계수되어 온 지 짧게는 70년 길게는 130년을 훨씬 뛰어넘었기 때문에 그 괴리도 일정한 한계에 도달한다. 하지만 이를 현실적으로 적용하는 과정에서는 한국적 특성을 적극적으로 반영하는 법과 제도의 개선도 동시에 요망된다.

### 3) 엄격하고 공정한 법집행을 통한 법치주의의 정립

우리 사회의 일상에서 법치주의가 확립되지 못하고 있는 원인 가운데 하나는 엄격하고 공정한 법집행의 부재를 들 수 있다. 법규범 위반행위에 대하여 신속하고 엄정한 법집행이 이루어지지 않고 법 위반행위에 대하여 공평무사한 제재가 부과되지 않고 있는 게 현실이다. 그리하여 일상에서 적발되지 않으면 그만이라는 사고가 팽배한다. 또한 공정한 법집행이 이루어지지 않은 결과 법규범 위반행위에 대하여 적발당하면 법규범 위반에 대하여 반성하기보다는 오히려 재수 없이 적발되었다는 푸념만 한다.

엄격하고 공평한 법의 집행이 이루어지지 않는다는 비판은 사회 곳곳에서 제기된다. 그만큼 공권력작용의 객관성과 투명성이 요구된다. 그러나 현실에서는 공권력작용이 강자에게는 유하고 약자에게는 강하다는 사회적 비판과 인식이 자리 잡는다. 바로 그 점에 관한 한 국가공권력작용에 대한 근본적인 성찰이 요망된다.

일반 국민의 의식 속에 법치의식이 확립되고 일상의 생활에서 법치주의가 정상적으로 작동되기 위해서는 법규범을 준수할 때 얻는 이익이 법규범을 위반할 때 받게 되는 불이익보다 더 우월하다는 관념이 규범의 수범자인 일반 국민의 의식 속에 확립되어야만 한다. 이러한 관념이 생성되기 위해서는 법규범 위반행위에 대하여 반드시 공평하고 엄격한 법적 제재 내지 불이익이 부과되어야만 한다. 즉, 법규범 위반행위에 대한 법적 제재의 부과에는 타당성과 신속성 그리고 공평성의 요건을 구비하여야 한다.

일반 국민의 의식 속에 법치주의가 정착되지 못하게 하는 예의 하나로 사면권(赦免權)의 남용을 지적할 수 있다. 법원이 중형을 선고한들 수단·방법을 가리지 않고 재판결과를 무력화시킨다. 국가원수인 대통령에게 부여된 특권인 사면권은 보은(報恩)의 수단으로 전락하였다.

헌법 제79조는 "① 대통령은 법률이 정하는 바에 의하여 사면·감형 또는 복권을 명할 수 있다. ② 일반사면을 명하려면 국회의 동의를 얻어야 한다. ③ 사면·감형 및 복권에 관한 사항은 법률로 정한다"라고 규정함으로써 사면권을 대통령의 고유권한으로 인정한다. 사면권은 사면제도를 통하여 형사사법제도의 경직성을 교정하고 나아가서 형의 집행에 있어서 인간적이고 정치적인 요소를 고려할 수 있는 장점을 가진다. 반면에 형벌의 선고가 사법부의 고유권한임에도 불구하고 대통령이 사법권행사에 개입하여 그 효과에 변경을 가할 수 있다는 점에서 사면권이 남용되는 경우에는 권력분립의 원칙을 침해할 수 있다는 우려도 존재한다. 대통령의 사면권의 행사에는 헌법상 또는 법률상 사면의 사유(事由)에 관하여 명문규정을 두지 아니하다. 그런 점에서 대통령의 사면권행사는 헌법상 대통령의 고유권한으로서 그 행사에 어느 정도의 재량이 인정된다.

그럼에도 불구하고 대통령의 사면권행사에는 일정한 헌법 내재적 한계가 존재한다. 즉, 사면권은 국가이익과 국민화합의 차원에서 행사되어야 하며 정치적으로 남용되어서는 아니 된다. 또한 권력분립의 원리에 비추어 사법권의 본질적 내용을 침해하는 사면권의 행사는 허용되지 아니 한다. 위와 같이 대통령의 사면권행사에 일정한 한계가 존재함에도 불구하고 우리 헌정의 실제에서 대통령은 사면권을 빈번하게 그리고 정치적으로 남용한다는 인식을 심어 주었다. 실제로 역대 대통령은 사면의 실질적 효력이 국민들에게 파급되도록 한다는 명목 아래 사면권을 남용하여 왔다.

대통령의 사면권은 국가원수로서의 통치권 행사이기는 하지만 한편으로는 국가사법작용에 대한 예외적인 조치이기 때문에 그 행사에 있어 제한적이고 신중하게 하여야 한다는 점을 고려하여, 법무부 장관이 대통령에게 특별사면, 특정한 자에 대한 감형 및 복권을 상신할 때에는 사면심사위원회의 심사를 거치도록 한다. 대통령은 국민통합과 국가이익을 위하여 반드시 요청되는 경우에만 사면권을 행사하여야 한다. 그리고 사면권을 행사하는 경우에도 사법권의 본질적 내용을 침해하는 결과를 초래하는 사면권의 행사는 자제하는 것이 바람직하다. 끝으로 특정 위법행위에 대하여 반복적·주기적으로 사면권을 행사함으로써 국민들이 사면권행사의 기대 가능성을 가지게 되는 상황은 법치주의의 확립의 측면에서 자제되어야 한다. 법규범 위반행위에 대해서는 반드시 법적 제재가 수반되고 법적 불이익을 당한다는 관념이 국민의 의식 속에 자리 잡게 될 때 일상생활에서 법치주의가 군건히 정착될 것이기 때문이다.

특히 우리나라에서 가장 법규범 위반행위가 빈번한 교통법규 위반자에 대하여 사면권을 행사한다. 이와 같은 사면권의 행사는 국민들에게 법규범 위반이 있더라도 대통령이 사면권을 행사하여 구제해 줄 것이라는 그릇된 인식을 심어 주게 될 위험성이 크다. 이러한 국민의 인식은 법치주의의 정착에 중대한 장애요소로 기능할 수 있다. 더 나아가 대통령은 1979년 12·12 사태와 1980년 5·18 사태에 즈음한 헌정질서 파괴범죄에 대해서도 사면권을 행사하여 논란이 증폭되었다. 또한 지나치게 잦은 사면권행사는 법치주의와 사법에 대한 신뢰를 무력화시키고 국민의 법치주의에 대한 법감정을 저해한다.

법치주의의 정립에 걸림돌이 되는 것은 법치주의 수호를 위한 최후의 보루여야 할 사법부도 예외가 아니다. 사법작용과 관련하여 법원의 재판결과가 유전무죄, 무전유죄라는 조소적 언어가 난무한다. 비슷한 내용의 비슷한 죄질의 범죄임에도 불구하고 재판부에 따라 현격한 형량의 차이를 보이는 점 또한 이와 같은 사회적 불신을 부채질한다. 유사한 사안임에도 불구하고 들쭉날쭉한 판결과 그에 따른 형량은 국민이 가지는 사법 불신의 근본적인 원인이 되어 왔다. 판결이 '갈 지'(之) 자 행보를 계속하는 한 국민들은 전관예우 문제에 매달릴 수밖에 없는 게 엄연한 현실이다. 전관예우 문제 해결은 그간 「공직자윤리법」과 「변호사법」의 개정 등 여러 가지 법적 장치를 도입하여 나름대로 성과를 거두지만 여전히 법관이라는 사람에 의존하는 한 그 한계가 있기 마련이다. 이와 같은 전관예우를 찾는 경향은 특히 가진 사람에게 더해질 수밖에 없다.

여기에 재벌의 업무상 횡령이나 배임에 대한 판결이 징역 3년에 집행유예 5년이라는 소위 3·5 공식이 나돌기까지 하여 법원의 재판에 대한 불신을 가중시킨 바 있다. 예전에는 재벌총수가 실형(實刑)을 선고받은 적이 없었다. 검찰이 아무리 중형을 구형해도 결과는 징역 3년에 집행유예 5년이었다. 하지만 최근에는 실형이 선고되기도 한다. 그래도 다른 화이트칼라 범죄에 비하면 봐주기 재판이라는 비난을 면하기 어렵다. 수백억 원에서 수천억 원에 이르는 업무상 횡령과 배임에도 그 정도 형량이라면, 유사 사건에서 이보다 더 중한 처벌을 받는 사람들만 억울할 뿐이다.

이에 대법원 산하에 양형(量刑)위원회를 설치하여 유사한 사건에서 형량의 기준점인 양형기준들을 제시한다. "법관은 판결로 말한다"라고 하지만 유사 사건에서의 현격한 형량의 차이를 극복할 수 있는 하나의 중요한 작업이다. 양형위원회제도는 법관이 재판에 참고할 수 있는 구체적이고 객관적인 양형기준을 설정하도록 함으로써 양형의 편차를 줄이고, 양형기준을 공개함으로써 투명성을 높여 국민의 신뢰를 높이려는 취지에 따라 도입되었다. 양형위원회는 양형기준을 설정·변경하고 이와 관련된 양형정책을 연구·심의할 목적으로 대법원에 설치된 위원회로서 그 권한에 속하는 업무를 독립하여 수행하는 기구이다(「법원조직법」제81조의2). 양형기준은 법적 구속력을 가지지는 않지만, 법원이 양형기준을 벗어난 판결을 하는 경우에는 판결서에 양형의 이유를 적어야 한다(제81조의7). 판결서에 양형의 이유를 적어야 하는 경우에는 당해 양형을 하게 된 사유를 합리적이고 설득력 있게 표현하는 방식으로 그 이유를 기재하여야 한다(대판 2010. 12. 9. 2010도7410, 2010전도44).

양형위원회제도의 도입과 관련하여 대법원은 초기에 비판적이었다. 하지만 양형위원회를 통하여 판결선고에 있어서 최소한의 과학적이고 합리적인 방안이 제시될 수 있고 이와 같은 틀을 견지함으로써 재판결과에 대한 사회적 비판의 최소화에도 기여할 수 있을 것으로 기대한다. 특히 양형기준이 화이트칼라 범죄에는 제대로 작동되지 못하고 있다는 비판을 따갑게 받아들여야 한다. 그래야 사법부가 공정한 법집행을 통하여 법치주의 정립에 앞장설 수 있다.

법치주의가 정착되지 못하였음은 한동안 뜸하다 갑을(甲乙)논쟁으로 다시 점화된 '경제민주화'에서도 확인할 수 있다. 이는 알량한 금력과 권력을 가지고 군림하는 갑에 대한 국민적 저항이다. 대표적 갑인 재벌들은 불과 1% 미만의 주식을 소유하면서도 온갖 전횡을 일삼는다. 족벌경영, 차명재산, 부정 세습, 부정 입학, 딸들의 빵집 경쟁, 원정 출산 등 이루 헤아릴 수 없다. 그럼에도 정작 골육상쟁의 송사(訟事)에 빠져들어 제 살 파먹기에 급급하다. 이 지점에서 금권의 이면에 도사린 정치권력과 법조권력의 유착도 탓하지 않을 수 없다. 정치권은 경제민주화와 친서민을 부르짖지만, 막상 비리 사건이 터질 때마다 정치권과 금권의 합작품이었음이 백일하에 드러난다. 5년마다 되풀이되는 일들을 타산지석(他山之石)으로 삼지 못한 채 국가권력을 사유화한다. 그러기에 비록 못 믿을 구석이 있긴 해도 사회적 거악(巨

惡) 척결에는 검찰에 마지막 희망을 기댈 수밖에 없다.

이제 정부·여야·시민사회가 함께하는 사회계약 참여자의 총의를 모아야 한다. 밑동은 둔 채 잔가지만 쳐서는 사안의 본질을 꿰뚫고 나갈 수 없다. 일회성 땜질요법으로는 아니 된다. 근본부터 다스려야 한다. 인기에 영합해선 더더욱 아니 된다. 원칙을 올바르게 세워야 한다. 욕을 먹는 한이 있더라도 원칙에 투철하다 보면 난마처럼 얽힌 일들도 쉽게 해결의 실타래가 풀릴 수 있다. 엄격하고 공정한 법집행만이 일반 국민의 의식 속에 법치주의가 정착되도록 할 수 있다(〈칼럼〉 민주주의, 갈 길이 멀다, 《문화일보》 2013. 6. 4.).

### 4) 주권자인 국민의 적극적 국정참여

법치주의가 헌법상의 이념적 구호에 그치지 않고 생활 속에서 법치주의로 확립되기 위해서는 주권자인 국민이 국정에 깊은 애정과 관심을 가지고 능동적으로 참여하여야 한다. 정부교체가 일상화하면서 한국적 민주주의가 외견상으로는 정착되었다. 하지만 그 속을 들여다보면 아직도 갈 길이 멀기만 하다. 오늘 우리는 대한민국 헌법 전문에서 천명하고 있는 "정치·경제·사회·문화의 모든 영역에서" "자유와 권리에 따르는 책임과 의무"를 다하고 있는지 자문하지 않을 수 없다. 정부수립 70년, 민주화 30년에 이르는 동안에 난마같이 얽혀 온 모든 관계를 전면적으로 재점검해 근본을 다시 찾아야 할 때가 되었다. 경제 부흥과 경제민주화를 재조명해 창조적 기업을 이끌도록 해야 한다. 일만 터지면 정치권이나 관료들은 대기업 때리기로 일관한다. 누가 그들의 잘못을 방치하였던가. 대기업과 납품·하청·체인업체 사이, 기업과 소비자 사이에도 실사구시적인 법과 정책이 제시되어야 한다. 시민들도 더 이상 방관자가 아니라 참여자가 되어야 한다. 자신의 잘못은 애써 외면한 채 남의 탓만 하는 소극적이고 소외된 시민이 아니라 스스로를 성찰하는 능동적이고 적극적인 시민이어야 한다.

오늘날 주권자인 국민이 국정에 참여할 수 있는 대표적인 수단은 선거다. 국민은 자신의 참정권의 행사를 통하여 국민의 대표기관의 구성과 변경·교체에 적극적으로 간여함으로써 국민 대표기관에 대한 견제와 감시기능을 수행하여야 한다. 그렇게 함으로써 권력에 대한 주권자의 감시가 가능해지고 권력의 부정부패를 방지할 수 있다.

또한 주권자로서의 국민은 국정에 관하여 정확하게 '알 권리'가 있음을 헌법재판소와 대법원의 판례를 통하여 확립되었다. 알 권리(정보의 자유)라 함은 일반적으로 접근할 수 있는 정보를 받아들이고, 받아들인 정보를 취사·선택할 수 있고(소극적 자유), 의사형성·여론형성에 필요한 정보를 적극적으로 수집할 수 있는(적극적 자유) 권리다.

이러한 알 권리는 대의제의 한계를 극복하고, 국민주권의 실질화에 기여한다. 현대 대의민주정치의 위기를 극복하기 위해서는, 주권자인 국민이 오늘날 만연되고 있는 정치적 소외현상에서 벗어나 널리 국정상황을 정확히 파악하여 올바른 정치적 의사형성을 기함으로써 전통적인 관료행정의 비밀주의를 극복하여 널리 국민의 알 권리를 확보하여야 할 필요성이 대두된다. 그것은 곧 대의민주주의원리에 다소간 가미되어 왔던 직접민주주의원리가 그동안 제대로 기능하지 못하였던 문제점을 알 권리의 구현을 통하여 보다 실천적으로 해결할 수 있다는 것을 의미한다.

국민은 이제 공공기관이나 언론보도를 통하여 제공되는 정보를 수령하여 이를 취사·선택하는 데 머무는 것이 아니라, 적극적으로 스스로 정보를 수집할 수 있는 권리를 가진다. 알 권리의 적극적인 구현은 정보공개제도로 달성된다. 여기에 정보공개제도가 가지는 헌법적 가치가 논의되며, 이러한 정보공개제도의 법적 제도화가 필요하다. 이에 따라 공공기관이 보유·관리하는 정보에 대한 국민의 공개청구 및 공공기관의 공개의무에 관하여 필요한 사항을 정함으로써 국민의 알 권리를 보장하고 국정에 대한 국민의 참여와 국정운영의 투명성을 확보함을 목적으로 「공공기관의 정보공개에 관한 법률」이 제정되었다. 「공공기관의 정보공개에 관한 법률」은 모든 국민은 정보의 공개를 청구할 권리를 가지며(제5조 제1항), 공공기관이 보유·관리하는 정보는 법 제9조에서 규정하는 비공개 대상정보가 아닌 한 원칙적으로 공개하여야 함을 규정한다(제3조).

그러나 현실적으로 국민들은 이와 같은 법률의 존재 자체도 제대로 인식하지 못한다. 정보공개를 통해 국정의 상황이 어떻게 돌아가고 있는지뿐만 아니라 자신과 관련된 정보의 정확한 알 권리도 동시에 보장된다. 자신의 권리를 확인하고 되찾는 노력은 스스로의 과제다. "권리 위에 잠자는 자는 보호되지 않는다"라는 법언(法諺)이 적시하는 바는 바로 자신의 권리는 스스로 찾아야 한다는 주권의식이 제대로 작동되어야 한다는 점이다. 실제로 입법, 행정, 사법을 포함한 모든 공공기관에는 정보공개담당자가 지정되어 있고, 정보공개창구도 마련된다. 하지만 국정의 투명성을 담보하고 주권자의 권리의식 및 주인의식을 제고하기 위하여 파격적으로 마련된 정보공개법에 대하여 이를 적극적으로 활용하고자 하는 의지가 부족한 실정이다.

또한 종래 주권자인 국민의 참여의 길이 완전히 봉쇄되어 있던 사법 분야에도 국민이 참여할 수 있는 길이 열렸다. 즉, 「국민의 형사재판 참여에 관한 법률」에 따라 국민이 형사재판에 배심원으로서 참여할 수 있는 국민참여재판제도가 시행되고 있다. 국민참여재판제도를 활성화하기 위해서는 국민스스로 제도에 능동적·적극적으로 참여할 의사를 가져야 하며 이러한 의사를 실제 국민참여재판에 참가하는 실천으로 옮겨야 한다. 무엇보다도 국민참여재판제도를 통하여 다른 배심원 또는 법관과 민주적 평의를 해 봄으로써 법치주의에 관한 훌륭한 경험을 할 수 있고 적법절차와 죄형법정주의 등 형사법의 근본이념을 몸소 체험함으로써 일상생활에서 준법문화를 확산하는 데 기여할 수 있다는 점에서 국민참여재판제도는 법치주의의 생활 속 정착의 측면에서도 그 의의가 크다. 따라서 사법의 민주적 정당성을 제고하고 사법부의 위상 확립을 통해 사법에 대한 국민의 신뢰 확보를 목적으로 하는 국민참여재판에 국민의 적극적 참여를 통하여 사법 분야에도 주권자의 민주적 정당성이 미칠 수 있도록 하는 것은 법치주의의 확산에 이바지하는 길이다.

마지막으로 법치주의가 생활 속에 확립되기 위해서는 법률가가 사법의 분야에만 한정하지 않고 사회의 각계각층에 골고루 분산되어야 한다. 법조인의 진출영역을 법조 분야에 한정할 것이 아니라 다방면에 법조인이 진출하여 그 분야에 법치의식을 심어 줌으로써 법치주의가 생활에 뿌리를 내릴 수 있도록 하는 것이 생활 속 법치주의의 확립을 위하여 오늘날 반드시 요청된다.

그간 우리나라의 법률가 숫자가 너무 미약하여 국민을 위한 사법서비스가 제대로 이루어지지 않는다는 비판을 받아 왔다. 이에 따라 1981년부터 사법시험에 300명을 뽑기 시작하였고, 2000년대에 이르러 1,000명까지 배출하여 왔다. 로스쿨의 도입에 따라 매년 1,500명 이상의 변호사를 배출한다. 1948년 정부수립 후 50년 동안에 배출한 변호사가 1만 명이 채 되지 않았는데 지금대로라면 10년마다 1만 5000명의 변호사가 배출된다. 그러니 고급인력이 법조시장으로 빨려 들어간 이후에 고등실업자로 전락할 것이라는 우려도 지나친 기우는 아니다.

법원·검찰을 중심으로 송무만 담당하는 법률가는 만원사례인 것은 틀림없다. 급격하게 늘어나는 변호사 수만큼 사건은 늘어나지 않기 때문이다.

하지만 우리 사회에 법적 수요는 여전히 널려 있다는 사실을 간과하여서는 아니 된다. 그사이 법률가의 충원·확대방안으로는 정부의 법무관이나 기업의 법무담당자 정도로만 생각하여 왔다. 하지만 이들은 법률전공자라는 한계의 틀을 벗어나지 못하여 당해 기업의 전반적인 업무에는 소외될 수밖에 없고, 그 시야 또한 좁다 보니 기관의 업무 전반을 총괄할 만한 역량을 기를 기회가 없었다.

하지만 이제 법률가는 하나의 자격인 시대다. 변호사 자격이 있다고 해서 언제나 법적 업무에만 전념할 필요도 없고 또 그래서도 아니 된다. 이미 회계사들은 회계사 자격을 가지고 회계업무 아닌 여러 분야에 진출한다. 변호사도 마찬가지여야 한다. 대학에서 다양한 전공을 수학한 이후에 로스쿨에서 법학을 충실히 이수하여 리걸 마인드(legal mind, 법적 사고)를 형성하였다면 사회의 어느 분야에 진출해도 훌륭히 그 직분을 수행할 수 있는 역량을 갖추었다고 보아야 한다. 로스쿨에서 수학한 리걸 마인드에 터 잡은 논리적 세계에 익숙한 그들이 법무를 벗어나서 기획·인사와 같은 전통적인 법대생들의 주요 영역뿐 아니라 상경학도들의 영역인 마케팅까지 담당하도록 하는 것은 획기적인 전환의 모티브를 제공한다.

차제에 정부나 공공기관에서도 변호사들을 법무직렬에 한정하지 말고 일반행정직에 포진시켜 그들이 정밀하고 훈련된 법률가로서의 지식에 기반한 업무에 임할 수 있도록 해야 한다. 그래야만 법률가들이 일상적인 업무 속으로 빠져 들어가게 될 것이고, 그것은 결국 법률가가 법이 지배하는 사회를 위한 초석을 마련하게 할 것이다(〈칼럼〉 로스쿨 출신 변호사의 저변 확대, 《법률저널》 2012. 11. 2.).

## 2. 생활법치를 위한 법생활의 일상화

### 1) 생활 속의 법생활

생활법치의 정립을 위해서는 일상적인 생활 그 자체가 법과 더불어 작동할 수 있어야 한다. 법과 현실의 괴리를 극복하고 사회적 논쟁의 중심을 법이 지배할 수 있어야 한다. 이를 위해서는 무엇보다도 국민의 일상생활 즉 매일매일의 생활에서 법에 대한 가치와 존엄성을 인식하여야 한다.

한민족은 은근과 끈기를 가진 민족적 자긍심을 가지고 살아 왔다. 그런데 언제부터인가 우리는 '빨리빨리'에 익숙해져 있다. 그 서두르는 문화가 인류 역사에서 최단기간에 빈곤으로부터의 탈출을, 한강의 기적을 이루는 데 기여한 것 또한 사실이다.

세계화와 민주화를 동시에 달성한 나라들은 나름대로 오랜 역경을 겪어오는 과정에서 그들 스스로 터득한 진실을 발견한다. 그것은 다름아닌 적법절차와 법의 지배다. 언젠가 야기될 갈등적 상황에 슬기롭게 대응하기 위해서는 법이라는 이름의 잣대에 의탁할 수밖에 없다는 사회적 합의가 이루어져 있다.

그런데 우리는 민주화와 산업화를 동시대에 이룩하는 과정에서 위정자에서 일반 국민에 이르기까지 전투적 모델을 벗어나지 못하였다. 법질서를 준수하는 것보다는 법을 어겨서라도 폭정에 항의하는 것이 오히려 민주시민의 미덕으로 인식되어 왔다. 위정자 자신들은 법 위에 군림하면서 오히려 국민들이 법을 지키지 않는다고 개탄한다. 그 과정에서 치자와 피치자 사이에 갈등의 골만 깊어진다.

대한민국은 우리가 생각하는 것보다 훨씬 더 자랑스러운 근대국가다. 산업화의 정신적·물질적 토대를 마련한 새마을운동은 우리 스스로 외면하는 가운데 개발도상국의 발전 모델로 인식된다. 한국적 민주주의는 민주화 도정에 있는 아시아·아프리카 각국의 이상향이다. 하지만 준법의식은 세계 10대 경제교역대국이라는 국격(國格)에 크게 미치지 못한다.

농경사회와 산업화사회를 거쳐 지식산업사회로 진입하면서 사회는 다변화하고 그 와중에 갈등적 상황은 더욱 빈번할 수밖에 없다. 그 과정에서 잉태되는 사회적 갈등의 궁극적인 해결은 법의 몫이다. 그럼에도 불구하고 우리 사회에는 법대로 생활하면 불편하다는 인식이 강하게 자리 잡는다. 우리는 아직도 법률행위 과정에서 공동사회(Gemeinschaft)적인 틀을 벗어나지 못한 채 "당신과 나 사이에 무슨 계약서 같은 게 필요하냐?"라는 식이다. 생활 속에 이루어지는 수많은 법적 행위에 대해 의식적·무의식적으로 법적 잣대를 외면하고 그저 무난하게 넘어가면 그만이라는 안이한 인식이 팽배해 있다. 이래서는 아니 된다. 사리판단을 명확히 하고 정의와 원칙을 분명히 구분할 줄 알아야 한다.

이제 누구나 수긍할 수 있는 생활 속의 법질서를 구현하는 가운데 난마처럼 얽힐 수 있는 법적 갈등도 생활 속의 일부로 수용해 나가야 한다. 일상적인 삶의 현장에서부터 법의 중요성을 인식하고 이를 생활 속에서 구현해야 한다. 예컨대 도시생활에서 가장 많이 부닥치는 현장은 도로교통질서다. 안전 운행을 위한 안전띠 착용, 과속 금지, 신호 준수와 원활한 교통 소통을 위한 꼬리물기 금지 같은 기초적인 교통법규는 자신을 위해서 스스로 지켜야 한다.

이제 거창한 민주시민의식을 논하기 이전에 우리 주변에서 일어나는 갖가지 현상에 대하여 보다 냉철하게 되돌아보면서 자신에게 주어진 책임과 의무를 다하는 자세가 필요하다. "권리 위에 잠자는 자는 보호되지 않는다"라는 법언에 못지않게 "권리는 동시에 의무를 수반한다"라는 점을 명심해야 한다. 공동체적인 삶의 현장에서 자신만의 정의는 통용되지 않는다. 법이란 다름아닌 사회적 합의가 가능한 사항을 법이라는 이름으로 규범화한 것에 불과하다. 그 법은 동시에 우리가 받아들여야 할 최소한의 도덕적 · 윤리적 기초 위에서 정립된다. 이제 우리 모두가 법을 불편한 이웃이 아니라 가까운 친구로 받아들여야 할 때다.

최근 우리 사회에 화두로 등장한 정의와 공정이라는 추상적인 잣대에 휘둘릴 필요도 없다. 우리 모두가 자신에게 주어진 자신의 삶을 성실하게 수행하는 길이 곧 정의롭고 공평한 사회의 첫걸음이다(〈칼럼〉 선진 법질서 구현해 국격을 높이자, 《매일경제》 2011. 1. 4.).

법치주의가 자리 잡지 못한 데 대하여 더 이상 정치권력이나 사회 제 세력에 비난의 화살을 돌려서도 아니 된다. 정의란 "각자에게 그의 것을"이라는 로마 시대의 법학자 키케로의 말을 연상하지 않더라도 각자가 자신이 해야 할 명제를 분명히 인식하고 이를 행동으로 옮겨야 한다. 이제 생활 속의 법치주의의 첫 단추부터 제대로 끼워야 한다.

## 2) 공직선거의 공정성과 투명성: 주권적 의사의 표현인 선거에서 탈법 · 위법행위의 만연

선거란 주권자(主權者)의 입장에서는 자기가 가지는 주권자로서의 권한을 행사한다는 의미를 가지고, 국가 전체의 입장에서는 국민의 대표기관을 선출하여 대의제의 원리를 실현한다는 의미를 가진다. 이와 같은 선거의 의의를 고려할 때 선거는 일반 국민의 법치의식의 형성에 적지 않은 영향력을 미친다.

공직선거에 있어 공정한 선거의 보장과 선거법의 준수를 통한 선거운동의 공정성 확립은 공직선거제도의 생명과 같다. 국회의원이 법률을 제정하는 의회의 구성원이자 입법의 주체로서 기능한다는 점을 고려할 때, 과정의 공정성과 합리성을 고려하지 않은 채 결과만을 중시하는 풍토는 일반 국민의 의식 속에 법치주의 의식을 생성하는 데 중대한 장애요소로 작용한다. 따라서 공정한 선거제도의 확립과 선거법을 엄격히 준수하는 선거풍토의 확립은 일상에서의 법치주의 확립에도 상당 부분 기여한다.

선거 과정에서 공정한 '게임의 룰'인 「공직선거법」을 준수하지 않고 각종 탈법·편법·위법행위가 난무하고 당선만 되면 선거 과정에서의 하자 내지 흠은 치유된다는 의식이 팽배하여 있다면 이러한 의식이 국민의 건전한 법치의식의 형성에 부정적 영향을 미친다. 공정하지 못하고 선거법을 준수하지 않은 선거운동으로 당선이 된다면, 일반 국민의 의식 속에 비록 법을 위반하더라도 결과가 좋으면 상관이 없다는 관념을 생성하게 되고 이는 법치주의의 생활 속 확립에 장애요인이 된다.

종래 한국 사회에서 선거에 관한 한 가장 논쟁적인 문제는 선거부정 문제였다. 특히 과거에 올라갈수록 선거는 관권선거로 얼룩졌다. 그런데 그 관권선거가 약해진 자리에 다시금 금권선거가 횡행하였다. 금권선거는 아직도 근절되지 않고 있는 현상 중의 하나다. 하지만 그 금권선거의 문제도 상당 부분 해소되어 가고 있다. 그렇다면 이제 민주주의의 축제로서의 선거에 부응할 수 있도록 선거에서 표현의 자유를 최대한 보장하는 것이 앞으로의 과제다.

선거에 참여하는 모든 국민은 선거운동의 자유를 향유하는바, 이는 헌법 제21조의 표현의 자유의 한 내용으로서 정치적 표현의 자유에 해당하며, 헌법 제24조의 선거권의 중요한 내용을 이룬다. 따라서 선거운동의 자유를 제한하는 입법에는 엄격한 심사기준이 적용된다(헌재 1994. 7. 29. 93헌가4 등).

하지만 선거운동의 자유에는 다른 한편 선거의 공정이라는 가치와의 균형이 요구된다. 즉 원칙적으로 선거가 민주주의의 축제가 될 수 있도록 선거운동의 자유가 최대한 보장되어야 하겠지만, 다른 한편으로 선거운동의 지나친 자유는 선거의 공정을 해칠 우려가 있다. 따라서 선거운동의 자유와 선거의 공정이라는 두 가지 요구를 충족시킬 수 있는 입법이 요망되는바, 그 구체적인 입법의 모습은 그 나라의 정치문화·선거문화·선거풍토·시민의식 등의 사정을 총합적으로 고려하여 나타날 수밖에 없다(헌재 1999. 11. 25. 98헌마141).

선거가 공정하게 작동되어야 국민들은 그 선거의 결과에 승복할 수 있다. 무엇보다도 선거사범에 대한 일벌백계적인 방향성의 분명한 정립 없이는 주권적 의사의 공정한 실현이 불가능하다. 지금까지 진행되어 온 선거사범에 대한 처리는 그것이 과연 사법적 판단을 통하여 공정하게 작동되고 있는지에 많은 의구심을 자아내게 한다. 따라서 이 문제에 관한 한 발본색원의 차원에서 대응하여야 한다. 작은 범죄조차도 있을 수 있는 과실로 치부하는 한 정화(淨化)의 길은 멀다.

선거범죄와 관련하여 금품수수의 경우 50배에 이르는 벌금을 부과하고, 선거사범으로 100만 원 이상의 벌금형을 선고받을 경우 공직을 박탈하는 제도를 도입하여 선거부정을 방지하는 데 상당한 효과를 거둔다. 하지만 이 과정에서 100만 원의 기준과 그 이상과 이하의 차별적 상황을 제대로 이해하기 어렵다는 비판도 있다. 똑같은 위법인데 99만 원은 아무 일 없었다는 듯이 공직을 유지하지만 100만 원은 공직을 박탈하는 게 바른 길이냐 하는 의구심이 제기된다. 이 문제는 동시에 법치주의를 희화화하고 있다는 비판도 받는다. 선거법을 위반하였는데도 공직을 유지한다는 비판을 어떻게 정리해야 할 것인지의 문제가 남는다.

궁극적으로 선거의 공정성이 담보되는 상황은 당해 국가의 민주시민의식

과도 직결된다. 민주주의의 발전 과정에서 선거부정은 어느 나라에서나 심각한 국가적 과제였다. 민주주의의 고향이라는 영국에서도 산업혁명 이후 선거부패가 심각한 국가적 어젠다로 등장하여 이를 발본색원하기 위한 전면적인 법제 정비가 이루어진 바 있다. 그 이후 세계 각국의 선거법제는 선거부정과 부패 방지를 위한 각종 규제를 가하였다. 그런데 20세기 후반에 이르러 이제 민주주의의 축제로서의 선거를 구현하기 위하여 선거운동의 자유라는 명제로 이행하여 왔다. 그럼에도 대한민국의 선거법제는 여전히 선거운동의 자유보다는 선거운동의 규제에 묶여 있다.

「공직선거법」이 1994년에 제정될 당시에 그 법의 명칭이었던 '공직선거 및 선거부정방지법'에서 적시하는 바와 같이 여기서는 선거부정을 방지하기 위하여 강력한 처벌조항과 선거비용 상한액의 설정, 선거운동기간과 선거운동에 대한 엄격한 규제 등을 둔다. 이러한 선거법의 정신은 상당한 효과를 거두나 아직도 선거부정은 근절되지 아니하기 때문에 보다 강력한 법집행이 기대된다. 앞으로 선거의 공정성이 담보되면 규제 중심의 선거제도는 선거운동자유의 원칙으로 되돌아가야 한다. 선거법제가 선거운동의 자유로 전면적인 개혁이 이루어지는 때에 한국적 민주주의도 새로운 장을 열게 될 것이다.

### 3) 집회와 시위에서의 법규범 준수

우리 헌법 제21조 제1항에서는 언론·출판의 자유와 더불어 집회의 자유를 규정한다. 집회의 자유는 언론·출판의 자유의 집단적 성격의 표현이다. 현대국가의 사회생활에서 국민은 다중적인 집회를 통하여 자기의 의사를 적극적으로 표현할 자유를 보장받는다. 집회의 자유는 집회를 통하여 단순히 자신의 의사를 표명하는 데 그치는 것이 아니라 다른 사람과의 의사교환을 통하여 새로운 여론을 조성할 수 있는 유효한 수단으로 작용한다. 다시 말해 집회의 자유는 표현의 자유의 실질화의 조건 또는 보완적 기능을 가질 뿐만 아니라 민주주의의 실천에 불가결한 전제로서 소외된 정치적 소수자들이 자기의 목소리를 정치 과정에 반영할 수 있는 방편이라는 점에서 다수결원리에 의하여 진행되는 현대대의제도를 보완하는 기능을 가진다.

한편 집회의 자유에 있어서 집회의 개념에 시위가 포함되느냐에 관해서 논란이 있다. 「집회 및 시위에 관한 법률」(약칭: 집시법)에서는 시위의 개념을 "다수인이 공동목적을 가지고 도로·광장·공원 등 공중이 자유로이 통행할 수 있는 장소를 행진하거나 위력 또는 기세를 보여 불특정 다수인의 의견에 영향을 주거나 제압을 가하는 행위"(제2조 제2호)로 정의한다. 시위의 형태로서 나타나는 집단행위·집단시위행위는 헌법상 집회의 자유의 범주에 포함되지 아니한다는 입장도 있다. 그러나 집회의 자유란 집회를 통하여 단체로서의 의사를 형성하고, 형성된 의사를 표현하며, 나아가서 그 의사를 관철하기 위한 활동의 자유까지 포함하는 것으로 보아야 한다. 따라서 시위행진은 '장소이동적인 집회', '움직이는 집회' 혹은 '이동하는 집회'로서 집회의 자유에 포함되어야 한다.

표현의 자유의 최대한 보장을 위하여 언론·출판의 '사전검열제'를 금지하는 것과 마찬가지로 집회의 '사전허가제'를 금지하고(헌법 제21조 제2항) '사전신고제'로 한다(집시법 제6조). 집회의 허가제란 일반적으로 집회를 금지하고, 다만 당국의 재량적 행정처분에 따라 특정한 경우에 금지를 해제하여 주는 것으로 사전억제 금지의 원리에 어긋난다. 그러나 집회나 시위가 미치는 사회경제적 혼란을 예방하고 공물(公物)의 안전관리를 기하기 위하여 집회에 대한 사전신고제는 인정된다.

집회의 자유가 가지는 위와 같은 기능에도 불구하고 집회의 자유는 사회

전체의 질서유지에 미치는 영향력이 언론의 자유보다 훨씬 직접적이기 때문에 언론·출판의 자유보다 더 강력한 국가의 통제를 받는다. 법률에서도 집회와 시위에 대하여 다양한 제한을 부과한다. 즉, 「집회 및 시위에 관한 법률」은 옥외집회와 시위에 대한 신고제, 옥외집회와 시위에 대한 시간제한과 장소의 제한, 교통 소통 및 소음 방지를 위한 제한 등의 사전적 제한을 부과한다. 이러한 집시법의 사전제한에 대해서는 헌법상 보장된 집회의 자유를 과도하게 제한한다는 비판을 받는다.

비록 집회의 자유를 구체적으로 규율하는 「집회 및 시위에 관한 법률」이 집회의 자유를 제한하는 측면이 있다 하더라도 규범의 수범자인 국민은 집회를 통한 의사표현에 있어 집시법을 준수해야만 한다. 일단 국회를 통과한 법률에 대해서는 그 합헌성이 추정되는 것이며 「집회 및 시위에 관한 법률」이 국민이 헌법상 보장받는 집회의 자유를 과도하게 제한하여 위헌인지의 여부는 우리 헌법이 보장하는 구체적 규범 통제의 절차 혹은 헌법소원심판 절차와 같은 합헌적 절차를 통하여 그 시시비비를 판별하여야 한다.

예컨대 구 집시법에서는 "현저히 사회적 불안을 야기할 우려가 있는 집회 또는 시위"를 제한하였다. 이에 대하여 대법원은 합헌판결을 내렸지만, 헌법재판소는 한정합헌결정을 내린 바 있다(헌재 1992. 1. 28. 89헌가8). 이에 따라 현행법에서는 금지 대상집회를 한정한다: ① 헌법재판소의 결정에 의하여 해산된 정당의 목적을 달성하기 위한 집회 또는 시위, ② 집단적인 폭행·협박·손괴·방화 등으로 공공의 안녕질서에 직접적인 위협을 가할 것이 명백한 집회 또는 시위는 금지된다(제5조 제1항).

구 집시법은 국회의사당, 각급 법원, 대통령관저, 외교기관 등의 경계지점으로부터 100미터 이내 장소에서의 옥외집회 또는 시위를 전면적으로 금지하였다. 이에 국회의사당 앞과 같이 집회가 필요한 장소에서의 집회가 금지되고 있다거나 사기업의 건물에 입주한 외교기관으로 말미암아 당해 외교기관과는 관계가 없는 집회까지 불가능하다는 점에 대한 비판이 많았다. 결국 헌법재판소는 외교기관의 경계지점으로부터 100미터 내의 집회를 예외 없이 금지하는 규정에 대하여 위헌결정을 내렸다. 이에 집시법은 국내주재 외국의 외교기관이나 외교사절의 숙소 인근의 옥외집회나 시위를 원칙적으로 금지하면서도 예외적으로 해당 옥외집회나 시위가 ① 해당 외교기관 또는 외교사절의 숙소를 대상으로 하지 아니하는 경우, ② 대규모 집회 또는 시위로 확산될 우려가 없는 경우, ③ 외교기관의 업무가 없는 휴일에 개최하는 경우 중 어느 하나에 해당하는 경우로서 외교기관 또는 외교사절 숙소의 기능이나 안녕을 침해할 우려가 없다고 인정되는 때에는 허용되도록 개정되었다(제11조 제4호 신설).

그러나 개정된 집시법 제11조에 대해서는 헌법재판소의 결정을 문리적으로 너무 협소하게 해석하여 개정하였을 뿐 위헌결정의 취지를 살리지 못하였다는 비판도 있다. 즉 '국회'의 경우 국민의 대표기관으로서 국민들의 다양한 의견을 경청하여야 하므로 가장 적극적인 국민들의 의사표현수단인 옥외집회 및 시위를 국회의사당 경계지점으로부터 100미터 이내의 장소에서 전면 금지하는 것은 부당하다. 따라서 이 경우 국내주재 외국의 외교기관이나 외교사절의 숙소의 예외적인 허용요건이나 이보다 더 완화한 요건에 따라서 옥외집회 및 시위를 허용하여야 한다. 이들 규정에 대하여 헌법재판소는 합헌이라는 입장이다(헌재 2009. 12. 29. 2006헌바20 등).

해가 뜨기 전이나 해가 진 후의 옥외집회 또는 시위를 금지하고 일정한 경우 관할경찰관서장이 허용할 수 있도록 한 「집회 및 시위에 관한 법률」 제10조와 이를 위반한 경우의 처벌규정인 제23조에 대하여, 헌법재판소는 '시위' 부분에 관하여는 한정위헌결정을 선고하였고(헌재 2014. 3. 27. 2010헌가2

등), '옥외집회' 부분에 관하여는 종전의 합헌결정(헌재 1994. 4. 28. 91헌바14)을 변경하여 헌법불합치결정을 선고하였다(헌재 2009. 9. 24. 2008헌가25).

그런데 헌법재판소가 헌법불합치결정에서 제시한 입법시한을 국회가 준수하지 아니하고 방치함에 따라 헌법재판소는 '옥외시위' 부분에 관하여 한정위헌결정을 선고하였다(헌재 2014. 4. 24. 2011헌가29). 이에 따라 야간 옥외집회 및 시위의 제한기준이 새로 설정되어야 한다. 생각건대 헌법재판소의 한정위헌결정 취지를 고려한다면 자정부터 해가 뜨기 전까지로 설정하는 것이 적당하다고 본다.

그럼에도 불구하고 우리 사회에서 집회 또는 시위문화의 현실은 법규범을 준수한다고 평가하기에는 무리가 있다. 시위 또는 집회의 참가자들이 집시법은 위헌인 법률이므로 그 법률은 준수하지 않아도 된다고 주장하면서 불법적 집회와 시위를 행하는 것을 우리는 '일상적'으로 경험한다. 이와 같은 집회와 시위에서의 법규범에 어긋나는 행동은 법치주의에 중대한 위협이 되는 반법치주의적 행위라 아니할 수 없으며 법치주의의 정착에 중대한 장애가 되고 있는 것이 현실이다.

1960년 4월, 이승만 대통령의 하야를 요구하며 경무대(지금의 청와대)로 돌진하던 청년학도들의 꽃다운 청춘은 경찰의 총구 앞에 이슬처럼 스러졌다. 1987년 6월, 시민과 학생들이 어우러진 호헌 철폐는 대통령직선제 쟁취로 이어졌다. 권위주의의 질곡으로부터 민주회복을 열망하는 시민들에게 실정법은 거추장스러운 장식물에 불과하였다. 비록 국가와 사회의 완전한 변혁을 이루지는 못하였지만 4·19와 6월 민주항쟁은 현대사에서 혁명으로 자리매김한다. 혁명은 기존 체제를 넘어 새 시대를 알리는 '미래의 전달자'이다. 전체 국민의 환호와 함께하는 혁명의 정당성은 극소수 반란세력이 도모하는 쿠데타(coup d'État)와 구분된다. 새로운 법이념을 고취시키는 혁명은 주어진 법에 기초한 법치주의의 틀을 뛰어넘어 폭군방벌론(暴君放伐論, 포악한 국왕을 몰아내는 것)적 민주주의를 정당화한다. 혁명이 진행되는 동안에 실정법은 사실의 규범력에 자리를 내주어야 한다. 오로지 정의의 칼만 통용될 뿐이다.

2002년 한일월드컵대회에서 지구촌을 뒤흔든 붉은 악마의 "대~한민국"으로 상징되는 응원 열기는 한국적 집회문화의 새 장을 열었다. 밤낮을 가리지 않고 한민족을 결집시킨 월드컵 열기는 미군 장갑차에 희생된 효순·미선이의 꽃다운 삶을 추모하는 모임에서 촛불시위로 연결된다. 사건의 특성상 반미 구호가 난무하고 미 대사관으로 향하는 '이동하는 집회'를 감행하였어도 관용의 한계를 벗어나지 않았다.

2008년 5월 시작된 촛불문화제는 6월의 촛불시위로 이어지면서 정권 타도, 대통령 탄핵과 같은 거친 언어가 난무해도 성난 민심의 과장된 표현법으로 받아들인다. 어느새 촛불시위는 언론·출판·집회·결사의 자유가 넘쳐 나는 시민축제의 현장으로 진화한다. 집시법을 무시하고 수도 서울의 한복판에 교통대란이 일어나도 민주주의의 생명선인 표현의 자유를 우선 보장한다. 남녀노소 각계각층의 자발적 참여는 열린 소통의 공간으로 자리 잡는다. 특정 세력에 좌우되지 않는 성숙한 시민의식은 절제와 금도를 지켜 왔다. 하지만 깊은 밤 촛불시위 행렬의 청와대행은 결국 공권력과의 충돌을 야기하고 만다. 성난 군중은 경찰의 물대포에 저항한다. 시위대는 경찰이 이명박 정권의 앞잡이라고 비난한다. 왜 민주시민의 앞길을 가로막느냐고 항의한다. 하지만 경찰이 심야의 청와대 행진을 수수방관할 수는 없지 않은가. 그럼 청와대 앞에서 어쩌자는 것인가. 한밤중 대치하는 경찰과 시위대 모두 민주시민이다. 다만 주어진 현실이 그들을 창과 방패로 구분하고 있을 뿐이다. 젊은 그들의 우발적 충돌은 또 다른 불행을 야기할지도 모른다. 이제 시위대도 경찰을 민주화 과정에서 권력의 앞잡이로만 치부하던 경찰로 보아서는 아니 된다. 경찰은 대한민국 공권력과 법치의 상징이다. 혁명의 시대에 경찰은 공공의 적이지만, 민주의 시대에는 공공의 수호천사라야 한다.

1960년 4월의 경무대행과 2008년 6월의 청와대행을 분명히 가릴 줄 아는 지혜가 필요하다. 경무대행은 헌법과 민주주의를 지키려는 장엄한 의전 행사였다. 하지만 미국산 쇠고기 수입 반대의 청와대행은 혁명 전야의 행진이 아니다. 청와대행은 대통령을 향한 국민적 열정의 가장 적극적인 표현일 뿐이다. 민주주의의 이름으로 법치주의를 통째로 무시할 수 있는 상황도 아니다. 이제 민주주의와 법치주의를 조화롭게 발전시키는 선진 시민사회가 뿌리내려야 한다. 민주주의의 성전에 불을 지피던 그 시대의 시위와 능동적 시민의 참여로 이뤄 낸 축제적 시위의 차별적 인식이 전제되어야 한다.

촛불시위의 제1 구호는 대한민국 헌법 제1조다. "대한민국은 민주공화국이다. 대한민국의 주권은 국민에게 있고, 모든 권력은 국민으로부터 나온다." 대한국민이 이 나라의 주인이다. 주인은 주인답게 행세해야 한다. 주인의 품격이 머슴의 행실을 좌우한다. 권력을 수탁받은 머슴들도 주인을 제대로 섬겨야 한다. 머슴이 주인 노릇 하려 들면 국기(國基)가 송두리째 흔들린다. 말로만 낮은 자세로 섬기지 말고 진심을 보여야 한다(〈칼럼〉 경무대行과 청와대行의 차이, 《동아일보》 2008. 6. 3.).

차제에 시위문화도 개선되어야 한다. 민주화를 주창하던 시대의 초법적인 구국적 시위와는 구별되어야 한다. 근래 외국에까지 나가는 원정시위도 일상적이다. 워싱턴 D. C.에서 펼친 시위에서는 미국 경찰당국과의 약속을 엄격하게 지켰다. 하지만 홍콩에서의 시위는 정반대였다. 결국 사법처리 문제까지 야기하였다. 여기에 우리 시위대의 이중적 인식이 드러난다. 집회와 시위에 대한 정부당국의 일관성 없는 법적용의 잣대가 법에 대한 불신을 가중시킨다. 집회와 시위는 정당하고 법에 따라 이를 제지하는 공권력은 부당하다는 선입견도 거두어들일 때가 되었다. 이제 우리도 헌법과 집시법이 정한 원칙대로 법을 집행함으로써 정당성에 기초한 공권력의 적법성을 확보해야 한다(〈칼럼〉 촛불집회도 적법절차 따라야, 《동아일보》 2008. 5. 20.).

때마침 2016년 가을부터 진행된 촛불집회는 한국적인 평화적 시위의 새로운 모델을 제시한다. 박근혜 대통령 탄핵을 찬성하는 촛불집회에는 매주 백만 군중이 운집하였지만 경찰의 물대포가 필요 없을 정도로 평화적 시위가 계속된다. 탄핵을 반대하는 태극기시위도 평화롭기는 마찬가지다. 이웃한 장소에서 동시에 진행되는 두 집회의 충돌이라는 불상사를 경계해 왔지만 기우에 불과하였다는 점은 성숙한 민주시민들의 거룩한 표현의식으로 평가할 수 있다.

### 4) 교통질서: 법 생활과 마주치는 일상

도회의 아침 출근길에는 으레 자동차 경적소리와 신호위반으로 야기되는 교통 혼잡에 직면한다. 그럼에도 불구하고 모두들 남의 탓만 하면서 자신은 정작 교통규범을 제대로 지키지 않는다. 국민들이 느끼고 체험하는 가장 일상적인 경험이 바로 교통질서로부터 비롯된다. 하지만 그 어느 누구도 남의 탓만 할 뿐 자신이 스스로 실천하지 못하는 부분이 많음을 깨닫지 못한다. 자동차 운행을 위한 기본적인 질서와 예의는 수없이 많다. 그중에서 대표적인 사항을 몇 가지 적시해 보건대 국민 각자의 질서의식을 가늠할 수 있다.

① 교통 신호는 존중되어야 할 민주시민의 기본이다. 러시아워(rush hour)에 길이 막히는 줄 뻔히 알면서도 '꼬리 물기' 즉 사거리에 진입해서 바뀐 신

호등에 따른 차량 진입을 방해함으로써 사거리 교통체증을 유발한다. 또한 사거리에는 횡단보도 전에 자동차 정지선이 설치되어 있지만 이를 지키는 운전자는 거의 없다. 황색 신호등에는 진입하지 말아야 함에도 불구하고 심지어 적색 신호 때까지 마구 진입한다. 특히 밤이 되면 횡단보도를 건너기가 불안하기 짝이 없다. 신호등을 지키지 않고 마구 질주하는 차량들로 길을 건너는 시민들은 불안할 뿐이다.

② 차량을 운전하면서 차선을 지키지 않는 경우가 많다. "도시는 선이다", "차선은 생명선이다"라는 말이 무색하게 지그재그로 운행하는 차량을 보면 불안하기 그지없다. 더 나아가서 관계 당국에서도 차선의 도색이 벗겨져서 야간 운전 또는 눈이나 비가 오는 궂은 날씨에 운전할 때에 차선을 알아볼 수 없는 문제점을 해결해 주어야 한다.

③ 길을 걷다 인도에 무단으로 주차한 차량을 보면 우선 짜증부터 난다. 인도에 차량이 주차하는지의 여부만 보아도 그 국가와 국민의 수준을 알 수 있다. 주차난 탓하기 이전에 민주시민으로서의 법도를 지켜야 한다.

④ 좁은 골목길에 교행하는 차량이 서로 먼저 진입하려고 다투기만 하고 양보할 생각은 없다. 먼저 진입한 차량에 대하여 우선통행권을 부여하는 것이 운전자의 도리다.

⑤ 주말 고속도로를 통행하다 보면 고급 차일수록 교통체계를 지키지 않는 차량이 많다. 갓길 운행은 금지됨에도 불구하고 그렇지 않아도 체증이 심한 상황에서 갓길과 본길을 마구잡이로 입출입하는 무법자로 인하여 더욱 지체된다.

⑥ 제한 속도는 안전 운행의 첫걸음임에도 불구하고 제한 속도를 제대로 지키지 않는다. 그나마 곳곳에 설치된 CCTV 덕분에 제한 속도가 사실상 반강제적으로 지켜지는 것만도 다행이다.

⑦ 앞지르기를 하거나 운행에 방해가 된다고 해서 보복 운전을 한다. 특히 고속도로 위에서 자행되는 보복 운전은 그 자체가 중대한 교통사고를 유발하여 타인에게 치명적인 손상을 가할 뿐만 아니라 교통안전 그 자체를 방해하는 가장 위험한 행위다. 이와 같은 보복운전의 행태는 가장 엄격하게 처벌되어야 한다.

교통안전의 준수는 단순히 자기 자신만을 위한 것이 아니라 타인에게도 중요한 규범이다. 교통사고는 곧 타인의 생명과 재산을 침해하기 마련이다. 이에 준법 운전을 위한 국민적 노력과 운동이 전개되어야 한다.

### 5) 불법광고물 부착 금지의 생활화와 간판 정비

인도를 지나다 보면 전신주에 덕지덕지 광고물이 붙어 있다. 그 와중에 다시 행정당국에서 불법광고물 부착 금지 팻말을 붙여 놓았다. 하지만 무슨 근거로 이와 같은 금지행위를 규정하고 있는지에 관한 설명이 전혀 없다. 외국에 가 보면 길목 곳곳에 "이곳은 00법률 제00조에 의거하여 불법부착물을 금지한다"라고 명시한다. 국민 일반에게 금지의 근거를 명확히 제시해 주어야 한다.

서울시에서는 공공디자인을 확보한다는 차원에서 광고물에 대한 규제를 강화한다. 세계 10대 경제대국에 어울리지 않는 불법광고물은 온 길거리에 홍수를 이룬다. 심지어 어떤 건물은 광고탑인지 혼동할 정도로 광고물과 간판으로 온통 뒤덮여 있다. 간판과 광고물을 일정한 틀 속으로 끌어들여야 한다. 불법광고물로 인하여 도시 미관이 더 이상 훼손되어서는 아니 된다. 더 나아가서 지나친 광고물과 불법광고물은 교통시야까지 방해하기 때문에 자칫 이들 불법적이고 지나친 광고물로 인하여 교통안전까지 위협받는다.

## 6) 뿌리 깊은 일상생활 속의 부정부패 척결

세계 10대 경제대국에 이르고 있지만 부정부패지수는 경제협력개발기구 (OECD) 국가 중에서 최하위를 벗어나지 못한다. 물론 같은 개발도상국가의 반열에 있었던 국가 중에서는 그래도 부정부패가 덜 심하고 법치주의가 나름 정착되어 있는 것으로 평가되어 왔다. 하지만 이제 세계적인 경제대국으로 자리 잡은 이 시점에서는 더 이상 우리 사회에 만연한 부정부패를 방치할 수 없는 상황에 이르렀다. 이에 정부기구로서 부패방지위원회를 설치한바 있고, 이를 국가청렴위원회로 발전적으로 개편한 바 있다. 그 이후 국가청렴위원회는 「부패방지 및 국민권익위원회의 설치와 운영에 관한 법률」(약칭: 부패방지권익위법)이 제정됨에 따라 국민권익위원회로 흡수 통합되어 오늘에 이른다. 부패방지권익위법은 "고충민원의 처리와 이에 관련된 불합리한 행정제도를 개선하고, 부패의 발생을 예방하며 부패행위를 효율적으로 규제함으로써 국민의 기본적 권익을 보호하고 행정의 적정성을 확보하며 청렴한 공직 및 사회풍토의 확립에 이바지함을 그 목적으로" 제정되었다.

이 법에 따르면 '부패행위'란 다음 각 목의 어느 하나에 해당하는 행위를 말한다(제2조 제4호): "가. 공직자가 직무와 관련하여 그 지위 또는 권한을 남용하거나 법령을 위반하여 자기 또는 제3자의 이익을 도모하는 행위, 나. 공공기관의 예산사용, 공공기관 재산의 취득·관리·처분 또는 공공기관을 당사자로 하는 계약의 체결 및 그 이행에 있어서 법령에 위반하여 공공기관에 대하여 재산상 손해를 가하는 행위, 다. 가목과 나목에 따른 행위나 그 은폐를 강요, 권고, 제의, 유인하는 행위." 또한 이 법에서는 공직자 행동강령을 규정한다(제8조 제2항): "1. 직무관련자로부터의 향응·금품 등을 받는 행위의 금지·제한에 관한 사항, 2. 직위를 이용한 인사관여·이권개입·알선·청탁행위의 금지·제한에 관한 사항, 3. 공정한 인사 등 건전한 공직풍토 조성을 위하여 공직자가 지켜야 할 사항, 4. 그 밖에 부패의 방지와 공직자의 직무의 청렴성 및 품위유지 등을 위하여 필요한 사항." 이를 위해 공직자 부패방지교육(제81조의2)을 강화하고 비위면직자의 취업도 제한한다(제82조).

위와 같은 부패 방지를 위한 법제에도 불구하고 여전히 불식되지 않고 있는 국가사회의 부패 방지를 위해서 「부정청탁 및 금품 등 수수의 금지에 관한 법률」이 제정되었다. 이 법은 부패방지권익위법에 비하여 가히 혁명적인 법이라 아니할 수 없다. "이 법은 공직자 등에 대한 부정청탁 및 공직자 등의 금품 등의 수수(收受)를 금지함으로써 공직자 등의 공정한 직무 수행을 보장하고 공공기관에 대한 국민의 신뢰를 확보하는 것을 목적으로 한다"(제1조).

제2조의 정의에서 드러난 바와 같이 적용 대상기관 및 대상자에 사립학교교원뿐만 아니라 언론인까지 포함되어 있어서 전국에 약 400만 명 이상이 이 법의 적용 대상이다: "1. '공공기관'이란 다음 각 목의 어느 하나에 해당하는 기관·단체를 말한다. 가. 국회, 법원, 헌법재판소, 선거관리위원회, 감사원, 국가인권위원회, 중앙행정기관(대통령 소속 기관과 국무총리 소속 기관을 포함한다)과 그 소속 기관 및 지방자치단체, 나. 「공직자윤리법」제3조의2에 따른 공직유관단체, 다. 「공공기관의 운영에 관한 법률」제4조에 따른 기관, 라. 「초·중등교육법」, 「고등교육법」, 「유아교육법」 및 그 밖의 다른 법령에 따라 설치된 각급 학교 및 「사립학교법」에 따른 학교법인, 마. 「언론중재 및 피해구제 등에 관한 법률」제2조 제12호에 따른 언론사. 2. '공직자 등'이란 다음 각 목의 어느 하나에 해당하는 공직자 또는 공적 업무 종사자를 말한다. 가. 「국가공무원법」 또는 「지방공무원법」에 따른 공무원과 그 밖에 다른 법률에 따라 그 자격·임용·교육훈련·복무·보수·신분보장 등에 있어서 공무원으로 인정된 사람, 나. 제1호 나목 및 다목에 따른 공직유관단체 및 기관의 장과 그 임직원, 다. 제1호 라목에 따른 각급 학교의 장과 교직원 및 학교법인

의 임직원, 라. 제1호 마목에 따른 언론사의 대표자와 그 임직원, 3. '금품 등'이란 다음 각 목의 어느 하나에 해당하는 것을 말한다. 가. 금전, 유가증권, 부동산, 물품, 숙박권, 회원권, 입장권, 할인권, 초대권, 관람권, 부동산 등의 사용권 등 일체의 재산적 이익, 나. 음식물·주류·골프 등의 접대·향응 또는 교통·숙박 등의 편의 제공, 다. 채무 면제, 취업 제공, 이권(利權) 부여 등 그 밖의 유형·무형의 경제적 이익."

이 법이 제대로 시행된다면 대한민국이 청렴국가로 거듭 태어날 수 있을 것이다. 문제는 이 법이 그 적용범위의 지나친 광범위성뿐만 아니라 그 시행령이나 시행세칙에서 드러난 바와 같이 국민의 일상생활 속에 오래도록 자리 잡고 있는 관행이나 법감정과 호응할 수 있느냐가 그 관건이다. 이들 쟁점에 대해서 헌법재판소는 비록 위헌의견이 있기는 해도 절대다수 재판관의 의견에 따라 이미 합헌결정을 내린 바 있다(헌재 2016. 7. 28. 2015헌마236 등). 시행령이나 시행세칙을 통해서 구체화되는 금품 수수 등과 관련하여 음식접대 3만 원, 선물 5만 원, 경조사비 10만 원을 상한으로 한다. 이에 저자는 음식접대 5만 원, 선물 10만 원, 경조사비 10만 원의 상한선안을 제시한 바 있다(《동아일보》 2016. 8. 10. 인터뷰기사 참조).

논리적으로 이해가 되지 않는 사항을 적시한다면 예컨대 사립교원은 시간당 100만 원의 강의료를 받을 수 있지만, 국공립교원은 시간당 20만-30만 원 이하만 받도록 규정하고 있는 등 현실과 동떨어진 내용들이다. 형사처벌까지 포함된 규범이라면 당연히 전 국민이 숙지하고 이를 행동으로 옮길 수 있어야 할 텐데 국민 모두가 제대로 이해하지 못하고 두려워만 한다면 과연 이 법이 실효적 규범으로 작동될 수 있을 것인지에 대한 의구심을 지울 수가 없다. 자칫 전 국민을 범죄자로 만드는 악법이 되지 않도록 규범과 현실의 조화를 도모하여야 한다.

청탁 금지를 통해 이 땅에서 부패를 근본적으로 척결할 수 있는 좋은 법률이라 할 수 있겠지만, 다른 한편으로 과연 이 법의 규범력이 현실의 국가생활에서 제대로 작동할 수 있을 것인지에 관해서는 여전히 의문이 남는다. 법규범과 법현실의 조화로운 구현만이 이 법에 생명력을 부여할 수 있다. 이 법의 정당성이나 적법성이 있다고 하더라도 그 시행 과정에서 문제점을 최대한 보완해 나가야 한다. 부패방지권익위법을 통해서도 공직부패를 추방할 수 있는 여지가 충분히 있음에도 불구하고 옥상옥의 성격이 있는 청탁 금지법을 제정한 것은 혁명적 방법에 의한 부패 척결방안이라 할 수 있다. 그 혁명적 발상이 현실세계에서 어느 정도 작동할 수 있느냐가 제도 설계의 기본 축과 직결된다. 아무튼 기왕 법이 제정되어 시행 중이므로 성공할 수 있도록 다 같이 지혜를 모아야 할 때다.

## 3. 민주시민의 법의식 제고

### 1) 한국인의 법의식

한자의 법(法)은 물 수(水)에 갈 거(去)의 결합어다. 즉 법은 물이 흘러가듯 해야 한다는 의미에서, 서양의 '법은 건전한 상식(common sense)'이라는 말과 일맥상통한다. 인간이 살아가는 곳에는 으레 법이 있기 마련이다. 법질서가 무너지고 무질서 상태에 빠지면 그 혼란은 고스란히 공동체 구성원 모두에게 되돌아온다. 바로 그 때문에 인류사회가 형성되면서부터 법과 질서가 자리 잡아 왔다. 선사시대에도 법은 존재하였다. 고조선의 8조금법이나 고대 바빌로니아의 함무라비법전이 그것이다.

우리 사회의 법치주의에 관한 문제점으로 일반 국민들 사이에 법에 대한 인식이 부정적이라는 점을 지적하지 않을 수 없다. 법에 대한 부정적 인식이 팽배하게 되면 법을 지키는 것이 손해라는 인식이 확산되고 그로 인하여 법규범의 준수가 보장되지 않게 된다. 그리하여 법에 대한 불신이 광범위하게 퍼지게 되면 지역·계층·성별·세대 사이에 존재하는 다양한 이해관계와 갈등을 조정하고 해결한다는 법의 기능과 역할은 대폭 축소된다.

　일반적으로 법이라 함은 무엇인가 딱딱하고 고답스럽고 거추장스러운 존재로 인식된다. 그래서 법대로 하자고 하면 그 사람은 사회성이 뒤떨어지는 것 아닌가 하는 생각부터 가진다. 농경사회는 생활 자체도 단조롭기 때문에 까다로운 법보다는 오히려 도덕률이 더 필요한 사회다. 이제 우리 사회도 급격하게 산업화 과정을 거치면서 농업국가의 모습을 벗어던진 지 오래다. 그러나 사람들의 일상생활에서는 딱딱하고 까다로운 법보다는 여전히 동양적인 덕을 강조하고 이를 미덕으로 삼는다. 법이 국민생활 속의 일부로 자리 잡지 못한 결과다.

　더구나 우리의 법은 전통적인 법의 현대화를 통하여 재현된 것이 아니라 서양의 법을 이어받은, 소위 법의 계수(繼受)를 통해서 이 땅에 이식된 이를테면 외래종이다. 덕치를 강조하는 동양에서도 예컨대 조선의 『경국대전』 같은 법전도 있지만, 서세동점의 결과로 19세기 중반 일본의 메이지유신으로부터 시작된 서양문물의 동양적 이식의 대표적인 산물이 법이다. 즉 서양의 합리적 전통에 기초한 법제는 새로운 시대의 법제로 동양에서도 타당하였기 때문에 일본은 이를 전적으로 계수하였다. 우리의 경우 한일병탄에 따라 일본의 법 즉 서양의 법을 계수한 일본의 법이 한국에 적용되었다. 해방과 건국 이후에도 일본을 거쳐 온 서양법이 한국에 적용되었다. 그런데 서양의 합리성에 기초한 법제는 이를테면 권력의 분립이라든가, 형사법과 민사법의 구획을 분명히 한다. 동양적인 원님재판의 종식을 의미한다. 동시에 국가의 형사사법권이 개입하는 영역과 개인 사이의 사적 자치에 내맡기는 영역을 분명히 구분하기 때문에 이에 익숙하지 않은 일반 국민들은 흔히 민사 사건을 형사 사건으로 처단받기를 원하지만 현실적인 장벽을 느끼기 마련이다.

국민법의식조사연구에 의하면 '법'이란 말을 들었을 때 연상되는 단어나 느낌에 대하여 불공평하다는 답과 더불어 권위적이라고 답하여 국민의 절대다수가 법에 대하여 부정적인 답을 한 반면, 민주적이라고 답을 한 국민은 극소수에 불과하였다. 이는 아직도 우리 사회에서 법에 대한 인식이 부정적이란 사실을 적절하게 제시한다. 그러나 우리 사회에서 법이 어느 정도 필요하다고 생각하느냐에 대한 질문에는 모든 국민이 법이 필요하다고 응답하였다. 이는 법에 대한 부정적 인식에도 불구하고 우리 사회에서 법이 가지는 역할 내지 기능에 대하여 우리 국민들은 매우 긍정적인 인식을 하고 있음을 보여 준다. 한편 전반적인 법에 대한 부정적 인식에도 불구하고 대한민국의 최고법이자 기본권과 통치구조에 관한 국가의 근본조직법으로서의 헌법에 대한 국민의 인식은 긍정적이다. 즉 헌법은 국민의 기본권보장을 위한 법이며, 공동체의 존립을 유지하기 위한 최고법이라는 데 동의한다.

나라의 민주화를 주창하던 시절에 법은 민주화를 가로막는 애물단지나 마찬가지였다. 권력자는 언제나 법의 이름으로 민주 인사를 짓눌렀다. 법은 가진 자의 편이라는 오해를 받았다. 악법도 법이라는 '소크라테스의 독배'는 법이념과 정의에 어긋나는 배척의 대상이었다. 세 살 버릇 여든까지 간다는 속담이 있다. 이는 어린 시절에서부터 어떠한 환경에서 자라고 성장하였느냐가 한 사람의 일생에서 중요한 지렛대가 된다는 사실을 역설적으로 표현한 것이다. 그간 산업화와 민주화를 거치면서 목소리 큰 사람이 이긴다고 할 정도로 법과 원칙이나 적법절차는 소홀히 하여 왔다. 수단·방법을 가리지 않고 돈을 벌고 출세하고자 하는 세속적인 욕망의 덩어리들은 산업화와 민주화를 악용하였다. 실제로 가난한 나라에서 산업화를 이루는 과정에서 위정자를 비롯한 사회지도층에서부터 정상적인 법과 절차를 거치기보다는 탈법과 위법을 자행하여 왔고, 이 와중에 노동자들도 '떼법'을 쓴 것이 사실이다. 민주화 과정도 따지고 보면 민주화라는 이름으로 데모나 폭력이 난무해도 그 모든 것은 민주화라는 이유만으로 정당화되었다. 그런데 산업화와 민주화의 외형적 성공에도 불구하고 법과 원칙보다는 실력행사를 앞세우는 경향은 여전하다.

이제 다시금 원칙으로 돌아가서 모든 것을 제자리에 갖다 놓고 정관(靜觀)할 때가 되었다. 혁명의 시대에는 법이념의 구현을 위해서 모든 폭력과 불법이 정당성의 이름으로 용납된다. 하지만 평화의 시대에는 법이념에 매몰된 초실정법적인 저항권의 논리보다는 사회적 평온을 구현하기 위한 법적 안정성이 더욱 요구된다. 이제 나라의 민주화는 완결 단계에 이르고 있다. 헌법재판소의 위헌결정을 통해서 과거의 악법도 대부분 청산되었다. 더 이상 악법논리로 실정법을 폄하하여서는 아니 된다. 국가사회의 안정을 위해서는 법질서의 안정이 필요한 시점이다. 비록 가슴에 와닿지 않고 시대정신에 어긋나는 법이 있다고 하더라도 위헌법률심판과 같은 법적 절차를 밟아 잘잘못을 따지는 것이 순리다.

### 2) 계약의 생활화

우리의 일상생활은 사실 법과 무관한 생활이 거의 없을 정도다. 시민생활 일반에서도 언제나 법과 마주치게 될 뿐만 아니라 국민 각자의 직역에서 활동하는 생업과 관련하여서도 언제나 법적인 문제를 안고 있다. 한국인은 지연·혈연·학연으로 얽힌 사회에 살다 보니 생활 속의 활동에서 법적 근거를 남기는 것 자체를 째째하다거나 정이 없다고 비난하기 십상이다. 하지만 그것이 결국 화를 자초한다는 사실을 인식할 때 즈음이면 이미 엄청난 법적 분쟁의 소용돌이에 휘말리고 만다. 서로 간에 합의에 의한 거래가 있을 경우에는 반드시 기록을 분명히 남김으로써 신분사회가 아닌 계약사회에서의 시민의 자세를 분명히 해야 한다. 계약서 작성 당시에는 뭔가 불편해 보일지 모르지만 그것이 결과적으로 당사자 간의 분쟁을 최소화할 수 있는 지름길이다.

"좋은 게 좋다"라는 식의 사고는 결국 계약의 양 당사자 모두에게 화를 자초할 수 있다. 계약은 복수 당사자 사이의 반대 방향의 의사표시의 합치를 말한다. 그런데 계약을 제대로 실행하지 않으면 결국 자기 스스로에게 화를 초래하게 된다. "Pacta sunt servanda", 즉 "계약은 지켜야 한다"라는 사고가 제대로 자리 잡지 못한다. 계약을 지키지 않음으로 인해서 야기되는 불편함에 대한 근본적인 인식이 부족하다. 계약사회에서 아직도 공동사회(Gemeinschaft)적인 사고가 지배한다. 이미 우리 사회는 산업화사회로 진전되었고 그 산업화사회의 근저에는 계약사회·이익사회(Gesellschaft)적인 사고와 행동이 필수적이다.

### 3) 국가에서 마련한 권리구제제도의 적극적 활용

원론적인 논의를 뛰어넘어 현실의 한국 사회에서 법치주의의 정착을 위한 방안이 모색되어야 한다. 이를 위해서는 국민의 생활 속에서 법규범이 국민의 생활규범으로 정립이 되어야 하는 동시에 국민생활이 최고의 법규범인 헌법규범과 헌법이념으로부터 출발하여 법치주의 내지 법의 지배의 원리에 충실할 수 있도록 제도와 사고의 근본적인 전환이 필요하다.

첫째, 헌법의 기본권보장이념이 최대한 구현되어야 한다. 우리 헌법은 국가의 존립 내지 안전과 양립할 수 있는 범위 내에서 최대한으로 개인의 기본권을 보장하고 있으며 국가는 이러한 개인의 기본적 인권이 보장되도록 노력하여야 함을 규정한다. 그리고 헌법은 국민의 기본권을 제한함에 있어서는 국가안전보장·질서유지·공공복리를 위하여 필요한 경우에 한하여 법률로써 제한할 수 있으며 제한하는 경우에도 자유와 권리의 본질적 내용을 침해할 수 없음을 규정하고, 적법절차의 원리를 강조한다. 이와 같은 헌법의 규정들은 모두 법치국가의 목적과 방법을 규정한 것으로서 실질적 법치국가 내지 실질적 법치주의원리의 구현을 강조한 것이다. 그러므로 법치주의의 실천을 위해서는 일반 국민의 실제 생활에 있어서 헌법이 규정하는 기본권보장이념이 충실하게 구현되어야 하며 국민의 기본권이 침해된 경우에는 사법적 권리보장을 통하여 기본권의 구제가 이루어져야만 한다. 국민의 기본권보장은 인간의 권리와 시민의 권리로서 구분할 수 있는바, 시민의 권리에 해당하는 국민의 권리를 현실적으로 고양할 필요가 있다. 이를 위해서는 헌법상 보장된 기본권을 실질적으로 보장하기 위한 제도적 장치를 적극적으로 활용할 수 있어야 한다.

둘째, 헌법재판소의 권한인 헌법소원을 통한 적극적 권리구제의 활성화가 필요하다. 오늘날 헌법소원은 현대판 신문고로서의 역할이 기대된다. 헌법소원제도는 독일 기본법에 그 기원을 두고 있는바 현행헌법에서 처음 도입된 제도다. 헌법소원심판은 "공권력의 행사 또는 불행사로 인하여 헌법상 보장된 국민의 기본권이 침해"된 경우 헌법재판소가 헌법소송절차를 통하여 이를 구제함으로써 국민의 기본권을 보장하고 헌법질서를 수호·유지하는 헌법재판제도다. 헌법소원심판은 국민의 기본권보장을 직접적·제1차적 목표로 한다는 점에서 헌법재판소가 담당하는 다른 헌법재판제도와 구별된다. 헌법소원제도를 통하여 헌법상의 기본권조항은 단순히 추상적인 선언에만 머무르는 것이 아니라 공권력작용을 통제하고 헌법의 기본권조항에 합치되도록 공권력작용을 행사하는 것을 가능하게 한다. 또한 헌법소원심판은 기본권을 침해하는 위헌적인 공권력의 행사 또는 불행사를 바로잡음으로써 헌법질서를 수호·유지하는 기능을 담당한다.

셋째, 국민권익위원회를 통한 권리구제와 부패 방지가 필요하다. 국민권익위원회는 기존의 국무총리행정심판위원회, 국가청렴위원회, 국민고충처리위원회를 통합하여 국민의 권리와 이익을 대변하기 위해서 설치된 기구다. 행정심판은 국민들에게 행정소송으로 가기 전 단계에서 무상으로 효율적인 권리구제를 제공하기 위하여 마련된 제도다. 행정심판 단계에서 많은 국민들이 실제적인 권리구제를 받는다. 특히 행정소송이 행정행위의 위법성 문제만 판단하는 데 반하여 행정심판은 행정행위의 위법 여부뿐만 아니라 그 부당 여부까지도 판단하기 때문에 권리구제의 폭이 훨씬 넓다. 또한 권리구제의 신속성 측면에서도 행정심판을 통한 권리구제가 행정소송을 통한 구제보다 유리하다. 행정심판을 통한 국민의 권리구제가 효과적이라는 것은 통계를 통하여 입증된다. 이에 국민들이 적극적으로 행정심판을 통하여 국민적 고충을 해결하려는 의지가 요망된다.

다음으로 국민권익위원회를 통한 고충민원의 처리를 생각할 수 있다. 「부패방지 및 국민권익위원회의 설치와 운영에 관한 법률」은 고충민원의 처리와 이에 관련된 불합리한 행정제도를 개선하도록 함으로써 국민의 기본적 권익을 보호하고 행정의 적정성 확보를 위하여 국무총리 소속으로 국민권익위원회의 설치를 규정한다. 국민권익위원회는 옴부즈맨(ombudsman)제도의 일종으로 파악할 수 있는데 국내에 거주하는 외국인을 포함하여 누구든지 국민권익위원회에 고충민원을 신청할 수 있고 국민권익위원회는 고충민원을 접수한 경우에는 지체 없이 그 내용에 관하여 필요한 조사를 하며 합의의 권고·조정·시정의 권고 및 의견의 표명 등의 조치를 취하여 고충해결에 노력하여야 한다.

또한 국가적 차원에서 부패행위의 발생을 미리 예방하고 부패행위를 규제하여야 한다. 이와 같은 요청을 고려하여 「부패방지 및 국민권익위원회의 설치와 운영에 관한 법률」은 국민권익위원회에게 부패행위의 예방과 규제 등의 권한을 부여함으로써 부패행위의 방지를 통한 국민의 기본적 권익보호와 청렴한 공직 및 사회풍토의 확립에 기여하도록 하고 있다. 한국은 부정부패와 관련된 지수가 국력에 상응하지 못하고 후진국의 수준에 머무르고 있다. 반부패지수가 OECD 국가 가운데 최하위 수준이다. 이와 같은 부패를 해소하고 한국이 세계에서 차지하는 경제력과 국력에 상응하는 청렴수준을 달성하기 위해서 보다 노력을 해야 함은 더 이상 말할 필요도 없다. 선진국 수준의 청렴도를 이룩하기 위해서는 우선 법치주의가 정착되고 법에 의한 지배가 한국 사회에서 뿌리를 내리는 것이 요구된다.

넷째, 국가인권위원회를 통한 구제를 생각할 수 있다. 국가인권위원회는 인권에 관한 법령·제도·정책·관행의 조사와 연구 및 개선이 필요한 사항에 관한 권고 또는 의견의 표명, 인권침해행위에 대한 조사와 구제, 차별행위에 대한 조사와 구제, 인권상황에 대한 실태조사, 인권에 관한 교육 및 홍보, 인권침해의 유형·판단기준 및 그 예방조치 등에 관한 지침의 제시 및 권고, 국제인권조약에의 가입 및 조약의 이행에 관한 연구와 권고 또는 의견의 표명, 인권의 옹호와 신장을 위하여 활동하는 단체 및 개인과의 협력, 인권과 관련된 국제기구 및 외국 인권기구와의 교류·협력 등 인권의 보호와 향상을 위한 업무를 독립하여 수행하는 국가기관이다(제3·19조).

「국가인권위원회법」은 제4장에서 '인권침해 및 차별행위의 조사와 구제'와 관련된 국가인권위원회의 직무와 권한을 구체적으로 규정한다. 인권을 침해당하였거나 차별행위를 당한 경우 피해자 등이 국가인권위원회에 진정할 수 있으며(제30조 제1항), 국가인권위원회는 진정에 대하여 진정각하 및 관계기관 이송(제32조), 다른 국가기관에 이송(제33조), 수사기관에 수사개시 및 필요한 조치의뢰(제34조), 진정기각(제39조), 합의권고(제40조), 조정(제42조), 구제조치 등의 권고(제44조), 고발 및 징계권고(제45조), 법률구조요청(제47조), 긴급구제조치의 권고(제48조) 등의 조치를 행한다.

국가인권위원회는 개인의 상황에 관한 진정을 조사·심리할 권한을 가지며, 이는 국가인권위원회의 가장 중요한 기능 중 하나이다. 인권침해를 조사하고 피해를 구제하는 제도는 인권침해에 대한 강력한 견제장치가 될 수 있다.

다섯째, 대한법률구조공단을 통한 구제도 가능하다. 「법률구조법」에 의거하여 "경제적으로 어렵거나 법을 몰라서 법의 보호를 충분히 받지 못하는 자에게 법률구조를 함으로써 기본적 인권을 옹호하고 나아가 법률복지를 증진하는 데 이바지함을 목적으로" 법률구조공단을 설립하여 민·형사 사건 및 행정소송·헌법소송의 상담·소송대리·국선변호를 한다.

### 4) 법률복지와 법률구조의 강화

몸이 아프면 의사의 도움을 받아야 하고 법적인 고통이 있으면 법률가의 도움을 받아야 한다. 1970년대만 해도 어지간한 중병이 아니면 병원에 갈 엄두도 내지 못하였다. 기껏 동네 약국에서 약사의 처방을 받는 정도였다. 이제 의료보험 덕분에 부담 없이 병원에 간다. 그런데 서민들에게 법률 전문가의 법적 도움은 아직도 요원하다. '무전유죄 유전무죄'라는 인식이 국민들 사이에 팽배해 있다. 하긴 유능한 법률가의 도움을 받은 당사자가 그렇지 않은 당사자보다 유리할 수밖에 없다.

능력 있는 변호사를 선임하려면 그만큼 많은 비용이 든다. 세기의 재판이라 할 수 있는 O. J. 심슨(Simpson) 사건은 이를 단적으로 보여 준다. 1994년 6월 13일 새벽, 미국 로스앤젤레스에서 여배우 니콜 브라운과 그의 애인이 난자당한 채 살해되었다. 경찰은 전설적인 미식축구 스타이자 그녀의 전남편인 O. J. 심슨을 범죄혐의자로 체포한다. 형사 사건에서 심슨의 초호화 변호인단은 배심원단으로부터 무죄평결을 이끌어 낸다. 그런데 민사 사건에서는 피해자 유가족에게 2500만 달러에 이르는 징벌적 배상을 명하는 판결이 내려져 심슨은 경제적으로 파산하고 만다. 미국판 유전무죄의 대표적 사례다.

의료복지에 이르지는 못하더라도 법적인 어려움에 처한 서민들에게 따뜻한 법의 보살핌을 펼쳐야 한다. 국민들의 고충을 호소하는 국민권익위원회, 공권력에 의하여 헌법상 보장된 기본권이 침해되었을 때 헌법소원을 내는 헌법재판소, 인권침해의 시정을 호소하는 국가인권위원회가 있지만 법률서비스와는 거리가 멀다. 헌법재판을 하려면 변호사를 반드시 선임하여야 한다. 민사·형사·행정의 갖가지 소송에도 법을 모르는 일반인들은 변호사의 도움을 받아야 한다. 그런데 돈이 든다. 소위 변호사를 사야 하기 때문이다. "3년 송사에 기둥뿌리 날아간다"라는 말이 있다. 육체적 병은 칼로 환부를 도려내면 되지만, 법적인 병이 들면 정신적·육체적·물질적으로 피폐해진다. 그 서민들의 아픔을 안아 주는 법률구조제도가 강화되어야 한다. 무의촌(無醫村)은 해소되었지만 아직도 무변촌(無辯村)이 산재한다. 법률구조의 사각지대에 있는 서민들의 법적 애환을 달래 주는 공익기관으로서의 법률구조공단의 존재이유다.

지난 세월 국민들은 법으로부터 소외되어 있었다. 먹고살기에 급급한 나머지 내 자유 내 권리를 찾을 겨를조차 없었다. 하지만 산업화 과정을 통하여 국민소득 1만 달러를 달성할 즈음에 마침내 국민들은 내 권리의 소중함을 피부로 느끼기 시작하였다. 바로 그와 같은 국민적 요구에 순응하기 위하여 40년 전 「법률구조법」이 제정되었다. 사람이 사람다운 삶을 구현하는 데 있어서 먹고사는 것만 생각하던 시대를 뛰어넘어 이제 국민들의 문화적 욕구도 동시에 충족시킬 수 있는 시대로 나아가게 되었다. 여기에 법문화의 향유는 바로 국민들의 살아 있는 요구가 되었다. 「법률구조법」의 제정에 따라 법률구조공단이 설치되었지만 아직도 많은 국민들은 법률구조공단의 존재 자체도 제대로 모르고 있는 실정이다. 그만큼 법률구조공단의 인적·물적 기반이 미약하였다는 증거다. 이제 장년이 되어 가는 법률구조공단이 더욱 풍성하고 알찬 모습으로 국민 앞에 다가서야 한다.

법은 어디에서 나왔는가? 바로 국민이 직접 선출한 대표로 구성된 민의의 전당인 국회에서 만들지 않았는가? 그러므로 국민이 스스로 법을 지키고 국민이 스스로 법을 고맙게 생각할 때 비로소 국민은 나라의 주인이 될 수 있다. 민(民)이 주인이라는 민주주의는 법이 국민의 것이라는 인식이 깔려 있어야만 가능하다. 민주화가 이루어지지 않았던 시대에 국민의 국정참여는 그야말로 꿈 같은 이야기였다. 하지만 민주화와 정보사회의 진전에 따라 국민들이 국정에 직접 참여하고 국정정보를 알 수 있는 법적·제도적 뒷받침이 마련되었다. 재판은 판사들만 하는 줄 알았는데 이제 재판에까지 널리 일반 국민들이 참여할 수 있는 「국민의 형사재판 참여에 관한 법률」에 따라 국민들이 누구나 재판의 배심원이 될 수 있다. 하지만 나의 권리도 제대로 찾지 못하는 법으로부터 소외된 우리의 이웃에게 따뜻한 법의 보살핌이 있다면 그들은 얼마나 행복할 것이며 또한 대한민국이라는 공동체 구성원임을 얼마나 자랑스러워할까. 서민들의 치열한 삶의 현장에서 야기되는 법적 분쟁에 대한 서비스는 법률구조공단의 몫이다. 소속 변호사의 찾아가는 법률서비스를 통해서 소외된 우리 이웃에게 베푸는 따뜻한 법의 보살핌은 공동체 구성원으로서 긍지를 가지게 한다.

법률구조공단이 서민들의 아픈 마음을 달랠 수 있는 독립적이고 능동적인 국가기관으로 거듭나기 위하여서는 먼저 공단에 대한 재정적 뒷받침이 뒤따라야 한다. 법률구조공단의 소명인 공익적 법률서비스활동을 보장할 수 있는 정도의 국가적 재정지원이 절실하다. 국가공동체의 구성원이 온전한 법적 서비스를 받지 못한다면 국민소득 3만 달러 시대에도 불구하고 사회적 양극화는 더욱 심해질 수밖에 없기 때문이다. 이제 법률구조공단은 서민들의 민생 현장에 다가서는 민생법률서비스를 구현하여야 한다. 서민들의 치열한 삶의 현장에 법률 전문가가 찾아가서 그들의 생활 속에 스며드는 법의 중요성과 소중함을 일깨워 주어야 한다. 이제 법률구조공단은 법적 도움을 받기 위하여 찾아가는 곳이 아니라 서민들의 삶 속으로 뛰어드는 공단으로 자리매김하여야 한다.

법률 전문가인 변호사는 서울과 같은 대도시에만 집중되어 있고 아직까지 변호사가 단 한 명도 없는 시·군이 많다. 이와 같은 전문적 법률서비스의 사각지대에 법률구조공단 소속 변호사들이 직접 찾아가는 법률서비스를 담당하여야 한다. 이를 구현하기 위하여 법률구조공단의 전국적인 광역 네트워크를 대폭 강화하여야 한다. 대도시에도 가난한 이웃들이 모여 사는 치열한 삶의 현장에는 그 삶의 치열함 만큼이나 논쟁적이고 법적인 문제들이 소용돌이치기 마련이다. 이들은 변호사비용을 감당할 경제적 능력이 없기 때문에 변호사를 찾아갈 엄두도 내지 못하고 있다. 이런 우리의 가난한 이웃들에게도 법의 따뜻한 보살핌이 있어야 한다.

최근에 법조인 수의 증가로 법률서비스도 강화될 수 있는 기반을 마련한다. 매년 변호사시험 합격자가 1,500명에 이르면서 전국의 개업변호사가

2만 명을 넘어섰다. 그래 봐야 국민 3,000명당 변호사 한 명이다. 가까운 지인 중에서 변호사를 아는 서민은 거의 없다. 그러니 서민들에게 양질의 법률서비스란 그림의 떡이다. 이제 법률복지국가를 구현하기 위해 법교육과 법률구조를 병행해야 한다. 국민 일반의 법에 대한 인식의 전환도 필요하다. 이를 위해 법교육의 중요성이 강조된다. 법무부와 법교육센터 및 법교육학회에서는 체계적인 법교육을 위하여 노력한다. 하지만 서민들은 고달픈 삶 속에서 언제 한가하게 법교육을 받고 있겠느냐고 자탄할지도 모른다. 바로 여기서 법률구조공단의 공익활동을 통하여 서민들이 법적으로 겪는 아픔을 어루만져 줌으로써 법에 대한 인식의 근본적인 전환이 가능하다.

법치주의는 이제 더 이상 구호만으로는 아니 되고 국민의 생활 속에 자리 잡는 생활법치(生活法治)로 나아가야 한다. 인간다운 생활을 영위하기 위한 물질적 기초도 중요하다. 하지만 정신적·문화적·사회적 기반도 마련되어야 한다. 법률복지는 바로 국민소득 3만 달러 시대에 민주시민이 누려야 할 인간적 요구다. 법률복지를 구현하기 위한 법률구조의 저변 확대만이 법치주의의 밑바탕을 제공할 수 있다. 법률구조야말로 복지국가와 법치국가를 동시에 작동시킬 수 있는 기본소여다. 세계적 수준의 의료복지체계는 이제 법률복지체계에까지 이르러야 한다.


## 5) 민주시민과 법교육

법규범이 국가생활에서 제대로 뿌리내리지 못한 데에는 정부당국의 소극적 대응도 한몫을 차지한다. 수많은 법과 관련된 국가기관이 있음에도 생활 속의 법을 가르치는 법교육은 대한민국의 정책과제에서 제외되어 있었다. 초등학생에서부터 사회인에 이르기까지 법교육의 장이 마련되어야 한다. "법의 무지(無知)는 변명이 되지 않는다." 미국산 쇠고기 수입에 저항한 촛불집회는 동기의 순수성 여부를 떠나 대한민국은 민주공화국이라는 헌법 제1조를 국민들에게 분명히 각인시켜 준 훌륭한 교육의 장이었다. 민주시민은 기본소양으로 생활 속의 법을 숙지하여야 한다. 산업화사회에서 더욱 복잡다단해진 법적인 분쟁처리 과정에서 최소한의 법적 소양은 민주시민의 기본덕목이다. 증권투자, 부동산투자, 꽃꽂이교육에 소일할 것이 아니라 생활 속의 법교육에 친숙하여야 한다. 법을 외면한 온정주의는 결국 사건사고를 유발한다. "우리 사이에 계약서 같은 게 무슨 필요 있어"라는 식의 사고로는 서양식 합리주의에 기초한 법의 세계에서는 백전백패다.

　민주시민으로서의 덕성을 쌓아 가는 데 있어서는 법교육을 넘어 인권교육, 평화교육, 환경교육, 정치교육 등 다양한 시민교육을 포함하는 민주시민교육으로 나아가야 한다. 민주시민교육은 민주시민으로서 갖추어야 할 기본지식에 터 잡아 민주사회의 일원으로서 민주주의를 구현할 수 있는 시민적 덕성을 갖추는 교육이어야 한다. 해방 이후 민주화운동 이전까지의 민주시민교육은 반공교육 내지 권위주의 정권의 체제유지를 위한 형식적인 것에 지나지 않았다. 1970년 청계천 피복 노동자 전태일의 사망 이후로 대학가, 시민단체, 종교단체, 노동자단체 등을 중심으로 민주시민교육이 전개되었다. 특히 1987년 6월 민주화운동 이후에는 새로 등장한 시민사회단체가 민주시민교육을 주도하였지만, 사회적 합의가 부족하여 체계적이지 못하고 각 단체의 성격에 따른 '교양'교육 수준에 머물렀다.

　정부 차원에서는 각 부처가 민주시민교육을 당해 부처의 목적 및 기능에 따른 부대적인 사업으로 치부하고 독자적으로 각각 진행하여 왔다. 예를 들어, 교육부는 「교육기본법」·「인적자원개발기본법」·「평생교육법」 등을 통하여 시민교육·평생교육 등을 한다. 행정자치부는 「비영리민간단체지원법」을 통하여 시민교육지원사업을 하고, 여성가족부는 「양성평등기본법」

을 통하여 양성평등교육을, 고용노동부는 「노동위원회법」을 통하여 직업교육·직업윤리의식교육을 한다. 통일부는 「통일교육지원법」, 기획재정부는 「경제교육지원법」, 외교부는 「재외동포의 출입국과 법적 지위에 관한 법률」, 환경부는 「환경교육진흥법」을 통하여 각종 교육을 지원한다. 행정각부 이외에도 중앙선거관리위원회는 유권자교육을, 국민권익위원회는 부패방지법 시행령으로 반부패교육을, 국가인권위원회는 「국가인권위원회법」을 통하여 인권교육을 한다. 국회, 헌법재판소, 법원 등도 내부규칙 등을 통하여 교육과 견학을 지원한다. 이렇다 보니 체계적 지원이 미흡하였다.

이러한 우리의 문제점은 소위 정치선진국들과 비교하면 더 잘 드러난다. 영국·미국에서는 시민교육(civic education)을 통하여, 그리고 프랑스는 시민권교육(education à la citoyenneté), 독일은 정치교육(politische Bildung)을 통하여 민주시민교육을 실시하여 왔다. 이 중에서도 특히 독일의 정치교육은 정당소속 정치재단(politische Stiftung)이 정치교육을 직접 담당한다. 즉 정치교육의 주체가 정당이 아닌 그 소속 정치재단이다. 이러한 정치재단들을 통한 교육은 선거운동기간을 제외하고는 각 정당의 노선과 이념의 영향을 받지만 핵심 내용들은 유사하다. 중요한 점은 독일이 입헌주의의 공고화를 위하여 국가 차원에서 제도적으로 정치교육을 실시한다는 것이다. 반면에 우리는 민주시민교육의 목표와 기본 방향에 대한 합의에 이르지 못하여, 시민사회단체 내부에서나 진보와 보수 진영 사이에 갈등으로 나타난다. 또한 민주시민교육에 대한 개념과 내용, 그 방법에 있어 아직 구체적인 합의가 없어 역사교과서 논쟁 등이 반복된다.

민주시민교육을 위한 법 정비도 시급하다. 먼저 헌법 제31조 제5항은 "국가는 평생교육을 진흥하여야 한다"라고 규정한다. 다원화된 사회에서는 국민 개개인이 자신의 능력개발을 통하여 국가 발전에 기여할 수 있도록 하기 위하여 국가의 평생교육진흥의무를 강조한다. 평생교육이란 학교의 정규교육 과정을 제외한 학력보완교육, 성인 문자해득교육, 직업능력 향상교육, 인문교양교육, 문화예술교육, 시민참여교육 등을 포함하는 모든 형태의 조직적인 교육활동을 말한다(「평생교육법」 제2조 제1호). "학교교육 및 평생교육을 포함한 교육제도와 그 운영, 교육재정 및 교원의 지위에 관한 기본적인 사항은 법률로 정한다"(헌법 제31조 제6항). 입법자는 국민들의 요청과 시대적인 상황 등을 고려하여 최적의 교육기반을 조성함에 있어 광범위한 재량을 가진다. 교육제도 법정주의(教育制度 法定主義)에 따라 「교육기본법」을 비롯한 각종 교육 관련 법률들이 제정된다.

위에서 언급한 「교육기본법」과 「평생교육법」은 평생교육의 관점에서 민주시민교육과 관련이 있지만 문제점이 적지 않다. 첫째, 현행 「교육기본법」에는 민주시민교육이 평생교육의 한 영역으로 명시되지 않아 법적 근거가 없다. 제10조에서 협의의 평생교육영역인 사회교육에 대해서만 규정하고, 제3장에서 남녀평등교육, 특수교육, 영재교육, 유아교육, 직업교육, 과학·기술교육, 학교체육에 대해서 규정한다. 이는 직업교육이 과거부터 전폭적인 지원을 받아 법제화된 것과 비교된다. 둘째, 「평생교육법」이 교육기관의 유형에 따라 규정되어 있고 교육의 영역을 누락하는데, 민주시민교육을 주로 담당하는 시민사회단체 등 민간단체는 평생교육을 '주된 목적'으로 하지 않기 때문에 「평생교육법」 제2조 제2호에 규정된 '평생교육기관'에 포섭되기 힘들다. 민주시민교육에 대한 문제점들을 널리 공유하고, 우리 국가공동체의 근본 합의인 헌법에서 합의를 이끌도록 노력하고, 법제적인 정비와 지원에 힘을 모아야 할 때다.

법치주의를 뿌리내리기 위해서는 국민들이 법에 대한 부정적 인식을 버리고 법에 대하여 긍정적인 인식을 가지도록 하는 것이 요청된다. 국민들의 의식 속에 법규범에 대한 긍정적 의식이 자리 잡기 위해서는 무엇보다 청소년기의 의도적인 법교육을 통하여 형성되는 것이 바람직하다. 그러나 그동안 한국에서의 교육현실은 교과 과정에서의 법교육의 부재와 법교육을 담당할 교사의 부족 등의 환경적 원인으로 인하여 법교육이 정상적으로 이루어지지 못하고 있었다. 다행히 제7차 교육 과정에는 법교육이 편성되어 있지만 초등학교 6학년 2학기와 중학교 2학년에서만 각각 한 단원이 편성되어 있고, 고등학교 2·3학년의 교과 과정에 '법과 사회'가 선택과목으로 편성되어 있었다. 선택과목으로 편성된 '법과 사회'에 대하여도 여러 문제점이 지적되어 왔다. 그런데 최근 '법과 사회' 과목이 '법과 정치'로 통합되었다.

첫째, '법과 사회'는 대학교 법과대학의 '법학개론'의 축소판이라 할 수 있을 정도로 지나치게 세분화된 법의 내용을 강조하여 난해하기만 하다. 둘째, 법과 사회 교과서가 학생들의 흥미를 유발할 수 있는 내용으로 채워져 있지 않다. 셋째, 다원화된 사회의 양태를 반영하여 암기 위주의 교육보다는 사회적 합의를 중심으로 한 시민의 건전한 법의식의 함양을 법교육의 목표로 해야 함에도 현실의 법교육은 그렇지 못하다. 청소년기의 학교교육에 있어서 법교육을 의무적으로 반영하는 것이 국민의 법의식 함양에 절대적으로 중요함에도 그리하지 못하고 있는 현실은 한국의 법치주의의 미래를 위해서 심히 우려된다.

학교에서의 현행 법교육과 관련하여, "초·중·고등학교에서 법교육이 잘 되고 있는가?"라는 질문에 절대다수가 잘 되지 못한다고 답을 하였고, 학교교육을 통하여 배운 법 관련 지식이 실제의 생활에서 어느 정도 도움이 되느냐는 질문에 대하여 응답자의 절반이 부정적이라는 점은 형식에 치우치지 않는 내실 있는 법교육이 절실함을 나타내 주는 좋은 지표이다.

다행스럽게도 법교육을 체계적으로 지원하고 수행하는 데 필요한 사항을 정함으로써 국민들로 하여금 자율과 조화에 바탕을 둔 합리적인 법의식을 함양하고 자유민주적 기본질서를 이해하는 건전한 민주시민을 육성하여 법치주의 구현에 이바지함을 목적으로 하는 「법교육지원법」이 제정되어 시행된다. 이 법률에 의하면 국가는 법교육의 지원을 위하여 법교육에 관한 기본계획의 수립·시행, 법교육에 대한 국민의 인식 제고 등에 관한 시책을 마련하여야 한다[「법교육지원법」 제3조(국가 및 지방자치단체의 의무): "① 국가는 법 교육의 지원을 위하여 다음 각 호의 사항에 관한 시책을 마련하여야 한다. 1. 법 교육에 관한 기본계획의 수립·시행, 2. 법 교육에 대한 국민의 인식 제고, 3. 법 교육 전문 인력의 양성·배치·처우 및 연수, 4. 법 교육 관련 프로그램 등의 연구·개발 및 지원, 5. 법 교육에 필요한 시설 및 장비의 확충·관리, 6. 법 교육 협력망의 구축 및 운영, 7. 그 밖에 법 교육의 지원에 관하여 필요한 사항"]. 또한 국가 및 지방자치단체는 질 높은 학교 법교육을 위하여 「초·중등교육법」 제2조 및 「고등교육법」 제2조에 따른 학교가 운영하는 법 관련 교육내용의 연구·개발 및 각종 법교육활동과 이를 위한 시설·장비를 지원할 수 있고 각종 학교 법교육활동 및 자치행사를 지원할 수 있다(제7조). 또한 「법교육지원법」은 법교육에 관한 주요 정책 수립 및 사업 추진과 예산의 효율적인 운영 등에 관한 사항을 심의하기 위하여 법무부에 법교육위원회를 설치하도록 규정한다(제4조).

법교육 확대를 통해서 법률의식을 고양하여야 한다. 다원화된 사회에서 일반 국민들이 부딪치는 일상생활에서는 언제나 법적인 문제를 야기하기 마련이다. 그럼에도 일반 국민들은 법적인 사고나 행태를 쉽게 수용하려 하지 않는다. 이 모든 문제는 어렸을 때부터 법의 소중함을 인식하고 법을 가까운 이웃으로 대하지 않는 우리 사회의 한 단면으로부터 비롯된다. 1948년 대한민국 헌법을 제정하고 이에 터 잡아 많은 법률을 만들었지만 국민들에게 법의 소중함을 알리고 법을 교육하려는 국가적 의지는 전혀 보이지 않았다. 법의 무지는 변명이 되지 않음에도 불구하고 법은 특별한 사람들이 알아야 하는 특별한 존재로 인식되어 왔다. 대한민국 정부수립 반세기가 지나도록 국가적 어젠다에 법교육이 존재하지 않았다는 사실도 이를 반증한다.

민주화 이후에 이제는 일반 국민들에게 법의 소중함을 알려야 한다는 정부의 의지에 따라 2006년에 이르러 처음으로 법무부의 정책과제로 '법교육' 항목이 들어오게 되었고, 2008년에는 「법교육지원법」도 제정되었다. 법무부 범죄예방정책국에 법교육지원팀이 가동된 후, 법정기구로 법교육위원회도 설치되었고, '법질서담당관실'과 '법교육팀'을 통합한 법무부 '법질서선진화과'를 중심으로 교육부·법제처·대법원을 비롯한 국가기관과 한국법학교수회·한국법교육학회·대한변호사협회·자녀안심재단 법교육팀과 같은 민간단체도 적극 참여함으로써 법교육의 활성화가 본격적인 궤도에 올랐다.

법교육을 위한 각종 프로그램의 개설과 더불어 법학계와 법조실무계 인사들을 중심으로 하는 법교육 출장강의도 활성화되면서 국민들로부터 기대 이상의 호응을 얻는다. 이제는 백화점 문화강좌에서도 꽃꽂이 강의 못지않게 법교육 강의가 인기를 끌 수 있는 시대가 열려 간다는 신호를 읽을 수 있다. 일상생활에서 수많은 법률행위를 하고 있음에도 불구하고 이를 소홀히 하였다가 법적으로 봉변을 당한 연후에야 후회한들 소용이 없다. 집을 사고 팔 때, 전세계약을 할 때부터 돈을 빌리거나 갖가지 물건을 사고팔 때 언제나 법률행위를 한다는 사실을 잊어버리고 우리 사이에 무슨 계약서가 필요하겠느냐는 식의 안이한 행태가 결국 당사자 사이에 법적 분쟁으로 이어진다. 이에 국가생활에서 알아야 할 기본적인 법적 사고를 형성하기 위해 펴낸 『청소년의 법과 생활』과 『한국인의 법과 생활』은 상당한 대중적 호응을 얻는다. 이 정도의 책이라면 국민 일반이 모두 일독할 필요가 있다.

국민의 의식 속에 법의식이 정립되기 위해서는 무엇보다 청소년기의 학교교육을 통한 법교육이 절실하게 요청된다. 앞서 살펴본 바와 같이 현재의 교과 과정에서 법교육은 부분적·선택적 역할에 머물고 있다. 학교교육에서의 법교육의 강화를 위해서는 다음과 같은 개선점이 요구된다.

첫째, 법교육의 강화가 요청된다. 현재 부분적·선택적인 지위에 머물고 있는 법교육을 대폭 강화하여 법교육이 필수적 교과과목으로 자리매김되어야 하며 법교육이 형식적인 것이 아니라 실질적인 성과를 거둘 수 있도록 하여야 한다.

둘째, 일선 학교에서 법교육을 담당할 교사의 양성과 자질 향상이 요구된다. 실제로 학교에서 법교육을 담당하는 교사들은 사범대학 사회교육과 출신이기 때문에 법에 관한 충분한 지식을 함유하지 못한다. 또한 교육연수원에서 제공하는 재교육도 법교육의 전문적인 함양에는 태부족한 실정이다. 마침 법무부 법무연수원에서 법과 사회 담당 교사들을 위한 특별 프로그램을 작동한다. 이 프로그램을 통해서 법과 사회 담당 교사들이 보다 전문적이고 체계적인 지식 함양이 가능해지기를 바란다.

셋째, 국가적인 차원에서 법교육이 한국 법치주의의 발전과 정착에 중요한 요소임을 각인하고 범국가적인 종합 시책을 마련하여 시행하는 것이 요구된다. 법무부는 2005년부터 나름대로 법교육 추진 종합계획을 수립하고 법교육 교재의 개발과 보급, 법교육 출장강연제 등 프로그램의 개발, 고교생 생활법 경시대회, 법교육 직무연수, 학생자치법정과 모의재판 경연대회, 시민법률콘서트 등을 적극적으로 추진해 왔다. 그러나 이러한 노력이 법무부 차원을 뛰어넘어 범정부적 차원의 국가 시책으로 발전하여야 하고 민간과의 협력 증진을 도모하여야 한다. 법무부에 설치된 법교육위원회에 법원, 검찰, 변호사단체, 교육부 관계자, 법교육 담당교사, 법교육과 관련된 전문적인 학자와 시민단체 관계자들이 동참함으로써 법교육의 새로운 발전 방향을 제시한다.

넷째, 법교육의 확대·강화를 위하여 법조계의 적극적인 협조가 요청된다. 효과적인 교육방법과 교재의 개발 등을 위하여 법조계가 협력을 하여야 하며 각 지역별로 법원과 변호사협회가 일반 성인을 대상으로 하는 생활법률교실과 같은 교육 프로그램을 개설하여 운영하는 등의 노력이 필요하다.

국민 모두가 법을 친근한 이웃으로 여길 수 있는 길은 교육을 통해서 이루어져야 한다. 그런데 교육이라고 하면 종래 고답적인 위로부터의 억압적인 강요나 강제교육을 생각하기 마련이다. 하지만 법이라는 딱딱한 소재의 교육은 그런 고답적인 방식으로는 불가능하고 또한 바람직하지도 않다. 전통적인 법률 전문가 즉 판사·검사·변호사·법학자의 출장강의를 통한 법률지식 전파도 무시할 수 없이 좋은 법교육방책이다. 그러나 이런 방식으로는 법률 수요자의 관심을 끌 수가 없다. 그간 모의재판·모의국회·모의논술 경시대회 등을 통해서 자라나는 청소년들의 법에 대한 흥미를 유발한 바 있다. 실제로 학교 현장에서도 상당한 호응을 얻는다.

법교육은 어린이에서부터 성인에 이르기까지 광범위하게 이루어져야 한다. 사실 어린이들은 법적인 문제에 의외로 관심이 많음에도 불구하고 그동안 법교육에 관한 한 공백 상태로 남아 있었다. 초등학교에 법과목이 개설되어야 할 필요는 없겠지만 적어도 법적 사고를 할 수 있는 여지를 마련해 주어야 한다. 헌법재판소, 대법원을 비롯한 사법기관들도 학생들의 방문을 환영하는 프로그램을 마련한다.

법교육의 주무부서인 법무부에서는 2008년에 대전소년원 자리를 보수해서 '솔로몬 로파크(Law Park)'를 개원하였다. 대전 로파크의 법체험관은 청소년들의 현장학습 요청이 장기적체에 이르도록 폭발적인 수요를 가져왔다. 관람객이 연 20만 명을 넘어섰다. 법과 법치주의의 역사교육에 머무는 것이 아니라 각종 범죄와 관련된 살아 있는 현장교육은 자라나는 청소년의 호기심을 자극하기에 충분하다. 예컨대 범죄 현장의 지문 채취, DNA 검사 등을 통한 과학수사의 간접체험은 매우 소중한 양식이 된다.

2011년에는 솔로몬 로파크에 헌법광장을 개원하였다. 세계 각국의 기념비적 인권헌장과 헌법을 게양함으로써 입헌주의적 가치의 소중함을 일깨워 준다. 솔로몬 로파크의 인기는 지방자치단체에서도 유치 붐을 일으킨다. 부산광역시에도 2014년 착공한 로파크가 헌법배움터·모의법정 등 다양한 체험시설을 갖추고 2016년 7월 문을 열었다. 법무부도 이제 검찰에 의한, 검찰을 위한 법무부가 아니라 문민화된 법무행정을 구현하여야 한다. 그런 관점에서 본다면 로파크와 같은 다양한 기제를 활용한 법교육은 대한민국 법무부와 검찰이 국민의 편에 있다는 소중함을 다시 한번 각인시킬 수 있다. 솔로몬 로파크 같은 대국민서비스를 통해서 국민들이 세금 낸 보람을 찾을 수 있을 뿐 아니라, 법집행기관이 친근한 이웃도 될 수 있다.

어린이들이 스스로 재판정을 만들어서 자신들의 일상에서 일어나는 문제를 판단해 보는 것은 굳이 법적 사고에 기초하지 않더라도 얼마든지 가능한 일이다. 또한 어린이들이 법을 제정하는 프로세스에 동참해 봄으로써 법의 소중함을 일깨우고 법을 더욱 가까이 할 수 있다. 어릴 때부터 민주시민의 법의식을 함양하는 일이야말로 민주법치국가 건설의 모태를 튼튼히 하는 길이다. 초등학교 시절부터 학습과목으로서의 법이 아니라 사회생활의 한 단면으로서의 법을 가까이할 수 있는 통로가 공식적으로 마련되어야 하는 이유이기도 하다.

어린 시절부터 법치행정의 중요성을 심어 주고, 어린이 관련 법령을 어린이의 시각에서 개선해 나아가기 위해 법제처가 마련한 어린이 법제관(法制官)제도는 그런 의미에서 특별한 관심의 대상이다. 어린이 법제관이 되면

지역별 토론마당, 법캠프, 법 관련 기관 방문, 좋은 책 보내기와 우수독후감 공모, 온라인 토론마당, 제안의견 등록 등 다양한 온오프라인 활동을 하게 된다. 어린이 법제관은 앞으로 우리 사회의 풀뿌리 법치주의의 소중한 보고 가 될 것이다. 어린이 법제관제도는 법무부가 주관하는 솔로몬 로파크의 어 린이 법탐험캠프, 배심원캠프와도 직접 연계시켜 시너지 효과를 배가할 수 있다.

중등학교 과정에서는 법에 대한 최소한의 교육이 필요한 시점이다. 법무 부가 유관단체의 협조를 얻어 주관하는 청소년 법치세상 아카데미, 모의재 판 경연대회, 생활법 경시대회, 저작권 퀴즈대회, 법 게임개발 같은 행사는 자라나는 청소년들에게 법의 소중함을 일깨워 준다. 특히 고등학교부터는 법에 관심을 가지고 있는 학생들로 하여금 사회과목의 선택과목으로 법지 식을 함양할 수 있는 기회를 가지도록 하여야 한다. 그럼에도 불구하고 그 간 '법과 사회'로 존치하던 과목조차도 '법과 정치'로 합쳐 버리더니 최근에 는 '법과 정치'를 '사회문화'와 통합하여 일반사회로 개편하려 한다. 고교 사 회과목 중에서 어느 것 하나 소홀히 할 수 없다. 그러나 대한민국의 청소년 들이 함양하여야 할 기본적인 덕목이 무엇인지 다시 한번 성찰해 볼 때이 다. 청소년뿐만 아니라 대학이나 성인들을 상대로 한 법교육도 강화되어야 한다. 전문적인 법학교육도 중요하지만 지성인이라면 적어도 생활법률 정 도는 알고 있어야 한다.

민주주의가 내실을 기하려면 민주적 정당성을 가지고 있는 법규범에 대 한 존중과 이해에 기초한 법치주의가 생활화되어야 한다. 어린이부터 성인 에 이르기까지 법의 소중함을 인식하고 법을 지켜 나갈 때 진정으로 민주법 치국가의 참다운 자리매김이 가능하다(〈칼럼〉 솔로몬 로파크와 법교육, 《법률저 널》 2011. 9. 2.; 생활 속의 법교육을 통한 법치주의 구현, 《법제시론》, 2010. 8.).

## 6) 사물의 본성에 기초한 규제와 명확한 법적 근거의 제시

법은 물 흐르듯 하여야 한다. 즉 사물의 본성에 근거하여 자연 상태에 가장 부합하는 것이 법이어야 한다. 바로 그런 의미에서 법은 건전한 상식과 서로 상통하여야 한다. 즉 법은 국민의 법감정과 부합하는 게 가장 바람직하다. 하지만 법규범과 법현실의 괴리가 자주 발생한다. 현실과 동떨어진 법규범은 법으로서의 생명력을 유지하기가 어렵다. 법과 현실의 괴리를 바로잡기 위하여 법을 제정하는 국회나 법을 집행하는 정부나 법을 선언하는 법원 모두가 법규범과 법현실의 일치를 향해서 부단한 노력을 기울여야 한다. 좋은 법을 올바르게 집행하여야 국민의 사랑과 신뢰를 받는 민주법치국가가 구현될 수 있다.

아무리 좋은 법과 좋은 국가가 존재한다고 하더라도 법적 분쟁의 발생은 불가피하다. 그런데 국가와 국민의 생활규범으로서 발생할 수 있는 모든 분쟁에 대해서 완벽한 법과 제도를 마련하기란 불가능하다. 기존에 있었던 분쟁뿐만 아니라 앞으로 발생할 수 있는 분쟁에 대해서까지 법적으로 정비하는 것은 불가능하기 때문이다. 그래서 법은 회귀적이고 과거지향적이라는 비판에 직면한다.

지금 4차 산업혁명의 논의가 한창이다. 1784년 영국에서 시작된 증기기관과 기계화로 대표되는 1차 산업혁명, 1870년 전기를 이용한 대량생산이 본격화된 2차 산업혁명, 1969년 인터넷이 이끈 컴퓨터 정보화 및 자동화 생산 시스템이 주도한 3차 산업혁명에 이어, 4차 산업혁명은 로봇(robot)이나 인공지능(AI)을 통하여 실재와 가상이 통합되어 사물을 자동적·지능적으로 제어할 수 있는 시스템의 구축이 기대되는 산업상의 변화를 초래한다. 하지만 이러한 현상은 기존에 존재하지 않았기 때문에 법적 규제의 사각지대에 놓여 있다. 그렇다고 이와 관련된 분쟁이 발생하였을 때, 새로운 현상이라는 이유로 이를 법적 판단의 대상으로 삼을 수 없다고 할 수는 없다. 이때 그 분쟁의 근거가 된 규범이 현실적으로 존재하지 않는다면 정부나 법원은 사물의 본성 내지 조리(條理)에 근거하여 판단하여야 한다. 법의 부재를 이유로 분쟁을 회피하거나 방기할 수는 없기 때문이다.

우리 사회에 존재하는 수많은 생활 속의 규제는 그 근거가 무엇인지 또는 상호 간에 논쟁이 발생하였을 때 그 결정의 정당성은 어디에서 찾을 수 있는지에 관하여 아무런 설명도 없다. 이제 모든 규제나 제한에는 반드시 관련 법령을 명시해서 제시해 줌으로써 국민 일반이 왜 규제와 제한을 당해야 하는지를 분명히 해 주어야 한다. 또한 법은 사물의 본성에 기초해 있기 때문에 비록 법이 없다고 하더라도 무엇이 사물의 본성에 부합하는지에 관한 분명한 메시지가 있어야 한다.

### 7) 법치와 민심이 어우러진 '선한 시민들의 공동체'

법은 사물의 본성에 기초해야 한다. 사물의 본성에 기초하여 자연의 섭리에 입각한 법은 근대 자연법론의 사상적 기반이다. 그 자연법론에 기초하여 국가의 실정법이 제정된다. 만약 법이 자연의 섭리에 어긋날 경우에는 국민적 저항에 직면한다. 기존의 법질서를 통째로 부정하는 혁명으로부터 주어진 법을 인식하면서도 이에 저항하는 불복종운동에 이르기까지 다양한 비법적 투쟁도 가능하다. 이를 헌법적 틀 속으로 용해하여 받아들인 것이 헌법재판을 통한 사법심사(Judicial review)인 위헌법률심판이다. 국민의 대표기관인 국회가 제정한 법률이라 하더라도 국가의 최고규범인 헌법에 어긋나는 법률은 허용할 수 없음을 밝히는 것이 위헌법률심판이다. 혁명, 저항권, 시민불복종이 비법적인 민심의 폭발이라면, 사법심사는 헌법의 틀 속에서 마련된 제도적 장치다.

"민심(民心)은 천심(天心)이다." 동양적 지혜를 밝혀 주는 대표적인 경구다. 아무리 자연의 섭리에 충실하고, 아무리 법대로 하더라도 민심을 거스를 수는 없다. 2008년 미국산 쇠고기 수입을 반대하는 '광우병 촛불집회'에서 미국산 쇠고기가 광우병을 유발하는지의 여부, 미국산 쇠고기의 수입이 적법하게 이루어지고 있는지의 여부를 떠나서 민심은 이를 반대하고 있었다. 결국 정부는 특별히 무엇을 법적으로 잘못하였는지를 인식하지 못하면서도 국민에게 머리 숙여 사죄할 수밖에 없었다. 그 이후에 미국산 쇠고기는 수입이 계속되어 가장 많이 수입되는 쇠고기로 오늘에 이르고 있지만 더 이상 '광우병 촛불집회'는 없다는 사실이 이를 반증한다. 2016년에 또다시 울려 퍼진 광화문 광장의 촛불집회는 '국정농단에 대한 저항운동'이다. 그것은 대통령이 구체적으로 어떤 실정법을 어겼느냐의 문제 이전에 국민의 건전한 상식과 법감정에 비추어 절대로 받아들일 수 없는 국정농단 행태에 대한 저항운동이다. 이를 실정법으로 따져 본들 이미 배 떠난 뒤에 손짓하는 꼴이다. 그만큼 민심은 중요하다. 민심은 법을 뛰어넘어 서 있다.

하지만 민심이 반드시 정당한 것인지도 살펴보아야 한다. 국가에서 마련한 정상적인 틀을 벗어나서 오로지 촛불에만 의탁한다면 그 사회 또한 정상적인 모습이 아니다. 그 민심을 추스를 줄 아는 지도자가 필요한 이유가 여기에 있다. 훌륭한 지도자는 민심을 정확하게 읽고 그 민심을 법과 제도로 승화시켜 나가야 한다. 국민들도 민주시민으로 다시 깨어나야 한다. 언제까지 분노에만 의탁할 수는 없다. 분노와 불만을 민주시민의 건전한 양식으로 법과 제도의 틀 속에서 용해시켜야 한다. 법과 제도가 민주시민의 법의식과 조화를 이루어 나가야만 진정한 민주법치국가가 완성된다. 그것이 바로 우리가 바라는 정상국가(正常國家)다.

법치가 작동되기 위한 기본소여로서 민심이 뒤따라 주어야 한다면, 그 민심의 기초는 선한 사람들의 공동체적 가치로부터 비롯되어야 한다. 오늘날 우리 사회에서 가장 우려스러운 점은 공동체적 가치의 핵심인 공익, 공공성, 공동선(共同善)의 원리가 제대로 작동되지 못하고 있다는 점이다. 산업화와 민주화 이후의 새로운 국가형성(nation-building)은 하늘이 무너져도 법과 원칙이 지배하는 정의로운("Fiat justitia, ruat caelum") 사회로부터 출발하여야 한다. 이를 위해서는 이상과 현실을 아우르는 실존적 사고(existentialisme juridique)에 입각한 실천의지가 무엇보다 중요하다.

우리 사회에서 선의지(善意志)를 구현하기 위해서는 배타적 개인주의나 집단적 이기주의를 과감하게 떨쳐 버리고, 모두가 다 함께 발전하는 선한 공동체주의를 배양해야 한다. 무엇보다도 오늘날 우리 사회에 만연해 있는 지나친 경쟁이 인간의 '선의지'를 침식시킨다. 또한 심화되고 있는 양극화현상은 사회 발전의 원동력이었던 역동성과 다양성을 심각하게 훼손한다. 우리 헌법은 자유롭고 창의적인 인간상에 기초한 인간의 존엄을 최고의 가치로 받아들인다. 인간의 존엄과 가치에 기초하여 인성을 회복함으로써 인류에 대한 배려심과 이타심(altruism)을 복원시켜야 한다. 수많은 개인과 집단들이 서로를 존중하고, 서로의 아픔에 공감하며, 인류에 대한 배려와 이타심을 복원하는 선의지를 통해서 우리 사회의 공동선을 확립하여야 한다(2014년 8월 제26대 서울대학교 총장 취임사 중에서 발췌).

그때 비로소 법은 민주시민의 품속에 자리 잡을 것이다. 그때 비로소 대한민국 헌법은 민주시민의 헌법이 될 것이다. 그때 비로소 대한민국은 정상국가로 우뚝 설 것이다.

## _ 참고문헌

성낙인, 『헌법학』 제17판, 법문사, 2017.

_____, 『헌법학입문』 제7판, 법문사, 2017.

_____, 『국민을 위한 사법개혁과 법학교육』, 법률저널, 2014.

_____, 『우리헌법읽기』, 법률저널, 2014.

_____, 『판례헌법』 제4판, 법문사, 2014.

_____, 『만화판례헌법 2(헌법과 기본권)』, 법률저널, 2013.

_____, 『대한민국헌법사』, 법문사, 2012.

_____, 『만화판례헌법 1(헌법과 정치제도)』, 법률저널, 2012.

_____, 『헌법소송론』(공저), 법문사, 2012.

_____, 『헌법연습』, 법문사, 2000.

_____, 『언론정보법』, 나남출판, 1998.

_____, 『한국헌법연습』, 고시계, 1998.

_____, 『선거법론』, 법문사, 1998.

_____, 『프랑스헌법학』, 법문사, 1995.

_____, "헌법과 국가정체성", 『서울대학교 법학』, 2011.

_____, "한국헌법사에 있어서 공화국의 순차(서수)", 『서울대학교 법학』, 2005.


김수용, 『건국과 헌법』, 경인문화사, 2008.

김영수, 『한국헌법사』, 학문사, 2000.

김철수, 『한국헌법사』, 대학출판사, 1988.

김효전, 『법관양성소와 근대 한국』, 소명출판, 2014.

모랑즈, 장(Jean Morange), 변해철 역, 『인간과 시민의 권리선언』, 탐구당, 1999.

박병호, 『한국법제사』, 민속원, 2012.

_____, 『전통적 법체계와 법의식』, 서울대학교출판부, 2006.

서울대학교 총동창회 편, 『전통과 정체성』, 2013.

신우철, 『비교헌법사―대한민국 입헌주의의 연원』, 법문사, 2008.

정신문화연구원, 『한국헌법사』(상)·(하), 정신문화연구원, 1988.

최병조, 『로마법강의』, 박영사, 2006.

한국법제연구원(이세정/이상윤), 2008국민법의식조사연구, 한국법제연구원, 2008.

한영우, 『미래를 여는 우리 근현대사』, 경세원, 2016.

# _ 찾아보기

## 헌법재판소

## 대 법 원